발명과 특허

김중만 저

도서출판 효 일
www.hyoilbooks.com

머리말

『발명기법과 특허출원방법』을 서둘러 낸 지 2년여가 지나는 동안 수정 및 보완해야 할 부분이 발생하였다. 특히 의장의 명칭 변경 및 실용신안법 등을 포함한 특허법이 개정되고, 온라인출원과 특허정보 검색에 관련된 S/W가 업그레이드되어 수정이 필요하였고, 내용 중간 중간에 토막상식을 넣어 내용을 보완하면 좋겠다는 생각을 하게 되었다.

발명품들이 대개 문제점(개선 점)을 안고 탄생되어 진화를 거듭하면서 비로소 명품이 되듯이 초판의『발명기법과 특허출원방법』도 이번 개정을 통해서 보다 알찬 내용이 되도록 노력하였고 명칭도『발명과 특허』로 줄여 표기하였다. 그러나 개정판 역시 시간이 지나면 또 다시 보완해야 할 부분이 많이 생길 것이라는 생각을 떨칠 수 없는 것이 저자의 솔직한 심경이다. 앞으로도 바뀌고 추가될 새로운 내용을 모아 알찬 재개정본을 출간할 것을 다짐한다.

개정판을 내는 데 전자출원 방법을 제공하여 주신 특허청 관계자분들과 특허정보검색 S/W 사용 지침서를 제공해 주신 한국특허정보원 관계자분들께 진심으로 감사를 드리며, 아무쪼록 이 책이 발명 기법을 습득하려는 사람과 발명을 하고도 특허출원 방법을 모르는 사람들에게 특허출원의 길잡이가 되는 데 도움이 될 수 있다면 더없는 보람이 되겠다.

저자 씀

감사의 글

이 책의 내용 구성에 있어서 참고문헌 항에 표기한 많은 참고서가 크게 도움이 되었기에 이를 집필한 모든 저자들에게 감사를 드린다. 그리고 특허제도, 각종 특허관련 양식 및 작성요령 등의 내용을 구성하는 데 특허청 각종 간행물과 특허청 홈페이지(www.kipo.go.kr)에 실린 내용의 사용을 허락하여 주신 특허청장님(특허청, 문서번호 법무 56040-64, 2002. 02. 18.)께도 감사를 드린다.

특허정보검색 방법(제9장)을 제공하여 주신 한국특허정보원 신은경 선생님(2003. 11.)과 전자출원 방법을 제공하여 주신 특허청 콜센터의 염규철 선생님과 『지식재산 21』 내용 중 '신기술과 특허의 역사적 고찰' 이라는 신기술의 특허보호에 관한 변천사를 인용하도록 허락(2003. 11.)하여 주신 전기억 심사관님께도 감사를 드린다.

한국발명 진흥회의 홈페이지(www.kipa.org)에서 제공한 내용도 크게 도움이 되었음에 발명진흥회에 관계하는 여러분께도 감사를 드린다.

이 책의 워드프로세싱과 교정에 수고해 준 원광대학교 특허와 지적소유권 여러 수강생과 식품가공저장학 연구실 대학원생 및 학부생들에게 그리고 삽화의 일부를 그려준 둘째 딸 보람에게도 고맙다는 말을 전하고 싶다. 그리고 이 책이 출판되기까지 원고 수정과 편집 및 발행에 수고해 주신 도서출판 효일의 김홍용 사장님을 비롯한 임직원 여러분께도 감사드린다.

저자 씀

차 례

제1장 서 론

제2장 지난 2000년 동안의 위대한 발명품

제3장 창조력과 문제의식

제 4 장 아이디어 발상전략과 발상기법

제 5 장 발명의 진화 패턴과 진화 방해요인

제 6 장 전통적 발명기법과 TRIZ 40가지 발명기법

제 7 장 발명을 위한 문제 도출과 해결기법

제 8 장 발명의 시장성 평가

제 9 장 산업재산권 정보검색

제 10 장 출원서 양식과 작성방법

제 11 장 온라인 특허 출원방법

제 12 장 특허요건

제 13 장 특허제도

1 서 론

만물 중 인간만이 가지는 고유한 능력으로서의 발명력은 조상으로부터 받은 DNA에 공통적으로 내재되어 있기 때문에 발명가가 될 자격은 누구에게나 있으나, 발명력은 잠재적 상태로 존재하기 때문에 그의 발아 동기와 자기 노력 없이는 현실화하기 어려운 특성이 있다.

그러나 잠재적 발명력이 어떤 동기에 의해서 발아되면 그 발명력은 고갈되지 않은 샘물처럼 지속되는 특성이 있는데다가 또한 한번 편리해진 문화를 경험한 사람들은 문화 수준을 낮춰 살기 어렵고 새로움을 지향하는 삶을 위한 수단을 확보하기 위해서 발명을 계속 갈구하기 때문에 발명은 지속될 수밖에 없다.

또한 발명은 삶의 질을 높여 주고 부국강병의 원동력이 되지만 새로운 발명에는 유용성이란 이면에 사용 불편, 각종 공해 발생, 인전을 위협하는 요소 등의 불완전 요소를 가지고 태어나기 때문에 하나의 발명은 그 단점을 해결하여 이상성을 극대화하기 위한 또 다른 발명을 필요로 하는 특성이 있다.

발명은 인류애를 실현하면서 부와 명예를 얻고 신분을 상승시킬 수도 있고 발명가만이 누릴 수 있는 블루오션(blue ocean)이 될 수 있는 반면에 도용당하기 쉬운 약점이 있어, 발명가는 자기의 특허권 보호에 주의를 기울여야 하고 국가는 발명을 장려하고 산업을 발전시켜 선진국이 되기 위해서 발명가를 특허법으로 철저하게 보호해 줄 필요가 있다.

1 인간과 창조력

인류의 생활 무대인 지구는 지금으로부터 45억 년 전에 탄생되었고, 이 지구에는 35억 년 전 생명체가 태동하였으며, 5억 년 전에는 원시적인 물고기가 발생하였다. 이어 2억 3000만 년 전 공룡이 나타났으며 200만 년 전에는 범상치 않은 동물로 현생 인류의 조상인 손을 사용하는 인간(homo habilis)이 지구에 나타났다.

그 당시 인간의 생활은 다른 동물과 크게 다를 바 없었을 것으로 생각되며, 그 때 인간은 몸집이 크지도 않았고 달리는 속도도 빠르지 못 했으며, 특별한 도구 없이 살았기 때문에, 영화에서 보는 정글 속에 사는 유인원과 그다지 차이가 없었음을 쉽게 상상할 수 있다.

그러나 지금으로부터 1만 년 전 인류는 구석기 문화를 이루었다. 석기의 개발은 인간의 창조력 발휘의 초기적 결과이다. 그 당시 석기를 만드는 데는 적당한 도구가 없었기에 그림 1-1과 같이 돌에 돌을 내리쳐 만드는 정도의 것이었지만 그 당시로서는 대단한 창조였을 것이다.

인류는 사냥과 식량 채취에 편리한 여러 가지 형태의 도구를 꾸준히 개발하여 왔다. 나무에 높이 매달린 열매를 긴 막대기를 이용하여 따기 시작했으며, 맹수의 공격에 대응하거나 사냥을 위해서 처음에는 돌이나 몽둥이 같은 자연물을 이용했지만 나중에는 자연물에 약간의 물리적 변화를 주어 만든 예리한 돌칼이나 창을 이용하여 효과적으로 맹수를 물리치거나 사냥을 할 수 있는 지혜(wisdom)를 차츰 터득하게 되었다.

인류의 지혜는 더욱 발달하여 몽둥이보다 진보적인 창으로, 창은 다시 고차원적인 활로 진화되었다. 활은 에너지를 축적시켰다가 방출할 수 있게 구성된 새로운 발사체로 진화해 창보다 먼 곳에 있는 동물들을 공격하거나 사냥하는 데 매우 효과적이었다. 그 후 활은 총으로, 총은 대포로, 대포는 미사일로 발전하게 되었다.

이러한 발명품들은 모두 인간이 다른 동물과는 달리 자유롭게 기능하는 손과 높은 지능을 가지고 자연물을 변형시켜, 보다 편리하고 효율적인 생활을 만들어 가는 방향으로 창조력을 발휘하려는 본능에서 시작된 것이다.

[그림 1-1]
석기 시대 직접타격으로 석기를 만드는 상상도(A)와 주구점에서 발굴된 돌 제품(B, 찌르게들)
(과학동아 1990, 9)

(A)

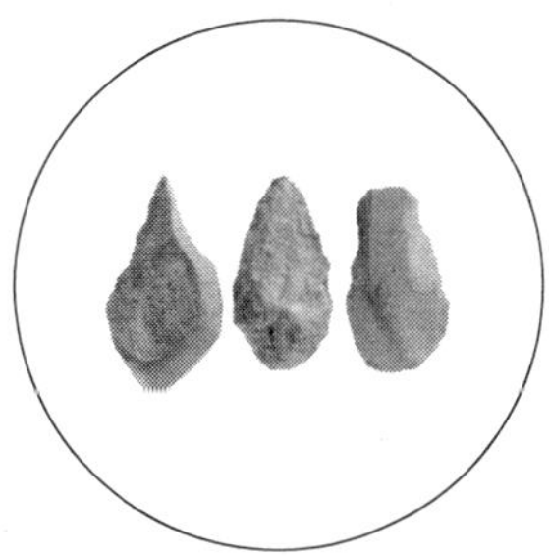
(B)

인류는 석기문화에 이어 철기문화를 열었으며, 더욱 발전한 형태의 청동기문화를 열면서 생활에 도움을 주는 수많은 기계·기구들을 만들어 냈다. 이들 기계·기구들의 속도는 점점 빨라지고, 크기는 작아지며 기능은 정교하면서도 안전한 기구·기계로 진화(evolution)되었다.

인간의 창조력은 이미 존재하는 자연물과 원리를 과학기술에 담아 새로운 발명의 형태로 전환하여 국가와 사회 발전의 원동력으로 삼고 동시에 인류의 삶을 보다 편리하고 풍요롭게 만드는 바탕이 되고 있다.

발명은 질병에 대한 이해와 대처방법 및 식량생산의 과학화를 통해 인간의 수명을 연장하는 데도 크게 기여하였다.

발명은 활동의 장애물로만 여기던 바다를 자원의 보고로는 물론 중요한 교통로로 활용할 수 있게 하였고, 새들에게만 허락되던 하늘을 비행기를 만들어 새보다 더 높이, 더 빨리, 더 멀리 날 수 있게 하였으며, 멀고 먼 길을 자동차로 달려 현대판 축지법을 구사하면서 살 수 있게 하였다.

발명은 하인보다 세탁을 잘하는 자동세탁기, 유능한 가정부보다 밥을 맛있게 자동으로 잘 지어 보관해 주는 자동보온밥통, 청소를 해주는 청소기 등을 가정에서 보편적으로 사용하는 시대, 즉 귀족이 대중화 된 사회를 열어 주었다. 이런 편리한 생활 도구는 2~3백 년 전에는 상상도 할 수 없었던 것들이다.

이처럼 눈부시게 발전한 발명의 수준을 생각하면 앞으로는 별 신통한 발명은 없을 것 같이 생각될 수 있지만 인류의 창조적인 활동은 앞으로도 지속될 것이다. 왜냐하면 인간의 창조력은 무한하며 국민의 창조력을 어떻게 일깨우느냐에 따른 실천적 노력여부가 잘 사는 나라와 못 사는 나라, 강한 나라와 약한 나라로 이분화시키기 때문이다.

2 발명의 개념

발명(invention)이란 일반적으로 '이전에 없었던 것을 처음으로 만들어 내는 것'을 말한다. 또한 기존의 어떤 것을 조합해서 새로운 기능을 창출하는 것으로 이는 마치 우리가 현재 사용하고 있는 단어를 서로 조합해서 시나 소설을 쓰고 색과 색을 배합해서 그림을 그리는 것과 다를 바가 없으나, 발명은 물리적 및 화학적 변형이 있다는 점에서 이들과 다르다.

발명은 인간이 능동적이며 의식적으로 창작한 것으로 새로운 개념을 형성하고 실행하는 것이지 자연적으로 발생하는 것은 아니다. 예를 들면, 전화기의 발명은 단지 편리한 통신 도구일 뿐이지만 전화기의 설계를 위한 새로운 원리의 발견을 포함하는 것과 같다.

발명은 어떤 대상에 대한 문제나 모순 인식을 가진 후에 그 해결에 대한 새로운 발상인 아이디어(idea)로부터 시작된다. 발명의 씨앗인 발상은 '어떤 생각이 떠오른다.' 또는 '사상을 표현하다.'라는 것을 의미한다.

한편 특허법에서 발명이라 함은 '자연법칙을 이용한 기술적 사상의 창작(실용신안권)으로서 고도한 것(특허권)'으로 정의된다.

여기서 '자연법칙'이란 자연계를 지배하는 물리적·화학적 원리 또는 원칙으로, 예를 들면 만유인력의 법칙, 가속도의 법칙 등을 가리킨다. 즉 인간의 심리적, 정신적, 생리적 작용을 이용한 것으로, 피로 퇴치법, 계산 방법, 암기 기억법, 진료 행위, 운동방법 등은 발명의 대상이 아니다.

'이용'이란 기술적 사상의 창작에 응용하거나 활용하는 것을 말한다.

'기술적 사상'이란 일정한 목적을 달성하기 위한 구체적인 수단으로써 자연법칙을 이용하여 특정 목적을 달성하고자 하는 기술적 사상체계를 말한다.

'창작'이란 모방에 대응되는 개념으로써 인위적으로 만들어 내거나 생각해 낸 것, 새로운 것, 자명하지 않은 것(창작의 3요소)을 말한다.

'고도성'이란 그 발명이 속하는 기술 분야에서 통상적인 수준에 있는 사람이 용이하게 발명할 수 없는 정도의 발명을 의미하며 기술 수준이 높은 것을 말한다.

또한 특허법에서 발명의 대상은 방법(process), 기계(machine), 제조물(manufacture), 조성물(composition of matter) 및 용도(new use) 발명 등의 법적 유형에 합당한 분야에서 과거에는 존재하지 않았던 어떤 것을 새롭게 창조한 것을 가리킨다.

발명은 현재 경쟁적 경제에서 요구되는 체계적인 혁신 모색으로써 기존의 모든 시스템은 개선될 여지가 있으며 더 개량할 수 있는 방법이 있다는 생각, 개선이 지속되지 않으면 쇠퇴하게 된다는 생각, 그리고 찾아보면 더 나은 방법이 나온다는 생각에 의해 달성된다. 그러나 발명은 문제에 대한 기술적 해법이 있어야 하고, 새로워야 하며 이미 알려진 해법과 근본적으로 다르면서 유용성이 있어야 한다.

발명은 과학 기술의 지속적인 진화 과정에서 볼 수 있는 새로운 개념의 창작물로 발명(출원자)은 특허법에 따라서 특허로 등록되어 특허권을 얻게 될 때 명실공히 의미가 있기 때문에 발명과 특허는 동전의 양면과 같다고 할 수 있다.

특허는 지식재산권(intellectual property right)에 포함되는데, 지식재산권은 전통적으로 저작권과 산업재산권으로 나뉘고 산업재산권은 다시 발명특허권, 실용신안권, 디자인권, 상표권으로 나눠지는데 이에 대한 자세한 내용은 제13장에서 다루기로 한다.

3 발명품의 진화

"만물은 변한다."라는 진리에 예외 없이 모든 발명품도 진화(변)하게 된다. 생물은 자연환경에 적응하여 살아남기 위해서 오랜 세월을 거쳐 계속 진화하지만 발명품의 진화는 인간의 필요에 의해서 진행되기 때문에 속도 면에서 보면, 생물의 진화보다 훨씬 빠르다.

발명을 통해서 세상을 바꿀 수 있다는 적극적인 생각이 시작된 지는 그리 오래되지 않았다. 1950년대까지 우리사회 구성원 중 십중팔구는 농업이나 어업 등에서 하루 종일 오직 식량획득업종에 종사하였다. 이 당시 남자는 아버지와 여러 선대의 할아버지가 살았던 삶의 방식을 따랐고, 여자 역시 어머니나 할머니의 삶의 방식을 답습하는 생활의 연속이었다.

사실 아득한 옛날 원시인들은 발명품을 사용한 것이 아니라 용도에 맞게 자연물을 발견해서 사용하였다. 그들은 주위에서 얻을 수 있는 날카로운 돌 조각으로 나무를 자르고 가죽을 자르는 데 사용하였으며, 불 역시 우연히 발생한 불씨를 발견하여 방안을 덥히고 음식을 익히는 데 사용하였다. 또 둥근 돌과 옴팍한 돌을 골라서 곡식을 갈아 가루로 만들어 먹는 데 사용하였다.

발명가들은 지금까지의 지혜와 지식들을 하나둘 서로 조합시키고 장점끼리 접목시켜 새로운 발명품으로 진화시켜 가고 있다. 이렇게 새로운 발명품이 탄생되면 그때까지 명품이었던 발명품은 소멸되고 만다. 그래서 새로운 발명품은 발명품의 탄생과 소멸의 진화선상에 있는 한시적 명품일 뿐이다.

새로운 발명은 어떤 목표의 실현이나 편리성의 개선 효과만이 아니라 다른 분야의 발명을 촉진하는 촉매가 되며 이 때문에 인류 문명의 발전 속도는 시대가 흐를수록 고속화되고 있다. 그래서 기존의 발명품은 미래 지향적인 진화의 흐름에 합류하지 않으면 쇠퇴해버리고 만다.

한편 평범한 사람들은 현재의 고도로 진화된 과학기술 및 발명품을 실감하면서 '앞으로 더 이상 진화의 여지는 없을 것 같다'는 생각을 하기 쉽다. 실제로 1899년 그 당시 미국 특허청장인 찰스 H 듀엘은 퇴임사에서 "이제 100년 정도가 지나면 발명은 바닥이 날 것입니다. 그 이유는 발명될 수 있는 모든 것이 발명되었기 때문입니다."라고 말했다.

그러나 그렇게 말 한지 100여 년이 지난 지금도 세계 도처에서는 새로운 발명품들이 속속 나오고 있는 현실을 볼 때, 새로운 발명을 보고 앞으로 더 이상 좋은 제품은 나올 수 없다고 생각하는 것은 새로운 발명이 더 많은 새로운 발명을 필요로 한다는 사실을 모르기 때문이다.

발명의 진화 속도는 모든 기업체나 국가에서 동일하지 않고 정치, 경제, 교육 시스템 지도자의 의지 등에 의해서 다르게 된다. 어떻게든 이러한 진화의 속도를 보다 빠르게 진행시킨 나라가 선진도가 높은 것이 현실이다. 그래서 선진국의 구성원은 후진국의 구성원에 비하여 과학에 대한 열망과 희망 그리고 기대가 높은 분위기이고 발명을 성취감과 명예의 목표로 삼으려는 의지가 강하다.

4 개인 발명과 팀 발명

인간의 지식과 경험 및 정보의 깊이와 폭은 한계가 있다. 그렇기 때문에 당연히 많은 임무를 한 사람이 진행하는 것은 비능률적이다. 또한 지식정보는 빠르게 새로워지고, 폭이 넓어지며 그 양이 폭발적으로 증가하고 있어서 이 시대에 한 사람이 가지고 있는 정보의 폭은 좁고 지식의 유효기간은 차츰 짧아지고 있다.

발명가에게 전문지식과 경험은 중요한 바탕이 되지만 지금처럼 기술 발전의 속도가 빠른 시대에는 그 효력이 빨리 사라진다. 그래서 어제까지 유능했던 사원이 다음 날 퇴직의 대상으로 뒤바뀌는 상황이 연출되고 있는 것이 오늘날의 현실이다.

한편 작은 발명과 단순한 기술적 발명은 개인 발명에서 이뤄진 경우도 많지만 대부분의 대발명은 대부분 기업이나 연구소에서 추진되며, 이들의 연구개발(R&D)은 대부분 대발명에 목표를 두고 있고, 신규성 유지, 시간과 경비 절약 및 효과의 극대화에 목표를 두어 추진되고 있다.

그래서 기업체에서는 발명과 R&D에서의 시행착오(trial and error)를 줄이기 위해서 폭넓은 전문적 지식과 목적에 부합하는 경험자들로 구성된 팀(team)을 한시적으로 운영하고, 일단 목표가 달성되면 그 팀을 해체하고 다시 새로운 목표에 맞게 팀을 구성하고 있다.

발명왕 에디슨(Thomas Alva Edison)의 경우도 천여 명의 연구원을 두고 필요한 연구와 문제를 세분해서 전문적인 연구원으로 하여금 다각적인 조건에 대한 연구를 수행하게 함으로써 시행착오를 최소화 할 수 있었다.

이런 현실에도 불구하고 많은 발명가들은 어떤 발명 목표를 수행하는 데 자기의 경험과 지식만으로 해결할 수 있다는 심리적 타성에 빠질 수 있다. 이 심리적 타성이 개인의 발명과정에서 시행착오를 일으키는 결정적인 원인이 되는 경우가 많다.

또한 발명 팀을 구성함에 있어서 그 분야에 깊은 지식이나 경험이 없는데도 일반적으로 이름이 유명하다고 해서 발명의 아이디어에 새로운 기능 부여나 개선에 도움을 줄 것이라고 믿는 것도 잘못된 생각이다.

왜냐하면 발명 팀에 대한 절실한 구심력도 없고 수행과정에서 소외되는 상황에 놓이게 되면 그 사람에 의해서 아이디어가 노출될 수도 있고, 또 한 분야에서는 탁월한 인물이지만 다른 분야에서는 무지할 수 있기 때문이다.

에너지에 관한 연구는 열역학을 전공한 연구원을 활용할 때 시행착오를 줄일 수 있고, 발효탱크를 만들 때에는 건축업자와 설계사만으로 만들면 시행착오를 면할 수 없지만 식품과학자의 조언을 받으면 시행착오를 훨씬 줄일 수 있다.

인터넷의 탄생 역시 여러 분야의 발명가가 발명한 칩(chip), 네트워킹(networking), 음극선관, 전화기, 전기 등이 유기적으로 연결되어 이루어진 시스템이다. 휴대폰 개발 역시 하드웨어, 소프트웨어, 생산기술 등 여러 분야의 기술이 복합적으로 적용되었으며, 개발 기간도 상당히 길었다. 휴대폰 개발에 필요한 인력과 시간은 3백 명이 3백 개월이 걸릴 만큼 많은 사람과 시간이 필요하였다.

에디슨에 이은 발명왕 야마자키

에디슨은 발명의 숫자에서나 인류문명의 개벽성에서 볼 때 "발명왕"이라는 별명은 여태까지 당연하였다. 그러나 최근에 발명의 숫자에서 에디슨을 능가하는 발명가가 일본에서 탄생함으로써 발명왕의 칭호는 수적으로만 따지면 더 이상 토머스 에디슨의 것이 아니다.

일본의 한 반도체에너지 연구소 사장인 야마자키 슌페이(62)의 특허 출원건수가 3245건으로 2332건을 출원하여 출원 건수 세계 1위 기록자인 에디슨을 제치게 되었다. 야마자키는 세계 최다 출원자로 인정받아 기네스북 개정판에 등재되었다.

야마자키 사장의 대표적 발명은 디지털 카메라와 휴대전화의 기억매체로 이용되는 플래시메모리의 기본 원리에 관한 특허이다. 지금 시장 규모만 1조 엔(약 9조 원)을 넘는 대표적 반도체 소자지만 실은 야마자키 사장이 30여 년 전인 도시샤대 대학원 재학 시절에 취득한 것이다.

그는 20대에 이미 130건의 특허권을 취득했고, 1980년에 반도체 에너지 연구소를 설립했다. "일본은 모방 기술이 많지만 보다 독창적인 기술을 확보하지 않으면 안 된다."는 일념으로 연구에 전념했다고 전해진다. 야마자키 사장은 박막 트랜지스터, 태양전지, 각종 표시 소자 등 첨단 분야에서 계속 특허 수를 늘리고 있다

DNA 구조 발견으로 노벨상을 수상한 왓슨(James Watson)은 "생물학자인 자신, 물리학자인 크릭(Francis Crick), X-선 결정학자인 윌킨스(Maurice Wilkins)와 함께 있지 않았다면 DNA 구조 발견으로 노벨상을 수상하는 일은 불가능하였다"라고 술회한 것을 보아도 위대한 발견·발명은 팀 구성이 중요하다.

어떤 문제 해결을 위한 사고 깊이와 넓이에는 한계가 있기 때문에 시행착오를 줄여 시간과 경비 및 노력을 줄이기 위해서는 자기의 지식이나 경험뿐만 아니라 문제 해결 능력을 가지고 있는 노후(know-who)를 잘 활용하는 것이 중요하다.

그렇다고 보통 사람이 발명가가 되는 시대는 지났다거나 개인발명가는 행운을

잡지 못한다는 말은 아니다. 그 이유는 새로운 산업을 일으킨 발명 중 73%가 개인 발명자들로부터 나왔기 때문이다.

벨(Alexander Graham Bell)의 전화기, 마르코니(Guglielmo Marconi)의 무선전신, 파스퇴르(Louis Pasteur)의 멸균법, 루엔후크(Anothony van Leuwen-hoek) 현미경, 에디슨(Thomas Alva Edison)의 축음기, 전구 및 양끝 구멍 뚫린 필름, 와켈(Felix Wankel)의 회전식 자동차 엔진, 싱크래어(Clive Sinclair)의 휴대용 계산기 및 디지털시계, 랜드(Edwin Land)의 폴라로이드 즉석카메라, 돌비(Ray Dolby)의 마그네틱테이프용 음향 시스템, 루빅(Erno Rubik)의 육면체 퍼즐 및 우드(Ken Wood)의 음식 가공기(food processor) 등은 모두 개인 발명에 의한 것들이다.

5 발명은 필요의 산물

인류는 지구상에 출현하면서부터 편리성과 행복을 영위하기 위한 노력을 계속해 왔다. 처음에는 나무로 만든 도구를 창조하였고, 다음은 돌로 만든 도구를 사용하였으며 불을 발견한 이래 발명품은 내구성이 있는 금속 재료로 만든 도구를 사용했다. 그리고 이미 사용하던 용구들은 기능은 더 좋아지고 크기는 더 작게 만들어지고 있다.

우리 생활에서 손가락 대용품인 수저와 젓가락을 만들어 사용함으로써 식생활을 위생적으로 할 수 있게 되었고, 돌칼이나 나무칼은 금속제로 재질이 바뀌면서 질긴 음식을 잘게 자를 수 있게 되었으며, 발로 걸어 이동하고 짐을 운반하다가 수레, 자동차, 기차, 선박을 이용함으로써 많은 짐을 먼 거리까지 빨리 운반할 수 있게 되었다.

수동 드라이버를 이용해서 나사못으로 조립 또는 나사못으로 조립된 시스템을 해체하는 작업을 할 경우 힘이 너무 들고 작업능률이 낮은 데 비하여 전동드라이버를 사용하면 힘은 현저하게 덜 들면서도 작업능률은 획기적으로 개선된다.(그림 1-2) 전기로 전등을 밝혀 어두운 밤을 낮과 같이 밝혀 밤에도 일을 해야 하는 사람들에게 더 많은 일을 할 수 있게 하였으며, 가스의 발견은 음식을 편리하고 쾌적하게 조리할 수 있게 되었다. 신선한 수돗물과 공중 하수 처리 시설은 이전에 콜레라와 각종 수인성 전염병으로 희생자가 많았던 도시의 위생 수준을 개선시키는 데 크게 기여하였다.

만약 우리 일상생활에서 현재 사용하고 있는 문명의 이기들 즉, 밥을 자동으로 지어 주는 자동보온밥솥, 더러운 빨래를 세탁하여 주는 자동세탁기, 실내의 먼지를 청소해 주는 진공청소기, 실내를 밝혀 주는 전등, 소식을 보고 듣는 TV, 행정, 정보, 유통의 신경망인 인터넷, 실내를 적당한 온도로 유지해 주는 냉난방기 등을 일시에 사용할 수 없게 된다면 우리의 생활은 바로 원시적 생활과 다를 바 없는 상황으로 전락하고 말 것이다.

인간은 한번 누린 문화 수준보다는 낮추어 살기는 어렵고 보다 향상된 문화를 추구하는 속성을 가지고 있다. 일상생활에서 공기를 제외한 모든 용품들은 인간이 창조한 것을 사용하고 있지만 이제는 공기마저 인간이 만든 시스템을 거친 공기를 이용할 만큼 현재 인류는 싫든 좋든 발명품을 배제하고는 살 수 없게 되었다.

[그림 1-2]
수동식 드라이버(a)와 전동식 드라이버(b)

(a) (b)

이렇듯 모든 발명은 목적을 효과적으로 달성하는 수단을 확보하려는 필요에 의해서 달성되는 결과물이기 때문에 "필요는 발명의 어머니"라는 말은 발명가들이 쉽게 실감하는 말이다.

6 발명에 일찍 눈뜬 나라 영국

섬나라 영국은 15~16세기까지 유럽 국가 중에서 형편없이 가난한 나라 중의 하나였다. 그 당시는 이탈리아가 모든 면에서는 앞서 있었다. 그러한 영국에서 1780년 와트(James Watt)가 증기기관(그림 1-3)을 발명함으로써, 영국은 인류가 농경사회에서 산업화 사회로 진화하는 데 있어서 선도적인 국가가 되었다.

이 증기기관은 방직기, 기차 및 선박 등의 원동기로 쓰이다가 부피가 크게 작아진 내연기관으로 진화되어 지금은 자취를 감추게 되었으나, 증기기관은 그 당시 세상을 바꾼 위대한 발명이었다. 증기기관을 활용한 산업혁명은 영국이 24시간 내내 해가 지지 않는 부국강병의 대영제국을 건설할 수 있게 하는 원동력이 되었다.

영국이 주도한 산업혁명 이후 각국은 발명만이 부국강병의 길임을 깨닫고 독일, 프랑스, 미국 등은 국가적으로 국민의 발명의지를 활성화하여 선진국으로 돌입하였고, 그 후 동양에서는 일본이 "잃어버린 10년을 만회하자"라는 슬로건을 걸고 국민의 발명 의지를 활성화함으로써 발명 특허 출원 및 등록건수에서 미국을 제치고 세계 1위를 차지하는 나라가 되었다.

한국도 5.16혁명 정부가 달성한 주식자급과 과학입국의 추진정책이 시발점이 되어 21세기에 들어서면서 우리의 산업재산권 출원 및 등록건수가 크게 증가하여 이제 세계 6위(2005)를 차지하고 있으며, 이것이 바탕이 되어 우리의 국력과 경제력도 크게 신장되었다고 볼 수 있다.

물론 출원건수가 많다고 반드시 등록건수가 많다고 할 수 없으며, 또한 등록된 산업재산권 모두가 실용성과 시장성이 있는 발명이라고는 할 수 없다. 예를 들면 출원건수에서 보면 미국이 일본에 뒤지지만 아직도 일본은 미국에 많은 기술료를 지불하는 실정으로 이것은 일본이 등록건수는 많지만 원천기술면에서 떨어지는 수준이라는 것을 의미한다.

그래서 기술 개발경쟁이 치열한 가운데 영국은 20세기 후반에 과학기술 및 경제의 성장면에서 미국이나 일본에 뒤지고 있다. 이러한 결과는 영국이 강국의 위치를 유지시키려는 노력을 하는 과정에 영국식 노동운동이 전국적으로 장기간 지속되면서 모든 면에서 정체성을 면치 못하는 동안 후발 선진국들이 맹렬한 추월 노력을 했기 때문이다.

그럼에도 불구하고 영국은 아직도 원천기술을 개발하여 로열티를 많이 받고 있는 나라 중의 하나이며, 현재 원천기술 개발에서 열세를 만회하고 과거 산업사회를 선도한 영광을 되찾기 위해서 다시 국가 연구촉진공사를 설립해서 거국적으로 국민의 발명력을 일깨우는 데 총력을 다하고 있다.

[그림 1-3]
왓트가 발명한 최초의 증기기관

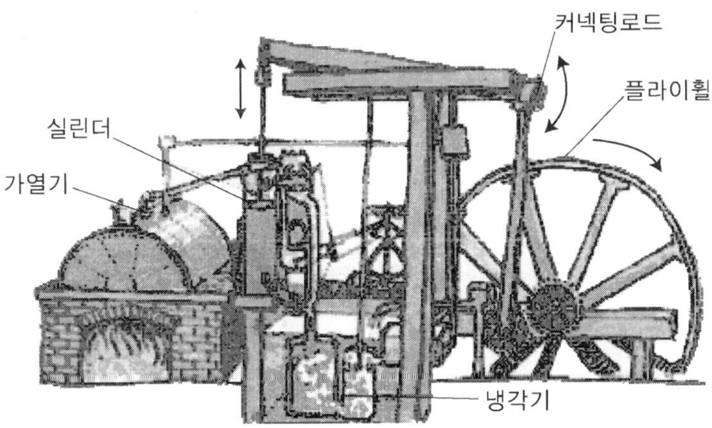

7 잠재적 발명력과 발아 동기

지금까지 발명으로 유명한 사람들을 보면 발명만을 목표로 연구실을 차려 놓고 직업적으로 발명을 시도한 사람은 극소수이고, 대부분은 자기 직업을 가지고 생활하면서 아이디어를 얻어 발명을 한 사람들이 많다.

발명에는 엔지니어나 혹은 과학자가 유리한 것은 사실이지만, 발명가가 되기 위해서 꼭 엔지니어나 혹은 과학자이어야 한다는 생각은 옳지 않다.

예로서 영국에서 조사된 것을 보면, 의료기기를 개선한 사람들 중에 의료계에 종사하는 사람은 6%에 지나지 않았다고 한다. 나머지는 광고업, 조각가, 속기사, 자연 치료사, 음악가, 손해사정사, 정원사, 차량중량 단속반, 휴양지 콘도업자 등이었다. 또한 발명은 시간이 많은 사람들만이 할 수 있는 것도 아니다. 한 통계를 보면 시간적 여유가 많은 은퇴자들 중에는 약 5% 정도라고 한다.

발명력은 평소에 어떤 사물이나 현상을 볼 때 활용 효과나 개선의 여지 및 문제점 등을 인식하는 것에 남달리 습관화된 사고력을 가진 사람에게서 나오기 때문에 개인들 간의 발명력 여부는 실제로 조그마한 차이에서 비롯된다.

인간과 침팬지는 DNA 구조에서 98% 이상이 서로 같고 단지 2% 이하 밖에 차이가 없는데도 인간은 침팬지와는 전혀 다른 능력을 지니고서 다른 삶을 살고 있는 것처럼 발명가가 되고 못 되는 것은 생각이나 발명 습관에 있어서 자그마한 개인차로 인해 결정된다고 할 수 있다. 모든 인간은 잠재적 발명력이 담긴 DNA를 조상으로부터 받아 태어나지만 일생동안 발명력이 발아되는 사람보다는 발아되지 않는 사람이 훨씬 더 많다.

잠재적인 발명력은 발명 교육 프로그램을 경험할 수 있는 동기를 부여 받을 때 일깨워질 수 있다. 한두 번 발명의 대상을 선정해서 아이디어를 스스로 구체화하고 발명을 완성해서 특허권을 출원해서 산업재산권을 가져보는 동기를 받게 되면 그 때부터 그 사람은 잠재적 발명력에 불이 붙어 자기도 모르는 사이에 발명의 세계를 탐험하는 재미를 느끼게 되며 이러한 탐험은 노년까지도 지속되는 속성이 있다.

이는 그림 1-4에서 볼 수 있듯이 등유가 든 등잔은 성냥과 같은 불씨를 만날 때만 빛 발하는 것처럼 사람의 잠재적 발명력 역시 발아 동기를 부여 받을 때 발아될 수 있고 발아 동기를 부여받지 못하면 그 잠재적 발명력은 발아되지 못한 채 흙에 묻히고 만다.

상대성이론을 만든 아인슈타인(Albert Einstein, 1879~1955)은 다섯 살 때 아버지가 사준 나침반의 신기함에 빠지는 동기로 그는 결국 과학자가 되었다고 말했고, 1959년 노벨 물리학상을 받았고 양자역학 발전에 크게 공헌한 미국의 유명한 물리학자 파인 만(Richard P. Feynman, 1918~1988)은 어린 시절 아버지와 함께 장난감 자동차 위에 놓인 구슬이 차가 진행하는 반대 방향으로 움직이는 것을 신기하게 여기고 이것을 실험하면서 운동의 상대성과 관성에 관한 이해를 갖게 되었다고 한다.

이처럼 사소한 경험과 동기는 사람의 일생에 중요한 영향을 주게 된다. 그런 관점에서 볼 때 발명 교육 프로그램은 영원히 발아할 수 없을 뻔한 잠재적인 발명력을 발아시키는 가장 좋은 동기가 될 수 있다.

[그림 1-4]
등유가 든 등잔과 불이 붙은 등잔

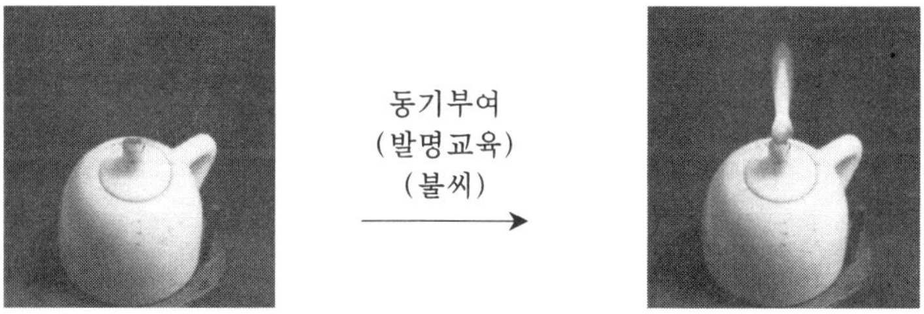

등유가 든 등잔(잠재적 발명력) 성냥으로 불을 붙임(발명력 발아)

8 발명가의 자격과 속성

발명은 과학지식이 풍부하고 학벌이 높은 사람의 전유물이 아니고 천재나 할 수 있는 것은 더욱 아니다. 발명가 자격은 자연과학을 공부한 사람에게 다소 유리한 점이 있으나 자연과학 분야 학력이 필수 조건은 아니며 또한 종교, 성별, 나이 등에 상관없이 누구에게나 있다.

발명은 소유주가 없는 수많은 자연법칙이나 선행기술을 활용해서 누구나 발명을 할 수 있다. 발명에 활용되는 원리나 자연법칙은 물론 아이디어는 인간의 노력으로 만들어진 것이 아니고 자연적으로 존재하기 때문에 이들은 누구나 발견해서 사용할 수 있는 자원이다.

발명가들에게는 그들이 접촉하는 모든 물건, 신문 내용, TV 프로그램, 친구의 이야기, 어린이들의 놀이는 물론 어린이 이야기, 공상 영화나 만화 등도 다 중요한 발명의 자원이 될 수 있고 발명가들은 이런 자원으로부터 남다른 직관력을 발휘해서 아이디어를 착상하는 습관이 있다.

시스템의 기술적 문제(모순)를 해결하는 데 누구나 활용할 수 있는 자연법칙이나 이화학적 및 기하학적인 원리나 효과는 약 6,000개가 있다고 한다. 그러나 보통의 과학자들은 그 중 50~100개 정도의 현상과 효과만을 활용하는 정도라고 하니 발명의 의지를 가지고 노력하면 발명의 대상과 활용 가능성은 무궁무진하다.

인간의 능력은 무한하지만 일생 동안 그 능력을 100% 발휘하는 사람은 아무도 없다. 그래서 인간의 능력은 인간의 잠재력을 일깨울 수 있는 노력여하에 따라서 다르며 노력하면 놀랄만한 결과도 생긴다.

'발명가가 되느냐 못되느냐?'하는 문제도 자신이 현재 접하고 있는 물건마다에 대하여 '개선의 여지는 없는가?'라는 문제를 던져보는 습관을 가진 자와 가지지 않은 자의 차이이다.

에디슨은 발명왕으로 칭송되고 있으나 어렸을 때부터 천재성이 있는 것도 아니었으나 성장하면서 발명에 대한 의지가 남다르게 지속됨과 동시에 발명 대상이 주어지면 끈질긴 노력으로 발명을 이루어내는 사람이었다. 에디슨은 "발명(invention)은 1%의 영감과 99%의 노력에 의해 이뤄진다."는 그의 발명철학에서 끈질긴 노력만이 발명가가 될 수 있게 해줌을 잘 말해 주고 있다.

이처럼 인류 문화창달에 크게 기여한 사람들은 대부분 후천적으로 잠재능력이 개발된 영재가 많다. 그래서 발명가는 태어나는 게 아니고 태어난 후 만들어지므로 발명의 천재는 없고 발명의 영재만 있을 뿐이다.

예로서 위대한 과학자 아인슈타인의 초등학교 때 생활기록부(지능지수 : 82, 사회성 지수 : 74로 사회성 없음, 신체건강 정도 : 자주 아픔)를 보면 위대한 발명가의 학교생활치고는 문제가 많았던 학생으로 볼 수 있다. 이런 정도면 우리 사회에서는 희망 없는 아이로 낙인찍혀 더 이상의 진보를 기대하기 힘들지만 이 학생이 세상을 바꾸어 놓는 상대성 원리를 밝혀낸 위대한 과학자가 되었다.

천재와 영재의 의미

천재와 영재를 일반적으로 같은 뜻으로 사용하는 경우가 많으나 엄밀히 말하면 천재와 영재는 다른 개념의 말이다. 일반적으로 두뇌가 비범한 사람을 일컫는 단어로 '천재', '영재', '신동' 등이 있는데 교육자들은 '천재'라는 단어보다 영재라는 단어 사용을 더 좋아한다.

천재란 천부적인 자질을 가지고 있어서 교육을 받지 않아도 비범한 능력을 발휘한다는 뉘앙스가 있는데 비하여 영재란 타고난 재능도 있지만 교육을 통해 잠재 능력이 현실화되어 비범함이 돋보이는 사람이다. 그래서 천재보다 영재가 비교우위에 있다는 생각은 오해다. 천재는 절대성이 있는 듯하지만 영재는 상대적으로 구별된다고 할 수 있다. 과학 분야는 물론이고 예술 분야에서도 이 아이가 저 아이보다 낫다는 상대적 비교는 가능하지만 이 점수 이상은 천재 또는 영재라는 기준 설정은 불합리하다. 그래서 영재를 가려내는 방법은 피라미드 모델을 사용해서 광범위 집단에서 상위 1%를 골라내 추려낸 사람들 안에서 다시 1%를 골라내는 식으로 선발하는 것이 이상적이다.

실제적으로 영재는 문제를 잘 푸는 능력의 소유자이기도 하지만 문제를 잘 푸는 것은 영재성 중에서 가장 낮은 단계이고, 문제를 푸는 방법을 체계화하는 것이 그 위 단계이며 최상의 영재성은 문제 자체를 스스로 설정해내는 능력이라고 할 수 있다.

또한 다년간 총 수입 세계 1위를 차지하고 있는 세계적 소프트웨어 왕인 빌 게이츠(Bill Gates)도 하버드 대학을 2학년 중퇴한 경험자이다.

이처럼 위대한 발명가들 중에는 틀에 박힌 교육보다는 창조성을 구사하는 것에 관심이 집중되는 경우가 많기 때문에, 이러한 창조적인 괴짜들은 틀에 박힌 학교교육 과정에 자칫 흥미를 잃을 수 있는 속성이 있다.

발명가는 다른 사람과 같은 공간에서 같은 시간에 같은 일을 해도 신기하게 아이디어를 내는 능력이 있는데, 이는 다른 사람보다 사물을 볼 때 각도를 단지 달리하는 습관의 차이일 뿐이다.

한편 발명가는 풍부한 상상력과 아이디어만으로 될 수 있는 것은 아니다. 예로서, 세계적으로 유명한 화가였으며 거의 모든 면에서 뛰어난 레오나르도 다빈치(Leonardo da Vinci, 1452~1519)는 그의 노트에 비행기, 헬리콥터, 탱크, 권총, 롤러베어링, 톱니바퀴, 낙하산, 잠수복, 갑문, 원심펌프, 수압기, 방직 기계, 제분기 등에 대한 스케치를 그것도 거울에 비친 모양으로 그릴 정도로 대단한 상상력을 가진 사람이었지만 그의 아이디어는 하나도 현실화된 것이 없다.(그림 1-5)

[그림 1-5]
레오나르도 다빈치가 그린 비행기, 헬리콥터 낙하산의 상상도

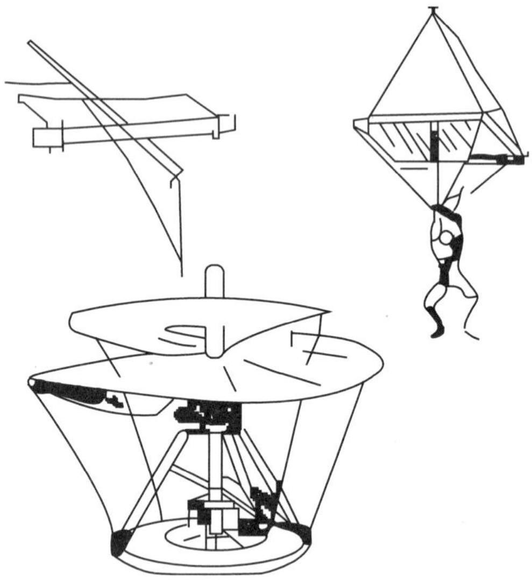

발명가가 되기 위해서는 레오나르도 다빈치처럼 우수한 상상력을 가지는 것이 중요하지만, 상상으로만 되는 것이 아니고 그 상상을 창작으로 현실화시키는 추진력이 필요하다.

그래서 "어떤 사람이 발명가가 될 수 있을까?"라는 물음에 대한 답변은 쉽지 않으나 참된 과학자를 포함해서 발명가는 여러 가지 공통점이 있다. 발명가의 두드러진 습성은 하루 종일 같은 진폭으로 열심히 움직이는 시계추와 같은 근면함과 성실성을 엿볼 수 있다.

대개 발명가들은 한번 실행할 목표가 선택되면 집중하는 사람이며 인간 관계 중심으로 바쁜 사람이 아닌, 일 중심의 생활 패턴을 가지고 있다. 관계중심의 사람들은 발명이나 연구 외의 일에서 명예를 얻으려는 성향이 높고, 얹히기 연구자 또는 발명가로 남는 데 능숙하다. 관계중심의 생활을 하는 사람은 자기가 직접 실험 조작을 수행해 보지 않아 새로운 아이디어를 얻을 소재가 빈곤한 사람들이라고 할 수 있다.

발명가는 야구 선수와 비슷하여, 야구 선수가 홈런을 못 칠까 걱정해 방망이를 내밀지 않으면 안타도 홈런도 없는 것처럼 발명가가 성공을 하지 못할까 하는 염려로 발명을 시도하지 않으면 그의 무한한 발명력은 발아되지 못하고 무덤에 묻히고 만다. 비발명가들은 어떤 현상을 재미있고 신기한 그 자체만을 보고 넘어가기 쉬운 속성이 있지만 발명가들은 작은 현상에 대해서도 문제의식이 투철하고 그 문제 해결을 위해서 원리를 잘 이끌어내는 노력과 직관력을 가진 사람들이다. 또한 보수적 사고, 수직적 사고, 주변에 대한 무감각, 무사 안일한 생활습성을 가진 사람은 1,000권의 책을 읽는다고 해도 발명의 잠재력은 일깨워지지 않는다.

발명가는 일상생활에서 사용하는 기계·기구에 대하여 직관력을 가지고 최소한 STCS에 대한 모순(문제점) 발견과 해결 방법을 생각하는 습관이 강한 편이다. 여기서 STCS는 S(size : 크기), T(time : 시간), C(cost : 비용 convenience : 편이성), S(safe : 안전)을 의미한다.

그러나 발명가들 대부분이, 부지런하지만 자기 발명의 마케팅에는 약한 속성이 있다. 다시 말해서, 현대 발명가들은 그 발명 내용을 곧 돈으로 보상받기 이전에 특허 지향적이고 발명 내용에 대하여 시범을 잘 보여야 하는 현실적 감각을 구사할 능력을 요구받고 있으나, 발명가들 중에는 성격적으로 이에 부응하지 못하여 발명의 결과가 빛을 보지 못하거나 뒤늦게 평가받는 경우가 있다.

한편 우리의 현실에서 발명가는 남달리 발명이라는 힘든 일을 하면서도 다른 사람들로부터 나오는 부정적인 전망을 견디는 인내심을 가져야 할 때도 있고, 때로는 발명에 대한 점잖은 칭찬에 대하여 또는 다른 사람들로부터의 냉소적 평가에 대하여 표정관리에 능해야 할 필요를 요구받기도 한다.

마크 트웨인(Mark Twain)이 "이 새로운 아이디어를 가진 사람은 괴짜이다. 그것이 성공할 때까지..."라고 한 말에서 발명가는 성공하기까지 이상한 사람으로 취급받을 수도 있고, 외로울 수도 있으며 또한 인내심을 가져야 함을 시사하고 있다.

한편 발명과 과학기술은 서로 밀접한 관련이 있고 이 두 분야에 관계하는 사람을 각각 발명가와 과학자라고 말하는데 발명가와 과학자가 하는 일에는 차이와 공통점이 있다.

과학자는 새로운 현상의 증명을 위해서 순수한 과학기술의 탐구와 복잡한 현상을 논리적이고 유기적으로 관계를 정립하는 기술을 구사할 수 있는 능력을 가진 사람이라면 발명가는 가설(hypothesis)이나 아이디어를 현실화할 수 있는 능력을 가진 사람이다. 반면 이들의 공통점은 자기로부터 시작되는 힘든 발명과 과학적 탐구 행위가 자기를 괴롭히는 것이 아닌 재미있는 것으로 승화할 줄 아는 사람들이라는 점이다.

한편 현재 여성 발명가의 수는 적은 편이지만, 요즈음 미국과 일본에서는 여성 발명가들의 수가 빠른 속도로 증가하고 있다. 특히 가정생활 분야에서는 여성 발명가들이 남성 발명가들을 앞지르고 있는 추세이다. 그 이유는 가정에 사용하는 물건의 수도 많고 개선의 여지가 많아 여성이 남성보다 발상의 자원을 보다 풍부하게 가지고 있고, 또 여성들은 독학적인 달성 의욕이 강한 면이 있기 때문이다. 남녀노소를 불문하고 발명가에게는 흔히 발명이라는 중독성이 있을 수 있다. 그러나 이 중독은 정신 건강에 좋은 행복한 중독이다. 그래서 발명가에게는 정년이 없다.

9 발명의 양면성

우리는 과학기술 발전 즉 발견과 발명으로 이루어진 편리성을 구가함과 동시에 사용상의 위험, 각종 공해 등 부작용을 감수해야 하는 이중성을 안고 있다.

핵반응 원리에서 나온 원자탄이 제2차 세계 대전을 종식시켰으며 탄산가스 배출의 전혀 없는 값싼 전기에너지를 얻는 방법으로 사용되지만, 핵반응으로 가공할 핵폐기물의 양산과 안전시설 미비로 일어나는 피해 또한 막대하다.

발명은 그 사회를 크게 발전시키고 삶의 질을 크게 향상시켜 주지만, 반대로 발명의 불꽃이 점화되지 않은 지역은 종속된 경제체제를 면치 못하는 그늘을 만들기도 한다.

문자 인식기술의 발달로 손가락 결제가 현재 일부 슈퍼마켓에서 시도되고 있으나 이 결제방식은 안전성과 편리성이라는 장점 이면에 사생활 노출이라는 사회적 문제가 따른다.

발명품 중에서 처음에는 선한 목적으로 발명된 것이지만, 나중에는 그 발명품이 변형되어 사람을 해치고 비도덕적인 쪽으로 사용되는 것들도 있다. 발명의 어두운 면은 "인간은 욕심을 채우기 위해서라면 그 유해 요인이 구체화되고 자신에게 직접 영향을 미칠 때까지는 기술의 위험을 이해하지 못한다."라는 터너(E. Tenner)의 리벤지 효과(revenge effect)가 이를 반영하기도 한다.

그렇다고 발명의 유익성에 수반될 수도 있는 유해성을 우려해서 발명을 하지 않는다면 우리 생활 문화의 수준은 지금처럼 발전하지 못 하였을 것이다.

발명품이 전혀 없고 자연물로 가득한 원시시대의 한사람으로 돌아가 상상해 보면, 옷은 풀잎이나 이음새도 좋지 않은 가죽으로 만든 옷을 입고, 밤에는 깜깜한 밤을 보내며, 겨울에는 습기 찬 동굴에서 지금의 가축보다 더 거칠고 비위생적인 식생활을 할 것이고, 자식은 임신하는 데로 생산하지만 산 자보다 죽은 자가 더 많을 것이며, 전등이 없어 해가 뜨고 지는 것에 의존하는 생활을 하고, 병에 걸려도 원인조차 모르고 죽어 가는 것을 운명으로 여기며, 맹수의 침입을 받으면 물리치기보다 달아나다가 잡혀 먹히는 자가 많았을 것임을 상상할 수 있다.

인간은 자연 종속적인 불편한 생활로부터 자연을 조절하여 편리하게 생활하기 위한 필요를 충족시키려는 수단의 확보를 위해서 발명을 하여 왔다. 지속되는 발명에 우리 인간은 희망을 가질 수 있고 그 결과 오늘 날처럼 고도의 문명사회를 이룬 것이다.

따라서 발명은 대개 유용성과 유해성이라는 양면성을 동시에 가지고 탄생하는데 이 유해성을 최소화하는 방법이 또 다른 새로운 발명을 이끌기 때문에 발명은 또 다른 발명을 낳는 특성이 있다.

10 발명이 사회에 미치는 영향

우리나라는 지난 30여 년 만에 농업 위주의 경제에서 신흥 산업경제로 급성장하였다. 국민 1인당 총생산량은 아프리카의 수단보다 적었고, 남미에 있는 멕시코의 3분의 1에도 미치지 못했다.

하지만 1962년부터 경제개발계획이 추진되면서 우리나라 경제는 연평균 9% 정도의 성장을 기록하여, 경상가격으로 1인당 국민 총생산량은 1962년에 87달러였지만 1994년에는 8,483달러에 달하였다. 이는 수단에 18배, 멕시코의 2.3배 이상이 되는 수준이라고 한다.

우리나라 기업들은 산업화 과정에서 30여 년 만에 몇 개 분야에서 경이적인 성장을 이룩하였다. 이러한 성장은 과감한 기술변화에 기인하였고, 이러한 기술변화는 시간이 흐름에 따라 축적된 기술능력(technological capability)으로부터 나온 것이다.

이런 결과의 한 예로 그림 1-6에서 볼 수 있는 바와 같이 2002년 10월을 기준으로 우리나라가 세계 반도체 시장 점유율에서 1위를 차지하고 있는 것은 과감한 기술 변화 노력의 결과로 평가할 수 있다.

[그림 1-6]
국가별 반도체 시장점유율

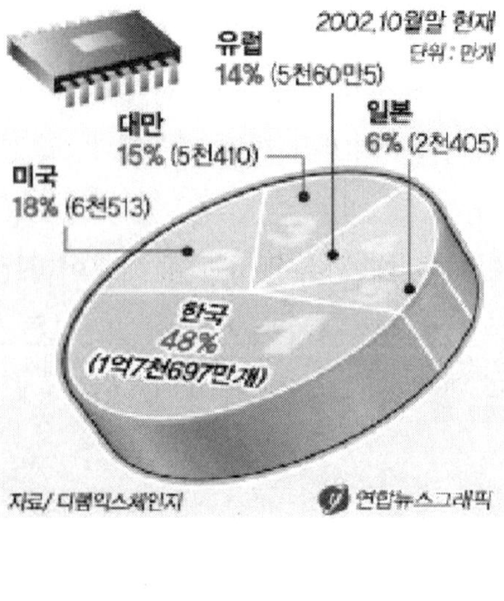

기술(technology)은 인간생활의 시작과 발걸음을 같이 해 온 것으로 인간에 의해서 창조되었고, 자연에 대한 종속성을 감소시키는 역할을 해 왔다.

기술이란 어떤 물건(원료)을 다른 물건(생산물)으로 바꾸는 데 활용되는 물리적, 화학적 및 생물학적 변화, 환경 모두와 이 변화 과정에 포함된 활동을 조직화하는 지식과 기량을 의미한다. 자세하게 말하면, 기술은 변화과정을 위한 설비를 처음 만들어 작동시키고, 개선시키며, 확장하는 것은 물론, 여기에서 나오는 산출물을 설계하고 개선시키는 과정에 적용되는 지식(knowledge)과 기술(skill)이다.

기술능력이란 기존 기술을 흡수하고 사용함은 물론 이를 약간 바꾸거나 변화시킬 때의 기술지식(technological knowledge)을 효과적으로 활용할 수 있는 능력을 의미한다.

한편 하나의 발명은 산업발전과 국가 경쟁력 제고, 경제 수준향상에 따른 삶의 질을 개선하여 사회문화 변화에 절대적인 원동력이 되고 있다.

16, 17세기에는 코페르니쿠스, 갈릴레이, 호이겐스, 뉴턴 등이 눈부신 활약을 했고, 이들에 힘입어 18세기에 들어서 각 나라에서는 과학아카데미가 설립되어 과학기술에 대한 사람들의 관심이 높아지는 과학 혁명 시대로의 전진과 함께 희망과 기대를 가지게 되었으며 18세기 후반에 와트가 과학기술 지식을 이용하여 세계 최초로 증기압으로 기계를 움직이는 증기기관을 발명함으로써 이는 산업사회를 여는 데 원동력이 되었다.

발명은 인간의 활동 반경을 확대해 주고, 인간을 힘든 노동으로부터 해방시키며, 노동자는 자본가로부터, 인민은 군주로부터 해방되고, 파괴적 전쟁을 억제하는 데도 공헌하여 왔다.

하나의 발명은 본 산업뿐만 아니라 다양한 관련 산업을 일으키는 효과가 있다. 예를 들면 자동차 발명은 자동차의 기본 구성 요소인 엔진, 변속기, 브레이크, 타이어 등 상위계(supersystem)를 위한 산업 즉, 기계, 전자, 고무, 철강 산업 등은 물론 다양한 하위계(subsystem)를 위한 산업 발전이 필요하게 된다.

자동차를 생산하고 운용하는 데 필요한 하위계로는 차 시트, 카 TV, 카 오디오, 정유산업 및 주유소, 공구, 도로 시설, 신호 체계, 차선 도장, 견인차 사업, 카 서비스 센터, 카-인테리어, 원격시동 장치, ABS, 에어백, 후방센서, 후방 카메라,

스노우 체인, 네비게이션, GPS 등 각종 안전 시스템, 부동액, 응급치료 병원, 자동차 보험사, 예인 차 사업, 제설차, 교통순경, 자동차 등록 및 검사소, 자동차 판매업, 무인카메라, 적외선 이동카메라, 자동차 잡지 등이 있어 자동차 발명은 수많은 관련 산업을 탄생하게 하였다.

이처럼 하나의 발명은 수많은 연관 산업을 탄생시키고 그에 따라서 고용이 창출되어 사회 경제의 활성화 및 발전에 지대한 영향을 미치게 된다.

발명은 세상을 밝게 하고 희망을 주고 자연에 대한 종속성을 해소해 주고 편리한 사회를 제공해 주는 혁신과 개벽으로 사회에 지대한 영향을 준다.

어두운 밤을 낮처럼 밝게 하는 전등, 안경, 보청기, 휠체어, 로켓엔진, 제트엔진, 주파수변조, 나일론, 복사기, 자동차 자동변속 장치, 레이더, 원자력, 휴대전화, 비행기, 잠수함, 냉장고, 가공식품 및 냉동식품, 살충제, 자동차나 비행기, 냉난방기, 해열제, 종이기저귀, 인터넷, 컴퓨터 마우스, 비아그라, 정수기, 공기정화기, DMB, 예방약, 화상 전화기 등의 발명은 인류 문명을 개벽시켰다고 할 만큼 바꿔놓았다.

발명과 특허 팡세

> 경쟁 사회에서 인재란 고학력자가 아닌, 자기 분야에서 남다른 창조력을 실현할 수 있는 DNA를 가진 건강한 사람을 말한다.

2 지난 2000년 동안의 위대한 발명품

오늘날 우리가 누리고 있는 고도의 과학기술 문명사회는 오래전이 아닌 20세기 전후부터 시작하였다고 볼 수 있다.

미래학자들은 지난 1900년까지 이루어진 양만큼의 발명이 지난 20세기 100년 동안 이루어졌고, 21세기의 전반인 2050년이면 지난 2000년 동안 이루어 낸 양만큼의 발명이 이루어질 것이라고 예측하고 있다.

이러한 빠른 발명의 과정에서 과거 발명에 남다른 업적을 남긴 사람들의 사상과 업적을 돌이켜 보는 것은 우리의 발명의 방향 설정과 온고지신(溫故知新)적인 발명 기법을 터득하는 데 도움이 될 것이다.

이 장에서는 지난 2000년 동안 이룩된 중요한 발명품을 다루고, 전쟁 수행을 위해서 개발된 발명품을 소개하였다.

1 지난 2000년 동안의 위대한 발명품

"지난 2000년 동안에 이루어진 발견·발명 중 무엇이 위대한 발명일까?"라는 물음에 쉽게 대답할 수는 없다. 그러나 워싱턴포스트지는 20세기를 대표하는 8대 발명품을 선정했다. 새의 꿈을 실현한 라이트 형제의 비행기, 소재혁명을 이끌어 온 플라스틱과 나일론, 전 세계를 하나의 지구촌으로 변모시킨 텔레비전, 우주과학을 한 차원 높인 허블 망원경, 푸른 곰팡이에서 찾아낸 인류 최초의 항생물질인 페니실린, 핵무기와 핵융합 에너지 활용이라는 두 얼굴을 지닌 원자폭탄과 수소폭탄, 정보화 사회의 일꾼 컴퓨터, 찰스 다윈 이래 생물학과 유전학의 최대 진화로 꼽히는 DNA 2중 나선구조 규명이 선정되었다. 그 외에도 인터넷을 운용하는 데 필요한 S/W, IC 집적회로도 등 헤아릴 수 없는 발견·발명들이 많다.

하지만 이러한 대발명품들도 모체가 된 선행기술이 있었기에 이뤄질 수 있었던 것들이다. 이러한 관점에서 과거에서 현재에 이르는 동안 인류의 삶의 질을 높여준 발명품들에 대한 고마움을 가져보고, 발명품이 어떻게 발명되어 진화되었는지를 살펴보는 것은 온고지신적인 발명에 도움이 될 수 있다.

1. 한 글

한글(Korean alphabet)은 우리 민족이 고유하게 사용하고 있는 순수한 우리말이다. 한글의 창제는 세종대왕이 '백성들이 어려운 한자 생활로부터 벗어나 쓰기 쉬운 문자와 언어생활을 할 수 있게 할 수는 없을까?' 하는 소박하지만 강한 필요성에 의해 창제된 글이다.

한글은 1443년(세종 25년)에 창제되었지만 백성들이 한글을 배우는 데 도움이 되고 무리가 없도록 용비어천가를 짓는 등의 준비기간을 거친 다음 1446년 자모 24(원래는 28자)자로 된 한글을 공포하였다.

자음(14자) ; ㄱ, ㄴ, ㄷ, ㄹ, ㅁ, ㅂ, ㅅ, ㅇ, ㅈ, ㅊ, ㅋ, ㅌ, ㅍ, ㅎ

모음(10자) ; ㅏ, ㅑ, ㅓ, ㅕ, ㅗ, ㅛ, ㅜ, ㅠ, ㅡ, ㅣ

한글자모는 모두 24자로 영어 26자, 일본어 50자, 중국어의 수 만자에 비하여 적은 문자수이지만 완벽한 언어이며, 거의 모든 발음을 낼 수 있고, 특히 컴퓨터 시대를 맞이하여 컴퓨터 자판 안에 직접 문자를 모두 표시할 수 있는 편리하고 경제적인 문자이다.

한글은 모음과 자음을 조합하여 쉽게 문자화 할 수 있고, 모든 음과 뜻을 완벽하게 나타낼 수 있는 매우 신기한 문자이다.

모음은 천(天), 지(地), 인(人)의 삼재(三才)를 상형하여 'ㆍ', 'ㅡ', 'ㅣ'의 세 문자를 만들고 나머지는 이들을 조합하였다고 한다. 점(ㆍ)이 모여 수평선분(—)과 수직선분(|)을 이루고 이들이 조합한 것을 이동·회전해 모든 모음을 얻었고, 자음 역시 —와 |가 연결·이동·회전하여 ㅁ, ㅂ, ㄹ 등의 자음을 만들었다고도 한다.

지구상에는 4,000여 개의 언어가 있는 것으로 추정되는데 문자로 적힐 수 있는 것은 고작 40여 개의 문자 체계만이 존재할 뿐이다. 한글 알파벳은 자모 총 24개로 세계 어느 문자보다 간편성에서 가장 우수할 뿐만 아니라 한 획 한 획이 붙을 때 마다 묵음이 없이 소리가 다르게 나는 음소 문자이고 영어나 일어처럼 대문자 소문자 인쇄체가 없어 사용에 편리한 점 등, 그 우수성과 문화적 가치를 인정하여 1997년 유네스코가 훈민정음을 세계기록 유산으로 지정하게 되었다. 또한 세계 언어학회는 한글을 창제한 세종대왕의 업적을 기리기 위해서 '세종상'을 제정하고 문맹퇴치에 공헌한 사람에게 그 상을 수여하고 있다.

한글의 발명은 우리 민족이 글을 쉽게 배워 문맹으로부터 탈출하게 하였고, 어려운 한자 문자 생활에서 벗어나는 데 기여하였으며, 우리 민족이 우리 글을 가지고 있다는 긍지를 가질 수 있도록 하였다.

인간은 언어를 가짐으로써 창의적 사고를 할 수 있는데 우리 민족은 다른 언어에서 보기 드문 조립 언어를 구사하고 있기 때문에 다른 어느 문화보다 더 창의적일 수 있는 바탕이 되고 있다고 볼 수 있다.

정보화 시대가 되고 컴퓨터 사용이 글로벌화 되면서 지금까지 사용되어 온 언어에 대한 편리성 및 경제성 평가가 새롭게 대두되고 있다.

컴퓨터에서 사용하기 편리하고 경제적인 언어라면 컴퓨터의 표준 자판에 언어의 알파벳을 모두를 표시할 수 있게 알파벳의 수가 적어야 하고 문자가 표시된

한글자모 윷판과 24시간 스케일 시계판

우리 전통문화의 세계화를 위하여 한브랜드 콘텐츠 개발에 한글, 한복, 한옥, 한식, 한지 등을 대상으로 많은 연구들이 이루어지고 있다. 이 중에서 한지, 한옥 등은 중국 및 일본 등의 것과 겹치는 문제가 있고 한식, 한글, 한복 등은 비교적 고유성이 있으며 그 중 한글이 가장 고유성이 있다. 그러나 한글에 대한 컬턱트(cultuct=cultural product)는 아직 이렇다 할 것이 없는 실정인데 최근 저자는 한글 자모를 이용한 한글 윷판과 24시간 스케일 한글 자모시계판을 고안한 바 있다.

- 윷판의 윷밭 29개 모두를 한글 자모(자음 14개와 모음 10개에 된소리 5개 포함)로 모두 다르게 형상화된 윷판으로서 자모가 한자도 남거나 모자라지 않게 100% 부합된 발명(실용신안 등록 제 0423021호)으로 1443년 세종대왕이 창제한 한글 알파벳이 우리 고유 전통 게임놀이인 윷판에 처음 접목된 발명이다. 이 한글 윷판은 기존 윷판에서보다 질서있고, 재미있게 단어 연상력을 키우면서 윷놀이를 할 수 있어 한글 공부에 도움은 물론 뇌기능 향상도 도움이 되는 효과가 있다.

한글 윷판의 활용도를 높이기 위해서 한지에 이어 방석 및 비치타올에도 윷판을 형상화할 수 있는 방법을 확립 하였다.(디자인등록 제 30-0491083호, 디자인 출원번호 제 30-2008-0014224호, 디자인출원 번호 제 30-2008-0014225호)

- 24시간 스케일 한글 자모 시계판은 지구의 자전과 공전 주기인 24시간과 한글 자모 24개와 숫자적으로 100% 부합함을 발견하고 이 부합성을 살려 "대한민국의 24시는 한글 자모 24개로 움직인다."는 의미를 구현하기 위한 한 수단으로 "24시간 스케일 한글자모 시계판"을 발명(발명특허출원 제 10-2007-0026812호)하였다. 이 시계판은 학교, 공원, 광장, 공항 등의 랜드 마크용 한글 조형물화 가치가 있으며 각종 타종 행사 시 군중과 타종자와 공감적 분위기 조성에 활용성이 있다.

키를 누르면 바로 단어와 문장으로 표현될 수 있어야 한다.

한글은 알파벳(자모) 숫자가 가장 적고 키를 치는 대로 바로 단어와 문장으로 표현될 수 있어 한글의 업무 속도는 일본어나 중국어에 비해서 7~9배 이상 빠르기 때문에 한글은 어느 때보다도 강하게 경제적 가치 큰 언어체계로 평가받고 있고, 언어의 정보화에 유리한 입장에 서게 되었다.

한글은 우리가 살아가는 데 한시도 없어서는 안 되는 산소와 같은 존재이며, 대한민국의 24시는 한글 자모 24자에 의해서 운영된다고 할 수 있다.

한글이 아라비아 숫자처럼 세계 공용어가 되어 세계인이 한글이라는 같은 언어권에서 살게 된다면 얼마나 언어생활이 편하게 될까도 상상해 본다.

한편 우리한글이 세종대왕에 의해서 창제될 당시 한글에 대한 윤곽을 어떤 동기로 어떻게 잡았을까하는 점이 의문인데, 그림 2-1의 우리 전통한옥의 문살 모양을 보면 자음 14개 중 5개(ㅅ, ㅈ, ㅋ, ㅊ, ㅎ)만이 문살 모양과 다르고 모음 10개는 모두 문살에서 그 모양을 찾아 볼 수가 있어 한옥 문살이 한글 창제 아이디어의 원천이 되었을 수도 있다고 생각한다.

[그림 2-1]
한옥 문짝의 모양

2. 발전기

운동성이 있는 모든 장치의 작동은 전기를 발생하는 발전기의 전제 없이는 불가능하다. 이러한 전기를 생산하는 발전기(generator)는 1660년 반 게에릭(Otto von Guericke)에 의해서 최초로 발명되었다.

발전기에 의해서 발생되는 전기는 우리 문명을 원시문명과 현대문명을 구분하는 기준이 될 만큼, 현대문명은 절대적으로 전기 의존적이다.

전기는 밤을 낮처럼 밝혀 주고, 자동차, 비행기, 선박을 움직이게 하고 크고 작은 의료기기를 작동시키고, 현대화된 사무기기인 컴퓨터, 전화기, 팩스, 프린터는 물론, 음식을 조리하는 조리 기구, 음식을 보관 저장하는 냉장-냉동고, 세탁기, 진공청소기, 엘리베이터 등을 움직이는 데 필수불가결한 발명품이다.

그러나 전기의 사용은 감전 방지, 효과적인 절연체 개발, 효과적인 송전, 전자파 최소화 문제, 누전 문제, 전기 에너지 절약 문제 등이 있어 이를 해결하는 수많은 발명이 병행되어 왔다.

이제 전기 에너지를 생산하는 힘은 화력, 수력, 풍력, 조력, 햇빛, 원자력 등이 활용되고 있고 공해 없이 보다 싼 값으로 전기를 생산하는 기술 개발에 각국은 경쟁적으로 총력을 쏟고 있다.

3. 쟁 기

쟁기(그림 2-2)는 인간이 체계적인 농경을 하는 데 필수적인 도구이다. 처음에 쟁기는 소나 말 등이 끌었으나 이제는 화석에너지로 작동되는 빠르고 경운량이 큰 트랙터(tractor)가 등장함으로써 농업의 현대화에 크게 이바지하게 되었다.

[그림 2-2]
초기의 쟁기

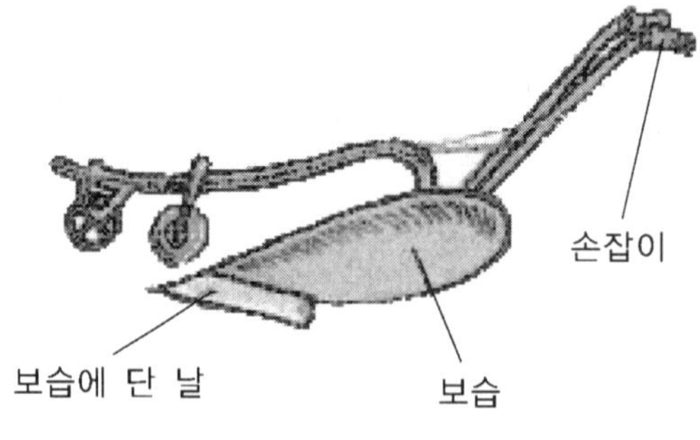

트랙터는 쟁기가 진화된 것이지만 생산력 증대, 힘든 쟁기질로부터의 해방은 물론 다소 돌이 섞인 땅뿐만 아니라 점토질 땅을 보다 깊게 그리고 단위시간당 더 넓은 면적을 갈아엎는 효율적인 기구로 발전하였다. 이제 트랙터가 없는 농업은 생각할 수 없는 현실이 되었다.

트랙터는 인력이나 축력으로 개간하기 힘든 목초지를 개간해서 보다 많은 식량을 생산하는 할 수 있게 하였고, 그 결과는 우리는 과학 문화 발전에 마음 쓸 여유를 가지게 되었다.

한편 쟁기의 발명은 조직적 경작의 시발점이며 자연의 훼손을 본격화한 것으로, 아담과 이브가 낙원에서 쫓겨난 것이 대규모 농업의 시발점이며 카인이 아벨을 죽인 것은 경작의 시작을 의미한다고 비유하여 그 부작용을 말하기도 한다.

4. 전 등

우리 환경 조절장치 중 전등만큼 보편성과 편이성에서 영향이 큰 것도 드물다. 전등은 어둠을 밝혀 인간의 활동 시간을 연장시키고 인간의 삶에 매우 중요한 영향을 미쳤다. 전등은 인간이 밝은 조건에서 더 많은 일을 하도록 하고 더 많은 문자생활과 연구 활동을 할 수 있게 하였다.

전등 발명의 가능성은 1799년 이태리의 볼타가 전지를 발명하면서부터이다. 금속류 선에 전류를 통하면 강한 열이 나는데, '이 열을 빛으로 바꿀 수 없을까?' 라는 생각에서부터 시작되었다.

영국의 베이비는 1808년 백금선을 전지에 연결하여 전기를 통하면 백열광을 얻을 수 있음을 확인하였고 이 불빛을 아크(arc)라고 했다. 그 후에도 여러 연구자에 의해서 전등이 연구되었으나 장난감 수준에 머물렀다.

에디슨은 이러한 실례를 바탕으로 실용화 연구를 시작했다. 값비싼 백금선 대신 값싸고 밝은 필라멘트 재질을 만들기 위해 무명실 탄소선을 사용했으나 이것 역시 만드는 데 시간이 많이 걸리고, 쉽게 단선되는 문제가 있었다.(그림 2-3)

에디슨은 계속해서 좋은 필라멘트 재질을 찾는 데 주력하다가 일본산 대나무를 U자로 구부려 찐 것을 유리 전구 속에 넣고 진공상태를 유지하도록 전구를 막아 제품화하는 데 성공하였다.

이 제품은 스위치를 켜면 밝은 불이 들어오고, 스위치를 끄면 불이 꺼지는 편리함이 있어서 가스등(gas lamp)이나 아크등을 대치하기에 실용성이 있었지만 이 당시에는 가정에 보내지는 전기가 없었다.

[그림 2-3]
에디슨이 만든 최초의
탄소필라멘트 전등

직류에 의한 전등사용은 송전에서 에너지 소모가 적은 교류로 대치되었다. 이에 따라 에디슨은 소켓, 퓨즈, 변압기 등도 발명하였다.

에디슨이 발명한 전등의 보급에는 기존 가스등 생산업자들과 가스 공급업자들의 방해를 받았었다. 이것은 새로운 혁신적인 제품의 출현에는 언제나 기존의 업체들의 각종 방해가 따른다는 것을 보여 주는 사례이다. 그러나 에디슨은 신기술과 기존 기술과의 간격을 좁히는 전략 즉, 기존 가스등의 대치효과를 홍보하는 전략으로 이를 극복하여 시장수요를 증가시키는 데 성공하였다.

5. 아라비아 숫자

모든 생활 내용의 핵심은 숫자로 정리된다. 우리가 쓰고 있는 아라비아 숫자는 모두 0, 1, 2, 3, 4, 5, 6, 7, 8, 9이다.

1의 오른쪽에 0을 붙이면 10이 되고 00을 붙이면 100이 되는 형식으로 아무리 거대한 양이라도 표현이 가능하다. 아라비아 숫자는 기원전 1000년경 인도에서 발명된 것으로 추정하고 있다. 그러나 이것이 체계화 된 것은 5세기 말 인도의 수학자이자 천문학자인 Aryabhata 1세에 의해서였고, 그 후 아랍을 거처 서양으로 전파되어 아라비아숫자(Arabia number)라는 말이 생기게 되었다.

이 아라비아 숫자가 쓰이기 전에는 계산이 매우 불편했다. 아라비아 숫자의 발명이 없었다면 생활과 과학의 기초가 되는 수학은 물론 과학의 발전, 뉴턴이나 갈릴레이의 업적, 그리고 컴퓨터의 탄생은 물론 미적분의 발명도 불가능하여 현대 문명은 오지 않았을 것이다.

경제, 과학, 수학, 거래, 건축, 기계, 의학 등 모든 분야에서, 아라비아 숫자는 기록과 창조에서 배제할 수 없는 범세계적 기호이다.

6. 지우개

인간은 시행착오를 경험하지 않고 살 수 없다. 어찌 보면 인류 문화는 시행착오를 거듭하면서 발전하였다고 볼 수 있다. 이는 정반합적인 헤겔의 발전 모델을 들추지 않더라도 그렇다.

우리는 문자생활에서의 오자 정정과 수정, 각종 설계도 작성에서의 수많은 수정, 해도에서 항로 수정, 시험 문제풀이에서 정답으로의 수정 등에 고무 지우개가 필수적이다. 또 타이프라이터 사용 시 발생하는 오자를 수정하기 위한 수정제품 역시 없어서는 안 되는 물품이다.

컴퓨터의 등장으로 종이에서 작성하던 문서나 도면을 모니터 상에서 작성하는 것이 생활화되었다. 사람들은 문서작성 중 무수히 발생하는 오자를 자판에 있는 Del키로 쉽게 지워 완벽한 문장을 만든다. 그래서 컴퓨터상에서 문서 작성 시 Del키(delete key)는 없어서는 안 되는 기능이다.

지우개의 발명은 연필의 발명이 필요로 하는 결자해지적 발명 의미와 새로운 발명은 새로운 발명을 낳는다는 것을 보여준 예가 된다. 이러한 발명의 예는 볼펜의 발명에 따른 수정 잉크 발명, 스테이플러(일명 호치키스) 발명에 따른 제침기 발명 등에서도 볼 수 있다.

7. 인터넷

지난 2000년 동안 가장 위대한 발명이라면, 우리는 인터넷(internet)을 들 수 있을 것이다. 제3의 물결인 인터넷은 인간과 인간을 연결해 주는 전 세계적 네트워크(www)이다.

인터넷은 칩, CPU, 전기, 전화 등으로 구성되어 있는데, 구성파트 개개의 효과를 종합한 것보다 이들이 사회에 미치는 영향력은 훨씬 위력적이다.

인터넷은 사회에 새로운 변화를 촉발하는 위력적인 촉매임이 분명하다. 과거에는 학교, 우체국, 쇼핑센터에 가서 우리가 목적하는 바를 수행하였지만 인터넷 세상에서는 학교에 가지 않고 세계적인 석학의 강의를 집에서 들을 수 있으며, 전할 내용을 편지지에 써서 봉투에 넣고 우표를 붙여 우체통에 넣던 것을 집에서 e-mail로 간단히 그것도 실시간으로 받아 볼 수 있게 하며, 물품을 사러 자동차로 쇼핑센터에 가던 수고를 하지 않고 인터넷에서 품명과 가격대를 선택하여 주문하면 가정에서 받아 볼 수도 있게 되었다. 그리고 테이프나 CD로 듣던 음악을 인터넷에서 선곡해서 들을 수 있고, 알고 싶은 소식을 신문에서보다는 인터넷에서, 보고 싶은 영화를 영화관에 가지 않고 인터넷을 통해 집에서 보게 되었으며, 은행에 가지 않고 입출금이 가능하게 되었다. 따라서 현재의 학교, 은행, 우체국, 쇼핑센터, 영화관 등의 전통적인 공공시설들은 존립에 있어서 위기를 맞고 있다.

인터넷은 즉, 전자 가상공간은 1969년 아르파넷에서 시작하여, 1986년 NS네트의 정립, 1994년 네스카페 웹부라우저(Nescafe web blouser)의 상용화, Microsoft사 Window의 전지구적 표준화에 이르렀다.

한편 인터넷의 콘텐츠는 디지털 비트로 아주 충실해졌다. 인터넷 체계는 디지털화 된 문자를 실시간에 저장·전달한다. 과거 문자는 깨지거나 변질되기 쉬운 점토판, 나무판, 파피루스 등에 기록된 이후, 활자로 된 책으로 저장되고 전달되었으나 이제 문자는 물론 그림이나 음악까지도 디지털화 함으로써 변질과 깨지는 문제가 해결된 것은 물론 언제나 완벽한 복사가 가능한 영원한 것이 되었다.

이제 디지털 서고는 계속 증가할 것이고 도서관의 서고는 디지털화 된 내용이 밀도 있게 담긴 CD로 채워져 도서관은 막중한 하중을 지탱하는 구조가 아니어도 될 것이다.

인터넷 사회는 네트워크혁명, 정보화 사회, 제3의 물결, 지식기반사회, 세계화 등의 말이 파생시켰고 이들은 서로 바꿔 사용이 가능한 용어들이다.

네트워크 환경의 위력은, 컴퓨터 파워가 18개월마다 배 이상 증가한다는 고든 무어 법칙, 네트워크 가치는 사용자 수의 제곱에 비례한다는 로버트 메트칼피의 법칙, 창조성은 네트워크의 접속되고 있는 다양성 지수함수에 비례한다는 존 카오 법칙으로 설명된다.

어쨌든 인터넷은 짧은 시간에 우리 사회에 많은 영향을 주었지만 앞으로도 어떤 영향을 어떻게 줄지 예상하기 힘들 정도로 다양한 위력을 가지고 있다.

8. 상하수도

깨끗한 물을 언제라도 쓸 수 있고, 더러워진 물을 쉽게 배출할 수 있는 상하수도 시스템은 현대생활에서 없어서는 안 될 시스템이다.

깨끗한 물의 사용과 더러워진 물의 배출은 우선 인간이 질병으로부터 특히 전염성 질병, 그 중에서도 수인성 전염병으로부터 해방되는 데 크게 기여했으며 나아가 영유아의 사망률을 크게 떨어뜨렸고 인간의 수명 연장에도 크게 기여했다.

또한 조리실은 물론 수세식 변소, 목욕시설에 사용되는 상하수도 시설은 현대적 도시 형성에도 크게 기여했으며 물을 많이 사용하는 제조업체 역시 상하수도 시설은 배제될 수 없는 시설이 되었다.

[그림 2-4]
폼페이 거리에 남아있는
수도용 납관

그리고 물이 없는 곳에서 인간이 생활할 수 있게 하여 물을 찾아 이동해야 하는 문제도 해결되었다. 어쨌든 상하수도 시설의 효과는 이보다 늦게 발명된 항생제의 질병예방 효과보다 더 컸을 것이다.

수도관은 이제 도시 기반시설의 기본이지만 내구성과 위생적 안전성에서는 많은 문제가 있어 왔다. 1200년 전 발생한 베수비오 화산폭발로 폐허가 된 고대 도시 폼페이(이태리) 거리에는 아직도 그 당시 물 공급관(그림 2-4)으로 사용했던 납 재질의 수도관이 남아 있다. 그러나 이 납 재질의 수도관은 이 당시 편리한 물 공급수단이었지만 얼마나 많은 사람들이 이 수도관에 의해서 납 중독에 걸렸을지 추측할 수 있다. 그 납 재질의 수도관은 과학기술의 큰 오류의 한 예가 되었다.

9. 건전지

인간은 에너지가 공급될 때만 작동되는 일반 기계와는 달리 주기적으로 식사를 함으로써 멀리 떠나서 운동도 하고 등산도 하고 각종 생산활동을 할 수 있다. 그것은 인간의 세포 내에는 에너지가 필요할 때 생체에너지를 발생하고 쓰지 않을 때는 저장작용을 하는 미토콘드리아가 있기 때문이다. 이 에너지 저장기능은 참으로 정교하여 우리는 한번 밥을 먹으면 몇 시간 동안 식사 활동을 하지 않아도 된다.

우리의 생활용품 중에도 배터리(battery)를 장착하면 일정시간 사용이 가능하여 외부로부터 전기를 공급받지 않고도 독립적인 사용이 가능한 용품들이 차츰 늘고 있다.

배터리를 장착해서 사용하는 것으로는 휴대용 카메라, 마이크, 라디오, 시계, 각종 과학, 의학 게이지 및 휴대전화는 물론 전기로 작동되는 모터, 스위치 등 무수히 많다.

배터리는 1800년 볼타(Alessandro Volta)에 의해서 발명되었다. 볼타는 전기의 흐름을 처음으로 밝힌 사람이다. 지난 200여 년 동안 배터리는 이동이 가능한 에너지 저장 장치로, 독립적으로 이동이 가능한 무수한 장치의 보급과 사용을 가능하게 하여 세계를 변화시켰다.

트랜지스터 라디오는 정보를 이동하면서 독자적으로 듣는 데 유용한 용품이었다. 트랜지스터 라디오가 때로는 정권에 대한 저항 운동의 기폭제가 되기도 하여 라디오 청취자는 감시의 대상이 되었다.

이제 배터리는 우리 생활에서 필수 불가결한 이동식 전기 에너지용품이 되었지만 세포 속에 있는 미토콘드리아의 ATP 생성 및 저장 기능에 비하면 아직 보잘 것 없는 기능의 수준이다.

앞으로 개선된 각종 휴대용 배터리 즉, 수명이 긴 배터리, 재충전식 배터리, 폐배터리로 인한 환경오염이 적은 배터리로의 발전은 우리 사회가 풀어야 할 과제이다.

볼타의 배터리 발명은 어느 날 갑자기 영감을 얻어 고안한 것이 아니고 그의 시대까지 이루어진 몇 가지 발견을 종합한 노력의 결과이다.

배터리는, 지금까지 사용되고 있는 휴대용 전자기기와 앞으로 각광을 받게 될 전기자동차의 품질을 개선하는 핵심 파트로 끊임없는 연구가 요구되고 있다.

10. 렌 즈

렌즈(lens)는 지난 2000년 동안에 발명된 우수한 발명품으로 볼 수 있다. 시력에 문제가 있는 사람들에게 문자를 읽을 수 있게 했을 뿐만 아니라, 크기가 작아 눈으로는 볼 수 없는 미생물의 세계를 볼 수 있도록 미시세계를 열어 주었고 망원경은 먼 곳을 볼 수 있게 하여 태양계, 행성, 은하 및 우주에 대한 연구를 할 수 있는 눈을 제공한 셈이다.

렌즈를 이용한 현미경은 질병의 원인이 병원미생물임을, 발효와 부패의 현상에 미생물이 관련되어 있음을 알게 하여 인류 문명의 발전에 크게 이바지하였다. 또한 인간의 시력으로는 볼 수 없는 세포, 염색체, 유전자를 볼 수 있어 생명의 신비를 벗겨보는 큰 역할을 하였다. 또 영화제작과 사진기제작 및 light beam을 활용한 시청각매체의 사용까지 가능하게 하였다.

1609년 갈릴레오 갈릴레이(파도바 대학 강의)는 렌즈를 이용한 망원경을 처음으로 제작하였다. 망원경은 지구가 우주의 중심이라는 설을 부정하여온 코페르니쿠스와 케플러의 주장을 증명하였다. 이로써 우주는 자전축이 있어 자전하고 금성은 태양의 주위를 돌고, 목성에는 4개의 달이 돌고 은하수는 무수한 별로 이루어져 있음이 밝혀져 세계관이 바뀌었고 이것이 우주를 탐사하고 연구하는 시금석이 되었다. 망원경은 인간의 오감으로 잡히는 것보다 훨씬 많은 것이 우주에 있다는 사실과 우주가 한없이 팽창하고 있다는 것도 알 수 있게 하였다.

1678년 류엔후크(Anthony van Leeuwenhoek, 1632~1723)는 배율 500배 렌즈를 개발하여 현미경을 제작함으로써 드디어 인간은 새로운 미생물의 세계를 볼 수 있게 되었다.

연못의 물 한 방울 속에 수많은 생물체가 들어 있다는 사실을 확인하였으나 불행하게도 세균에 대한 실체는 그로부터 200년 뒤에나 밝혀졌다.

렌즈는 시간과 공간에 대한 인간의 인지능력을 확장해 주었고, 인류의 세계관을 새롭게 하는 창을 제공해 주었다.

11. 의 자

사람들은 신체를 받치고 있는 발과 다리의 부담을 줄이고 편안하게 쉬기 위해서 벽이 패인 곳, 바위 위, 나무토막 위에 걸터앉는 것을 좋아했다. 또한 글씨를 쓰거나 그림을 그리거나 기타의 작업을 할 때 피로를 줄이고 작업의 능률을 높이는데 적당히 엉덩이를 올려놓을 기구의 필요성을 느꼈다. 이러한 필요에 부응하기 위해서 많은 형태의 의자(chair)가 발명되었다.

처음 의자는 네 발 위에 엉덩이를 받칠 판과 등을 받칠 등받이로 구성되었으며 이것은 고정된 형태의 의자였다. 그러나 요즈음은 이동이 가능한 것에서부터 가벼우면서도 높이를 조절할 수 있는 구조로 변화했고, 등받이가 두 개 달린 의자, 흔들 수 있는 의자, 또한 각종 치료용 의자 등으로 진화되었다.

의자는 이제 기업에서 생산성 향상, 일상생활에서 건강관리, 각종 연회장의 분위기 창출 등의 중요한 파트로, 그 진화가 계속될 것이다.

12. 핀

핀(pin)은 갑자기 옷에서 단추가 떨어지거나 지퍼가 고장 나거나 또는 옷이 터지는 경우 바늘과 실 대용으로 아주 편리하게 사용돼 오고 있다.

핀은 4,500년 전 고대 이집트에서 처음 사용한 금속도구이다. 이 핀은 오랜 시일을 거쳐서 뾰쪽한 끝이 감춰진 지금의 안전핀이 된 것이다.

이 안전핀은 1849년 미국의 월터 헌트(Walter hunt)에 의해서 개량된 후 1백50년 동안 꾸준히 전 세계적으로 사용되어 왔다. 헌트는 철사로 된 걸쇠를 총에다 걸려고 노력하던 중에 안전핀에 대한 아이디어를 얻었다. 이 안전핀 발명은 돈보다는 애인을 얻은 '로맨스 발명'으로 미국 발명계의 살아있는 전설로 통하고 있다.

13. 엘리베이터

엘리베이터(elevator)는 사다리의 필요성을 도르래의 진화품으로 해결한 것으로, 고층건물 생활에서 없어서는 안 되는 장치이다.

엘리베이터는 BC 236년 아르키메데스가 도르래에 줄을 매달아 사람을 올리는 원시적인 엘리베이터를 시작으로 계속 발전을 거듭하였으나 동력을 이용한 엘리베이터는 증기기관의 발명과 함께 산업혁명이 일어난 영국에서 1835년에 최초로 제작되었다. 이 때에는 줄이 그 하중을 이기지 못해 끊어지는 경우가 많아 화물에만 사용하였다고 한다.

현재 사용되고 있는 엘리베이터는 로프로 감아 올려져 있는 것으로 착각하기 쉬운데, 엘리베이터는 모 「평형추」원리를 이용한 것이다. 평형추는 중심점을 기준으로 양쪽의 무게가 같을 경우, 약간의 힘만 주면 시소 탈 때처럼 한쪽이 올라가거나 내려가게 되어 있다. 엘리베이터를 들어올리려면 엘리베이터가 떨어지지 않게 잡고 있는 힘과 위로 들어올리는 힘 모두가 필요하지만, 엘리베이터와 같은 무게의 평형추를 고정도르래를 통하여 반대쪽에 매달아 두면 엘리베이터는 평형을 유지하여 허공에 매달리게 된다. 그리고 사람을 태워 들어올리려면 사람의 무게만큼만 힘을 아래로 더해주면 엘리베이터는 위로 올라가게 되는 것이다.

이 이론을 적용하여 발명특허를 받은 사람은 미국인 엘리샤 오티스이다. 1853년에 개발하였고 이때 스프링을 이용한 안전장치를 함께 개발하였다.

그 이전에도 평형추의 원리를 이용한 엘리베이터는 선을 보였지만 줄이 끊어져 떨어질지도 모른다는 공포심에 발명품을 믿지 않자, 오티스는 1854년 미국의

뉴욕박람회에서 직접 자기가 엘리베이터에 타고 줄을 끊어 보여 안전성을 입증해 보였다.(그림 2-5)

[그림 2-5]
1854년 자신이 만든 엘리베이터를 보여주고 있는 엘리샤

오티스 사는 간단한 평형추의 원리와 도르래의 원리를 활용하여 오늘날 세계 최대의 엘리베이터 회사가 되었고, 그 원리는 미국에 엠파이어스테이트 빌딩(Empire State building)과 같은 고층 빌딩을 건축하게 하였으며 이는 인간에게 3차원의 공간을 즐길 수 있게 하였다. 그리고 오티스 사의 첫 상표였던 「Elevator」는 이제 완전한 보통명사가 되어버렸다.

14. 에어컨

에어컨(air conditioner)이 '에어컨의 아버지'란 별칭으로 불리는 미국인 윌리스 캐리어(Carrier)에 의해서 발명된 지 올해로 100년이 되었다. 그는 1902년 코넬대학을 졸업한 후 바로 주급 10달러 조건의 뉴욕주(州)의 한 기계설비회사에 근무 중 한 출판사로부터 여름철 무더위와 습기로 종이가 멋대로 수축·팽창하기 때문에 깨끗이 인쇄를 할 수 없다는 애로점을 들었다.

그는 뜨거운 증기를 파이프로 순환시켜 공기를 따뜻하게 만드는 난방이 가능하다면, 차가운 물을 이용한 냉방도 가능하지 않겠느냐는 역발상으로 쉽게 해결 방법을 찾아냈다.

어떤 공간을 시원하게 하려는 노력은 계속 있어 왔다. 이 로마에서는 높은 산의 눈을 궁전으로 가져와 여름을 시원하게 만들었다고 하며, 19세기 들어서는 말라리아 환자들의 병실 천장에 얼음을 담은 그릇을 매달아 놓고 부채 등을 이용해 찬바람을 이용한 적이 있다고 한다. 이런 노력은 요즈음 얼음주머니를 열어 선풍기 바람으로 찬바람을 이용하는 찬바람 이용 방식과 비슷하다.

그러나 인공장치를 이용해 깨끗하고 습기 없는 찬 공기를 내뿜도록 한 에어컨은 캐리어에 이르러서야 그 원형이 만들어졌다. 냉수가 순환하는 냉각코일에서 물을 압축한 후 기화시켜 공기로부터 증발열을 빼앗아 온도를 낮춘 후 바람으로 내보내는 방식이었다. 출판사 인쇄공장에 처음 설치된 에어컨은 오랜 기간 수요가 없다가, 1920년대 초 뉴욕의 극장과 백화점들이 도입하면서 비로소 확산되기 시작했다.

미의회에는 1928년 에어컨이 설치되었다. 그러나 의원들 수준 때문에 "1년 내내 시원한 곳에 앉아 해악(害惡)을 만들어낸다."는 소리를 들어야 했다.

여객기에는 1936년(유나이티드 에어라인·UA), 자동차(팩커드·Packard)에는 1939년 처음 에어컨이 장착됐다. 백악관에는 허버트 후버 전 대통령의 환영 속에 1929년 입성했으나, 후임 프랭클린 루즈벨트는 에어컨 바람을 싫어해 한번도 틀지 않았다고 한다.

에어컨이 대중화된 것은 제2차 세계대전 후 미국에서 1955년 건설업자 윌리엄 레빗이 주택에 에어컨을 기본사양으로 채택하면서 급속히 확산됐다.

에어컨 발명은 유리로 외장된 초고층빌딩 건설과 우주비행사의 달나라 여행을 가능케 하는 등 많은 변화와 발전을 가져왔다. 반면, 물대신 냉매인 프레온가스로 대치되어 사용되면서 에어컨은 지구 오존층 파괴의 주범으로 지탄받아 왔으나 1990년대에 들어서 무공해 냉각제로 대체되고 있다.

어떻든 에어컨은 여름철 생활공간의 공조에 없어서는 안 되는 가전기구로 활용되고 있다.

15. 공기압 브레이크

제동장치는 장치산업이나 기구 사용에서 안전사고를 예방하기 위해서 필요한 기능이다.

조지 웨스팅하우스(George Westinghouse)는 미국 뉴욕의 센트럴 브리지에서 1846년에 태어난, 농기계를 만들어 파는 아버지의 아들이었다. 그의 창조적인 생각들은 파이프를 자동으로 쉽게 자르는 장치, 로터리 엔진을 개발한 것만으로도 유명하지만, 기차용 공기압식 브레이크를 발명하여 기차사고로 많이 발생하는 인명사고를 획기적으로 줄일 수 있는 안전장치를 발명한 것으로도 유명하다.

그는 타고 있던 기차가 레일 위에서 충돌사고로 참혹하게 변해버린 모습을 보고 큰 충격과 함께 이런 사고를 예방하기 위한 방법을 찾고자 사고의 원인분석을 시작하였다. 사고의 원인은 브레이크에 있었다. 당시의 기차에 쓰인 브레이크는 지금의 자전거처럼 돌아가는 바퀴에 물체를 밀착시켜 바퀴를 멈추도록 하는 것으로 그 시스템은 거대한 기차를 멈추도록 하기에는 너무 불충분하였다.

그는 1년이 넘도록 연구를 한 끝에 압축공기를 사용한 강력한 파워 록 드릴(power rock drill)로 터널을 뚫는다는 아이디어에 힌트를 얻은 후 친구의 도움으로 그의 나이 22세에 공기를 이용한 브레이크 시스템을 개발하여 기차가 쉽게 제동되어 충돌을 예방하는 데 큰 공헌을 하였다.

압축공기를 사용하는 제동장치는 기차뿐만 아니라 선박, 방직기계 등 많은 산업기계에 응용되고 있다.

이 발명은 인명을 보호하여 안전 사회를 만들려는 젊은 발명가의 사명감에서 비롯된 것이다.

16. 시 계

시계는 17세기 호이겐스(Christian Huygens)가 진자의 원리를 이용하여 최초로 발명했다. 이 발명은 갈릴레오가 발견한 진자의 운동은 주기적이라는 원리를 활용한 것이다. 진자시계가 발명되기 전에는 해시계를 이용했으나 여름에는 길고 겨울에는 시간이 짧았을 정도로 부정확한 시간을 제공하였다. 시계는 시간 개념을 객관성 있게 설정함으로써 객관적으로 엄격한 과학적 내용을 객관화하는 길을 열었다.

시계의 등장은 인간이 세분화된 시간적 공간에 의존해서 살도록 하였고 효율성을 중시하는 삶을 살게 하였다. 시계는 능률, 효율, 대가, 품질, 속도 등의 기준이 된다. 시계는 자연 현상을 수량적으로 표시하는 과학의 객관화에 크게 기여하고 있다. 시계는 자율적으로 작동하는 자연의 한 단면처럼 움직인다. 시계는 자전과 공전을 지속하는 지구의 시간적 공간에 대하여 객관적 주기성을 제공함과 동시에 세분화시켜 주었고 인류는 이 세분된 시간적 공간 속에서 능률을 위해 활동하고 있다.

한편 시계는 원래 시침과 분침으로 구성된 것이 아니고 처음에 시침으로만 구성되었던 것이 미국의 프랭클린(B. Franklin) 대통령이 시계에 초침을 부착하여 분을 초단위로 세분해서 볼 수 있도록 한 것에서 비롯되었다. 이처럼 프랭클린은 초침이 달린 시계의 발명 외에 프랭클린난로, 이중초점안경, 피뢰침을 발명하는 등 성공한 정치가로서 뿐만이 아니라 발명가로서도 유명하다.

17. 전화기

음파를 전류로 바꿔 전선을 통해서 보낸 다음 반대쪽에서 다시 음파로 바꿔 들을 수 있게 하는 원리를 개발한 최초의 사람은 1860년에 독일의 라이스(J.P. Reis)이었고, 최초로 전화(telephone)라는 용어도 만들어 냈다. 그러나 그는 이 기술을 실용화하지 못하고 죽은 후, 1876년에 실용화 시킨 발명가가 나타났다. 발명자는 미국의 청각 장애 교사인 알렉산더 그레이엄 벨(Alexander Graham Bell)과 전신 장비 업자인 엘리샤 그레이(Elisha Gray)로 이들은 같은 날 공교롭게 각각 특허를 출원함으로써 10년간의 지루한 특허 분쟁 끝에 몇 시간 먼저 신청한 벨이 최초의 발명가가 되었다.

벨이 발명한 최초의 전화기는 1876년 5월 필라델피아에서 열린 100주년 박람회에 출품되었지만 먼 거리까지 전달할 수 있는 기능은 에디슨이 1878년 송화기를 발명하고 나서였다.

알렉산더 그레이엄 벨이 1876년 처음 개발한 전화기는 가입자가 전화기에 붙어있는 자식발전기를 손으로 돌려서 교환원을 호출한 뒤 통화하고자 하는 가입자의 이름을 대면 교환원이 가입자의 선로에 접속시킨 후 호출해서 가입자와 통

화를 성사시켜주는 수동교환 방식이다.(그림 2-6)

[그림 2-6]
알렉산더 그레이엄 벨이 발명한 초기의 전화기

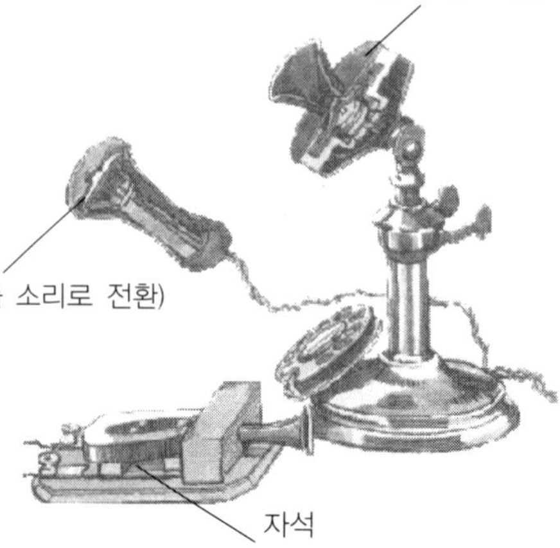

1880년 나온 공전식은 전화국에서 가입자에게 일괄적으로 전류를 공급하는 방식으로, 전화를 걸 때마다 발전기를 힘들게 돌려야 하는 번거로움을 없게 한 방식이다. 가입자가 전화기를 들면 회선에 전류가 흘러 교환대에 설치된 램프를 점등시켜 교환원을 호출한다.

교환원이 수동으로 통화를 연결시키는 불편함을 없게 해준 전화기는 자동식으로 1891년에 개발됐다. 아직도 주변에서 간혹 찾아볼 수 있는 다이얼식은 가입자가 회전 다이얼을 돌리면 기계식 교환기가 다이얼 회전수에 따라 상대방 통화선을 차례로 찾아나가는 방식이다.

이후 전자식 교환기가 개발되면서 전화기 다이얼이 아닌 버튼을 눌러 상대방을 호출하는 현재의 방식으로 진화되었다.

한국에서의 최초의 전화통화는 1896년 한성 궁내부에 자석식 전화기가 설치되면서 이뤄졌다.

1902년 한성-인천 간 전화가 개설되고, 한성 전화소에서 전화 업무를 개시함으로써 비로소 일반인들도 전화를 사용할 수 있게 됐다. 당시 교환수는 신문명을 다루는 엘리트로써 자긍심이 대단히 높은 직업에 속했다.

1908년 공전식이, 그 후 1935년 자동식이 도입됐지만 당시만 해도 전화기는 총독부의 관용이거나 일부 특권층의 사치품이었다.

전화가 대중화되기 시작한 것은 1962년 체신부가 국산 최초 전화기 '체신 1호' 시리즈를 개발하면서부터이다. 80년대 들어 국가가 보급하던 전화기의 구입 절차가 개인이 직접 구입하는 자급제로 바뀌면서 다양하고 편리한 기능의 전화기들이 속속 등장했다.

휴대전화의 보급으로 그 역할이 크게 줄었지만 한국의 공중전화는 100여 년이 넘는 역사를 가지고 있다.

이제 공상과학 영화에서나 나올 만한 첨단 휴대전화 단말기들이 속속 실제 제품화되고 있다. 계산, 알람, 시계, 사진 및 동영상 촬영, 음악 감상, TV시청, 게임 등 휴대전화의 성능은 빠르게 진화되어 입과 귀뿐 아니라 눈으로 이용하는 전화기로 발전하였다.

한편 전화기를 최초로 발명한 사람은 그레이엄 벨이 아니라 이탈리아계 미국인 안토니오 메우치라는 설도 있다.

안토니오 메우치는 제대로 된 전화기를 개발해서 1871년에 특허권을 획득했지만 특허권 유지에도 어려운 경제적 이유로 마침내 1874년에 특허권이 소멸되고 말았으나 이틈에 안토니오 메우치의 실험실에서 제대로 작동하는 전화기를 보았던 그레이엄 벨이 특허를 신청해서 1876년 특허권을 획득했다는 설이 있다. 이게 사실이라면 안토니오 메우치는 부와 명예를 도난당한 꼴이 된 것이다.

18. 성 냥

성냥(match)은 20세기 말까지 생활필수품이었다. 지금은 전기 점화 가스레인지에 장착된 점화장치 등장으로 성냥의 필요성이 감소했으나 아직도 성냥은 필요한 경우가 많다.

성냥은 1826년 영국의 조제약국 주인인 존 워커(John Walker)가 조제실에서 안티모니 설패이트 포타쉬움 크로레이트(antimony sulfate potassium chlorate),

검(gum), 전분 혼합물을 막대기로 저었다.

그런데 젓고 난 막대기 끝에 둥글게 맺힌 방울을 떼어내기 위해 돌 마루 바닥에 문지르는 순간 불꽃을 내고 타는 것을 보았다. 존 워커는 이 현상을 불씨를 얻는데 활용하고자 7.5cm 길이의 성냥개비에 이 혼합물을 묻혀서 성냥을 만들었다.

그는 친구들 앞에서, 표면이 거친 종이 한 장을 접고 그 속에 성냥을 넣은 후 약간 누르면서 성냥개비를 잡아당겨 불을 발생시켰다. 이것을 보았던 친구 사무엘 잔(Samuel Janes)은 성냥공장을 창업하여 Lucifers match라는 상품명으로 제품화했고 이 제품은 곧 바로 런던사람들에게 대중화되었다. 그러나 프랑스 사람들은 불이 붙을 때 나는 불쾌한 냄새 때문에 이 성냥을 싫어했다.

1830년 프랑스 화학자인 찰스 사우리아(Charles Sauria)는 인을 섞은 혼합물로 성냥을 만들어 냄새를 감소시켰으나 성냥공장에서 일한 인부들 중에는 인의 축적에 의한 뼈 중독병(phossy jaw)이 발병되는 문제가 발생하였다.

1911년에는 다이아몬드 매취(Diamond Match)사가 인이 섞이지 않은 성냥을 개발하였다. 한편 1892년에는 미국 변리사인 조수 푸시(Joshus Pusey)가 match-book을 개발했다.

그러나 이 성냥은 마찰 띠가 덮개 안쪽에 형성되어 있어서 취급 중 내부에서 자연 마찰로 성냥 50개가 다 타버리는 문제가 발생하곤 했다.

다이아몬드 매취사는 1895년 푸시의 특허를 사서 내부에 있던 마찰띠(striking surface)를 밖에 부착하여 안전한 제품으로 바꿨다.

19. 압력솥

압력솥(Autoclave)은 프랑스의 파팽(Denis Papin, 1647~1712, French)에 의해서 발명되었다.(그림 2-7) 파팽의 압력솥은 식생활은 물론 미생물실험이나 위생적인 살균에 지대한 영향을 주었다.

파팽은 프랑스에서 태어났으나, 좀 더 좋은 연구를 위해서 영국으로 건너가 영국의 유명한 화학자이며 물리학자인 로버트 보일(Robert Boyle, 1627~1691)의 조수가 되는 행운을 잡았다. 이것이 계기가 되어 그는 여러 가지 발명업적을 남길 수 있었으며, 그 업적을 인정받아 왕립학회(Royal Society)회원이 되었다.

[그림 2-7]
파팽의 우골 수프기(압력 솥의 모체)

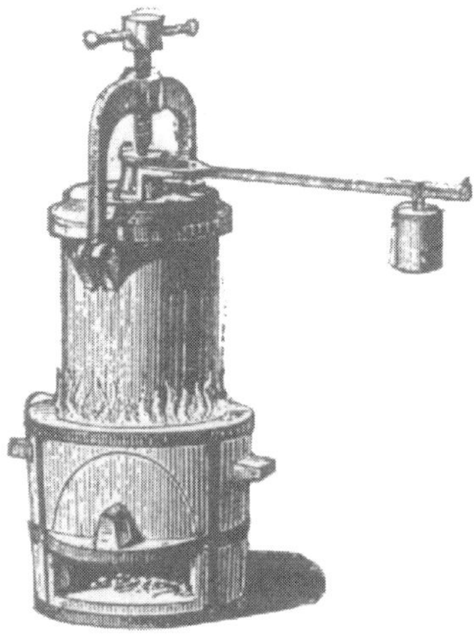

압력솥의 개발 원리는 물이 끓는 온도(비등점, 비점)는 압력이 커질수록 높아진다는 과학적인 원리에 그 바탕을 두고 있다.

초기에 그는 용기에 물을 넣고 가열할 때 증기가 밖으로 빠져나가지 못하게 밀폐하여 실험을 한 결과 예측한 대로 용기 중의 물은 100℃ 이상에서 끓었다. 이 결과, 전통적으로 기름을 가열 매체로 하는 것을 제외하고 100℃ 이상에서 음식을 가열 조리하는 것은 불가능하였는데, 압력솥의 발명으로 가능하게 되었다.

파팽은 그 후 이 압력솥의 안전을 위해서 안전판(safety valve)까지 발명하여 완전한 압력솥을 만들어 냈다. 이 압력솥은 파팽의 가마솥(marmite de Papin)으로 불리었고, 때로는 다이제스터(digester)라고 부르기도 하였다. 다이제스터라고 한 이유는 아무리 질긴 고기도 이 압력솥에 한 동안 끓이고 나면 말랑말랑하여 부드럽고 소화되기 쉬운 상태가 된다는 의미를 내포하는 말이다.

이렇게 발명된 압력솥(autoclave)은 살균이 필요한 의학, 각종 통조림 가공, 각종 기압반응 장치에 널리 쓰이고 있고, 전기자동 보온밥통에 압력솥 원리를 병행시켜 압력밥솥이 보편화되어 각질 곡류로부터 맛있는 밥을 짓는 데 널리 활용되고 있다.

한편, 파팽은 1698년 증기기관을 발명하기도 하였다. 이것은 피스톤이 장착된 수직실린더 내부에서 물을 가열하면 이 때 생기는 증기가 피스톤을 위로 올리고 그 상태에서 실린더를 냉각시키면 증기가 응결되면서 대기압에 의해서 피스톤이 아래로 움직이게 되는 원리를 활용하여 증기기관을 개발한 것으로 이 발명은 그 시대의 대발명이였다.

20. 다이너마이트

다이너마이트(dynamite)는 알프레드 노벨(Alfred Nobel)에 의해서 발명되었는데 그 과정은 다음과 같다.

먼저 다이너마이트의 원료인 니트로글리세린(nitroglycerine)은 1847년 이태리의 아스카니오 소보레에 의해서 발명되었는데, 이것은 열이나 충격을 가하면 강하게 폭발하는 성질을 가지고 있기 때문에 철도공사장에서 굴을 뚫고 산길을 내는데 쓰이거나 채석장에서 널리 사용되었다. 그러나 니트로글리세린의 폭발성은 매우 강력하지만 인위적으로 조절이 안 되는 심각한 문제(모순)가 있었다.

한편 1850년 스웨덴의 노벨은 미국에 유학하여 기계공학과 화학공부를 마치고 돌아와 부친이 경영하는 니트로글리세린 생산 공장에서 동생과 함께 아버지를 도왔다. 그러던 1864년 그가 근무하는 아버지의 공장에서 대폭발 사고가 발생하여 공장이 전소되고 동생을 포함하여 많은 인부들이 죽었다.

노벨은 평소에도 니트로글리세린의 가공할 폭발성을 인위적으로 조절할 필요를 느껴왔다. 그런데 대폭발 사고 후 더욱 강한 필요성을 느끼고 있던 어느 날 니트로글리세린이 든 통을 기차에서 내리려고 하는데, 어디에 구멍이 뚫렸는지 속의 액이 뚝뚝 떨어져서 모래에 스며들고 있는 광경을 보았다. 이것은 분명 취급 부주의로 얻어진 뜻밖의 행운이었다. 노벨은 실수의 결과를 조심스럽게 보고 있었는데, 액체 상태의 니트로글리세린이 모래에 스며든 곳에 모래가 인절미처럼 굳어진 것을 발견하였다. 깜짝 놀란 노벨은 이것이 혹시 폭발하지 않을까 걱정하면서 조그만 덩어리를 조심스레 망치로 두들겨 보았다. 그러나 그 덩어리는 의외로 안전했다.

노벨은 '바로 그것이구나!' 하는 생각이 스쳤다. 즉, 액상의 니트로글리세린보다 고체상의 글리세린은 안전성이 있다는 것을 깨닫게 되었다.

모래에 니트로글리세린을 흡수시키면 폭발하기 어렵게 된다는 것을 알게 된 것이 노벨의 대발명인 다이너마이트 발명의 시작이었다.

그 후에 연구를 거듭하여 드디어 흡수성이 강한 규조토에 니트로글리세린을 흡수시켜 고체상태로 만들었다.

이것은 모래에 굳힌 것보다 쉽게 폭발하지 않으면서도 폭발이 시작되면 더욱 강력한 폭발력을 내게 되었다.

이 안전한 화약을 다이너마이트라 했고, 이것이 불티나게 팔려 노벨은 당대 세계 최고의 부자가 되었다. 자신의 전 재산을 진정한 과학자들을 도와 과학발전을 촉진시키고 세계평화를 위한 일에 바치겠다고 한 노벨의 유언대로, 노벨이 세상을 떠나기 일년 전인 1895년 1월 27일, 스웨덴 정부는 노벨상을 제정하였고, 스웨덴 정부는 매년 이 상을 수여하고 있으며, 이 상은 세계에서 가장 영광스런 상이 되었다.

결국 노벨상제도를 만들게 한 노벨의 다이너마이트 발명도, 일반 사람들이 자칫 묵과해 버릴 수 있는 오류를 극복해 이상성에 부합되도록 하려는 관찰의 노력에서 비롯된 것이라고 할 수 있다.

21. 스트로

스트로(straw)는 미국의 워싱턴의 한 담배 공장 사원인 마빈 스톤에 의해서 발명되었다.

발명의 동기는 더운 날에 위스키를 따른 잔을 손으로 잡고 마시면 술잔에 체온이 전도되어 위스키 맛이 떨어지는데 그것을 막기 위해서, 술집에서는 위스키를 마실 때 늘 밀짚 빨대를 위스키와 같이 제공하여 밀집 빨대로 위스키를 마실 수 있도록 하는 데서 비롯했다. 그러나 마빈 스톤은 스트로를 이용해서 위스키를 마시면 손으로 잡고 마시는 것보다 편리함을 느낄 수 있으나 밀짚 고유의 냄새가 위스키 향과 혼합되어 위스키 맛을 제대로 느낄 수 없다는 문제(모순)를 깨닫고 있었다.

마빈 스톤은 어느 날 술집에서 밀짚 빨대를 만지작거리면서 냄새나는 밀짚 빨대를 대치할 수 있는 방법이 없을까 생각하다가 담배 속을 뺀 형태의 종이 빨대를 생각하게 된 것이 스트로 발명의 계기가 되었다.

그는 종이를 잘라 둥글게 만 다음 접착제로 붙여 만든 종이 빨대로 위스키 맛을 보았다. 그 결과 밀짚 빨대를 이용했을 때보다 위스키 맛이 훨씬 좋아 졌다.

마빈은 그 후 종이 스트로를 생산하는 사장이 되었고 각종 음료가 대중화되면서 이 종이 빨대는 빨리 유행이 되어 수요가 폭발했다. 이 종이 스트로는 카페는 물론 음식점, 기차 내 식당, 선박, 자동차 등에서 각종 음료 및 우유를 마실 때 유용했다.

그 후 종이 스트로는 플라스틱으로 재질이 바뀌고, 색상도 다양하게 진화되었다. 그러나 이 직선형 플라스틱 빨대는 병원에서 중환자들이나 또는 일어나서는 안 되는 환자들에게 음료를 제공하는 데는 불편하였다. 그러나 이 문제는 또 다른 고안자에 의해서 해결되었다.

어느 병원에서 아들의 간호를 하던 어떤 아주머니가 '침대에 누운 아들에게 음료수를 먹일 수 있는 구부러진 스트로가 없을까' 생각하던 중 수도꼭지에 연결된 주름잡힌 호스를 연상함으로써 해결의 실마리가 풀렸다. 그녀는 스트로 중간에 주름을 형성하여 구부러지게 함으로써, 침대에 누운 환자는 물론 일반인이 음료를 마실 때도 편리한 구부릴 수 있는 스트로를 발명했다.

22. 종두법

1992년에 추정한 바로는 매년 세계 어린이 200만 명이 병들어 죽어가고 있다고 한다. 이들 사망의 원인은 주로 결핵, 파상풍, 홍역, 백일해, 소아마비, 디프테리아의 6종 질병으로, 이들 질병에 대한 예방백신은 모두 개발되었으나 정치적 이유 혹은 경제적 사정으로 혜택을 받지 못한 데서 비롯되었다. 그래서 WHO는 이들 질병을 예방하기 위해서 범세계적 프로그램을 수행하고 있다.

질병에 대한 예방 접종은 오래 전부터 있었으나 근대적 수준의 안전한 예방접종 방법을 확립한 것은 제너(Edward Jenner, 1749~1822)이다. 이러한 예방 접종 효과에 대한 메커니즘은, 그 후 한 세기 뒤 루이 파스퇴르가 미생물에 의해서 질병이 일어난다는 사실을 제시하면서 질병 예방백신의 개발이 탄력을 받게 되었다. 요즈음에는 콜레라, 황열병, B형 간염, 독감, 페스트, 탄저병, 광견병, 천연두 등 수많은 백신이 개발되었다.

이중에서 누구나 걸릴 수 있는 일상적인 질병이면서 무서운 천연두 예방 백신의 개발은 개발 시점이 미생물 발견 전이라는 점에서 특별한 의미가 있다.

천연두 증세는 쑤심과 통증, 무기력, 식욕감퇴, 열로 시작하여 점들이 생기고 이 점들은 시간이 지남에 따라서 고름이 잡히고 고열이 나면서 죽게 되며 살아남아도 실명이 되고 피부가 곰보가 되는 후유증이 남게 된다.

18세기 이전에 영국에서는, 전 국민이 천연두에 걸리다시피 했으며, 5명 중 1명이 천연두로 죽었고, 영국 국민 절반이 곰보였다.

천연두는 한번 감염된 사람에서는 다시 걸리지 않는다는 것과 우두에 걸린 소에서 우유를 짠 많은 사람들에게서는 천연두가 발병하지 않는다는 사실로부터 면역이 생기는 것이 알려졌고, 인도와 중국에서는 인두접종(人痘接種, variolation)으로 천연두를 예방하기도 했다.

인두접종은 천연두를 앓고 있는 환자의 딱지를 코로 들이쉬게 하기도 했고 감염된 환자의 부스럼에서 고름을 얻어 미감염자의 팔에 상처를 낸 곳에 발라 면역을 얻는 방법이다.

이 예방법은 1717년 영국의 터키주재 영사관 부인 몬테규(Mary Wortley Montague)에 의해서 영국에 전해졌는데 그녀 역시 곰보가 많은 여성 중의 하나였다. 그 결과 영국에서는 인두접종을 받은 사람이 안 받은 사람보다 천연두 발생이 1/10로 감소하는 성과를 거두었다.

영국의 의사 제너는 보다 체계적으로 예방 방법을 확립하기 위해서 우두에 걸린 소로부터 천연두 부스럼 소량을 채취해 우유를 오래 동안 짠 소녀(James Phipps)의 상처가 있는 팔에 피침(披針)을 사용해서 접종하였다. 이 소녀는 천연두를 앓은 적도 없고, 우두를 맞은 적도 없었으나 천연두 증세가 나타나지 않았다.

그러나 이 예방법은 왕립학회에 보고되었지만 무시를 당하는 수모를 겪었다. 하지만 제너의 천연두 예방 방법이 소개된 지 얼마 안 되어 미국까지 전해지면서 곧 세계로 전파되었고, 미국의 토마스 제퍼슨 대통령은 솔선해서 자기 식구들부터 접종하도록 한다.

1967년 세계적으로 천연두로 죽은 사람이 200만 명에 달했다. 그러나 천연두 환자와 접촉한 사람을 끝까지 찾아 접종한 결과 1977년에 WHO는 천연두가 지구상에서 사라졌다고 선언했다.

미국의 토머스 제퍼슨은 영국의 의사 에드워드 제너에게 백신 개발에 대한 축하 편지에서 "당신은 인류의 고통의 달력에서 가장 큰 것 중의 하나를 지워버렸습니다. 인류는 당신이 생존했었다는 사실을 결코 잊지 않을 것입니다. 미래 세대는 역겨운 천연두가 존재했었다는 것을 역사로만 알 것입니다."라고 격찬하였다.

23. 가정용 냉장고

인류는 선사시대부터 음식을 보관하기 위해서 지하실, 호수, 우물, 눈을 활용했으나 가장 확실한 방법은 얼음을 이용하는 것이었다. 신라시대 등장한 석빙고도 이러한 범주에 속한다. 필요할 때 인공적으로 냉기를 만들어 내는 가정용 냉장고는 20세기 초에 발명되었다.

우리가 쓰는 전기 압축식 가정용 냉장고가 최초로 선보인 때는 1차 대전이 끝난 1918년 미국의 일이다.

그러나 냉장고의 원리는 열역학 연구가 본격적으로 진행되는 과정에서 냉매의 기화와 응결 시에 생기는 열의 출입을 이용하는 기계적 냉장의 원리이며, 이것은 19세기에 이미 알려져 있었다. 그래서 양조장이나 육류 포장업에서 사용하는 대형 냉장고들은 이미 19세기 말에 등장하여 상업적으로 이용되었으나 가정용 냉장고를 생산하는 데는 몇 가지 난점이 있었다.

즉, 가정용 냉장고는 작고, 가벼우며, 숙련되지 않은 사람에 의해서도 쉽게 작동될 수 있고, 독성이나 가연성을 갖지 않은 안전한 냉매를 사용해야 하는 기술적 난점들이 남아 있었다.

미국에서 생산된 최초의 가정용 냉장고인 '캘비네이터(Kalvinator)'는 1918년에 시판되기 시작하였다. 그러나 캘비네이터는 앞의 기술적 난점들을 전부 넘어선 것은 아니었으며, 1920년대 중반까지만 해도 높은 가격이나 냉매 누출 등의 문제점으로 인해 가정용 냉장고의 보급은 저조했다. 캘비네이터의 뒤를 이어 제너럴 일렉트릭에서 1925년부터 생산하기 시작한 모니터 탑(Monitor Top)은 이러한 문제점을 점차적으로 개선해 나가면서 공격적인 판촉 전략을 구사하여 1931년에 백만 대의 생산을 기록한 최초의 냉장고가 되었다.

한국에서는 58년 창립된 전자업체 금성사(LG전자의 전신)가 64년에 미군부대로부터 유출된 냉장고를 분해 조립을 거듭한 끝에 1965년 6월 120리터짜리 가정용 냉장고의 첫선을 보였다. 우리나라에서 가정용 냉장고의 등장은 1966년으로 1968년의 TV, 1969년의 에어컨, 세탁기보다 앞선 것이었다.

24. 텔레비전

TV 개발은, 1876년 알렉산더 그레이엄 벨(Alexander Graham Bell)의 전화기 발명으로, 음성의 전송이 가능하게 되자 이것을 계기로 영상의 전송에 대한 관심이 높아지면서 본격화되었다.

20세기 최고의 영상전달 매체인 텔레비전의 기초가 된 것은 1884년 독일의 폴 닙코브가 발명한 닙코브 원판이다. 이는 작은 나선형 구멍이 뚫려 있는 회전 원판에 화상을 투사하고 그 빛의 세기를 셀레늄 광전지로 측정하여 전기 신호로 바꾸어 전송하도록 되어 있었다. 이 신호를 이용해 빛의 강약을 복원하고 이를 송신측과 같은 구멍이 나 있는 회전 원판에 투사하면 원래의 화상을 재현할 수 있었다.

이런 가능성을 실현시킨 사람이 영국의 존로지 베어드(1888~1946)였다. 그는 1923년부터 닙코브 원판을 이용한 텔레비전 시스템을 연구하기 시작하여 1925년에는 사람의 얼굴 이미지를 흑백으로 재현하는 데 성공하였다. 이를 기반으로 재정적 후원을 얻게 된 베어드는 1926년에 런던과 글래스고 사이의 전화선을 이용해 영상을 전송하는 데 성공함으로써 본격적인 텔레비전 시대를 열었다.

그러나 이후에 발전해 나간 텔레비전 시스템은 베어드의 것과 같은 기계식 시스템이 아니라 1897년에 발명된 음극선관(브라운관)을 이용한 전자식 시스템이었다. 1936년 영국의 BBC는 세계 최초의 정기 텔레비전 방송을 시작하면서 베어드의 시스템을 버리고 마르코니 EMI 회사가 개발한 전자식 시스템을 채택하였다.

25. MRI

현재 인간의 눈으로 볼 수 없는 신체 내부를 촬영하는 장치로는 X선, CT, MRI(Nuclear Magnetic Resonance, 핵자기공명장치) 등이 있다.

X선은 파장이 짧은 전자기파로 물질을 투과할 수 있고 전기장이나 자기장에도 영향을 받지 않는다. 그 당시 그 정체를 알 수 없다는 의미에서 붙인 이름이 바로 X선이다.

빌헬름 콘라트 뢴트겐 박사는 X선 발견 후 자기 아내의 손을 찍은 사진을 공개함으로써 의사들에게 X선으로 몸속을 들여다 볼 수 있다는 가능성을 확인시켜 주었다.(그림 2-8) X선은 뼈뿐만 아니라 몸의 각 부분에서 X선이 흡수되는 정도에 따라 내부 장기들의 모습을 알 수 있게 한다.

초기에 X선은 골절, 결핵, 폐렴 등을 진단하는 데 쓰였고, 제1차 세계대전에서 가슴, 팔, 다리 등에 박힌 총알을 제거하는 데 큰 공로를 세우면서 널리 알려졌다.

CT는 X선을 사용하여 인체를 입체적으로 들여다보는 장치이다. 1960년대 중반 코맥 교수는 처음으로 밀도가 서로 다른 조직의 X선 영상에 관심을 가졌고, CT의 수학적·물리학적 기초를 세웠다. 또 하운스필드 박사는 의학 분야에 쓰일 수 있는 CT를 최초로 만들었는데 이것은 전자공학과 컴퓨터의 발달로 가능했다.

CT는 인체의 한 단면에 X선을 투과시키면 조직마다 다르게 X선을 흡수한다는 원리를 이용한 것으로, 인체 주위로 360도 회전하면서 동시에 김밥을 썰 듯 몸 속 단면의 모습을 찍는다.

원자핵자기공명은 자침과 같은 성질을 갖는 원자핵에 자기장을 가해 특정 고주파를 흡수시키는 현상으로, MRI는 몸의 70%를 차지하는 물에 든 수소원자핵(양성자)이 일으키는 자기공명을 이용한 것이다.

MRI가 만들어지는 데에도 연상적인 발상이 작용했다. NMR의 발견으로 1952년 노벨 물리학상을 수상한 하버드대 퍼셀 교수의 수상 강연에는 에탄올(CH_3CH_2OH)의 구조와 NMR 신호의 그림이 등장한다. 모든 술의 주요 성분인 에탄올에는 세 가지 환경이 다른 수소(H)가 있다. 위의 구조식 맨 앞의 탄소(C)와 결합한 세 개의 수소, 다음 탄소와 결합한 두 개의 수소, 그리고 산소(O)와 결합한 한 개의 수소가 그것들이다.

[그림 2-8]
빌헬름 콘라트 뢴트겐 박사의 부인 손이 X-ray로 찍힌 사진

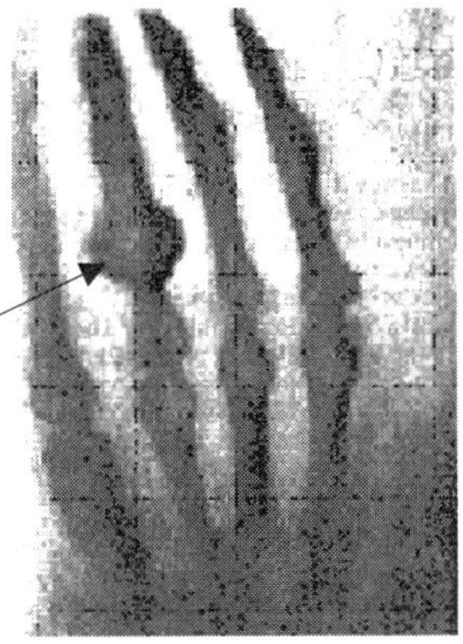

이들 수소의 원자핵은 양성자라 불리는 아주 작은 입자(10^{-15}m, 수소 원자 지름의 10만분의 1정도)인데, 양성자는 +1의 양전하를 가지고 지구가 자전하듯 회전을 하기 때문에 미니 자석 같은 성질을 나타낸다. 그러니까 에탄올에는 양성자라는 미니 자석이 세 개, 두 개, 한 개 순서로 배열되어 있는 셈이다.

그런데 자석은 자기장을 형성하여 같은 극끼리는 밀고 다른 극끼리는 당기는 식으로 서로 힘을 미친다. 에탄올의 경우 모든 수소는 다른 수소들이 만들어내는 자기장을 감지하게 된다. 결국 세 가지 환경이 다른 수소가 감지하는 자기장은 약간씩 다르게 되고, 이 미세한 자기장의 차이를 검출하면 각각 수소의 환경을 조사할 수 있게 된다는 사실로부터 MRI를 발명하게 되었다.

폴 로터버 박사는 NMR의 적용범위를 분자크기에서 cm단위로 확장해 인체의 물(H_2O)에 들어 있는 수소를 조사하면 인체 내부를 들여다 볼 수 있지 않을까 생각했다.

인체는 부위와 조직에 따라 물의 분포가 약간씩 다르다. 예컨대 근육과 뼈는 물의 함량이 다르다. 따라서 뇌, 디스크 부위 등의 물을 조사하면 신체 내부를 들여다 보며 진단하는 것이 가능해진다.

에탄올의 경우에는 한 분자 내에서 자기장이 다른 수소를 조사했지만, 이제는 어떤 신체 부위 내에서 자기장이 다른 수소를 조사해야 한다. 에탄올에서 자기장의 차이는 에탄올 분자 자체에서 오지만, 신체부위 내에서는 그런 자기장 차이가 없다.

로터버 박사는 커다란 자석의 강한 자기장 안에 위치에 따라 자기장이 약간씩 달라지도록 만드는 장치를 넣은 후, 신체부위를 측정하여 물의 수소를 조사하는 방법을 개발했다.

맨스필드 박사는 이렇게 얻어진 복잡한 신호를 수학적으로 처리해 영상을 빠르게 얻어내는 데 크게 기여하였다.

로터버 박사가 MRI의 원리를 처음 발표한 것은 1973년이었고, MRI 촬영은 1980년대 중반부터 임상적으로 사용되었는데, 요즘은 전 세계적으로 매년 6,000만 장 이상 촬영되고 있다.

MRI는 자석으로 구성된 장치 내에 사람을 눕히고, 자기장을 이용한 고주파를 쏘여 인체 내에 존재하는 수소 원자핵에서 발생되는 신호를 분석하여 각 조직과 구조물들의 공명 현상의 차이를 계산함으로써 영상을 구성하는 것으로, 한마디로 자석을 이용한 촬영 방법인데, 방사선을 이용한 촬영 방법과는 크게 다르다.

주요한 MRI 검사 대상은 매우 다양하여 뇌출혈, 뇌경색, 뇌종양 등의 뇌질환과 디스크 탈출이나 퇴행성 척추 질환의 진단에는 거의 필수적인 검사 방법이며, 무릎, 어깨, 손목, 발목, 팔꿈치 등등 관절의 이상, 스포츠 관련 외상, 골수염, 무혈성 괴사 등의 진단에 필요하다. 또한 선천성 심장 질환, 심근경색증, 간의 종양, 사지의 종양, 종격동 질환, 두경부의 염증이나 종양의 진단에 있어서도 자기공명영상 촬영이 필요하다.

한편 로터버 박사는 핵자기공명(NMR · Nuclear Magnetic Resonance)이라는 물리적인 원리를 화학적인 시스템에 도입해 의공학적 응용에 획기적인 성공을 거둔 업적에 걸맞게, 현재 미국 일리노이대의 화학, 생물리학, 계산생물학, 그리고 생물공학 교수로 있다.

인간의 눈으로 볼 수 없는 세계를 촬영할 수 있는 기술과 장치를 개발한 독일의 빌헬름 뢴트겐은 X선 발견으로 1901년 제1회 노벨 물리학상을, CT 개발자들인 미국의 앨런 코맥과 영국의 고드프리 하운스필드는 1979년 노벨 생리 · 의학상을, 세포와 원자의 세계를 볼 수 있는 전자현미경과 주사터널현미경의 발명으로 1986년 노벨 물리학상을 수상했으며, 2003년도 의학상은 MRI를 발명한 폴 로터버와 피터 맨스필드에게 주어졌다.

26. 플라스틱

20세기는 인류의 삶을 크게 바꾸어 놓은 새로운 소재의 개발이 잇달았던 시기였다. 흔히 플라스틱이라고 불리는 합성수지의 개발은 그 중 대표적인 예이다.

플라스틱은 일반적으로 튼튼하면서도 가볍고, 썩지 않으며, 모양을 마음대로 만들 수 있는데다 필요에 따라 다른 여러 가지 성질들을 추가할 수도 있는 등 천연물 소재가 가지기 어려운 여러 유용한 성질들을 가지고 있어서 그 쓰임새가 무궁무진했다. 그래서 플라스틱은 1930년대 이후 산업과 일상생활에서 없어서는 안 되는 소재가 되었다.

이른바 '플라스틱의 시대'를 여는 효시가 되었던 것이 20세기 초 미국의 베이클랜드(Leo H. Baekeland, 1863~1944)가 개발·판매한 최초의 합성섬유 베이클라이트(Bakelite)이다. 베이클랜드는 벨기에 출신의 미국인으로 이미 20대 후반에 새로운 종류의 사진감광지를 발명했던 경력이 있는 사람이었다. 1900년 잠깐 동안 독일을 방문했을 때 화학자 폰 바이어(1835~1917)가 30년 전에 쓴 논문을 보고 거기서 힌트를 얻어 수년간의 연구 끝에 페놀과 포름알데히드의 축합반응으로 페놀수지를 인공적으로 합성하는 데 성공했다. 그는 이 페놀수지를 자신의 이름을 따서 베이클라이트라 이름을 짓고, 1909년부터 대량생산하기 시작했다.

베이클라이트는 당시 호황을 누리던 전기산업에서 전기 절연체로 널리 사용되며 상품으로서 크게 성공했으며, 그 후 플라스틱에 관한 연구가 활발해지는 계기가 되었다.

이로써 나일론과 함께 플라스틱은 20세기 소재혁명을 이끈 중요한 발명품이 되었다.

27. 형광등

1870년대 말 에디슨(T.A. Edison)이 백열전구를 개발하여 전등의 시대를 연후 1930년대 들어 다른 방식의 전등인 형광등이 개발되어 백열전등과 함께 20세기의 대표적인 전등으로 널리 사용되었다. 형광등은 저압수은증기 중의 방전으로부터 발생하는 강력한 자외선을 유리관의 내벽에 칠한 후 각종 형광체에 비추어 가시광선으로 바꾸는 광원이며, 형광체의 종류에 따라 여러 가지 색의 빛을 방출한다.

형광등의 개발은 1930년대에 여러 곳에서 이루어졌다. 먼저 프랑스의 클로드-제너럴 네온라이트(Claude-General Neon Light)사와 영국의 GEC 등 유럽 여러 곳에서 선도적인 연구·개발이 이루어졌다. 거기서 개발된 것들은 조명이라기보다는 광고용 기구의 성격이 강한 것이었다.

미국의 GE(General Electric)사에서는 유럽의 이와 같은 움직임에 자극을 받아 조명용 전등의 개발을 목표로 1934년에 인만(Inman)사를 중심으로 개발팀을 구성하여 1938년에 그 성과를 세상에 내놓았다. 그것은 낮은 전압으로 점등할 수 있고 관의 길이가 짧아 가정용 조명으로 사용하기에 적당한 것이었다.

백열등에 비하여 효율이 좋고, 수명이 길며, 소비전력이 낮은 형광등은 제2차 세계대전 후 일반에게 널리 보급되어 밤을 밝힌 조명의 질을 개선시킨 주인공이 되었다.

28. 나일론 발명

의생활에서의 커다란 변화를 일으킨 나일론(nylon)은 1935년 미국의 캐러더스(Wallace H. Carothers, 1896~1937)에 의해서 발명되었다.

나일론이 나오기 전 속옷, 겉옷, 장갑, 모자, 양말을 짜는 섬유는 누에고치, 목화, 삼베, 양모 등의 동식물에서 얻는 천연섬유였다. 지금은 다른 섬유로 대체되었으나 상당기간 동안 나일론은 이들 천연섬유의 자리를 많은 부분 대체할 정도로 선풍을 일으켰었다.

캐러더스는 하버드 대학에서 화학을 가르치는 교수였으나, 하버드 대학교 보다 시설이 좋고 연구비 지원이 좋은 세계적인 화학회사인 뒤퐁사로 옮겨 인조고무를 발명하는 데 성공했다.

그가 하고 싶은 연구는, 그 당시 목재나 솜의 섬유소로부터 합성된 레이온보다 값싸고 질긴 합성섬유를 개발하는 것이었다. 그는 석탄을 건류해서 얻은 석탄산과 물을 분해해서 얻은 수소, 공기 속의 질소를 합성해서 얻은 암모니아를 반응시켜 합성하였는데, 이것이 바로 나일론이다.

나일론은 거미줄보다 가늘고 강철처럼 강하다는 광고와 함께 선풍적인 인기를 끌었다. 초기에는 여성용 스타킹에 많이 사용되었고 차츰 사용 범위를 넓혀 나갔다. 특히 당시 여성용 블라우스는 값비싼 비단을 이용했는데 마침 나일론이 시판될 무렵 태평양전쟁이 발발하여 일본으로부터 비단수입이 단절되자 나일론은 급속도로 여성용 고급의류 시장을 장악해 갔다.

나일론은 생사와 흡사한 광택이 있지만 생사보다 훨씬 튼튼하며 혼방 및 혼직물로 많이 가공되고 있다. 또 어망, 로프 등 산업용으로도 널리 사용된다.

인류의 의복은 물론 재료의 혁명을 가져왔던 나일론도 이제 새로운 섬유에 의해 자리를 완전히 빼앗긴 상태이지만, 캐러더스가 소재혁명의 창시자라는 명성은 오래 기억될 것이다.

29. 전자레인지

전자레인지는 현대적인 주방에서 믹서나 전기보온밥솥과 함께 보편적인 조리기구가 되었다. 전자레인지는 1946년 전자공학 분야에서 뛰어난 과학자 중의 한 사람인 퍼시 스펜서(Percy L. Spender)에 의해서 발명되었다.

스펜서는 이미 1940년 제2차 세계대전 당시 영국이 독일군의 폭격을 받고 있을 때에는 영국이 개발해 놓은 레이더를 개량하여 주는 수훈을 세운 업적으로 미국 해군이 민간인에게 수여하는 최고의 훈장인 청동무공십자 훈장을 받기도 했다.

스펜서가 전자레인지를 발명한 동기는 자신이 근무하던 레이디온사의 실험실을 어느 날 둘러보는 과정에서 레이더의 핵심 부품인 마그네트론(magnetron) 앞에 우연히 서 있게 되었는데 그 순간 자기 호주머니 속에 있던 사탕이 녹고 있다는 사실을 발견했다.

보통 사람 같았으면 아마 "체온으로 사탕이 녹는 거군."하고 넘어갈 현상이었는데 이미 120개의 특허를 따낸 비범한 그는 그 현상에 매력을 느끼게 되었다.

그는 마그네트론 옆에서 사탕이 녹는 현상과 효과를 확인하기 위해서 옥수수 알이 든 봉지를 마그네트론 가까이 놓자 옥수수가 터지는 것을 확인하였다. 그는 또 마이크로웨이브가 날달걀을 어떻게 변화시키는지를 실험했다. 달걀 역시 마그네트론 옆에 놓일 때 터지는 현상을 나타냈다.

이처럼 옥수수나 달걀이 터진 이유는 마이크로웨이브가 이들 식품에 닿게 되면 식품 내에 있는 물분자가 서로 마찰을 일으켜 생기는 마찰열로 인하여 식품의 내부에 증기압이 발생하기 때문이다. 마이크로웨이브에 의한 가열은 음식 전체가 동시에 가열되는 특징이 있어서 식품 외부층부터 내부로 오래 걸려 열이 침투되는 재래식 가열 방식과는 전혀 다르다.

스펜서의 마이크로웨이브를 이용한 전자레인지는 '고주파 유전체 가열기구'라는 이름으로 1953년 특허를 받았다.

달걀이나 사탕이 녹는 것에서 비롯된 전자레인지의 탄생은 군수용보다 주방용 조리 기구로 수요가 크게 증가하리라 생각했지만 명칭을 붙이는 것이 어려웠다. 그 이유는 군사용 장치를 가정용으로 사용하는 것에 대해서 소비자들이 거부감을 가지는 정서가 있었기 때문이었다.

레이디온사는 최초의 '고주파 유전체 가열기구'라는 이름 대신 새로운 이름으로 바꾸기 위해서 경품을 걸고 새 이름 짓기 콘테스트를 열었다. 그 결과 레이더에 뿌리가 있음을 착안해 만든 '레이더 레인지(radar range)'가 선정됐고 그 후 다시 두 단어가 붙어 '레이더레인지'로 개명했다. 이것은 아직도 군대 냄새가 나는 이름이었다.

또 한 가지 문제는, 개발 초기의 레이더레인지의 무게가 340kg, 높이가 165cm나 되어 오늘날 부엌에 사용하는 작은 전자레인지와는 전혀 다른 모양이었다.

1953년에 나온 초창기 모델은 가격도 비싸고(3천 달러) 크기가 너무 커서 레스토랑, 열차(일본 국철은 2천 5백 대를 대량 구매) 및 대형 여객선에만 팔렸다.

그 후 타판사(Tappan company)는 레이디온사의 기술자들을 도와 마그네트론의 크기를 줄이는 연구에 참여하여 부피가 클 수밖에 없는 수냉식 배관을 공냉식 송풍기로 대치하여 크기를 크게 줄였다. 그러나 이것 역시 아직도 너무 크고 비싸서 사는 사람이 거의 없었다.

그러다가 1964년 일본의 아마나(Amana) 냉장사에서 획기적으로 소형화된 마그네트론을 개발하였고, 레이디온사는 1965년 이를 개발한 아마나 냉장사를 인수하여 1967년부터 실용적인 495달러짜리 소형 전자레인지를 판매하기 시작함으로써 전자레인지는 각 가정의 주방필수품으로 자리 잡게 되었다.

그러나 전자레인지는 또 하나의 평가에 직면하게 되었다. 즉, 사용 중 유해 전자파발생에 대한 안전성문제가 논란이 되었으나 1971년 미연방에 의해서 전자파 기준이 정해짐으로써 유해성문제는 일단락되었다. 이제 전자레인지는 혼수품으로 빼놓을 수 없을 정도로 보편화되었다.

스펜서는 초등학교조차 졸업하지 못하였지만 독학적 발명력의 발휘 즉, 그의 남다른 관찰력과 연상력 그리고 강한 집착력 덕분에 이와 같은 발명을 할 수 있었던 것이다.

30. 레이저

레이저(Light Amplification by Stimulated Emission of Radiation : LASER)란 유도 복사를 통해 전자들을 똑같은 궤도로 올려놓고 동시에 천이 하도록 하는 것이다.

자연계의 가시광선은 파장이 다른 여러 빛이 섞여 있는 데 반해, 레이저를 통해 나타나는 빛은 단 한 가지 파장만을 지니고 있다. 이렇게 고른 빛은 가시광선에 비해 한 점에 집적하기 쉽고 에너지의 밀도가 대단히 높다. 이런 현상이 이론적으로 가능하다는 것은 아인슈타인에 의해 최초로 밝혀졌다.

레이저는 여러 물리학자들의 아이디어와 노력이 합쳐진 산물이다. 1964년에 노벨 물리학상을 수상한 미국의 물리학자 찰스 타운스는 빛 대신에 이와 비슷한 마이크로파를 사용한 시스템을 1951년에 구상하였다. 그는 이를 메이저(MASER)라 불렀으며, 1955년 마이크로파의 에너지를 증폭한 전시용 메이저를 처음으로 선보였다.

1957년 콜롬비아대학의 고든 굴드는 빛을 사용한 광학 시스템, 곧 레이저를 구상했다. 골드는 나중에 "이느 날 아이디어가 번개처럼 떠올라시 〈레이저의 가능성에 대한 대강의 계산〉이라는 제목으로 노트에 휘갈겨 놓았다."라고 회상했다.

광물로 된 고체 막대 속에서 발진하는 최초의 루비 레이저는 1960년 캘리포니아의 허지스 연구소의 마이만에 의해 만들어졌다. 1961년에는 헬륨 네온 기체 레이저가 개발되었다.

오늘날 레이저는 콤팩트디스크(CD)를 읽는 일에서부터 수술 시 절개 도구로까지 다양한 용도로 사용되고 있으며, 홀로그래피, 레이저 가공, 광통신, 핵융합로의 연구까지 쓰임새가 계속 늘어나고 있다.

31. 원자구조

1911년 덴마크의 물리학자 닐스 보어는 전자가 양자화 된 에너지를 가진다는 내용의 원자모델을 발표했다. 이 모델은 러더퍼드 원자모형의 불안정성 문제를 해결함과 동시에 주기율표와 화학변화를 설명할 수 있게 하였다.

보어에 앞서 러더퍼드는 전자가 원자핵 주변을 돌고 있는 원자구조를 제안했다. 움직이는 전자는 에너지를 방출하기 때문에 이 모델에서는 전자의 에너지가 점점 줄어들어 마침내 원자핵에 이끌려 갈 가능성이 있다는 문제가 있었다.

보어는 어떤 에너지 준위에서는 전자가 에너지를 방출하지 않고 안정적으로 운동할 수 있다고 가정함으로써 이 문제를 해결했다. 전자가 이 궤도들을 옮겨 다닐 때 원자가 빛을 흡수하거나 방출하는데, 그 빛의 에너지는 궤도들의 간격과 일치한다. 이 모델을 바탕으로 보어는 수소 원자의 스펙트럼을 양적으로 설명할 수 있었다. 이 모델에서 원소의 화학적 성질은 최외각 전자에 의해 결정된다는 것을 보여 주었다.

보어의 원자모델은 양자 가설을 채택하였기 때문에 고전 물리학의 개념에서는 벗어난 것이었다. 이후 전자 에너지 준위에 대한 세부적인 분석과 양자화 된 에너지 준위에 대한 물리적인 설명을 추구하는 과정에서 20세기 과학의 최대 성과인 양자역학이 성립되었다.

32. 화학요법제 살바르산

세균학의 발달로 인해 특정 세균이 특정 전염병의 원인이 된다는 사실이 밝혀진 이후, 병을 일으키는 원인균만을 제거할 수 있는 약을 찾는 데 많은 노력이 기울여졌다.

우리 몸에는 아무런 해나 부작용을 일으키지 않고 특정한 병원균만을 공격한다는 의미에서 그러한 약을 '마법의 탄환'이라고 불렀다. 이 '마법의 탄환'이라는 개념을 구체화하고 실제로 그러한 약을 처음으로 찾아낸 인물이 독일의 에를리히(Paul Erlich, 1854~1915)이다.

에를리히는 인간의 세포에는 손상을 주지 않고 인체에 침입한 세균만 죽이는 특효약을 찾으려고 노력했다. 그는 6백 번이 넘는 실험과 시행착오를 거듭한 끝에 1910년 매독 치료에 특효가 있는 비소화합물 '살바르산 606'을 개발했다. 606이라는 숫자는 에를리히가 606번째로 얻은 물질이라는 뜻이고 살바르산은 '세상을 구원하는 비소'라는 의미이다. '살바르산 606'은 페니실린이 보급될 때까지 40년 가까이 신비의 약으로 널리 사용되었다.

살바르산은 지금의 관점에서 보면 그렇게 대단한 약은 아니지만 당시까지 매독 치료에 사용되던 수은을 이용한 것에 비해 약효가 뚜렷하고 독성이나 부작용이 적어 수많은 매독 환자를 구해냈으며, 인공적으로 합성된 화합물도 효과적인 약으로 사용할 수 있다는 예를 남겨주었다.

33. 온도계

온도계(thermometer)는 과학실험 및 생활환경 관리 등에서 필수적인 도구이다. 현재 온도계의 종류는 다양하지만 온도계를 제일 먼저 만든 사람은 이탈리아 피두아 대학 천문학 교수인 갈릴레오로 공기를 이용한 공기 온도계를 만들었고, 그의 후학들이 공기는 온도에 민감도가 떨어지는 단점을 개량해서 17세기 중엽 알코올 온도계를 만들었다.

알코올은 온도에 민감하여 미세한 온도 변화를 보기에 편리하나 너무 빨리 오르고 반대로 너무 빨리 내리는 단점이 있다. 또한 알코올 온도계는 80℃ 이상의 온도를 측정하는 데는 부적당하다.

이러한 단점이 보완된 온도계인 수은 온도계가 발명되었다. 수은 온도계는 파렌하이트(Gabricd Danicl Fahrcnhcit, 1686~1736)가 1720년 발명했다. 온도의 상승과 하강 속도가 적당해서 체온을 측정하는 데 적합하여 널리 쓰이고 있다. 수은 온도계는 최대 350℃까지 측정할 수 있다. 이러한 장점은 알코올과 수은의 비점 차이에서 오는 결과이다.

요즈음은 디지털 온도계가 개발되어 낮은 온도와 높은 온도를 정확하게 그리고 빨리 측정할 수 있고 온도를 자동으로 기록할 수 있게 되었다. 더욱이 최근에 생산되고 있는 적외선 온도계는 센서를 측정대상 물체에 접촉하지 않고도 측정할 수 있게 되었다.

34. PCR

PCR(Polymerase Chain Reaction)은 1993년 미국의 무리스(Kary B. Mullis)에 의해서 발명되었다. PCR(중합효소연쇄반응기)은 DNA 증폭기로 전자현미경을 통해서나 볼 수 있는 매우 작은 유전물질 즉, DNA 한 가닥을 수 시간 내에 수십억 개의 가닥으로 복제할 수 있는 일종의 복사기이다.

생체에서 추출되는 DNA의 양이 아무리 적더라도 PCR을 이용하면 연구에 필요한 많은 양을 얻을 수 있게 된다. PCR의 발명은 DNA 연구를 활성화시키는 기폭제가 되었다.

PCR의 등장은 의학, 유전학, 생명공학, 법의학 등 다양한 분야에서 응용되고 있으며 화석으로부터 DNA 추출이 가능해져 우리에게 소설과 영화로 잘 알려진 '쥐라기공원'의 이론적 근거가 되었다.

Kary B. Mullis는 1944년 노스캐롤라이나에서 태어났고, 1972년 버클리 캘리포니아대학의 생화학전공분야에서 박사학위를 취득한 후 1973년까지 캔자스 의과대학에서 박사학위 취득 후 연구원으로 엔지오텐신과 폐혈관 생리기능을 중심으로 소아 심장학을 연구하였으며, 1977년부터 2년간 샌프란시스코 캘리포니아대학에서 박사학위 취득 후 연구원으로 제약화학을 연구하였다.

Kary B. Mullis는 1976년 DNA화학자로 Cetus사에 취직하여 7년 동안 Oligo-nucleotide 합성을 연구하면서 1983년 PCR 원리를 개발하였고, 이 원리를 개발한지 10년 후에 생물과학 분야에서 20세기 기념비적인 기술 중 하나로 인정을 받아 1993년 노벨상을 받았다.

이 발명은 끊임없이 전공 지식을 쌓으면서 성공을 이룩한 발명의 예가 되며,

이처럼 DNA 발견이 PCR발명을 탄생시킨 것처럼 하나의 발견은 새로운 발명을 낳게 된다.

35. 트랜지스터

진공관에 불안정한 점들이 나타나자 과학자들은 진공관을 대체할 반도체를 찾아야만 했다. 1940년대에 이르러 과학자들은 게르마늄과 규소(실리콘)가 제한적으로 전류를 흐르게 한다는 사실을 알아냈다. 그런데 부도체인 이 물질들이 전류를 통과시키는 이유를 알기까지는 많은 시간이 걸렸는데 그 원인은 불순물이었다.

게르마늄의 최외각 전자는 4개이다. 여기에 최외각 전자가 5개인 비소를 불순물로 넣으면 1개의 전자가 남아 양극으로 자유롭게 움직인다. 또 게르마늄에 최외각 전자가 3개인 붕소를 불순물로 첨가하면 게르마늄의 최외각 전자 1개에 대응하는 정공(hole)이 생겨 음극으로 움직인다. 자유 전자와 정공이 부도체인 게르마늄에 전류가 흐르게 만든 것이다. 흔히 전자를 n형 반도체, 후자를 p형 반도체라고 한다.

이러한 원리를 이용해 벨연구소의 윌리엄 쇼클리(1910~1989), 존 바딘(1908~1991), 월터 브래튼(1902~1987) 등은 1947년 12월 23일 마침내 애타게 기다리던 반도체의 꿈을 이뤄냈다. 그들이 만든 반도체의 이름은 증폭기능을 가졌다는 '앰플리스터(amplister)'와, 저항을 바꿈으로써 신호를 전달한다는 트랜지스터(transister)가 막판까지 경합을 벌이다 트랜지스터로 최종 결정됐다.

트랜지스터의 장점은 작게 만들 수 있고, 소비전력도 매우 적을 뿐 아니라 진공관처럼 예열을 할 필요도 없고, 지나치게 가열되지도 않는다는 점이다. 이러한 장점을 가진 트랜지스터는 1953년 보청기에 처음 사용된 이후 수많은 전자제품의 탄생에 기여했다. 쇼클리, 바딘, 브래튼은 1956년, 그들의 발명이 전자산업을 발전시킬 수 있는 대발명으로 인정되어 노벨 물리학상을 받았다.

36. 포스트 잇

포스트 잇(post it)은 1974년 미국의 3M사에 근무하는 아트 프라이에 의해서 발명되었는데, 이것을 발명하게 된 동기는 다음과 같다.

그는 일요일마다 교회의 성가대에서 찬송가를 부를 때마다, 한 곡이 끝난 후 다음 곡을 찾기 편리하게 페이지 사이에 종이를 끼어 두었다가 찾곤 했는데 자주 그 종이가 빠져나가 당황한 일이 종종 있었다. 이러기를 여러 번 하던 중 자신 회사에서 수년 전 스펜서 실버라는 연구자가 개발한 접착제가 떠올랐다. 그 접착제는 접착력이 약하여 영구적인 접착제로는 부적합했으나, 교회에서 그때그때 다르게 선곡할 때만 표시한 후 제거하는 데는 바로 그 접착제가 적합할 것이라는 연상을 순간적으로 하게 된 것이다.

그는 접착제로 서표를 만들어 보고 메모를 할 수 있는 구조를 생각했으나 쉽게 되지는 않았다. 그러나 접착제에 대한 실험을 계속한 끝에 원판에는 오염되지 않으면서 영구적 접착성이 있는 접착제를 개발하였고, 접착제를 발라 메모가 가능하도록 만든 포스트 잇(post it)을 개발하였다.

이 제품을 판매 부서에 넘겨 4개 시에 대하여 시장반응을 조사하였다. 그러나 2개 시에서는 성공이었고, 2개 시에서는 실망스런 결과가 나왔다. 결과가 좋은 곳에서는 처음 나온 제품을 무료로 써 보게 함으로써 새로운 제품에 대한 수요가 폭발적으로 창출되었던 것이다.

이 제품은 1980년 미국에서 사용된 데 이어 1981년에는 영국 전체에서 사용되면서 세계적인 상품이 되었다. 이 발명은 비범한 착상과 실패가 어우러진 발명의 예이다.

37. 진공펌프

진공펌프는 기체의 압력을 낮추어 진공을 만드는 데 사용된다. 최초의 진공 펌프를 발명한 사람은 독일의 공학자이자 물리학자인 오토반 구어리케(Otto Von Guericke)이다. 그가 만든 펌프는 물을 끌어올리는 빨펌프를 개량한 형태이지만 1654년에 그는 이것을 사용해 2개의 반구를 붙여 만든 지름 50cm 구 안의 공기를 빨아낼 수 있었다. 진공상태가 된 반구는 양쪽에 8마리의 말이 끌어당겨도 떨어지지 않는다는 사실의 발견은 이것이 압력과 진공에 관한 지식에 혁명을 일으킬 정도로 큰 의미가 있었다.

훌륭한 진공을 만들 수 있는 가장 일반적인 형태의 펌프는 스프링이 잡아당기는 밸브 s에 의해 A와 B 두 부분으로 나뉜 회전자로 이루어져 있다. 회전자가 회전하면 먼저 기체를 입구를 통해 A로 빨아들인 다음, B속으로 압축해 밀어 넣고, 마지막으로 배출밸브를 통해 방출한다. 기체가 누출되는 것을 막고 윤활 작용을 위해 전체 케이스를 기름 속에 담가 둔다.(그림 2-9)

진공펌프는 대기압으로부터 10^{-1}Pa 정도의 저진공이나 중진공 환경까지 만들어내는 저진공 펌프류, 초고진공이나 극고진공 환경까지 만들어 내는 고진공 펌프류로 크게 구분된다.

진공기술은 텔레비전, 진공청소기, 커피, 컴퓨터, 휴대폰, 카메라, 전구, 온도계뿐 아니라 라면 및 통조림을 비롯한 식품, 의약품을 제조할 때도 필수적이다.

진공(vacuum)이란 말 그대로 아무 것도 없이 비어 있는 공간이라는 의미이지만 현실적으로 입자가 전혀 없는 절대진공을 만들기는 거의 불가능하다. 따라서 진공은 대기압보다 압력이 낮은 상태 또는 $1cm^3$ 당 분자 수가 2.5×10^{19}개보다 적은 경우로 정의된다. 단위는 torr(1torr＝1백 33Pa＝1.33mbar)이다.

[그림 2-9]
진공펌프원리도(a)와 고성능 진공펌프(b)

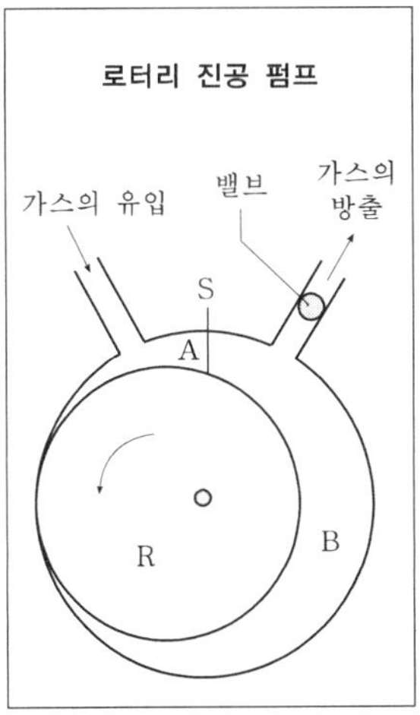

S는 스프링이 걸려 있는 밸브

(a)

(b)

우리가 숨쉬는 대기에는 질소, 산소, 수증기, 탄산가스, 헬륨, 아르곤과 같은 여러 기체가 섞여 있는데 이들 기체 분자의 수는 $1cm^3$당 2.5×10^{19}개나 되어 손가락 한마디 정도의 부피 안에 세계 인구수의 40억 배에 달하는 기체 분자가 있는 셈이다.

한편 자연에서도 대기압 환경보다 기체 분자 수가 적은 상태 즉, 진공 상태를 찾아볼 수 있다. 문어의 빨판 내부는 1백torr 정도의 진공 상태이고, 갓난아이가 젖을 빨 때 입안을 7백 40torr 정도의 진공 상태로 하며 사람이 숨을 들이쉴 때도 진공 상태가 된다.

지상으로부터 8천 8백 48 m 높이인 에베레스트산 정상은 대기압의 40%인 저진공상태 이에 비해 우리별 1호가 있는 1천 3백km 상공은 압력이 10^{-8}Pa인 초고진공상태, 정지위성 궤도인 3만 6천km 상공에서는 10^{-11}Pa인 극고진공에 도달한다.

주사기로 약물을 빨아올리는 것도 같은 원리이고 보온병은 압력이 낮은 공간은 열전도가 낮은 원리를 이용한 것이다.

대기압의 40분의 1 정도 압력에서는 물이 실온에서도 끓는 성질을 이용해 동결건조식품을 만든다. 냉동시키면 열에 의해 성분이 변하지 않고 맛과 향기, 효능을 그대로 유지할 수 있는 장점을 갖게 된다.

진공기술의 이용은 전구, 거울, 자동차헤드라이트 반사경, 시계, 안경테장식, TV브라운관이나 반도체를 제조하는 데도 역시 진공기술은 필수다.

진공은 물 흡입기를 사용해 만들 수도 있다. 물 흡입기는 빠른 속도로 지나가면서 압력이 낮아진 물을 이용해 기체를 함께 휩쓸어 가는 원리를 이용한다. 그렇지만 물이 지닌 증기압 때문에 이 방법으로 만들 수 있는 진공에는 한계가 있다. 똑같은 원리로 작동하지만 물 대신에 수은이나 증기압이 낮은 기름을 사용하는 확산 펌프에서는 이러한 한계를 피할 수 있다. 수은이나 기름은 냉각 외피에 의해 응축되어 재사용된다.

38. 탄소나노튜브

나노튜브는 1991년 일본의 이지마 수미오에 의해서 발견된 것으로, 탄소 6개로 이루어진 육각형들이 서로 연결되어 관 모양을 이루고 있는 신소재이다.

이것은 지름이 수 나노미터(1nm=10억분의 1m)로 보통 머리카락의 10만분의 1의 굵기이며 열전도율이 뛰어나고 강도는 철강보다 100배나 높고, 크기와 모양에 따라 반도체, 도체의 특성을 갖고 있어 차세대 전자소자로 각광을 받고 있다. 테니스 라켓, 골프채, 스키보드에도 탄소나노튜브가 널리 쓰일 전망이고, 자동차 연료통의 정전기 발생방지(미국에선 새 차의 60%에 탄소나노튜브 사용), 전자파를 흡수하는 피뢰침 기능이 있어 전투기를 비롯해 탱크, 지프, 군함에 가벼운 탄소나노튜브 페인트를 발라 레이더를 피하는 연구도 활발하며 곧 스텔스 탱크, 스텔스 군함이 나올 전망이다.

아직은 생산비가 높지만 산업적 이용을 위해서 현재 대량 합성 방법을 연구하고 있다.

탄소나노튜브를 연료전지나 전자소자뿐 아니라 박테리아에서 DNA를 걸러내는 장치를 개발하는 데도 쓰고 있으며, 연료전지도 곧 시장에 출시될 것으로 전망하고 있다. 그러나 탄소나노튜브가 암을 유발할지도 모른다는 최근의 우려에 대해서, 인간은 고대부터 탄소물질을 이용해 왔지만 몸에 해롭지 않았기 때문에 문제가 없을 것으로 주장되고 있다.

참고적으로 나노(nano, n)는 마이크로(micro)의 1/1000인 10억분의 1을 의미한다. 1n는 원소 중 가장 작은 0.1n인 수소 원자 10개를 일렬로 이어놓은 길이와 같다. 생명체의 기본 프로그램이 내장된 가장 뛰어난 구조체인 DNA는 2 nm 정도이다.

나노기술은 물질을 nm 크기의 범주에서 조작 분석하고 이를 제어함으로써 새롭거나 개선된 물리적 화학적 생물학적 소재·소자 또는 시스템을 만들어 내는 과학 기술로 정의된다.

39. 믹 서

믹서(mixer)는 1915년 미국의 스티븐 포플로스키(Stephen J. Poplawski)가 아이디어를 냈고 보다 범용적인 발명이 다른 사람에 의해서 이루어진 다음 자본가인 프레스 워링(Fred Waring)에 의해서 디자인되고 판촉되어 완성되었다.

크롬 도금이 된 기계부 위에 유리컵을 얹은 모양의 워링 블렌도(Waring

Blendor)는 믹서란 뜻의 blendor로 남의 아이디어를 자본으로 디자인과 판촉으로 발명을 시장성 있게 노력한 Waring의 이름을 붙인 브랜드로 근대 식품 가공기의 선조라 할 수 있다.

1922년 스티븐 포플로스키(Stephen J. Poplawski)는 컵의 바닥에 휘젓는 부품을 달아 모터가 달린 본체 위에 올려놓은 형태의 기계에 대한 특허를 처음으로 출원했으나, 그가 특허를 신청한 그 당시의 믹서는 밀크셰이크처럼 가벼운 액상의 식품을 섞는 데만 사용할 정도로 사용 범위가 매우 제한되어 있었다.

이처럼 제한적으로 사용되는 문제는 개발 당시 그는 물론이고 그가 근무했던 아놀드 전기회사(Anold Electric Company)조차도 과일이나 채소 등을 잘게 부숴 혼합할 수 있는 실용적인 기능을 생각하지 못했기 때문이다.

그 후 1936년 프레드릭 오시우스(Frederick J. Osius)라는 발명가가 과일이나 채소로부터 액체상 물질을 만들어 내기 위한 분쇄용 믹서라는 이름의 기계를 고안하였다. 그러나 이 조잡한 믹서의 구조는 누수의 문제가 완벽하지 못했고 디자인이 원시적인 수준으로 개량의 여지가 많았다. 이러한 문제를 해결하는 데는 앞서 세상을 살았던 수천 명의 다른 발명가들처럼 많은 돈이 필요했다.

그러나 그에게는 운 좋게도 그 당시 유명한 연예인이자 자본가 프레드 워링을 만나는 기회가 주어졌고, 워링이 오시우스를 돕기로 해서 오시우스는 믹서 시제품을 시험 삼아 작동해 보였으나 누수가 되는 문제가 발생하여 시연에 실패하고 말았다. 워링은 시연의 실패를 보고도 보완을 하면 좋은 발명품이 될 수 있다는 가능성을 믿고 발명품을 완성하기 위해 돈을 투자하기로 결심했다.

이러한 결심을 하게 된 배경에는 그 기계 장치에 대한 해박한 지식과 흥미를 가지고 있었고, 어려서부터 바나나를 좋아했던 그가 비단처럼 부드럽고 사탕처럼 달콤한 바나나 밀크셰이크를 만들어 줄 기계를 생각하고 있었기 때문이라고 전해지고 있다.

그런데 이 발명품을 상품화하기는 쉽지 않았다. 발명 시제품은 작동성과 디자인이 상품화할 만한 수준은 아니기 때문이었다. 이후 2만 5천 달러의 돈과 6개월이라는 시간이 투자되었으나 믹서는 여전히 기대한 대로 작동되지 않았다. 가장 큰 문제는 내용물이 너무 많이 흘러내리는 것이었다.

그 원인은 구동축이 유리컵으로 뚫고 나온 부분의 밀착도가 느슨하기 때문이었다. 누수를 방지할 수 있는 봉합 장치와 연결하는 기술의 한계에 봉착한 끝에 그의 친구인 에드 리(ED Lee)의 도움으로 기계적인 결함과 누수 문제가 해결되었다.

그 당시 믹서는 작동성도 좋고 누수 문제까지 해결되었으나 형편없는 디자인이 판매에 악영향을 주어, 새롭게 디자인 문제를 개선하기로 결심한다.

오시우스는 유명한 독일인 디자이너인 뮬러뭉크(Peter Muler-Munk)에게 용역을 주었고, 크롬 도금과 유리를 이용한 멋진 아트 데코형의 믹서를 디자인하도록 하여 그의 마음에 드는 믹서를 만들어 내었다.

이렇게 해서 「기적의 믹서」로 불렸던 최초의 믹서가 탄생했다. 1937년 시카고에서 개최된 전국 레스토랑 대회에서 모습을 드러낸 이 믹서는 칵테일과 다른 혼합 음료를 만드는 기계로 판매되었다. 그 당시 믹서 가격은 29달러 75센트였는데 이 가격은 보통 사람의 일주일분 봉급에 해당하는 액수로, 대공황기에 처했던 당시에는 꽤 비싼 값이었다.

그런데 새로 탄생한 기계를 판매하는 데에도 적극적이고 지속적이며 효과적인 홍보 전략이 필요하다는 것을 알게된 프레드 워링은 '워링 블렌더'라는 상표를 부착한 이 기계를 연예사업과 병행할 수 있는 기회를 적극 활용하는 데 기지를 발휘하였다.

그러나 제2차 세계대전으로 인해 판매가 감소하자 워링은 자신의 회사를 처분하여 가정용 믹서 시장을 개척하는 데 성공했다. 병원, 식당, 유아식품 실험실용, 식품제조 실험용으로 용도를 개발하는 등의 노력으로 1945년에만 백만 대의 '워링 블렌더' 믹서가 팔렸다.

성공한 발명에는 유사 제품이 시장에 쏟아져 나오기 마련이고 심하면 법정 싸움도 뒤따르는 악재가 따르기도 하는 것처럼 어느 날 오시우스의 아이디어가 특허권으로 보호될 만큼 독창적인 것인가라는 경쟁사의 질의에, 미 법원은 "그렇다"고 판결하였다.

1959년 미연방 항소심에서 "오시우스는 액체를 혼합할 뿐만 아니라 고체도 빠르고 완벽하게 분쇄하여 부드러운 혼합물을 만드는 기계를 처음으로 발명한 사람이다."라고 판결하였다.

판결이 이렇게 나자 다른 믹서업체들은 워링 믹서와 겨루는 방법은 디자인 모델에 있다고 생각하고 믹서 제품에 버튼을 많이 달아 속도를 단지 변화시킬 수 있는 믹서들로 1964년에는 4단 및 8단 기어를 단 제품도 등장했다.

이러한 공격에 대응하기 위해서 워링사는 1965년에 반도체를 이용한 제품을, 1966년에는 9개의 버튼을 단 제품을, 1972년에는 14개의 버튼을 단 제품까지 내놓았다. 이러한 버튼 달기 경쟁은 1989년까지 지속되었다.

마침내 워링사는 2배 속도를 내는 8개 버튼이 부착된 제품을 내놓았다. 모터 속도가 16단의 각기 다른 속도로 돌아갈 수 있는 제품이었다. 하지만 본래의 2단짜리 모델만으로도 충분히 사용할 수 있었는데도 쓸데없는 공격에 헛수고를 했던 것이다.

이상의 내용은 다른 발명품이 성공하기까지 어려운 난관이 많았던 것처럼 믹서 역시 믹서에 관한 아이디어가 구체화되고 시장성 있는 제품으로 탄생하기까지는 많은 시간과 자금, 디자인은 물론 시장성 해결의 문제, 발명 특허의 출원과 등록 후의 특허권 모방에 대한 방어 및 보존을 위한 노력 등 많은 노력이 얼마나 필요한가를 시사해 주고 있다.

기술과 디자인의 상관관계

기술이란 어떤 물건(원료)을 다른 물건(생산물)으로 바꾸는 데 활용되는 물리적, 화학적 및 생물학적 변화, 환경 모두와 이 변화 과정에 포함된 활동을 조직화하는 지식과 기량을 의미한다.

기술은 영어로 technology인데 이는 그리스어 techne에서 유래한 것으로 techne는 art(예술)와 같은 의미의 라틴어의 아르스(ars)에서 온 단어이다. 또한 techne는 원래 과학과 예술이 하나로 통합된 용어로 과학이 숙달되면 결국 예술의 경지에 이르게 된다는 뜻도 내포하고 있다.

실제로 기술과 예술 차이는 기호 사용 체계의 차이일 뿐이라고 할 수 있다. 결국 우수한 기술이라도 예술 즉, 디자인과 결합될 때 상업적으로 성공할 수 있다는 의미를 내포하고 있다.

40. 식료품 쇼핑용 손수레

식료품 구매자들은 손으로 들고 다닐 수 있는 조그마한 버들 바구니를 들고 와서 그 바구니에 담을 수 있는 분량만을 구입하므로 식료품점에 자주 다녀야 하고 매 방문시의 구입량은 비교적 적었다. 판매량을 증가시킬 수 있는 방법으로 식료품용 손수레 즉, 몸체에 바퀴가 달린 큰 철제 바구니를 제공함으로써, 구매자들은 한번에 많은 양을 굴려서 운반할 수 있게 되었다.

골드만(Goldman)은 이 수레에 많은 노력을 들였음에도 불구하고 1925년에 처음 그것을 소개하였을 때 물건을 사는 사람도 이용하려 하지 않았고 식료품점도 구입하려 하지 않았다. 그래서 그는 남녀 몇 사람을 고용하여 구매자인 것처럼 그의 가게에서 그 수레를 끌고 다니도록 하였고 한 여인을 시켜 정문에서 고객에게 그 수레를 내주도록 하였다.

Goldman은 그 손수레(Grocery Shopping Cart)와 개량품(유모차와 공항 수레)에 대한 특허로 수백만 달러를 벌었다. 이렇게 볼 때, 인내와 마케팅 재주가 결정적으로 중요하다는 것을 보여준다.

2 전쟁과 발명

전쟁은 그 나라의 총체적 역량을 집중적으로 요구받는 특수성이 있다. 전쟁을 수행하는 데는 훈련이 잘된 군인과 성능이 우수한 무기는 물론 전쟁을 수행하는 군인에게 먹일 식량을 준비하는 것이 필수 요건이다.

전쟁에 있어서 승리의 관건은 같은 수의 군인이라면 성능이 좋은 무기와 군인의 사기와 활력에 영향을 주는 식량의 준비에 있다. 그래서 새로운 전쟁이 있을 때마다 보다 우수한 성능의 무기가 개발되고 동시에 이동이 잦은 군인들이 휴대하기 편리하고 긴박한 상황에서도 간편하게 조리해서 먹을 수 있는 저장성과 위생성이 확보된 식품들이 발명돼 왔다.

사실 전쟁은 사람을 죽이고 인류 문화유산을 파괴하는 없어져야 할 무서운 행위이지만 전쟁으로부터 탄생된 통조림, 아미노산 간장, 마가린 및 비빔밥은 식품 과학의 발전사에서 획기적인 사건으로 식량의 효율적인 이용과 편이성 및 위생성을 크게 향상시킨 기술로 기록되고 있다.

1. 무 기

1) 거북선

우리 민족처럼 외침을 많이 당한 민족도 드물다. 우리 민족은 크고 작은 많은 전쟁을 치렀기 때문에 우리 민족에게도 무기개발 아이디어가 많이 필요했다.

우리 전쟁사에서 괄목한 만한 무기 개발을 든다면 그것은 바로 거북선이다. 거북선은 이순신 장군이 일본군을 물리치기 위하여 건조한 세계 최초의 철갑선이다.

거북선은 배 위에 뚜껑을 덮어 적의 공격을 일차적으로 막는 데 효과가 있게 하였고, 뚜껑이 덮여 노를 젓는 해군들의 피로감이나 적군에 대한 공포감을 줄여 주는 효과도 있었다. 또한 뚜껑 위에는 수많은 쇠 송곳을 꽂아서 적군이 적군의 배로부터 거북선으로 뛰어 승선하지 못하도록 하였다. 거북선은 적선에 근접해서 해전을 하는 데 유리하게 건조되었다. 그리고 선수에는 용머리를 형성하여 용의 입을 통해서 화포를 쏘기도 하고, 연기를 품어 적군들에게 공포감을 주는 효과가 있었다.

이 거북선은 우리 국가와 민족을 지키는 데 기여했을 뿐만 아니라, 우리나라 조선공업의 효시였던 (주)현대조선이 조선업을 시작하기 위해 영국으로부터 자금을 빌리는 데 결정적으로 기여하였다는 일화가 있다.

(주)현대조선의 창업자인 정주영 회장은 그 당시 5원짜리 은전(그림 2-10) 한 면에 들어있는 거북선을 보이며 한국은 500년 전에 거북선을 만들어 한일 해전에서 성공한 사실을 설명하는 기지를 발휘하여 해운왕국 영국을 설득하여 차관을 얻는 데 성공하였다고 한다.

이제 이 거북선 건조기술이 모티브가 되어 한 기업인의 열망과 노력으로 우리나라가 세계 제일의 조선국으로 발전하는 데 기여했을 뿐만 아니라, 우리 영해를 지키는 데 필요한 현대적 구축함을 건조할 수 있게 되었다. 더욱이 2007년에는

[그림 2-10]
5원 짜리 은전

세계 5번째로 첨단 이지스함(함명 : 장보고함)과 잠수함(함명 : 정지함)을 (주) 현대조선의 후신인 현대중공업에서 진수시킴으로써 군함 건조 능력을 세계적으로 과시함과 아울러 우리 해군력을 강화하는 데 기여함은 물론 군함건조를 비롯한 조선 산업을 통한 국부창출도 이루게 되었으며, 나아가 우리 선박건조 기술은 항공모함을 건조하는 기술로 발전할 것이다.

2) 비행기

고대인들은 아궁이로 불을 다루고, 배로 물 위를 교통하고, 바퀴로 땅을 교통하는 방법을 터득하여 왔으나, 공기로 가득 찬 하늘을 나는 것은 상상 속의 세계로 남았었다.

20세기 초만 하더라도 하늘을 나는 것은 새만이 가능한 일이었다. 하늘을 나는 새를 동경하는 수많은 이름 없는 사람들이 새에 대해 연구를 했다.

레오나르도 다빈치는 비행기 설계도를, 몽골피에 형제는 기구를 통한 꿈을 실현하기도 하였고, 1804년 영국의 케이레 경에 의한 글라이더 띄우기와 독일 릴리엔탈의 글라이더 비행 성공과 추락에 의한 죽음, 뒤이어 20세기 초 1903년 윌버와 오빌이라는 라이트 형제가 최초의 동력 비행을 성공함으로써 인간도 하늘을 날 수 있다는 상상 속의 가능성이 실현되었다.

그로부터 100년 동안 비행기는 보다 많은 짐을 싣고, 보다 빠르고, 보다 멀리 날 수 있게 발전되었다. 비행기의 등장은 지상이나 해상만이 아닌 공중을 통하여 세계화의 기본인 인적·물적 이동의 기본적 바탕이 되었다.

비행기는 식량을 비롯한 각종 물질의 지역적 그리고 시간적 편차를 줄여 주는 놀랄 만한 효과를 주었고, 인류가 공통으로 추구하는 세계화의 틀을 유지하는 데 필수 불가결한 운반체가 되었다. 그러나 전쟁에 필용한 첨단장비들이 부착된 가공할 전투기로 변해 전쟁의 승패를 좌우하는 무기 운반체가 되었으며 전염병이 비행기를 통해서 빠르게 확산되는 역효과를 발생시키기도 했다.

역사적으로 볼 때 군사적 목적으로 발명된 것들이 민수용으로 전환된 것들이 많은데 비행기만은 민수용과 군용으로 그 가치가 지속되고 있다.

3) 잠수함

인간이 하늘을 날고 싶어 했던 그 욕망처럼 바다 속을 보고 마찬가지로 수영해 보고 싶은 욕망 또한 가지고 있었다.

알렉산더 대왕이 나무통에 들어가 바다를 보고자 했다는 일화, 1624년 영국의 제임스 1세 국왕이 잠수함으로 템스 강을 건넜다는 이야기, 1652년에는 프랑스에서 나무로 잠수함을 만들었다는 얘기 등이 전해지고 있지만, 이것은 물고기처럼 아름다운 물 속을 한가로이 수영해 보고자 하는 인간의 소박한 욕망을 실현한 것에 불과한 것이다. 그러나 기술적으로 만들기 어렵고 제작비용이 많이 드는 현대식 잠수함은 처음부터 전쟁을 위해서 탄생된 발명품이었다.

영국은 산업혁명을 계기로 강국이 되어 세계를 지배하면서, 미국에 많은 세금을 부과하고 원료의 생산국과 제품의 소비시장으로 남게 하여 국력을 키우지 못하도록 관리하였다.

이에 미국에 살고 있던 청교도들과 다민족 개척민들은 영국으로부터 독립을 쟁취하기 위해서 1775년 독립전쟁을 벌였다. 영국이 무적함대를 이끌고 동해안에 정박한 뒤 중무장한 지상군을 간헐적으로 상륙시켜 공격함으로써 미국 군인들은 힘겨운 전투를 할 수밖에 없었다.

이렇게 영국군대에 괴로움을 당하고 있던 미국인들은 동해안에 정박 중인 함선을 물리칠 수 있는 효과적인 방법이 없을까 생각하게 되었고 이러한 생각을 하고 있던 한 미국인 버슈넬은 1776년 어느 날 해변을 거닐다가 바다 위에 떠 있

[그림 2-11]
1776년에 제작된 터틀 잠수함

는 술통을 보는 순간 바로 '옳다! 저것처럼'하는 아이디어가 떠올랐다. 그는 그림 2-11와 같은 1인용 잠수함을 만들어 영국 함선을 공격하였다.

이 보잘것없는 잠수함은 무기체계나 속도에서 빈약하기 짝이 없었지만, 영국군을 싣고 바다에 정박 중인 군함을 은밀하게 공격하여, 영국군을 괴롭히는 데 의외의 성과를 거두었다.

그 결과 영국군을 태운 함선은 항구로부터 점점 멀리 정박하기 시작했으며 그 잠수함은 미국 국민들에게 용기를 주는 무기가 되었다. 이런 분위기를 바탕으로 미국은 1781년 결정적인 전투를 시작하는 것을 고비로 1783년 영국으로부터 독립의 영광과 주권을 찾아 올 수 있었다.

이 잠수함은 그 후 많은 진화를 거쳐 1875년 미국인 홀랜드가 어뢰와 선실을 갖춘 잠수함 6척을 만들었으며 이는 전쟁을 위한 본격적인 잠수함의 시초가 되었다.

제1차 세계대전과 제2차 세계대전을 거치면서 잠수함의 기능들은 비약적으로 개량 발전되어 핵탄두를 실은 원자력 핵 잠수함이 고속으로 장기간 바다 속을 항해하는 수준으로까지 발전하였다.

제2차 세계대전이 끝나자 세계 여러 나라에서 앞 다투어 첨단 기능을 갖춘 잠수함 개발에 착수할 정도로 잠수함은 전쟁 승패에 중요한 요소가 되었다.

잠수함은 미국의 한 애국시민의 기발한 아이디어로 만들어져 대영 제국의 해군을 물리치는 데 결정적인 영향을 끼쳤으며 미국의 독립과 미 국민의 자존심을 쟁취할 수 있는 원동력이 되었다.

2. 식 품

1) 통조림

18세기 말 프랑스 황제 나폴레옹 1세(Napoleon 1)가 프랑스 혁명을 완수하고 이어 인접한 여러 나라와 육상, 해상전을 벌이면서 진격하는 데 제일 큰 애로사항은 위생적으로 안전한 식품을 군대에 공급하는 일이었다.

이러한 문제를 해결하기 위해서 1795년 진보된 식량 저장법을 현상 모집했다. 이에 많은 사람들이 응모를 했는데 이중에 제과업자인 니콜라스 아페르(Nicolas Appert)가 「The art of preserving animal and vegetable substance for many years」란 제목으로 1,200프랑의 현상금을 탔다. 그 후 그는 통조림(canning) 제조의 원조라고 불리고 있다.

이 방법의 원리는 입이 큰 병에 식품을 담고 코르크마개를 헐겁게 막은 다음 수중에서 서서히 일정 시간 가열한 다음 코르크 마개를 꽉 틀어막아 저장하면 오래 동안 효과적으로 저장된다는 것이다. 이 때 물의 온도는 100℃이지만 내용물의 온도는 88~94℃가 된다.

프랑스 정부는 유명한 화학자인 게이룩섹(Guy Lussac)에게 이 효과를 해석하도록 한 결과, 아페르가 발명한 병조림의 효과는 식품이 공기에 의해 산화되는 것을 막아 주는 효과라고 하였다. 이 설은 미생물이 부패와 관련이 있다는 사실이 밝혀질 때까지 정설로 인정되었다.

그러나 이 병조림은 병 속에 음식물을 넣고 코르크 마개로 병 주둥이를 막은 다음 파라핀으로 막아 제품화하기 때문에 파라핀이 병 안으로 들어가 음식물과 섞이는 문제가 있었고, 때로는 취급 도중에 깨져 못 먹는 일도 있으며, 또 난로 위에서 데우는 경우, 병이 깨지는 문제도 발생하였다.

이러한 문제는 주석으로 용기를 만드는 회사의 사원인 영국사람 피터두란

(Petter Duran)에 의해 해결되었다.

그는 시간을 절약하기 위해 점심으로 근처 식료품 상점에서 병조림 식품을 사다 먹었는데, 추운 겨울날 차가운 병조림을 그냥 먹기에는 너무 차가웠기 때문에 옆에 있던 금속 용기에 음식을 넣어 데우기 시작했다. 그 순간 그는 바로 이거다라는 생각이 스쳤다. 주석 통에 음식을 넣고 납땜을 하면 섞이지도 않고 깨지지 않으며 난로 위에 데울 수도 있다는 확신을 가지고 주석통을 만들어 병조림에서 통조림으로 진화를 일구어냈다.

듀란은 특허를 얻어 통조림 식품을 생산하였고 이 통조림은 날개 달린 듯 팔려 생활도 윤택하게 되었다. 그러나 수공업의 범주를 넘지 못하다가 특허존속 기간이 지난 1830년 자본가에 의해서 대량생산 공장이 설립되어 양산되고 대중화되기 시작하였다.

이 같은 통조림 발명은 처음에 군인들을 위해서 발명되었으나, 이제는 식량의 이용 및 소비 패턴을 바꾸고, 위생적으로 식생활을 할 수 있게 하는 방법으로서 군수용보다 민수용으로 그 용도가 크게 변하였다.

2) 화학간장

화학간장은 1928년 아지노모도 회사가 얻은 특허제품으로 제2차 대전 때 특히 일본 군대의 대량 수요에 획기적으로 대응할 수 있었던 간장 제조법이다. 이 방법은 1947년 다시 일본의 기고만 장유 회사에서 개선하여 지금은 약산분해와 효소처리로 우수한 간장으로 진화되었다.

전통적인 일본간장은 찐 대두에 보리나 쌀에 고지균(*Aspergillus oryzae*)을 번식시켜 만든 간장고지와 소금물을 섞어 6개월 이상 숙성시켜 만든다. 전시에 이런 양조식 간장을 대량생산해서 군대 수요를 충족하기 어렵기 때문에, 이의 해결책으로 20여 시간 만에 생산되는 산분해방식에 의한 아미노산 간장 제조를 생각하게 되었다.

이 간장의 원료와 제조방법은 콩 단백질, 밀 단백질(gluten), 어분 단백질을 쓸 수 있으나 주로 콩 단백질 원료에 6N-HCl을 넣고 107℃에서 20여 시간 산분해한 후 중화시켜 여과하고 여기에 각종 조미료를 넣어 제품화함으로써 간장 제조시간을 획기적으로 단축시킨 발명이다.

이 발명의 핵심은 생체촉매 대신 무기촉매를 쓰며 고온에서 비선택적으로 단백질을 단시간에 가수분해서 제조하는 방법이라는 점이다.

이 발명으로 일본 정부는 군대에서 필요한 간장의 수요를 충당하게 되었고 나아가 세계적인 조미료가 되었다.

3) 마가린

마가린(margarine)은 우유 크림을 주재료로 하여 장시간 발효 숙성시켜 만드는 버터 대용품으로, 일명 인조버터라고도 한다.

1869년 나폴레옹 3세는 군인들이 빵을 먹는 데 필수 식품인 버터는 값이 비싸고 제조하는 데 시간이 많이 걸리는 문제로 인해, 버터 대용품이 필요했다.

그는「버터를 대체할 수 있는 깨끗하고 값싸면서도 우수한 품질을 유지할 수 있는 지방」개발에 현상금을 걸었다. 이러한 현상금에 매력을 가진 프랑스인 이플리트 메주 무리에(Hippolyte Me'ge-Mouries)는 짧은 시간에 제조가 가능한 마가린을 발명하였다.

그 후 수소첨가 반응에 의한 마가린 제조방법이 1897년 프랑스 Paul Sabater와 Jean-Baptiste Senderns의해 발명되었다.

액체 유(oil)에 수소를 첨가해서 값싸고 제조기간이 짧은 마가린을 대량생산할 수 있는 방법을 개발함으로써 군대의 수요를 충족하게 되었다. 마가린의 제조원리는 동식물성 oil에 촉매제로 Ni를 넣고 가압 수소가스를 주입하여 수소를 유에 부가시키는 방법이다.

수소첨가 반응정도를 조절해서 맛을 부드럽게 하고 포화지방산과 불포화지방산의 비율을 조절하여 디자인 유제품을 만들 수 있는 방법이다.

마가린 역시 프랑스의 싸움꾼 나폴레옹 3세가 탄생시킨 군대용 인조버터에서 세계적인 식품이 되었다.

4) 샌드위치

샌드위치를 이 범주에 넣기에 적합하지 않을지 모르나 샌드위치(sandwich)는 도박판에서 탄생한 식품이다.

8세기 중엽 영국의 샌드위치 백작(Earl of Sandwich)은 도박에 빠져서 식사할 때조차 카드를 내려놓지 않았다. 하인들은 '백작님이 도박을 하면서 간단히 식사를 대신할 수 있는 음식은 없을까?' 하고 궁리하던 끝에 토스트 두 쪽 사이에 식은 구운 쇠고기 조각을 넣어 만들게 된다.

이 음식은 생각처럼 나르기도 쉽고 먹기 편리해서 도박하면서 정식을 대용하기에 그만이었다. 그 후 이 음식은 샌드위치 백작 이름에서 온 보통명사가 되었다.

이제 샌드위치는 빵을 먹는 사람들의 간단한 식사대용이 되고 있으며 빵 조각 사이에 여러 가지 식품을 끼워 넣어 영양균형을 맞춰 먹는 식품으로 편이성이 높은 식품이다.

5) 전주 비빔밥

전주 비빔밥이 언제 누구에 의해서 발명되었는지 정확하게 말하는 것은 불가능한 일이다. 왜냐하면 영양적 균형을 고려하고, 색의 안배 및 음양오행설에 맞춰진 지금의 비빔밥이 되기까지는 오랫동안 진화 과정을 거친 것이기 때문에 전주 비빔밥이 어느 날 어떤 사람에 의해서 개발된 것으로 보기 어렵기 때문이다.

비빔밥이 개발된 시기는 문헌에 기록된 내용을 기준으로 추정하고 있으나 음식에 대한 고문서 기록은 음식을 만드는 사람들이 주로 부녀자들로 이들은 문자생활이 어렵던 이유로 당시 기록보다 수백 또는 수천 년 전의 것일 수도 있다.

더욱이 초기 비빔밥은 쌀밥과 나물로 간단하게 구성되는 것이었으므로 이런 비빔밥은 오늘날에도 우리 식탁 어디에서나 쉽게 만들어 먹을 수 있는 형태이기 때문이다. 비빔밥은 밥, 국, 간장, 된장처럼 조리나 가공 발효 과정을 거치는 과정이 없이 준비된 밥 위에 몇 가지 반찬을 올려놓은 것을 비벼 먹는 식사 형태이기 때문이다.

비빔밥에 사용되는 재료는 쌀밥, 콩나물을 비롯한 각종 나물류, 창포 묵, 참기름, 볶은 깨, 발효된 고추장 등과 같은 조리 과정을 거친 것과 유일하게 날달걀이 들어간다.

하나의 그릇에 담겨진 밥 위에 조리된 나물 반찬을 담아 패키지화한 상태를 비빔밥으로 보아야 하는지 또는 밥과 반찬이 비벼진 상태의 것을 비빔밥으로 보아야 하는지를 구별해 보는 것도 좀 난해한 일이다.

과거의 일반 가정에서 만들어 먹던 비빔밥은 현재 수준의 비빔밥에 비하여 매우 단순한 형태 즉, 따뜻한 쌀밥에 계란과 간장을 넣은 비빔밥 또는 따뜻한 쌀밥이나 보리밥에 상추 또는 생 무청이나 배추 쪽을 넣고 기름을 치고 된장 또는 고추장을 넣어 비빈 비빔밥 등의 형태가 있었다.

이런 형태의 비빔밥은 특히 젓가락질이 서툰 어린들이 밥을 먹을 때 수저만으로 밥을 먹게 하면서, 한 수저의 밥에 여러 가지 반찬이 포함되어 반찬을 골고루 먹게 하는 방법으로도 오래 전부터 활용되었음을 볼 수 있었다.

한편 비빔밥을 밥, 국, 여러 가지 반찬을 각각의 그릇에 담아 상 위에 차려 먹는 우리 정식에 비춰 볼 때 비빔밥은 밥에 몇 가지 반찬을 넣어 고추장이나 된장으로 비벼 먹는 손쉽고 간단한 형태이기 때문에 비빔밥을 머슴 식사 그리고 거지 식사로 보는 주장이나 또는 궁중 음식으로 주장하기도 하는데 이들 주장 모두 전혀 무리가 없다고 생각된다.

이상의 관점에서 볼 때 비빔밥은 언제 누구에 의해서 발명되었다기보다는 밥과 각종 반찬을 수저와 젓가락을 사용해서 먹는 것보다 식사 공간이 부족한 상태에서 밥과 반찬을 넣어 비벼진 비빔밥을 하나의 밥그릇에 담아 수저로만 먹을 수 있는 편리한 음식이기 때문에 오래 전부터 자연스럽게 만들어 먹어 온 것으로 보인다.

그러므로 비빔밥이 언제 누구에 의해서 발명되었는가를 찾아내는 일보다는 비빔밥이 왜 전주에서 유명하게 되었는가를 따져 보는 것이 더 의미가 있을 것이다.

전주 비빔밥은 국내적으로는 이미 알려진 전주 전통 음식이고, 2002년 월드컵을 계기로 세계적으로 인지도가 높아지고 있으며, 요즈음은 좁은 공간에서 식사를 하게 되는 기내식으로서도 호평을 받고 있다.

그러면 비빔밥이 언제 대량으로 만들어져 그의 편이성이 언제 어떻게 확인되었는지를 생각해 볼 필요가 있다.

필자의 생각으로는 전주 비빔밥은 1894년에 일어난 동학농민혁명 과정에서 규모화 된 비빔밥이 전주에서 대량 만들어졌고 그의 편이성이 확인된 계기가 되었다고 추정된다.

그 이유는 전주성을 함락하고 전주에 모인 수많은 동학군의 식사를 해결하는 데 비빔밥만큼 편리한 식사 방법은 없었을 것이기 때문이다.

그 당시 상황을 상상해 보면, 동학 혁명군은 고정된 취사 시설과 밥과 반찬을 차릴 상이 마련된 상황이 아니었던데다가 이동하면서 잠깐 걸터앉아 휴식과 식사를 하는 상황에서 동학군에게 필요한 식사를 전주 지역 여러 가정에서 조금씩 마련한 반찬과 밥을 커다란 질그릇 용기에 일단 모은 다음 모든 밥과 반찬을 고루 섞어 만든 대량의 비빔밥을 1인분씩 한 개의 그릇에 배식하였거나 또는 각각 가지고 있는 밥그릇에 밥과 반찬을 같이 담은 후 각자 비벼 만든 비빔밥 형태의 식사를 했을 것이라는 추측이 가능하다.

이러한 배식 방법은 편이성 외에 균등 배식에 의한 군대의 사기 유지에도 이상적인 배식 방법이었을 것으로 생각된다.

비빔밥의 편이성이 널리 확인된 시기와 장소를 동학혁명과 관련이 있다고 추측해 보려는 편자의 주장에 대하여 보수적인 전주 정서는 전주 비빔밥을 왜 하필 전쟁(동학혁명)의 산물이라고 하느냐고 반박할 수도 있다. 그러나 프랑스에서 창출한 통조림과 마가린, 일본에서 창출한 아미노산 간장은 전쟁을 수행하는 군인을 위해서 창출된 식품들임에도 불구하고 이들 식품은 세계적인 식품으로 성장해서 이제 전투용보다는 민수용으로 훨씬 더 많이 소비되는 현실을 생각할 때 필자의 생각도 무리는 아니라고 생각한다.

어떻든 전주 비빔밥은 영양적으로 균형이 잡힌 웰빙 식품으로 그의 가치가 세계적으로 인정이 되면서 김치에 이어서 세계화가 빠르게 진행되고 있다는 사실에 기뻐할 따름이다.

발명과 특허 팡세

> 모든 물체와 현상 그리고 그에 내재된 원리와 효과 및 법칙은 새로운 발명을 위해서 유용한 자원이 된다.

3

창조력과 문제의식

이 장에서는 발명에 관련된 용어들의 개념과 발명의 출발점인 문제 인식의 단계와 그 문제를 해결하는 발상 기법을 담고 있다.

용어 설명으로는 발명의 바탕이 되는 창조력의 정의, idea와 발명의 정의, 발견과 발명의 정의, 창조력의 바탕인 문제(모순)의 정의, 창조의 주역인 인간에 내재된 창조력과 그의 개인차에 따른 원인 등을 다루었고, 발명을 하는 데 있어서 선등록 기술 조사의 필요성 및 발명의 소재로서 공상소설을 다루고 있다.

1 창조력의 정의

창조력(creative power)은 창조성, 창의성(력), 독창성(력), 창작력, 발명력, 아이디어(idea) 및 발상력 등과 관련이 있는 말로, 영어의 'creativity'에 해당된다. 여기서 '성'은 능력과 내재된 창의성을 의미하며 '력'은 가지고 있는 능력을 추진하는 힘 또는 현실화할 수 있는 능력이라고 할 수 있다. '창조력이란 무엇이다.'라고 정의하기는 쉽지 않아 여러 사람들이 내린 정의를 나열해 본다.

- 창조성이란 고도의 정신능력, 문제 해결능력, 창의적 사고력 등으로 표현되기도 한다. 그리고 일반적으로 무엇인가 기발하고, 지금까지 없었던 새로운 것을 만들어 내거나, 새로운 생각(idea)이라는 뜻으로 해석되고 있다.
- 창조성이란 어떤 개인의 독특성에서 나오는 그 사람 내부의 힘으로서, 그 사람에게 가치가 있는 새로운 생각이나 참신한 통찰들을 산출하는 것이다.
- 창조성이란 이미 존재하는 요소로부터 얻어진 아이디어를 지식이나 경험을 바탕으로 새롭고 유용한 결합을 이루는 것으로 아이디어로 시작된 발명을 포함하는 용어이다.

따라서 창의성과 창의력, 창조성과 창조력, 독창성과 독창력, 발명성과 발명력은 엄밀하게는 차이가 있으나 넓게는 상호 교환적(changeably) 의미로 사용해도 크게 무리가 없다고 생각된다.

2 아이디어와 발명

아이디어와 발명(idea and invention)의 관계는 마치 식물에서 꽃과 열매의 관계와 같다. 그 이유는 발명이라는 열매는 아이디어라는 꽃으로부터 탄생되기 때문이다.

아이디어는 어떠한 문제를 풀기 위한 번쩍이는 새로운 생각, 힌트, 착상, 발명심 등으로 아직 구체화가 되지 않았거나 실물이 만들어져 검증이 되지 않은 상태의 생각이다.

발명에서 아이디어는 기존의 것보다 시장성에서 유리한 기술적인 새로운 창작에 대한 새로운 생각으로 발명은 종종 아이디어를 포함한 넓은 뜻으로 통용되기도 한다.

발명은 어떤 대상으로부터의 인식된 문제 해결에 대한 아이디어 상태에서 조금 더 발전한 상태로 마음속에 머물러 있던 추상적인 생각들을 구체화시킨 상태를 말하며, 구체화된 것에 대한 효과에 있어서 실험이나 기타의 방법으로 신뢰성을 갖는 상태를 말한다.

발명은 이제까지 없던 것을 새로 만들어 낸 것이라는 뜻의 창작으로 바꿔 말할 수도 있고, 특허법에서는 특허, 실용신안, 디자인을 넓은 의미의 발명이라고 한다.

3 발명과 발견

발견과 발명(discovery and invention)을 혼농해서 사용하는 경우가 있으나 발견과 발명은 다르다.

발명은 아이디어를 얻고 그 아이디어를 현실화시킨 상태로 아이디어의 전제를 필요로 한다. 발명은 사전에서 '이 세상에 없던 것을 새로 만들어 내거나 생각해 내는 것'으로 풀이되어 있으나, 특허법에서는 '자연법칙을 이용한 기술적 사상의 창작으로서 고도한 것'이라 정의되어 있다.

발견과 발명의 큰 차이는 발명은 특허 대상이 되는 데 반하여 발견은 아무리 위대하다고 해도 특허의 대상이 될 수 없다는 점이다. 발견이란 자연에 이미 존재하지만 아직 알려지지 않은 것을 찾아 낸 것을 말한다. 예로서 뉴턴 법칙, X선, 아르키메데스 원리, 동굴, DNA, 광맥, 수맥, 페니실린, Columbus의 America의 발견 등이 있다. 발견품은 신이 창조한 것으로 이미 존재하는 것들이고 발명품은 인간이 창조한 것이다. 그러나 발견은 발명을 낳기도 한다는 점에서 관계가 깊다. 이러한 예는 세계적인 발명품인 가시철망 개발에서 볼 수 있다.

양치기 소년이 장미덩굴이 있는 곳은 양들이 통과하지 못하는 것에 대한 이유를 발견하고 양치기 소년은 장미덩굴의 가시처럼 철사 줄에 철사가시를 붙여 장미덩굴의 효과를 확인함으로써 그 가시철망은 세계적인 발명품으로 활용되고 있다. 여기서 장미덩굴은 신이 만들어 놓은 것이고, 양치기 소년은 장미덩굴의 가시 기능을 기술적 사상으로 승화시켜 철조망을 발명한 것이다.(그림 3-1)

[그림 3-1]
장미로부터 가시철조망 발명

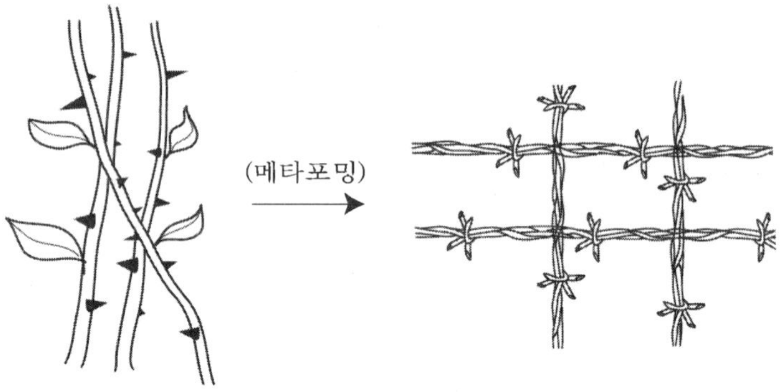

그러나 발견과 발명은 다음과 같은 공통점도 있다. 우선 발견과 발명은 세렌디피티(serendipity)적이라고 할 수도 있다. 세렌디피티란 귀중하고 훌륭한 것을 발견해 내는 재능을 말하는 것으로 사전에는 '우연히 운 좋게 예상 밖의 발견을 하는 재능'으로 정의되어 있다. 물론 발견과 발명은 우연도 작용하지만, 대부분의 발견과 발명은 주어진 목표를 달성하려는 준비된 사람에게 주어지는 행운이지만 우연한 것만은 아니고, 인간이 노력에 의한 결과이다.

4 Idea와 창조성

창조성(creativity)은 아이디어와 발명을 내포하는 의미가 있다. 다시 말해서 창조성은 아이디어에서 비롯되는 사고 과정을 거쳐 고도의 사상적 창조까지를 포함한다. 그런 의미에서 볼 때 창조성과 아이디어는 불가분의 관계이다. 창조성은 선천적인 것과 후천적인 것으로 나눌 수 있다.

인간의 정신 능력은 흡수력, 수리력, 창의력으로 구분하는데 이 중 창의력은 탐구하고 예견하고 아이디어를 산출하는 능력이라 하며 추리력과 함께 고등정신 능력으로 분류하기도 한다.

추리력과 창조력은 서로 상반된 특성을 가지고 있지만 고등정신의 양면을 이룬다. 그러므로 발명에는 추리력과 창조력이 다 같이 필요하며, 상호보완적이어야 한다. 즉 추리력은 판단적 사고를 통해서 상상적 사고가 궤도를 벗어나지 않게 해주고, 상상적 사고는 판단적 사고를 풍부하게 해준다.

사고 능력은 지능으로 표현되기도 하는데, 지능은 수렴적 사고와 수직적 사고가 포함되는 추리력을 강조하기 때문에 창조력과는 성격이 다르다. 그러므로 지능은 높으나 창조력이 낮고, 지능은 보통인데 창조력은 높은 경우가 많다. 그래서 지능과 창조력과는 일치하지 않는다.

5 문제인식

문제인식은 발명의 시작이며 좋은 문제인식은 성공적인 발명을 이루는 바탕이 된다. 좋은 문제인식은 사실 파악이 충분할수록 유리하다.

대개 발명은 2단계 즉, ① 문제의 의식단계 ② 문제의 해결방안의 추구단계를 거치면서 착상된다.(그림 3-2) 일단 문제를 인식하는 것은 쉬운 일이 아닐 수 있지만 일단 문제를 인식하게 되면 그 해결 방안을 강구하는 것은 그렇게 어려운 일이 아니다.

문제는 관심 있는 목표나 대상이 정해질 때 인식된다. 따라서 목표가 없는 곳에는 문제가 없다. 목표는 새로움을 창조할 대상을 찾을 때 떠오른다.

문제(problem)란 관점에 따라서 여러 가지로 정의될 수 있지만 '원하는 상태와 현실과의 차이' 라고 카프만(Kaufman)은 정의하였다.

문제는 발명에서 모순(contradiction)이라고 보아도 된다. 모순이란 어느 한 시스템을 개선하였을 때 유해기능이 발생함을 말한다.

모든 발명은 문제의식으로부터 시작되지만 문제 인지능력은 누구나 항상 발휘되지는 않는다. 수직적인 사고, 보수적인 사고, 무사안일한 생활, 새로움에 대한 지향성이 없는 생활에서는 문제 인지능력은 작동되지 않는다. 그래서 문제의식이 없으면 생활이 지루해지고, 창의력을 발휘할 대상이 없어 결국 발명도 없게 된다.

[그림 3-2]
발명의 단계

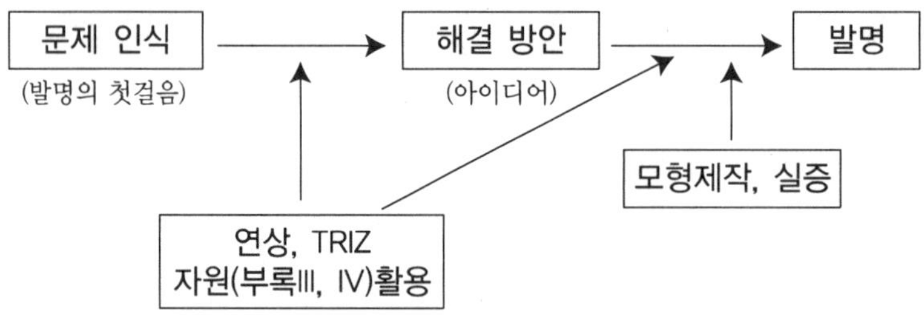

따라서 문제 인지능력을 고양시키기 위해서는, 조금 더 자기 환경에 대하여 개선의 의지를 가져보는 것이 중요하고, 나아가 항상 새로운 현상과 변화를 접하려는 노력과 그것으로부터 개선의 여지가 없는지를 집중적으로 생각해 보는 노력이 중요하다. 동시에 새로운 정보를 벤치마킹(benchmarking)하고 흥미를 가지고 관찰하는 습관도 중요하다.

문제의 정의는 발명의 시작이다. 문제의 정의는 다음처럼 시도한다.

- 개량하고 싶은 시스템을 선택한다.
- 선택된 대상으로부터 문제가 발생되는 부품을 선정한다.
- 선정된 부품으로부터 문제를 도출한다.
- 문제의 명확성을 기하기 위해서는 문제 대상이 되는 물질 및 성질에 대하여 계량적인 측정을 해둔다.
- 도출된 문제를 세밀하게 분류해서 문제의 형태 규정과 문제간의 유기적 관계를 구성해 본다.

문제(모순)가 있는 곳에는 언제나 해답(방법)이 있다. 문제가 주어지면 문제를 나누어 생각해 보고 또는 종합하고 생각해서 좋은 문제를 구성해 보는 것이 좋은 해답(발명)을 얻는 방법이다.

6 문제의 규정과 분석방법

문제(모순)를 분명히 하기 위해서는 먼저 문제가 무엇인가라는 문제 규정과 문제 분석이 필요하고 그리고 문제를 풀 수 있는 부분과 풀 수 없는 부분이 무엇인가를 파악해야 한다.

어떤 발견이나 발명에서 문제를 인식하거나 문제를 발견하는 것은 새로운 변화를 만드는 시작이며, 이 때 발견된 문제를 즉각 해결하려 들지 말고 문제 해결을 위한 자기 질문을 반복하여 문제를 더욱 고급화하려는 노력이 고급결과를 나올 수 있게 한다.

풀어야 할 문제의 성격이 주어지면 문제 해결 방법의 종류를 세분화 해본다. 해결방법의 발상을 위해서 문제에 대한 좋은 방법이 무엇인가를 질문하고 또 질문해 본다.

문제에 대한 질문에서는 문제 탐구와 해결의 중요한 경로가 된다. 이미 알려져 있는 것은 무엇이며, 아직 알려져 있지 않은 것은 무엇이고, 무엇이 탐구되어야 하는가를 분명히 구분해야 한다.

문제 해결에 대한 다양한 해답을 얻어 보고 이 중에서 자연법칙을 이용한 기술적 사상의 범주에 속하는 방법을 선택하는 것이 심사관이 발명에 대한 출원서를 심사할 때 진보성을 인정하게 하는 데 유리하기 때문이다.

문제의 인식과 그 문제의 논리적 구조 형성에 일차적으로 STCS(size, time, cost, safe) 연산자를 적용하여 보는 것이 효과적이다.

우선 문제를 분석하여 문제에 대한 논리적 구조를 찾아낸다. 문제 분석 방법은 쉬운 문제로부터 어려운 문제로, 단순한 문제로부터 복잡한 문제로 진행시킨다.

문제에 대한 좋은 질문을 얻기 위해서는 문제의 구조를 다각도로 바꿔보는 일이 중요하다. 그렇게 하기 위한 방법으로「문제를 다른 각도에서 관찰해 보는 것, 관점을 바꿔 보는 것, 허용된 범위에서 목적을 바꿔 보며, 문제의 구성 요소의 배열을 바꿔 보는 것」이 필요하다.

7 문제 해결방법

문제 해결을 위한 질문에서 이상성 향상 즉 편리성, 기능성을 비롯한 STCS(크기, 시간, 비용, 안전성) 연산자를 적용해서 자꾸 생각해 보고, 결과에 확신을 가질 수 있는 구체적인 방법을 확립한다. 문제 해결 방법의 발상은 문제 대상에 대한 사실 파악이 잘 될수록 유리하다.

과학적인 방법으로 문제를 해결하기 위해서는 다음과 같은 프로세스를 거치는 것이 좋다.

① 옳다고 가정한 가설(hypothesis)로부터 시작한다.
② 구체적으로 다양한 결과를 예측해본다.
③ 실험을 통하여 그 가설이 옳고 그름을 증명해야 한다.
④ 실험 결과가 가설에 부합되지 않으면 일차 가설을 수정하거나 새로운 가설로 대치하여 다시 시도한다.

발명가는 이러한 프로세스 수행과 동시에 발명 분야 전문가의 조언을 벤치마킹

(bench-marking)하는 노력도 중요하다. 관심 내용을 대화의 소재로 유도하여 타인과 대화함으로써 의외의 좋은 결론을 얻을 수도 있다. 이 경우 도움이 안 되는 인물을 선택해서 아이디어가 누설되거나 시간낭비하지 않도록 주의해야 한다.

팀 구성으로 좋은 발명을 하는 데는 도움이 될 수 있는 사람(know-who)을 잘 활용하는 것이 중요하다. 전문성도 없는 사람을 사회적으로 명성이 있다 하여 팀 구성원으로 선정하는 것은 발명하는 데 있어 문제가 된다.

이는 뉴턴(Isaac Newton, 1642~1727)과 같은 대학자도 자기가 기르고 있는 작은 고양이와 큰 고양이를 위해서 한 개의 출입구만으로도 충분한데 그는 집 대문에 작은 구멍과 큰 구멍의 출입구를 각각 만든 일화에서 알 수 있듯이 사람의 능력에는 한계가 있음을 볼 수 있다.

8 발명을 위한 준비

발명을 효율적으로 구현하기 위해서는 새로운 기술적 아이디어를 구현하기 전에 반드시 과학적인 접근 방법과 순서를 밟아야 한다.

발명의 과제를 효율적으로 해결하기 위해서는 아이디어 발상 단계에서 먼저 관련 분야의 특허 문헌과 발명 창조이론에 관한 자료를 수집하여, 발명 사상의 발전 경향을 파악하고, 과제를 선택하여 발명 과제의 해결 방법을 찾아 실용화로 이어지는 프로세스를 실행하는 것이 좋다. 이러한 프로세스는 일반 과학논문 준비에도 적용될 수 있다. 이렇게 창조적인 프로세스를 미리 확립해 두고 발명 작업을 수행하면 문제를 해결하는 데 도움이 된다.

1. 발명을 위한 준비

발명가는 경험이 넓고 깊으면 깊을수록 발명 과제를 해결하는 과정에서 해답을 그만큼 상세하게 구성할 수가 있다. 그래서 평소 흥미가 깊은 구조, 방법, 장치 등을 미리 수집하여 두면 발명의 목적이 정해지지 않은 상태에서 간접 경험의 가치도 있으며 이런 준비물을 통해 발명의 준비 과정에서 발명의 방향 설정에 도움이 된다.

그러므로 자기가 전문적으로 관계하지 않은 문헌이라도 정독해 둘 필요가 있다. 예를 들면 기계 제작 기술자라도 일반적 인쇄, 제약, 제화 등의 대량 생산 방법이나 전자공학 및 전기공학을 알아둘 필요가 있다.

2. 문제 해결에 관한 수법의 수집

발명을 위해서는 제6장 2항의 기술적 모순을 제거하기 위한 40가지 기본적인 발명원리도 중요하지만 동시에 부록(Ⅲ, Ⅳ)의 과학의 현상과 효과의 조사, 특허자료, 기술문헌, 전문가 잡지, 일반 과학잡지, 신문, 인터넷 등에서 주요한 자료를 스크랩해 두는 노력 또한 중요하다.

문헌조사가 왜 중요한가를 예로 들면, 19세기 후반부터 유기화합물의 채색은 물질의 분자 내 발색단의 존재에 의한 것으로 알려져 왔는데 이런 사실로부터 다음과 같은 원리를 알게 되었다.

자외선의 작용에 의해서 분자구조가 변화하고 거기에 일시적으로 발색단이 형성되어 물질은 색채를 띤다. 그러나 자외선 조사가 중단되면 원래의 분자구조로 되돌아가서 물질은 다시 무색으로 돌아간다.

그 때 색이 없어지는 속도는 발색되는 속도보다 아주 느리다. 만일 발색물질에 강한 섬광이 작용하면 그것은 수마이크로 초라는 빠른 속도로 색을 띤다. 태양광선을 조사하면 1분 이내에 암색으로 된다. 채색의 소실에는 물질의 성질에 따라서 수십 초에서부터 수일도 걸린다.

이렇게 하나의 원리와 현상이 과학적으로 정립되기까지는 여러 가지의 단계적인 가설과 실험 조건에서 확인 과정을 거쳐서 이루어진다.

3. 특허문헌의 조사

발명의 준비 과정에서 특허 문헌 수집 조사는 매우 중요한 일이다. 특허문헌 조사와 활용에는 2가지 방법이 있다.

첫째로 발명 과제를 선택한 다음 발명 대상에 관련된 특허문헌을 최대한 수집한다. 그리고 자기가 선택한 발명 대상과의 중복을 피하여 시간과 비용 및 정력을 아낄 수 있게 하고, 특허정보로부터 선행기술은 어떤 방법으로 발명 과제를 해결하였는지를 참고하여 자기가 이미 활용한 방법을 보다 이상적으로 보완하는 데 활용할 수 있다.

둘째로 발명가는 계통적으로 특허 문헌을 조사하는 방법을 확립해 두는 것이다. 예를 들면 한국특허정보원 정보검색사이트를 이용하는 방법(제13장)을 숙지한다.

특허문헌은 다목적으로 이용될 수 있다. 특허 문헌을 읽으면 발명가의 창조 기술이 향상되는 계기가 되고 발명의 명세서를 작성하는 데, 기술적 과제에 대한 해답을 기술하는 데도 도움이 된다. 또한 발명 문제의 해답을 설명하는 데 활용할 수 있는 내용도 있고 때로는 그다지 적절하지 않은 것도 있다. 그러나 특허문헌을 다양하게 정독해 두면, 특허 문헌에는 창조 과제를 해결하는 방법을 담고 있기 때문에 명세서를 작성할 때 기술적 사상의 내용을 논리적으로 기술하는 데 귀중한 정보가 된다.

4. 공상 과학소설의 활용

상상, 공상, 사고의 유연성을 발전시키기 위한 효과적인 방법으로는 공상과학소설을 계통적으로 읽는 것도 도움이 될 수 있다. 그 이유는 공상과학 소설 중에는 발명가가 발아될 수 있는 다양한 발명의 아이디어를 제공할 수 있는 요소들이 많이 있기 때문이다.

사실 현대 과학기술 진보에 미친 SF의 영향은 생각보다 큰데 SF소설로부터 도출된 아이디어는 과학기술의 새로운 분야의 발달초기 단계에서 가장 많이 이용되고 있으며 신생과학에 주요한 아이디어를 제공하기도 한다.

그래서 SF는 현재의 과학자나 발명가의 정신세계를 지배하기도 하며 의문이 많은 직관적 아이디어를 구체화하는 데 일종의 가상적인 실험장을 제공하기도 한다.

SF아이디어는 과학기술의 가실(제안, 계획, 발명)로 발전되고 나아가 과학과 기술 분야에 이행되기도 했다. 또한 SF는 무분별한 아이디어에 이르는 과정에서 심리적 장애를 극복하는 데 도움이 되기도 한다.

한편 공상적 아이디어 이용은 현대과학기술 진보의 전형적인 특징의 하나이지만 추상성이 높기 때문에 그것을 활용하는 방법에서 혼동될 가능성이 높고 활용도도 낮은 편이다.

그래서 공상적 아이디어는 숙고해서 채용하고 그것을 수집하고 면밀히 분석하여 활용하는 것이 중요하다. 특히 분야 분석에서 공상적 아이디어가 어떠한 경우에 성공하고 어떠한 경우에 실패할 수 있는 가에 대한 해답을 얻도록 노력한다.

수집된 SF적 아이디어는 우선 어떤 분야, 어떤 부문, 어떤 항목, 어떤 세목에 넣어 이용할 수 있는지를 분류한다.

발명과 특허 팡세

모든 인간은 조상으로부터 발명력이 담긴 DNA를 받아 태어나지만, 일생동안 발명력이 발아는 되는 사람보다는 발아되지 않는 사람이 훨씬 더 많다. 그 이유는 발명은 유산이 아니고 성공처럼 자신의 노력만으로 이루어지는 것이기 때문이다.

아이디어 발상전략과 발상기법

4

발명의 발상은 이전에 없었던 것을 처음으로 만들어 내는 사상이나 생각해 내는 방법 그리고 원리나 기법에서 시작된다. 모든 일을 무작정 시도하는 것보다는 목표에 접근하는 이상적인 사고 체계를 터득하고 이를 바탕으로 치밀한 계획을 세우는 것이 성공적인 결과를 얻는 데 바람직하다. 따라서 발명을 시도하는 데도 막연히 수행하는 것보다는 발명에 유용한 전략을 먼저 이해하는 것이 중요하다.

발명의 중요한 전략으로는 주위의 사물과 현상에 대한 세심한 관심과 관찰로부터 문제의식을 가지고 유연하게 생각하며 가능한 해결 방법을 세워 그 목표를 달성하려는 정열이 필요하다. 또한 아이디어를 자유롭게 도출하는 용기, 실패한 정보를 다른 각도에서 분석하는 것, 떠오른 아이디어는 곧바로 메모해 두는 것, 기존 원리에 도전하는 의지를 가지는 것 등이다.

창의적인 아이디어 발상 훈련은 생각을 혁신적으로 사고하는 역동성(dynamics)을 증가시키고 사고의 구조를 실용적인 생각으로 전환하는 좋은 동기가 된다.

1 아이디어 발상전략

1. 발명 의지의 습관화

발명가는 아이디어 발상이 남다르며 사물이나 현상에 대한 관찰력과 직관력이 남다른 사람이다. 이러한 습관은 자신의 의지와 노력에 의해서 굳어진 개성이다. 발명가들은 자기에게 주어진 환경과 일에 흥미를 가짐과 동시에 이들에 대한 개선의 여지는 없는지를 생각하는 남다른 사고 습관을 가지고 있다.

발명가에게는 현재 사용하고 있는 용품에서 불편한 점은 없는지, 운영비가 많이 들지 않는지, 시간낭비 요소는 없는지, 안전성에 문제는 없는지, 에너지 낭비 요인은 없는지, 능률을 떨어뜨리는 요인은 없는지 등에 대하여 개선의 필요성을 끌어내는 습관을 가지는 것이 중요하다. 동시에 발명가나 발견자들의 사상에 관한 책을 접해 보는 것도 도움이 되며, 발명 기법을 공부하면서 특허 문헌을 읽어서 어떤 방법으로 아이디어를 구성하였는지 등을 자주 경험하는 것도 좋다.

발명은 자기의 가치관 형성에서 시작되며, 인류애를 실현하는 것이고, 세상을 밝혀주는 것이다. 그리고 일생동안 인류를 위해서 무엇인가 한 가지 좋은 일을 하는 데 있어 발명을 통해 실현하는 것이 가장 손쉬울 수 있고 의미 있는 것이라는 생각을 할 때 발명은 시작될 것이다.

2. 많은 아이디어 도출

모든 일에서 양(quantity)과 질(quality)은 비례하지 않지만 발명에서는 일단 아이디어의 양을 늘려보는 것도 좋다. 아이디어를 많이 가지기 위해서는 일상생활에서 부딪치는 현상이나 주변의 물건에 대하여 지속적으로 관심 갖고 관찰을

해 보는 것이 중요하다. 이런 습관을 가지면 일단 문제점과 모순을 많이 도출할 수 있게 된다.

아이디어를 도출하는 방법에는 하루에 1가지씩 또는 일주일에 1가지씩 얻어 보는 것과 물질(substance)을 대상으로 아이디어를 정리해 두는 작업을 실행하는 방법이 있다. 또한 관심 분야의 전문가와 문제를 도출하는 방향으로 대화를 유도하여 아이디어를 얻어내는 방법도 있다.

발명은 주어지는 것이 아니고 노력하여 얻는 것이기 때문에 노력의 양을 늘리는 것이 중요하다. 그래서 발명은 마치 사수가 선택된 표적에 집중하여 여러 번 사격(아이디어)을 하다 보면 표적을 명중시키는 경우처럼 일단 많은 아이디어를 많이 도출해서 그 중에서 실현 가능한 것을 선택하고 집중하여 노력하다 보면 보다 좋은 발명을 할 수 있다.

많은 아이디어를 얻기 위해서는 일상생활에서 사용하고 있는 물건이나 주변에서 일어나는 현상에 대하여 세심한 관찰을 하면서, 무엇인가 개선해 보고자하는 유연한 생각을 습관화하는 것이 중요하다.

3. 아이디어는 바로 메모

발명에 있어서 아이디어는 발명의 첫걸음이며 발명의 바탕이 되므로 떠오른 아이디어는 좋은 것이든, 쓸모없는 것이든, 떠오른 생각을 바로 메모해 두는 습관을 가지는 것이 좋다.

아이디어는 어떤 목표가 있을 때 생각이 나기도 하지만 어느 때는 목표가 없을 때에도 떠오르기도 한다. 아이디어는 선택된 목표에 집중하는 중에 발현되기도 하지만, 운전 중에도, 목욕 중에도, 책을 보다가도, TV를 보다가도, 잠자리에서 일어나는 순간에도, 꿈에서도 나오는 등 생활 중 언제 어디서나 불현듯 떠올랐다가 곧 사라지는 일반 생각과 다름이 없다.

시인이 시상이 떠오르면 즉시 메모해 두었다가 아름답고 감동을 주는 문장을 완성하듯 발명가도 하찮은 아이디어라도 빠짐없이 적어 두면 그때는 하찮다고 생각하던 아이디어가 나중에는 우수한 발명으로 이어질 수 있다.

아이디어는 물론 발명의 마인드가 있을 때 훨씬 더 많이 일어나게 되며 어느 때는 "어떻게 이런 생각이 내게 떠올랐는지?" 하고 신기해할 만큼 자기도 놀라울 정도의 아이디어가 생기는 경우도 있다.

아이디어의 발현 현상을 쉽게 말하기는 어렵지만, 아이디어는 신이 일깨워 준 아이디어일 수도 있고, 조상 대대로 해결하려고 했지만 이루어지지 않고 미뤄진 의식이 자기의 DNA 속에 내재해 있다가 발현되는 것일 수도 있다고 생각된다.

어느 개인에게 발현되는 아이디어는 자기는 물론 인류에게 크게 공헌할 수도 있는 것이지만, 아이디어는 마치 밤하늘에 지나가는 별똥별 흔적처럼 빨리 사라져버리는 속성이 있기 때문에 떠오른 아이디어를 메모해 두는 노력은 발명가에게 좋은 습관이다.

메모하여 둔 아이디어는 그 자체가 바로 발명으로 연결될 수도 있으며, 조금은 거칠지만 생각하고 또 생각(think and rethinking)하면 좋은 아이디어로 재생산되는 소재가 되기도 하며, 새로운 아이디어를 얻을 수 있는 모체가 되기도 한다. 그래서 유명한 발명가들은 언제나 메모하는 습관이 남다르며 떠오른 아이디어가 지금 목표하고 있는 일과 관련이 없더라도 메모해 두는 것이다.

4. 실패한 결과 활용

발명사에서 보면 실패했다고 생각될 만한 발명품을 잘 관찰함으로써 대발견이나 발명을 이룬 예가 많다. 위대한 발명가들 중에는 "실패는 성공의 어머니다." 라는 말을 실증해 보인 경우가 많다.

실패한 것으로 생각되는 결과 속에서 새로운 아이디어를 얻을 수도 있고 다른 관점에서 보면 새로운 용도를 찾아낼 수 있는 여지도 많다.

콜럼버스는 인도로 가는 데 보다 가까운 항로를 발견하려 했던 것이 아메리카 대륙을 발견하였고, 프레밍은 황색포도상구균을 배양하다가 실수로 오염된 균이 항균물질을 생산하는 균이라는 것을 발견하였으며, 노벨은 니트로글리세린 용기의 취급 부주의의 결과로부터 다이너마이트를 발명하였다.

발명 과정에서의 실패 결과는 성공적인 과정에서는 절대로 일어날 수 없는 새로운 현상이다. 그래서 이러한 실패 결과에는 유용한 원리가 내재되어 있을 수 있기 때문에 실패한 결과는 새로운 발명 소재가 될 수 있다.

5. 아이디어의 객관적 평가

일반적으로 발명가들은 순간적으로 떠오른 아이디어가 대단한 것으로 평가받고 싶어 하는 속성이 있다. 그러나 순간적으로 떠오른 아이디어는 아직 거칠고 성공률이 낮기 때문에 성공적인 발명이 되게 하기 위해서는 결정된 발명 목표에 대하여 선입견과 편견을 버리고 다음과 같은 점을 검토해야 한다.

첫째, 자기는 물론 일반 사람들에게 어떠한 편리성을 제공할 수 있는 것인가?

둘째, 자신의 지식, 기술 그리고 경험으로 해결 가능한 것인가?

셋째, 발명 대상과 유사한 물건은 없으며, 유사한 물건의 기능보다 우위에 있는 것인가?

넷째, 자신의 아이디어가 지금까지 선 등록된 내용과 중복성이나 유사성은 없는 것인가?

다섯째, 이 발명이 시장성이 있으며 제품화에 수월성이 있는 것인가? 등을 검토한다.

막 떠오른 아이디어는 발명의 시발점이 될 수 있으나 이것은 건축에서 초기 설계도처럼 거친 것이기 때문에 서두르지 말고 모순을 해결하는 여러 가지 방법을 생각해 내고 그 중에서 가장 좋은 방법이 무엇인가를 찾는, 즉 아이디어를 고급화시키는 끈기와 노력이 필요하다.

6. 선택과 집중

아이디어 중에는 자기 생각에는 대단하지만 객관적으로 보면 실현 불가능한 아이디어가 많다. 발명가들 중에는 실현 불가능한 것이나 시장성이 없는 것을 선택하여 쓸데없는 고생 끝에 발명 의욕을 잃고 마는 경우가 있다. 이런 경우는 초보 발명가들에게서 많이 보인다.

아이디어 발상전략에서 대상의 선택(selection)과 집중(concentration)은 매우 중요하다. 발명의 대상이 선택되면 우선 발명의 STCS(size, time, cost, safe) 연산자를 활용해서 그것으로부터 도출된 모순을 해결할 수 있는 방법을 나각도로 생각해 본다. 이 때 집중력이 필요한데 여기서 집중이란 선택된 대상에 대한 아이디어를 고급화하는 데 따른 수평적 사고, 유연한 사고 및 연상력을 집중하는 것을 의미한다.

다양한 것을 대상으로 아이디어를 많이 가지고 있는 것은 일단 다양한 발명을 착수하는 데는 좋은 바탕이 될 수 있다. 그러나 일단 발명 대상에 대한 아이디어가 선택되면 대상이 많은 것이 오히려 집중력을 떨어뜨리기도 한다. 다시 말해서, 성공 가능한 아이디어를 한 가지 선택해서 한 우물을 파듯이 집중적으로 아이디어를 충실화한 다음 발명하는 것이 집중적인 효과가 나타나는데, 아이디어 취사 선택의 지혜가 부족하면 이것저것에 시간과 노력을 투입하게 되어 집중력을 떨어뜨리게 된다. 그래서 발명가는 아이디어 취사 선택 지혜를 발휘하여 쓸데없는 발명에 매달리는 우를 범하지 않는 것이 중요하다.

예를 들면 불로장생약 개발, 금을 만드는 연구, 영구기관 개발, 시험관에서 탄소동화작용을 일으켜 영양소를 생산하는 연구 등과 같은 실현 불가능한 연구는 시간과 비용을 낭비하고 사회적 손실을 발생시키게 된다.

아이디어의 선택에서 발명가는 발명의 대상이 꿈과 이상이 아닌 반드시 실용적이며 현실화 할 수 있는 것이어야 함은 물론 시장성이 있어야 함을 중시해야 한다.

발명 아이디어는 반드시 하나의 부품 또는 물건으로 나타나고 그것이 자신과 가정, 기업, 사회, 국가 및 인류문화 발전에 도움이 될 수 있는 것이어야 한다. 실용적이지 못한 발명은 시간과 돈은 물론 발명가의 에너지를 낭비할 뿐이다.

또한 발명가는 어떤 아이디어를 선택하고 나면 선등록 특허와 다른 과학 문헌을 조사하여 먼저 중복성 여부를 조사하고, 중복되지 않으면 발명에 착수해도 되는데 이때 수집한 선 등록된 내용과 문헌 등에서 얻을 수 있는 유용한 정보를 찾아 자기 아이디어를 보완하여 더욱 좋은 발명으로 승화시키는 노력이 필요하다.

발명가는 아이디어의 선택을 신중하게 그리고 선택된 항목에 대한 현실화에는 최대의 집중력을 가하여 빠른 시간 내에 발명을 완료하여 특허를 출원해야 노력한 보람을 얻을 수 있다. 선택과 집중은 발명에서뿐만이 아니라 경쟁사회에서 살아남을 수 있는 좋은 습관이다.

7. 기존기술에 도전

대부분의 발명은 기존의 원리를 활용한 범위의 것으로 단순한 원리를 활용한 발명은 비교적 수준이 낮으나 우수한 발명은 기존의 기술이론 속에서 불합리성을 찾아내어 해결한 것들이다.

실제로 발명 아이디어는 혁신성에서 비롯된 기발한 생각으로부터 시작되는데 이때 수직적 사고에서는 발현되기 어렵고 수평적 사고에 의한 기존의 법칙의 거부에서 발현된다. 물론 기존 법칙에 도전적인 발명아이디어 발상이 쉽지는 않다. 그렇지만 우수한 발명을 위해서는 기존의 기술과 원리에 도전하는 혁신적 사고를 필요로 한다.

연구를 영어로 'research'라 한다. 그래서 연구는 기존의 연구 결과에 도전하여 다시(re) 새로운 방법이나 결과를 찾아(search) 제시하는 것이다. 발명의 아이디어 발상도 연구와 마찬가지로 기존의 발명물(substance)로부터 문제(problem)나 모순(contradiction)을 찾아내는 것에서 시작한다. 이러한 노력으로부터 바로 혁신적인 발상이 나오며 이것이 우수한 발명이 된다.

8. 방어력 있는 발명

새로운 발명품은 곧이어 나올 발명품이 나올 때까지만 새로운 발명일 뿐이다. 그래서 발명품은 탄생되는 순간부터 새로움을 잃게 된다. 왜냐하면 모든 발명품은 모순을 가지고 탄생하기 때문에 모순을 해결하려는 경쟁자를 불러들이는 약점을 가지고 태어난다. 이러한 상황은 시장성이 있는 발명품인 경우 더욱 빠르게 나타난다.

그러므로 발명품 창출에는 방어적 안전장치를 많이 확립해 두는 것이 그 발명품의 시장 수명을 길게 하고, 특허 송사에 시달리는 문제를 예방할 수 있다.

발명의 방어적 안전장치로는 자기의 기본발명으로부터 다른 발명가가 모방할 부분을 예측하여 미리 다양하게 분지발명을 이루어 두는 것이다.

이들 분지형 발명 내용은 특허권의 핵심이 되는 특허 출원서의 [특허청구 범위]에 기재 되는데, 이때 특허성이 있는 분지형 청구항이 많을수록 강한 특허가 될 수 있다. 그러나 특허성에서 무의미한 청구항만을 많이 기재하여 출원하는 것은 변리사 비용, 특허출원 등록비용 및 보존료 부담만을 증대시키는 결과가 된다.

2 아이디어 발상기법

아이디어는 발명의 시작이기 때문에 아이디어 발상은 발명에서 매우 중요한 정신 작용이다. 아이디어 발상력은 창조성이라는 말로 대치할 수 있다. 창조성이 어떻게 발현되는가는 길포드(Guilford, 1963)에 의해서 제시되었다. 여기서 창조성은 아이디어 발상을 의미하는 뜻으로 그가 제시한 아이디어 발상 요건은 다음과 같다.

가) 문제에 대한 감수성

나) 사고의 유창성

① 어휘의 유창성 ② 관념의 유창성

③ 연산의 유창성 ④ 표현의 유창성

다) 사고의 융통성

① 자발적 융통성 ② 적응적 융통성

라) 사고의 독창성

① 비범성 ② 원격연합 ③ 기교성

마) 면밀성

바) 재구성력

사) 집요성

아) 창의성 등

이러한 창조력 구성 요소는 곧 아이디어 발상법으로 그동안 많은 사람들에 의해서 제시되었다.

발명에는 자원, 인력, 과제 선정 등이 중요하지만 기술적 문제(모순)를 풀기 위해서는 먼저 실용적인 아이디어 발상이 더욱 중요하다.

발명 과정에서 한 아이디어로부터 창작을 실현하는 데 가능하면 불확실도가 낮은 가설(hypothesis)을 설정하는 것이 중요하고 기존 설비를 이용해서 생산 가능한 연속적인 개량이나 혁신일 때 실용화에 유리하다.

예를 들면 수동 타자기를 개량하면 이것은 연속적인 개량이고 이 경우는 시설의 개선이 소폭이며 쉽게 활용할 수 있으나, 수동식에서 전동식으로 혁신되면 이것은 불연속적인 개량으로 생산 설비비용, 시간, 공간 등 막대한 투자 요인이 발생하게 된다.

1. 브레인스토밍법

브레인스토밍(brain storming)은 1941년 미국의 버팔로대학의 부학장이던 알레스 F. 오스본 박사가 창안한 「아이디어를 내기 위한 회의기법」이 변형·발전된 아이디어 발상 기법이다.

이 기법은 미국과 일본에서는 40여 년 전부터 많은 회사나 발명 팀에서 활용하여 새로운 발명을 하는 데 큰 성과를 얻고 있는 기법이다.

브레인스토밍은 아이디어 도출을 극대화하기 위해서 다음 4가지 규칙을 지키도록 하고 있다.

① 다른 사람의 의견에 대하여 좋다거나 나쁘다고 비판하지 않는다.

② 아이디어는 질보다는 양을 많게 유도한다.

③ 제한 없이 자유분방하게 토론 분위기를 유도한다.

④ 이미 제안된 타인의 아이디어에 개선·제안도 유도한다.

브레인스토밍 방법은 총 구성 멤버를 12명으로 하고, 이 중 1명은 진행을 맡는 리더가 되며, 또 다른 1명은 기록자로, 나머지 10명은 아이디어를 내는 멤버로 구성하는데 이중 5명은 고정 참석자로 하고, 나머지 5명은 고정관념을 가지지 않고 좋은 아이디어를 낼 수 있는 초대 참석자로 구성하는 것이 이상적이다.

브레인스토밍을 시작함에 있어서 리더는 4가지 규칙부터 설명하고 이 규칙을 지키도록 진행한다. 브레인스토밍 실행 시간은 15분~1시간이 적당하다.

이 브레인스토밍법은 발산적 아이니어 발상 방법의 한 예로 수렴적 아이니어 발상 방법과 대비되는 것이다.

발산적 아이디어 발상은 수렴적 발상과는 반대로 연상이나 유추과정을 통해서 비판을 하지 않고 자유롭게 해답을 넓혀 가는 과정이고 수렴적인 발상은 문제와 관련이 있는 정보를 수집해서 그 안에 내재한 규칙을 찾아 문제와 인과관계를 추정해서 좁혀가며 해답을 찾아가는 방법이다.

발산적 발상과 수렴적인 발상 중 어느 것이 문제 해결에 우월한 것은 아니고 상황과 문제에 따라서 적절히 활용하면 된다. 그러나 발산적인 발상은 문제의 발견 단계에서 그리고 수렴적인 발상은 문제의 해결 단계에 활용하는 것이 효과적이다.

2. 특성 열거법

특성 열거법은 네브래스카 대학의 크라우포드(Robert C. Crawford) 교수가 개발한 문제점을 파악하기 위한 분석 방법이다. 특성 열거법은 문제를 넓은 부분에서 좁은 부분으로 구분하여 특정한 좁은 부분에 대하여 명확한 특성을 밝혀 문제를 해결하는 방법이다.

예를 들면, 어떤 물건을 개선하기 위하여 아이디어를 얻고 싶을 때 우선 그 물건이 가지고 있는 특성을 열거하고 거기에서 어떤 문제점을 발견한 것에 대하여 힌트를 얻고자 하는 데 유용한 기법이다. 물건의 특성은 3가지로 분류할 수 있다.

① 물질, 전체, 부분, 재료, 제조방법 및 물리적 특성을 포함하는 명사적 특성

② 성질, 크기, 모양, 색, 맛 및 무게 특성을 포함하는 형용사적 특성

③ 그 물건이 갖고 있는 기능 및 작용 특성을 포함하는 동사적 특성

예를 들면, 연필과 같은 일상적인 물건을 하나 선택하여 크기, 모양, 형태, 색, 무게, 기능 및 작용 등 그 물건의 특성을 가능한 많이 나열하고 각각에 대해 개조하거나 개선할 수 있는 방법에 대한 아이디어를 이끌어 내는 방법이다.

이 방법은 물건뿐만 아니라 광범위한 문제로 나누어 생각할 수 있는데, 학생들이 등·하교 때 교통안전 문제라는 슈퍼 시스템을 다룰 때 시간, 장소, 교통시설, 보행자 수, 교통량, 안전 지도 및 안전 의식 등의 하위 문제로 나누어 생각하면 문제를 전체로 다루는 것보다 많은 아이디어를 구할 수 있다.

브레인스토밍에서 사회자가 특성 열거법을 잘 알고 있는 만큼 성과가 좋게 된다. 다시 말해서, 특성열거 방법은 문제가 한쪽으로 치우치는 것도 막고 아이디

어가 빈곤할 때 다른 각도로 길을 열어줄 수 있는 좋은 기법이다.

그러므로 특성 열거법의 활용도에 따라 브레인스토밍의 결과가 많이 좌우되기 때문에 특성열거법은 브레인스토밍 전에 먼저 연습을 해 두는 것이 효과적이다.

3. 체크리스트법

체크리스트법(Check-list)은 미국의 버팔로 대학의 부학장이던 알레스 F. 오스본 박사가 창안한 발상기법으로 일반적인 문제를 생각할 때 막연하게 생각하면 아이디어가 나오지 않는 비효율성을 피하기 위해서 여러 가지 기준항목을 세워놓고 이에 따라서 생각해 보는 방법이다.

이 기법은 신문기사 작성, 조직개선, 사무개선, 운영관리, 판매전략 등 수많은 곳에 활용되어 왔지만, 발명·발견에도 이미 백여 년 전부터 활용되어 왔다.

오스본은 비교적 실행하기 쉬운 기준으로 " ① 용도를 달리하면 ② 남의 아이디어를 이용하면 ③ 뭔가 바꾸면 ④ 확대하면 ⑤ 축소하면 ⑥ 반대로 하면 ⑦ 결합하면"을 제안했다.

이와 같은 기준에 따라서 생각하면 혼자 생각해도 누락이 없어지고 사물을 모든 각도에서 생각할 수 있게 된다.

더욱이 이상의 8가지 각 기준에 대하여 5W와 1H를 적용하면 더 좋은 발상 효과를 얻을 수 있다. 여기서 5W는 what(무엇을?), why(왜?), where(어디서?), when(언제?), who(누가?)를 의미하고, 1H란 how(어떻게?)를 뜻한다.

모든 발명은 설계에 의해 형체를 드러내야 하므로 이점을 간과해서는 안 된다는 관점에서 다음 4가지 원칙이 제안되어 있다.

1) 기능이 증가되어야

새로운 발명품은 기존 제품보다 기능면에서 진보성이 있어야 한다. 예를 들면, 토스터는 빵을 굽는 것이 그 기능이지만 다시 생각할 때는 국내용 토스터가 팩상 한약도 데울 수 있는 기능이 부가된다면 훌륭한 발명이라고 할 수 있다.

2) 성능이 향상되어야

새로운 발명품은 기존 제품보다 제품의 수명이 길고, 유용하며, 정밀하고, 안전하며, 편리하게 사용할 수 있어야 한다.

3) 생산 단가가 절감되어야

새로운 발명품은 기존의 것보다 불필요한 부분을 없애고, 저렴한 재료로 바꾸고, 제조방법은 능률적이며, 부품은 표준화하고, 그리고 인간 개입을 줄여서 생산비를 낮춰야 한다.

4) 매력적인 디자인이어야

새로운 발명은 기존의 것보다 제품의 포장, 내용의 표시 등을 개선하여 좀 더 많은 사람의 주의를 끌고 갖고 싶어 하는 디자인이 되어 보다 잘 팔리게 해야 한다.

이러한 4가지 원칙을 활용하는 데는 다음 세부적인 리스트를 활용하는 것이 좋다.

① 소비자들은 무엇을 하고 싶고, 무엇을 갖고 싶어 하는가?

② 소비자들은 무슨 기능이 더 추가되기를 바라는가?

③ 무엇 때문에 생산 가격이 높은가?

④ 시간이나 힘을 줄일 수 없을까?

⑤ 소비자들의 불만 원인은 무엇인가?

⑥ 사용상 안전에 문제는 없는가?

⑦ 무엇이 낭비적인가?

⑧ 현재의 디자인에서 문제는 없는가?

실제로 먼저 주어진 문제나 개선을 필요로 하는 물건의 다양한 속성에 대한 목록을 작성하고 각 항목에 대한 세분된 속성을 다시 끌어 낸 다음 그 속성들로부터 문제를 도출해서 다시 리스트를 만들어 접근해 본다.

예를 들면, 만약 우리가 통상적으로 쓰고 있는 나무 손잡이의 스크루 드라이버의 속성을 생각하게 되었다면, 우리는 ① 둥근 것 ② 각진 것 ③ 금속 손잡이 ④ 수동식 ⑤ 전동식 ⑥ 회전수 ⑦ 전원코드 등을 목록으로 작성할 수 있다. 그러고 나서 우리는 좀 더 훌륭한 스크루 드라이버를 고안하기 위해서 이들 각각의 속성에 별도의 주의를 집중시킨다.

예를 들면, 회전력을 증가시킬 수 있도록 둥근 자루를 6각형의 모가 나도록 바꿀 수 있으며, 또한 나무 손잡이를 플라스틱으로 바꿀 수 있다.

한편 체크리스트법을 변형시킨 SCAMPER기법이 있다. SCAMPER는 ① Substitute(대체하기) ② Combine(결합하기) ③ Adapt(응용하기) ④ Modification [Magnify, Minify(수정, 확대, 축소)] ⑤ Put to other uses(다른 용도) ⑥ Eliminate(빼기) ⑦ Rearrange(다르게 배열하면) 또는 Reverse(거꾸로 하기)의 약자로 어떤 발명의 목적이 선정되면 이들 항목을 체크하여 가면서 아이디어를 생각해보는 기법이다.

4. 우발적 발상법

우발적 발상법은 일상생활에서 우연히 일어나는 현상을 주의 깊게 통찰하는 가운데 새로운 아이디어를 창출하는 발상기법이다. 우리의 일상생활을 편리하게 해주는 발명품 중에는 어떤 과학적 원리를 활용하여 단계적으로 발명한 것뿐 아니라 우발적인 발상에 의한 것들도 많다.

예를 들면, 나일론(duPont사의 Wallace Carothers), 페니실린(Alexander Flemming, 특허를 얻지 못함), 다이너마이트, 고무의 유황화(Goodyear), 물에 뜨는 아이보리(Ivory) 브랜드 비누 같은 것은 모두 우연에 의한 발견·발명이었다. 그러나 이러한 발명은 모두가 준비된 과정에서 노력하여 얻어진 행운이다. 그리고 혹시 어떤 발명이 창조적인 노력 없이 완전히 우연으로 이루어졌다고 하는 경우라고 하더라도 이것은 법적으로 어떤 영향을 받지 않는다. 왜냐하면 특허성은 발명이 이루어진 방식에 의하여 부정되지 않고, 발명이 종전의 것과 다른 점(효과)을 중요시하기 때문이다.

우발적인 발상은 누구에게나 쉽게 일어나는 것이 아니라, 주위의 현상이나 물체를 주의 깊게 관찰하는 통찰력이 있는 사람에게서 나타난다. 통찰력이 없으면 눈앞에 좋은 발명의 소재도 잠재적 소재일 뿐 발명품으로 연결되지 않는다. 그러므로 우발적 발상기법에는 통찰력이 중요하다.

기원전 3세기에 아르키메데스의 원리도 메타포밍(연상, metaphorming)에 의한 발상에 의하여 발견되었다. 어느 날 아르키메데스는 왕으로부터 "이 왕관이 순금인가 아닌가를 흠을 내지 않고 알아보라."라는 명령을 받고 나서 그는 왕관을 그대로 두고 그 왕관의 재료가 순금으로 된 것인지 아는 방법이 머리에 쉽게 떠오르지 않아 고민에 빠진다.

그러던 어느 날 아르키메데스는 왕의 명령을 해결하려고 골몰하다가 생긴 스트레스를 풀기 위해서 평소 다니던 공중목욕탕에 갔다. 우연히 그때 그는 물이 가득 찬 탕에 혼자만 들어갈 수 있게 되었다.

그가 목욕탕에 그의 몸을 담그기 시작하자 물이 넘쳤고, 넘치는 물의 양은 몸이 들어간 만큼 흘러넘친다는 사실을 알게 되는 순간 그는 왕이 내린 문제를 풀 수 있는 아이디어가 번뜩 떠올랐다. 그는 "유레카(알았다), 유레카(알았다)" 하며 흥분했다.

그는 금관을 물이 가득한 그릇에 넣고 금관의 부피만큼 밖으로 흘러나온 물의 부피(V)를 측정하고 금관의 무게(M)를 측정해서 순금의 밀도(M/V)을 계산하여 금관이 순금인가 아닌가를 알 수 있는 방법을 알아냈는데 이 원리를 '아르키메데스 원리'라고 한다.

이처럼 순간에 스치는 생각으로부터 나온 아르키메데스의 원리 같은 발견을 「천재의 섬광(flash of genius)」이라고도 한다.

그가 발견한 아르키메데스 원리는 물리학에서 쓰이는 비중 개념으로 승화되었다. 그래서 아르키메데스의 일생은 짧았으나 아르키메데스 원리는 영원하게 되었다.

5. 고든 발명기법

고든 발명기법은 오스본의 브레인스토밍과 비슷하지만, 브레인스토밍이 사회자가 구체적인 문제를 참석자들에게 먼저 제시한 뒤 아이디어를 창출하도록 하는 방법인데 비하여, 고든기법은 구체적인 문제를 사회자만 알고 아이디어를 모으는 방법이라는 점이 다르다. 그러나 고든 발명 기법활용에는 참가자가 전문가라야 한다.

주제를 사회자만 알고 토론 참가자들에게는 비밀로 하면서 주제에 대하여 좋은 아이디어를 내어보라고 부탁한다. 이 기법은 처음부터 주제를 주고 아이디어를 내도록 하면 참가자들의 생각이 좁아지기 때문에 이러한 폐단을 막을 수 있으며, 넓고 깊은 다양한 아이디어를 내는 수평적 사고를 촉진하는 데 장점이 있다.

먼저 자유스럽게 각자의 다양한 아이디어를 받은 다음 사회자가 원래 주제를 참석자들에게 줌으로써 참석자들이 자유스럽게 생각한 여러 가지 아이디어를 바탕으로 주제에 대한 창조적 아이디어를 제출하게 하는 기법이다.

6. TRIZ

TRIZ는 1946년부터 구 소련의 과학자 알트슐러(Genrich Altshuller)에 의해서 확립된 발명기법이다. TRIZ는 창조적 문제해결 이론(TIPS : Theory of Inventive Problem Solving)이란 뜻의 러시아말(Teoriya Reshniya Izobretatelskikh Zadatch)의 머리글자로서, 발명과 혁신(innovation)을 이루기 위한 과학적인 방법론이다.

그는 "과학기술 분야의 문제 해결이 어려운 이유는 무엇인가?, 왜 어떤 사람은 창조적이고 다른 사람은 창조적이지 못할까?, 전 세계의 특허 정보를 이용할 수는 없을까?, 인류의 모든 지식을 이용할 수는 없을까?" 등을 생각해 보았다. 결국 그는 "일반적이고 체계적인 문제 해결 이론을 만들자."라는 결심을 하게 되었다. 러시아 정부의 특허에 관한 특허 저작권 목록은 그에게 거대하고 유용한 데이터베이스를 제공했다. 먼저 세계 각국의 특허 150만 건을 조사하여, 그 중에서 창조적인 득허 4만 건을 뽑아내어 이것들로부터 40가지 빌명 원리와 76가지의 표준적 해결 프로세스를 제공하는 TRIZ를 개발하였다.

그는 어떤 체계(시스템)는지 일성한 유형을 따라 신화(evolution) 혹은 발전(development)한다는 중요한 사실을 발견하였다. 그는 진화의 유형으로부터 혁신적인 해법을 찾아냈다.

일단 시스템의 진화 혹은 발전의 경로가 정의되고 나면 거기에 필요한 혁신 혹은 발명은 보다 쉬워지기 때문에 TRIZ를 응용하면 새로운 발명을 보다 과학적으로 달성할 수 있다.

문제를 혁신적으로 해결하는 방법론인 TRIZ는 지난 50년 동안 많은 발전을 거듭하였으며, 약 8년 전부터 미국과 유럽으로 건너가 이제는 전 세계로 확산되고 있다. 그 40가지 발명기법은 제6장에서 자세하게 다룬다.

혁신적 발명기법을 확립한 알트슐러

알트슐러(Genrich Altshuller, 1926~1998)는 1926년 구소련의 타쉬켄트에서 태어났다. 그는 14세 때 수중호흡장치 개발로 첫 번째 발명인증을 받았다. 이 기구는 과산화수소를 분해해서 산소를 발생시키는 장치였다. 그는 해군에서 근무를 했는데 이때 발명 재능을 인정받아 특허 심사관의 역할 기회를 얻었다. 해군에 근무 중 1946년 과학기술에 기반을 두어 새롭고 혁신적인 발명 방법인 TRIZ(Teoriya Reshniya Izobretatelskikh Zadatch : 러시아어)를 확립하였다.

그는 세계적으로 우수한 특허 150만 건을 입수 분석하여 1946~1947년에 세계적으로 가장 창의적인 발명 4만 건을 선정하고 이들로부터 발명의 진화 패턴, 문제를 해결하는 5가지 수준, 40가지 발명원리 등을 포함하는 TRIZ를 확립하였다. 그는 자신의 이론을 검증하며 군사 분야와 관련된 수많은 발명을 이루었다. 이 발명품 중에는 전국 발명 대회에서 대상을 차지한 지뢰 안전복(mine rescue suit)도 포함되었다.

그는 2차 대전이 끝난 후 구 소련의 창의력 개발 정책을 비난하고 그 대안으로 TRIZ를 제안한 편지를 1948년 스탈린에게 보낸 결과로 1년간에 걸친 심한 심문, 고문을 받은 후 5년 동안의 감옥 생활을 하게 되었다. 그러나 그는 열악한 정치범 수용소의 생활을 견디며 다소 거칠게 확립된 TRIZ를 세밀한 부분까지 보완하는 계기로 삼았다.

이로써, 그가 수용된 정치범수용소는 TRIZ 연구소가 되었던 셈이다. 그는 스탈린 사망 후인 1954년에 석방되었고, 그로부터 2년 후에 TRIZ에 대한 최초의 책을 출판하였으며 TRIZ학교가 1974년까지 구소련 전역에 설립되었다. 그 후 또다시 정치적 이유로 그와 그의 제자들의 강의나 학습이 금지되는 탄압을 받게 되었으나 TRIZ는 지식인들 사이에서 은밀하게 번성되어 나갔다.

이러한 역경을 거친 TRIZ는 페레스트로이카의 횃불이 떠오른 후부터 표면적으로 확산 번성하게 되었고, 1989년 그를 회장으로 하는 러시아 TRIZ협회가 설립되었다.

1946년에 확립된 TRIZ는 그간 철저히 해외 전파가 봉쇄되다가 구소련이 붕괴되던 1991년에 서구사회로 노출되기 시작해서 지금 미국의 500개 기업에서 TRIZ를 활용하고 있고, 이어서 일본, 중국, 인도, 대만 등의 학교에서 TRIZ를 가르치고 있다.

이제 세계 여러 나라는 TRIZ의 활용에 앞을 다투고 있다. TRIZ관련 해외 인터넷 사이트는 다음과 같다.

www.aitriz.org
www.amsup.com/www.goalqpc.com
www.ideationtriz.com/www.invention-machine.com
www.jps.net/triz/triz.html/www.trizuniversity.com
www.triz-journal.com/www.triz.org/triz.htm 등

7. Metaphorming(메타포밍)

우리가 찾고 있는 질문에 대한 해답은 우리 마음 속(생각, 지식, 경험)에 있다. 해답은 우리의 마음 작용을 어떻게 하느냐에 달려 있다. 마음 작용 방법을 알게 될 때 우리는 삶의 질을 개선하게 된다.

자기의 마음 작용을 창의적으로 발현할 수 있을 때 사람들은 발견·발명이라는 열매를 따게 된다. 이러한 창의적인 마음 작용을 이끌어 내는 행위 중의 하나가 메타포밍(metaphorming)이다.

Metaphorming은 그리스어 meta(추월, 초달) + phora(전이)에서 유래된 것으로 "특정한 사물이 어떤 상황에서 갖고 있는 내용과 의미를 다른 상황으로 전이시키는 행위"를 말한다. 다시 말하면, 특정한 사물이나 아이디어를 다른 방향으로 전이시켜 새로운 의미와 연상을 이루는 과정이다.

메타포밍의 한 예로, 독일의 한 화학과 교수가 편지 봉투를 봉합할 때마다 손가락에 풀을 묻혀 편지를 봉하고 나면 손에 풀이 남는 불편을 늘 느끼곤 했는데 어느 날 자기 연구실 소속 한 여조교가 먼발치에서 립스틱을 돌려 솟게 해서 입술에 칠하는 것을 언뜻 보는 순간 그는 바로 "그것이다" 라는 메타포밍(연상)력이 발동되었다. 그것은 풀을 입술연지처럼 굳게 해서 바를 수 있게 하면 될 것이라는 생각을 했다. 그는 화학자였기 때문에 묽은 풀을 굳게 해서 립스틱처럼 만드는 데 성공하였고, 그것은 곧 세계적인 히트 발명품 '딱풀' 이 되었다.(그림 4-1)

[그림 4-1]
립스틱으로부터 메타포밍에 의한 딱풀 발명

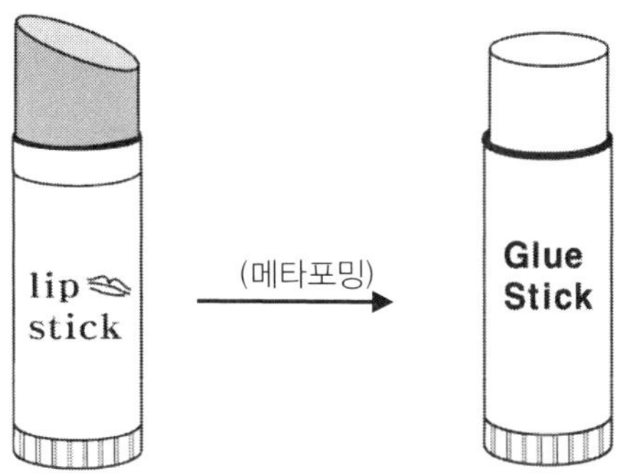

메타포밍은 창의력을 고양하기 위해서, 새로운 것을 발견하고 발명을 하기 위해서, 관련성이 없어 보이는 것을 연관짓기 위해서, 특정문제를 해결하고 답을 찾기 위해서, 독창적인 생각 또는 질문을 하기 위해서, 그리고 경험을 풍요롭게 하고 의사소통을 효과적으로 하기 위해서 사용된다.

모든 인간은 창조, 탐구 및 발견능력을 가지고 태어나지만 아쉽게도 극소수의 사람만이 메타포밍에 숙달되어 있어서 자신의 생각, 지식, 경험을 새롭고 유용한 정보로 전환할 수 있다. 그 이유는 사고의 경직성, 수직적 사고만이 강요되는 교육에서 비롯된 문제라고 생각된다.

메타포밍은 천재에 이르게 하는 과정이면서 완전한 인간의 단계에 이르게 하는 과정이라고 할 수 있으며 가상공간에서 가장 빠른 교통수단으로 사물들 간의 연관성을 찾고 직유, 가설, 문법적 변칙, 동음이의어의 유희, 이야기, 역할, 연기 등에서 새로움을 찾아내는 사고방식이다.

메타포밍은 CREATE라고 할 수도 있다. CREATE는 connect(연결고리를 찾기), Relate(관계를 갖게 함), Explore(탐험가가 되기), Analyze(하나씩 벗기기), Transform(변화주기), Experience(몸소 체험하기)의 약자이다.

발명 아이디어의 발상에서는 연상이 큰 역할을 하는데 연상에는 자유연상과 강제연상(입출법)이 있다. 원래 입출법은 미국의 제너럴일렉트릭사(GE)가 오토매틱 시스템(자동장치)의 설계에 있어 아이디어를 구하기 위해 사용한 방법으로서 제한조건의 범위 안에서 최초의 상태를 전개하여 최후의 상태에 도달하려는 기법이다.

발명과 특허 팡세

발명은 과학 기술이 변증법적으로 진화하는 과정에서, 추상적 개념이 실용화된 것으로 발명은 발명자에게 보람찬 열매요, 인류에게는 희망이 될 수 있다.

발명의 진화 패턴과 진화 방해요인

5

발명품은 많은 생물계가 진화해 온 것처럼 진화해 왔고 진화되어 가고 있다. 기술은 탄생, 성장, 쇠퇴의 경로를 거치는 과정에서 다른 시스템으로 대치된다.

기술 진화(evolution)는 진보(progress)라는 말로 표현될 수 있다. 기술 진화의 기본은 변증법적(dialectic)인 진화로 하나의 사상이 지속적으로 발전하면 그에 상응하는 엔트로피가 증가한다. 그것이 어느 이상이 되면 반대의 엔트로피를 지닌 다른 사상이 나타나 두 개의 장점을 합치면서 융합되어 새로운 사상으로 발전한다.

기술의 진화는 우발적(돌연변이)으로 진행되는 것이 아니고 반드시 단계적이며 어떤 일정한 패턴을 따라서 진행해 간다. 이러한 원리를 발견한 사람은 러시아 태생의 알트슐리(Genrich S. Altshuller)이다. 그는 150만 건의 특허 조사 분석으로부터 귀납적 방법(induction approach)으로 진화 원리를 도출했다.

이 기술진화 원리는 새로운 제품이나 기술을 개발할 때 대상이 되는 제품이 어떻게 진화(발전)하였는가를 분석하여 각 요소별로 어떤 법칙으로 발전해 왔는가를 알게 하고, 앞으로 지향해 나갈 방향을 결정할 수 있는 온고지신적 기술개발 원리를 제시해 주고 있다.

이 장에서는 알트슐러(Genrich S. Altshuller)가 정리한 것과 그 이후에 알려진 진화 패턴을 중점 정리한다.

1 발명품의 라이프 사이클

기술을 진화시켜 가는 사고의 전개 방법을 패턴화시킨 것이 바로 TRIZ의 표준 발명 기법이다. TRIZ는 무질서한 프로세스처럼 보이는 기술 개발 내용에서 진화의 패턴을 제시해 주고 있으며, 기술이 진화해 가는 데에는 일정한 유형이 있음을 제시하였다.

한 기술 시스템은 유아기, 성장기, 성숙기를 거처 쇠퇴기로 이행하는 수명을 가진다.

여기서 시스템이란 특정한 기능을 나타내는 형태로 상호 작용에 의해서 서로 관련을 맺고 있는 조직(립)체이다. 작용이란 어떤 것을 공급, 발생, 제거 및 방지하는 등의 기능 효과를 말한다. 작용에는 부록 III의 자원 효과를 이용하고 있는데 한 시스템에서는 이들 효과를 단일하게 활용하는 것은 드물고 복합적으로 사용하는 경우가 많다.

1. 유아기

새로운 시스템은 높은 수준의 새로운 기능을 가지고 탄생되지만 원시적 수준의 디자인과 성능으로 보완 필요성을 안고 태어난다.

이때는 자본과 인력 및 정교한 보완 노력이 요구되는 시기이다. 그러나 인력,

재정 및 자원의 빈약으로 인하여 이 시기는 매우 느리게 진행이 될 수도 있는데 이 고비를 극복하지 못할 수도 있지만, 다행히 이 고비를 넘기면 그 기술시스템은 성장기에 진입하게 된다.

한편 발명가는 새롭게 발명된 시스템으로부터 분지(ramification)를 쳐 나아가는 데 노력해야 한다. 그 이유로 최초의 발명품은 가지 칠 수 있는 여지가 많기 때문이다. 그 말은 경쟁업체에서 유사한 특허를 출원하거나 개량하여 역공할 가능성이 있다는 것을 의미한다.

그러므로 '특허청구범위'에 분지가 많을수록 강한 특허가 될 수 있는 것이다. 그것은 2가지 측면에서 유리하다. 하나는 경쟁자에게 자기 발명을 방어하는 데 효과가 있고, 다른 하나는 최초보다 상위개념 도출, 새로운 용도 개발 및 새로운 각도에서 개량적으로 발명하여 자기 발명을 더욱 키워가는 데 의미가 있다.

2. 성장기

새로운 기술 시스템이 유아기를 지나서 사회적으로 그의 가치가 인정되면 그 기술 시스템에 대한 수요가 발생하게 된다. 이때 창출된 자본과 기술은 새롭게 진행되는 성능의 개선, 공정개선 등의 문제를 극복하는 단계를 빨리 밟게 한다. 이 결과 새로운 기술시스템은 보다 차원 높은 R&D를 바탕으로 성장이 가속화될 수 있다.

3. 성숙기

기술 시스템은 성장기를 거치는 동안 시장의 새로운 시스템의 도전을 받게 된다. 내부적으로는 기존 시스템을 획기적으로 개선하는 데 있어서 한계를 느끼면서 낮은 수준의 부분적 개선만이 이루어진다. 또한 성숙기에는 가격경쟁 요구에 의해서 인력구조 조정과 자동화라는 필요에 직면하게 된다.

4. 노년기 및 쇠퇴기

기술시스템이 성장기를 거쳐서 성숙기에 접어들어 시간이 지나면 이제 그 기술을 대치할 새로운 기술이 등장하면서 그 기술은 사회적 가치를 잃게 된다.

수동타자기에서 전동타자기를 거쳐 PC로 이어지는 과정은 이러한 4단계 진화의 좋은 예가 된다.

2 발명품의 진화 지향점

기술 시스템 진화에서 모든 기술 시스템은 이상성(ideality)의 정도를 높이는 방향으로 진화한다.

이상성(ideality)은 시스템의 유익 기능(useful function) U의 합계를 그 시스템의 유해 기능(harmful function) H의 합계로 나눈 비율로써 정의된다. 기술 진화의 이상성은 알트슐러(G. Altshuller)에 의해서 다음 등식으로 표현되었다.

$$I(\text{Ideality}) = \frac{\Sigma U \uparrow}{\Sigma H \downarrow}$$

(ΣU는 유익 기능의 합, ΣH는 유해 기능의 합)

유익 기능(U)이란 어떤 기술 시스템이 만들어 내는 유용한 기능을 포함한 모든 가치 있는 결과를 말하고, 유해 기능(H)이란 시스템에서 불필요한 기능으로 기술 시스템의 구입 및 운용비용, 시스템이 점유하는 공간, 시스템에 소비되는 에너지, 시스템 사용에 따른 위험성, 시스템의 지나친 무게, 사용자 교육 필요성, 시스템이 만들어 내는 소음 및 시스템에서 배출되는 폐기물 등이 포함된다.

유해기능을 해결하는 방법으로는 다음 4가지가 있다.

- 유해기능의 원인을 제거
- 유해기능의 방지
- 유해작용의 영향을 경감
- 유해기능의 모순을 회피

알트슐러(Genrich Altshuller)는 발명의 목적은 이상적인 시스템 도달이라 하였다. 여기서 이상적 시스템은 무한대의 이상성까지를 의미한다. 그래서 이상적

시스템은 시스템을 운용하는 데 어떤 재료나 공간 및 보수나 유지가 필요하지 않고, 고장이 없는 반영구적 내지는 영구적 수명 수준의 시스템을 의미하고 있으나 이러한 시스템은 실제로 존재하지 않으며 앞으로도 존재할 수 없다.

따라서 무한대의 이상성 개념의 문제 해결 노력은 단지 심리적 타성을 탈피해서 도움이 되고 이상수준에 접근하는 과정일 뿐이다.

예를 들면 필수품이 된 휴대폰 역시 기능, 크기, 무게 및 가격 등이 크게 감소하는 방향으로 진화되었다. 휴대폰이 단지 음성을 전달하는 기기로부터 문자 메시지를 주고받고, 게임을 즐기고, 영화나 TV도 주문해서 볼 수 있게 되어, 휴대폰은 귀와 입의 중심에서 옮겨가 이제 눈으로 즐길 수 있는 화상 장치로 진화되었다.

또한 휴대폰의 기능은 날로 진화되어 신용카드·출입카드·교통카드로도 유용하게 활용되고 있고 카메라·캠코더 등의 용도로도 사용되고 있으며, 개인정보관리·일정관리·고객관리 등의 기능도 수행하게 되었다.

핸드폰 제조업체 중 하나인 모토로라가 지난 83년 세계 처음으로 상용화한 휴대폰 다이나택(DynaTAC)은 무게가 무려 약 1.3kg, 크기는 127×228×45 mm로 마치 벽돌과 같아 가방에 넣기도 힘들 정도이었으나 진화를 거듭하여 무게는 50 g대, 크기는 91.1×49.8×25.3 mm으로 진화되었고 가격도 수백만 원에서 수십만 원대로 떨어져 진화의 속도 면에서 매우 빨랐던 예가 되었다.

또한 퍼스널 컴퓨터(PC)는 과거의 것보다 경량, 소형화됨으로써 몸집은 작아졌지만 중앙처리장치(CPU)의 속도 향상이나 메모리 장치의 대용량화 등에 의해 성능은 크게 향상되는 등 이상성이 크게 증가되었다. 이렇게 됨으로써 PC 사용 공간 절약 효과가 크게 되었고, 구입비용도 1950년대에 비하면 1만 분의 1 이하가 되었다.

요즘 상당히 흔해진 액정 프로젝터를 보아도 유익 기능인 화상 해상도는 크게 향상됨과 동시에 유해 기능인 무게와 부피는 크게 줄고 휘도가 낮아 화면이 어두운 문제도 개선되었다.

1950년대에 약 200톤짜리 터빈발전기는 100,000 kW 전기를 생산했으나, 20년이 지난 1970년에는 약 400톤짜리 터빈발전기가 500,000 kW 전기를 생산함으로서 20년 사이에 터빈 무게는 2.5배 감소하는 방향으로 진화되었다.

이상성 향상은 생물이 변화하는 환경에서 유전자의 돌연변이에 의해서 멸종 위기를 피하고 돌연변이 과정에서 필요한 속성을 지니는 개체가 생겨나는 것처럼 하나의 시스템도 그 사회적 변화에 따른 새로운 수요에 대응해서 진화됨을 보인다. 다음은 발명품의 이상성 향상을 위한 진화 지향점들에 대한 것이다.

1. 시스템 구성 완전성

시스템의 종류에 따라서 다르지만 기술 시스템 진화에서 시스템 구성은 시스템의 기술개발의 초기 단계에서 시스템 구성에 요체가 되는 4개의 서브시스템(subsystem)이 완전하게 구성될 때까지 발전한다.

모든 시스템이 4가지 부분으로 구성되는 것은 아니지만 대개의 경우 4단계로 나누어 기능을 이해하면 편리한 경우가 많다.

자동차를 예로 들면 자동차는 최소한 ① 엔진계 구성 ② 동작 기관계 구성 ③ 트랜스미션계 ④ 제어기 계통이라는 4개의 서브시스템이 유기적으로 구성되는 것이 필요하다.

여기서 엔진계는 화학에너지를 운동에너지로 변환하는 서브시스템이고, 동작 기관계는 각 서브시스템에서 기능을 실행하게 하는 서브시스템, 트랜스미션계란 엔진에서 동작기관에 운동에너지를 전달하는 서브시스템, 그리고 제어기 계통은 앞의 3가지 서브시스템이 적절하게 기능하도록 하는 서브시스템이다.

컴퓨터의 경우도 4개의 서브시스템으로 구성되는 점에서 자동차와 비슷하다. 컴퓨터의 전원부는 자동차의 엔진계와 같고, 디스플레이는 자동차의 작동 기관계와 같고, 버스(bus)는 자동차의 트랜스미션계와 같으며, CPU는 자동차의 제어계와 같다고 할 수 있다.

컴퓨터나 자동차에서 이 4가지 계통은 신뢰도나 성능 등에서 일차적으로 각각 완전하게 되는 방향으로 진화하고 있다. 그래서 컴퓨터와 자동차에서 4가지 서브시스템 중에서 하나라도 기능상에 문제가 발생하면 컴퓨터는 컴퓨터로, 자동차는 자동차로서의 기능을 하지 못한다.

예를 들면, 아무리 전기 에너지 비용이 적게 들고 속도가 빠르고 디자인이 우수한 디젤기관차라도 제어계인 브레이크시스템의 기능에 문제가 있다면 그 기관차의 가치는 상실된다.

따라서 한 시스템을 구성하는 각각의 서브시스템이 타사제품에 비하여 완전한 구성과 기능으로 개선될 때 경쟁력을 가지게 된다. 이러한 진화과정에서 발명가는 기술적 모순에 타협하지 않고 그 모순을 해결하여 시스템이 새로운 수요에 부응할 수 있게 도와주는 일을 하는 사람이다.

2. 리듬조화성

기술 시스템 진화에서 기술 시스템은 그 요소(부품)가 가지고 있는 리듬이나 자연 주파수의 조화를 높이는 방향으로 진화한다.

예를 들면 원적외선(5.6~1000 ㎛, 최적파장 : 7~17 ㎛) 파장이 세포 내 물의 진동수와 비슷하다는 원리를 발견하여 인체의 바이오리듬을 증폭시키는 각종 침대나 매트 제품들이 유행되고 있는 것도 리듬 조화성 법칙에 따른 예라고 할 수 있다.

또 한 가지 예로 자동차 엔진 냉각용 라디에이터의 팬은 주위 온도가 올라가면 효율적으로 회전할 필요가 있다. 그래서 온도가 올라가면 역풍기의 회전속도가 자동으로 가속되도록 되어 있다. 그런데 영국에서 개발된 팬의 날개는 온도변화에 따라서 입사각이 변하고 공기배출구도 역시 가변적인 것이 있다. 이처럼 온도조건에 조화롭게 가변적인 것은 높은 선팽창 계수를 가진 3개의 플라스틱 링을 팬에 부착함으로써, 링은 온도에 따라서 커졌다 작아졌다 하면서 팬 날개의 각도를 조절하기 때문이다. 이 발명의 가변 최대의 각도 변화는 30°이고 이것은 공기유량의 극적인 변화를 일으킨다. 새로운 기술시스템은 어느 물체에 대한 다른 물체의 작용 또는 대상물에 대한 작용체의 작용이 역동적으로 동작할 수 있고 환경에 적합하도록 개발한다.

1) 리듬의 조화

연속작용이 펄스작용으로 변화하여 대개의 기술시스템의 작용조건에 적합하도록 한 펄스 주파수가 선택된다. 더욱이 새로운 작용이 도입되어 효과적인 상호작용이 되도록 조정된다. 예를 들면 전기청소기의 흡인력은 펄스전류 소돌기의 진동에 의해서 흡인력이 보다 강해진다.

2) 작용의 조화

기술시스템의 작용이 변화해 가는 경우 설계자들은 기계의 파라미터를 작용조건에 맞도록 조성한다. 최초에는 이들 파라미터가 단계적으로 변경되지만 그 후로는 연속적으로 조절된다. 이들로부터 파라미터를 시스템의 작용 조건에 최대로 적합하게 조절한다. 또 기술시스템이 작동하는 사이에 동작에 필요한 에너지가 축적된다.

또한 인버터의 기능도 작용 조화의 한 예가 된다. 인버터는 냉장고, 에어컨 및 동결 건조기의 모터 회전속도를 최적 상태로 자동 조절해 주는 기능을 말한다. 에어컨이나 냉장고의 경우 초기에는 컴프레서 회전을 빠르게 해서 목표 온도에 빨리 도달시키고 그 후는 필요한 만큼 속도가 자동 조절해주는 장치가 인버터이다. 이 기술은 전력소모량과 소음을 크게 줄일 수 있는 장점이 있어 고유가 시대에 각광을 받는 기술이다.

3. 에너지 효율과 제어성

에너지(energy)란 일(work)할 수 있는 힘으로, 모든 시스템의 운영에는 에너지가 절대적으로 필요하다.

기술시스템 진화에서 그 시스템에 필요한 각종 에너지 형태는 인간이 제어하기 쉬운 에너지 형태로 진화되고 있다.

우리 가정에서 사용하는 광원을 예로 들면, 처음에 화석연료인 고체상의 양초 또는 액체상의 동·식물기름이나 화석연료인 석유를 사용하였고, 그 다음 기체인 가스 등을 일부 사용하기도 하였다. 그 다음 석탄이나 석유로부터 얻은 전기 에너지를 사용하는 백열전구를 사용하게 됨으로써 가정의 광원은 새로운 차원으로 진화되었다.

전기를 이용한 백열등은 다시 에너지 효율이 높은 형광등으로 진화되었고, 요즘에는 고주파를 이용하여 에너지효율이 높고 수명이 획기적으로 긴(약 1만 시간) 등(lamp)으로 진화되었다.

자동차의 에너지 시스템은 현재 가솔린이나 디젤 또는 가스를 이용해서 움직이는 자동차가 앞으로는 절약형 가솔린과 전기에너지를 사용하는 하이브리드 자동차나 조정이 한층 손쉬운 전기를 이용한 전기자동차로 에너지 공급시스템이 바뀔 전망이다.

에너지 전도는 시스템의 각 부분의 활력에 필요한 에너지가 자유로이 전해지게 하고 제어하기 쉽게 진화되고 있다. 이때 시스템의 제어를 위해서도 부품과 제어파트 사이에 에너지의 원활한 전도가 필요하다.

기술시스템의 구성요소 중에 다른 것으로 대체할 수 있는 물질이 있으면 그 물질은 높은 전도성을 가진 장(field)을 사용할 필요가 있다. 만일 물질을 치환할 수 있을 경우는 제어성이 좋지 않은 장을 제어성이 용이한 장으로 순차 교환해 갈 수 있다. 그 순번은 다음과 같다.

[제어 어려움] 중력→기계적→열적→자기적→전기적→전자기적 [제어 용이]

장을 치환하는 데는 물질의 치환이나 부가물의 도입을 같이 행하여 에너지의 고전도성을 보증한다.

4. 부품의 개별적 진화

기술시스템의 진화에서 시스템을 구성하는 수많은 개개 요소는 독자적으로 점점 개선된다. 어느 시점에서 한 시스템을 보면 시스템을 구성하는 수많은 개개 부품이 동시에 개선된 것처럼 보이지만, 실제로 시스템을 구성하는 각 부품들은 장시간에 걸쳐 시차를 두고 개별적으로 개선되고 있다.

예를 들면 우리가 사용하고 있는 컴퓨터의 중앙처리장치(CPU)의 속도는 놀랄만하게 진화되었고, HDD의 메모리용량도 기가(giga)급으로 비약적인 진화를 한데 비하여 정보를 입력하는 데 쓰이는 키보드만은 초기 컴퓨터 때의 키보드에서 형태나 기능이 거의 변한 게 없다.

그러나 이들 부품이 개별적으로 진화되는 과정에서 한 부품의 개선이 다른 부품의 기능을 저해하는 경우, 그 개선된 기능이 활용되기 위해서는 또 다른 문제를 해결해야 하는 문제가 발생하기도 한다.

따라서 한 시스템을 구성하는 부품들은 각각 별도로 진화하고 있으나, 진화된 기능이 수월하게 사용되기 위해서는 모순 발생이 없도록 하는 것이 우수한 발명이다.

5. 슈퍼시스템으로의 진화

기술시스템 진화에서 시스템이 자신의 발전 한계에 도달하면 상위 시스템과 결합하거나 변신하여 전혀 새로운 시스템인 슈퍼시스템(supersystem)으로 진화한다.

예를 들면, TV는 처음에 영상만을 수신하는 기기로 출발했지만 디지털화 TV는 인터넷과 연계하면 TV를 통하여 전자상거래는 물론 영화감상, 음악감상이나 노래방 기기역할을 하는 등의 다기능 슈퍼시스템으로 진화되고 있다.

전화기는 휴대전화가 탄생하기 전에는 음성 통화 기능만을 주로 하는 전화기 개발이 주류를 이루고 있었지만, 현재 휴대전화기는 음성은 물론, 문자, 음악, 영화 및 각종 정보를 주고받는 슈퍼시스템으로 발전하고 있다.

6. 매크로에서 마이크로

기술시스템의 진화에서 시스템은 우선 매크로 수준(macro level)으로 진행하고 그 후에 마이크로 수준(micro level)으로 이행(transition)한다.

예로서 컴퓨터에서 하는 정보 저장이 과거에는 영화 필름 릴 크기의 테이프에 저장되다가 FDD를 거쳐 CD나 USB 드라이브로 저장되는, 즉 경박단소이면서 저장 용량은 비약적으로 증대되는 쪽으로 진화하고 있다.

또한 과거 전력이 많이 들고, 발열이 많고, 부피가 큰 진공관으로 가득 찬 라디오나 TV 및 각종 통신기기에서 현재 진공관이 트랜지스터로 대체되어 전자제품들이 경박단소화 되었는데 이것은 매크로에서 마이크로로의 이행의 한 예가 된다.

7. 물질·장 증가

기술시스템의 진화에서 시스템은 이상도가 낮은 불완전한 물질·장 시스템(S_1, S_1-S_2, S_1-F)에서 물질·장 포함 증가에 의한 완전성 시스템으로 진화하고 있다. 장은 작용을 일으키는 힘으로 기계장, 음향장, 열장, 화학장, 전자기장 등이 있다.

이러한 물질·장의 삼각형 모델은 알트슐러(Genrich Altshuller)가 기술 시스템은 장을 통하여 상호 작용하는 두 개의 물질로 구성되어 있다는 관점에서 개발한 물질·장 모델시스템이다.

기술 시스템은 최소 3개의 요소(변)로부터 구성되는데 2가지 물질(substance)과 하나의 장(field)으로 구성된다.(그림 5-1)

이 최소기술시스템의 개념(conception)은 물질·장 시스템(Substance-Field System) 혹은 물질·장(S-Field) 또는 물·장이라고 부른다.

[그림 5-1]
물질-장 시스템의 예

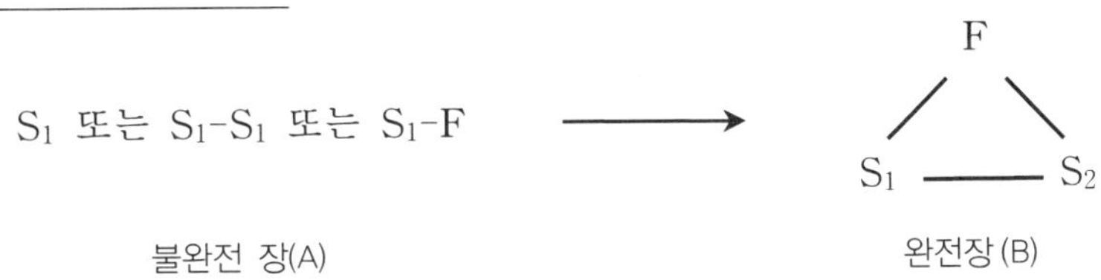

이 삼각형에서 좌측(A)은 불완전 장이며 오른쪽(B)은 완전 장 또는 완전 시스템으로 이 때의 각 장(field)으로는 기계적인 장, 열적 장, 전기적 장, 자기장 및 화학적 장 등이 사용될 수 있다. 완전 물질·장은 기능을 발휘하고 동시에 제어기능을 가지는 최소한의 기술시스템의 모델이다.

물·장의 개념은 문제해결의 방향에 대한 실마리를 제공한다. 예를 들어 동굴의 높이를 측정하고자 한다. 이 동굴은 높기 때문에 손전등의 불빛으로 볼 수도 없고 동굴의 수직면으로 기어오르는 것도 불가능하다. 어떻게 하면 높이를 잴 수 있을까? 그 동굴의 높이(S_1)를 잴 수 있는 방법은 실(S_2)에 부력을 가진 고무풍선(F)을 메달아 측정하는 것이다.

또한 카메라의 기록 방식의 경우는 필름이라는 물질(S_1)에 대하여 광량이라는 물질(S_2)을 부여하여 화상을 필름에 전사하는 방법으로, 이때 화상이 화학적 처리로 재생되고 있기 때문에 화학장(F)에 작용하는 것이다. 촬영상황에 따라서 충분하고 정확하게 광량이 필름에 부어되어 신명한 화상이 재현될 수 있도록 카메라는 꾸준히 진화되어 성능이 크게 향상되었다.

이제는 자기 매체에 기록되고 선명한 디지털 화상으로 재현될 수 있게 되었다. 이것이 지금 시장에서 수요가 급속하게 생기고 있는 디지털 카메라이다.

차트 발표에 쓰이는 막대형 포인터(pointer)는 레이저빔을 발생하는 파트를 부착하고 필요에 따라서 켰다 끌 수 있는 제어기능이 있는 포인터로 진화되었다.

[그림 5-2]
물질-장 증가의 한 실례

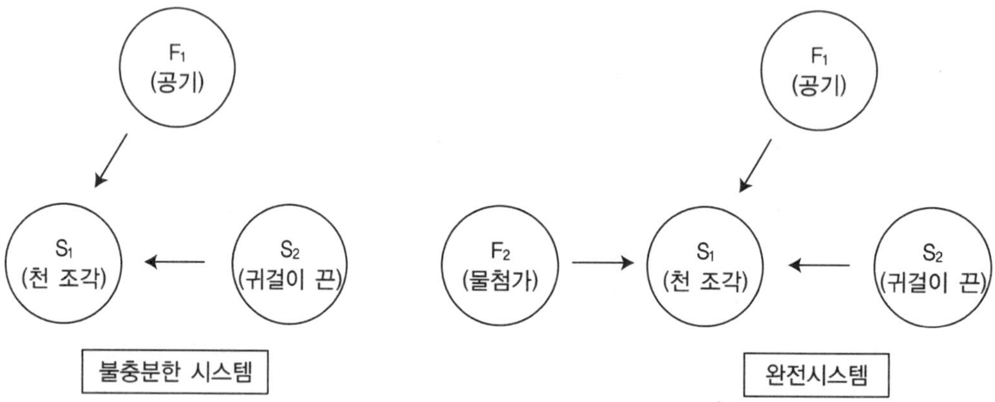

천 조각(S_1)에 귀걸이(S_2)로 구성된 마스크장(S_1-S_2)의 공간에는 공기(F_1)만이 들어 있어서 화재현장에서 사용할 경우 물리적인 작용 즉, 입자가 큰 입자만 마스크에 걸리고 입자가 작은 유독 가스(염소가스, 아황산가스, 탄산가스 등)는 호흡기로 흡입되어 마른 마스크는 유독가스 흡입 방지에 큰 도움이 못된다.

이 경우 마스크에 물(F_2)을 적시면 물리적 장에 화학적 장이 병설되어 큰 입자는 물론 유독가스 입자까지 마스크에 흡착되어 유독가스 흡입을 줄여준다.(그림 5-2)

질·장에는 ① 불완전시스템 ② 유해한 완전시스템 ③ 불충분한 완전시스템이라는 3가지 기본 모형이 있고 이런 장에 언제나 문제와 모순이 있다. 이러한 3가지 물질·장은 새로운 장이나 효과가 활용되어 완전한 시스템으로 진화되어 가는 것이다.

8. 운동성

기술시스템 진화로 기술시스템은 고정적(static)인 시스템에서 동적(dynamic)인 시스템으로 진화하고 있다. 시스템에 운동성이 부여되면 반드시 제어성이 동시에 부여되어야 한다. 비운동성 시스템이 운동성(역동성)으로, 강성 시스템이 연성으로 진화된 예는 많다.

그 예로서 보통의 의자로부터 상하로 조정할 수 있는 의자로, 흔들이 의자로, 바퀴가 달려 움직이는 의자 등으로 진화되고 있다.

자동차 내의 의자가 운전자의 체형에 맞게 조절할 수 있게 되거나, 고급 차의 경우 의자를 자동 제어할 수 있게 형상이 바뀌고 있다.

컴퓨터 키보드는 보통 경질 플라스틱으로 되어 있어 길이나 넓이를 변형할 수 없어 휴대하기가 불편한 문제를 해결하기 위해서 접을 수 있는 키보드가 발명되기도 하였다.

환자용 침대도 과거에는 비이동식이었으나 지금은 바퀴가 달려 이동이 편리한 침대로 진화되었다. 이러한 바퀴가 달린 침대의 바퀴에는 이동이 불필요 할 때는 바퀴가 함부로 구르지 않고 필요할 때 이동이 가능하도록 제어장치가 부착되어 있다.

한편 강성 요소를 가진 기술시스템은 동적적응 능력이 적기 때문에 기술시스템을 개선하는 설계자는 강성요소를 보다 유연하게 하여 동적으로 변화시키려 한다.

먼저 강성구조에 조인트가 부착되고 그 수를 증가시켜 유연성이 있는 시스템을 가지도록 한다. 기술시스템의 요소를 분자수준이나 전자계 수준으로 개발함으로써 최고의 유연성이 얻어진다.

자동차의 핸들은 강성의 축을 통해서 타이어의 방향을 변화시킨다. 이러한 핸들은 조작이 어렵고, 또 사고가 발생했을 때 강성의 핸들에 의해서 부상을 당하기 쉽다. 따라서 핸들의 축에서 한 부분을 분할하고 조인트로 이어 맞추면, 핸들 위치를 조절할 수 있고 운전하기도 쉽게 된다.(그림 5-3)

운동성과 제어성은 동전의 양면과 같다. 기차, 자동차 그리고 비행기의 운동성과 제어성이 조화롭게 구성될 때 우수한 제품이 된다.

인간사회에도 자율과 책임이 조화로워야 하는 것처럼 기술적 시스템에서도 운동성과 제어성은 똑같이 필요하다.

[그림 5-3]
자동차 핸들의 유연성 진화

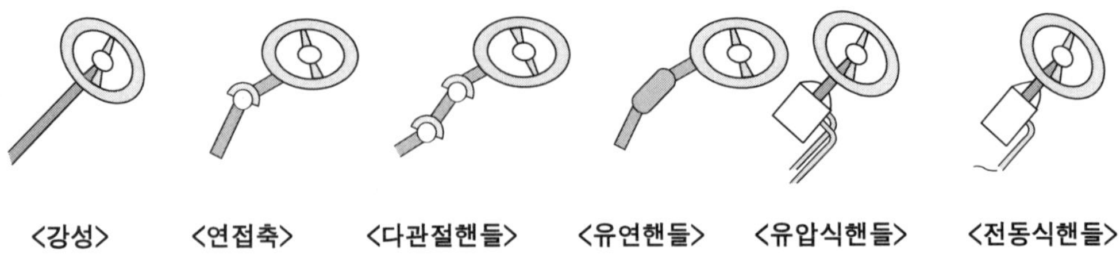

9. 단순화

기술시스템 진화에서 기술 시스템은 최초보다 복잡성이 높은 방향으로 진화하여 시스템의 기능이 질적 및 양적으로 증가하는 방향으로 발전하다가 복잡성이 어느 정도 높아지면, 이번에는 단순화하는 방향으로 진화한다.

이것은 시스템이 이중시스템(bisystem)이나 다중시스템(multisystem)으로 진화하는 것을 의미한다.

예를 들면 한 개의 렌즈로 된 돋보기로부터 두 개의 렌즈로 구성된 안경으로의 진화, 한 개의 칼날로부터 두 개의 칼날로 이루어진 가위, 두 개의 망원경으로 이루어진 쌍안경 등이 있다.

온실에서 식물을 재배할 때 온실 속에 재배되는 식물은 대개 공기 중의 탄산가스를 이용해서 자라기 때문에 다른 한쪽 온실에 공기 중의 산소를 이용해서 자라는 식물을 재배해서 공기를 서로 교환하면 상생의 효과가 생긴다. 이것은 반대의 속성을 가지는 요소들을 이중시스템으로 구성한 예가 된다.

또한 하나의 용기에 한 가지 색의 심을 담은 볼펜으로부터 여러 개의 다른 색을 가진 볼펜심이 들어가는 구조로 진화한 것은 다중시스템의 한 예가 된다. 그러나 이 경우 부피가 커지는 단점이 있다. 그러므로 아직 나오지는 않았지만 이 시스템의 최종 상태는 4가지 색(빨강, 파랑, 노랑, 흑색)의 잉크를 혼합해 수천 가지의 색을 낼 수 있는 볼펜으로 발전할 수 있을 것이다.

10. 인력 감소

기술시스템의 진화에서 시스템은 시스템을 운영하는 데 현재보다 인력이 감소되는 방향으로 진화(evolution toward decreased human involvement)되고 있다. 기술시스템은 인간이 시스템을 운영하는 데 얽매이는 노동시간을 줄여 지적인 일에 쓸 수 있는 자유시간을 증가시키는 방향으로 자동화되고 있다.

편리한 가전제품의 등장으로 주부들은 가사노동으로부터 해방되었고, 어느 세기의 주부들보다 자유로운 시간을 누릴 수 있게 되었다.

세탁은 주부들이 빨래판에서 힘들게 손빨래를 하여왔으나, 세탁된 것을 탈수하는 탈수기가 나왔다. 그리고 이어서 빨래기능과 탈수 기능이 겸비된 세탁기가 나온 후 버튼만 누르면 세제가 정량 자동 공급되고 건조까지 이루어지는 세탁기가 등장하여 세탁은 이제 노력을 거의 들이지 않고 할 수 있게 되었다.

과거 주부들은 밥을 짓기 위해서 밥이 될 때까지 줄곧 아궁이 앞에서 더우나 추우나 불을 떼야 했고 지은 밥은 곧바로 식은 밥이 되기 때문에 세끼 따뜻한 밥을 식구들이 먹게 하기 위해서 주부들은 하루의 대부분을 거의 밥을 하는 데 시간을 소비하였다. 그러나 지금은 일정량의 쌀(청결미)을 적당량의 물과 함께 자동전기 보온밥통에 넣고 스위치만 누르면 맛 좋은 밥이 되고 남은 밥은 보온까지 되어서 따뜻한 밥을 언제나 먹을 수 있게 되었다. 이로써 주부들은 밥을 하는 데 하루 종일 매달려야 했던 가사노동에서 해방되었다.

이처럼 기구의 자동화는 편리성과 인력감소 또는 노동시간 절감 효과가 있기 때문에 모든 설비의 자동화는 비용이 일시에 크게 추가되지만 시설의 자동화는 계속되고 있다.

실험실의 측정 장비도 과거에는 전부 사람의 손으로 조작했지만 요즘은 자동화되어 있고, 측정 결과도 컴퓨터에 의해 자동으로 수집, 정리되고 있다.

또한 요즘 애완견에 대한 선호도가 높다. 그러나 애완견을 키우게 되면 주기적으로 밥을 주고 대소변을 처리해야 하며, 질병 예방지료 빛 이웃으로부터 불평을 듣는 것 등 여러 가지 문제를 감수해야 한다. 그래서 애완견을 키움으로써 발생하는 문제가 없는, 그러한 애완견은 없을까하는 사람들의 바람에 부응하여 로봇 애완견 개발에 착수한 업체도 있다.

가로등 전등도 처음에는 소켓의 스위치를 손으로 전원을 끊고 연결하였으나 디자인 어두워지면 켜지고 날이 밝으면 자동적으로 꺼지게 제어되고 있다.(그림 5-4)

[그림 5-4]
전원의 수동공급에서 자동 공급으로의 진화

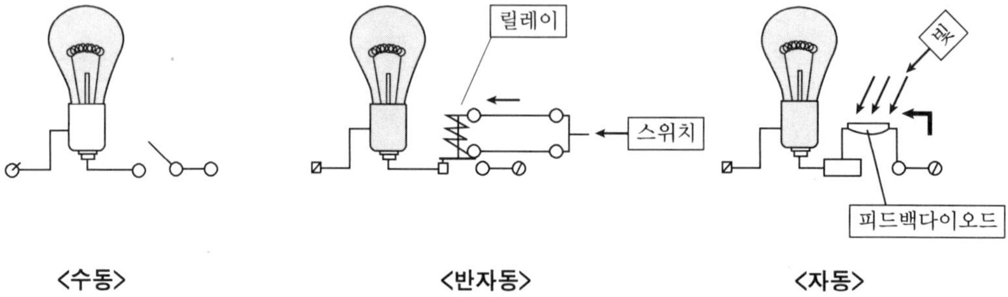

11. 선구조의 입체화

기술 시스템 진화에서 시스템은 점 구조에서 선 구조로 진화된다. 이 경우 길이를 증가시킬 필요가 있는 한편 콤팩트한 구성이 요구된다.

이 문제를 해결하기 위해서 선은 먼저 단일 평면 내에서 구부리고 이어서 입체적으로 구부러지게 되는데 그 결과로 선 구조의 구성이 2차원 곡선화 및 3차원 곡선화로 복잡화된다.

전구의 진화를 보면 점 구조의 전구가 선구조의 형광등으로 변하였고, 이것은 콤팩트성을 부가하여 굽어지는 형으로 진화되었다.

필라멘트 전등은 점광원인데 선상의 형광등으로 진화하면서 조사면적이 증대되었다. 직선 형광등은 2차원 곡선인 U자형으로 형성하여 길이를 줄일 수 있었고 이것을 복잡한 입체곡선형상인 3차원 곡선으로 진화되면서 크기는 작고 발광면적은 커지게 되었다.

또한, (그림 5-5)에서 볼 수 있는 것처럼 레이저포인터를 이용할 때 스크린에 나타나는 ―형은 ○형으로 진화되었다.

[그림 5-5]
레이저포인터의 선 구조와 원형구조

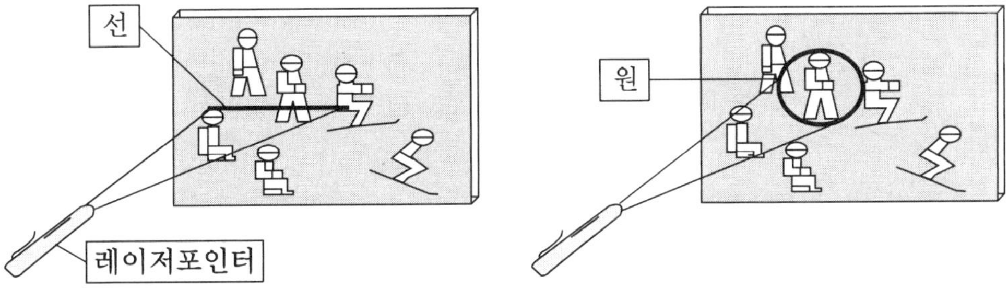

12. 새로운 물질 도입

기술시스템의 진화에서 시스템 내의 2가지 물체 사이에 새로운 물질이 도입함으로써 개선되는 방향으로 진화한다.

이 진화 패턴은 여러 가지를 부가하게 되는데 부가되는 장소는 물체의 속, 물체의 주변, 물체의 사이 등이며 이러한 예는 많다.

병을 밀봉하는 왕관 내에 콜크(cork)를 라이닝 함으로써 밀봉도를 크게 높일 수 있는 것이나, 자동차 바퀴에 있는 금속 바퀴의 외부에 공기가 충전된 고무타이어를 부착함으로써 충격을 흡수하여 고속주행이 가능하게 된 것도 그 예라 하겠다.

또한, 자동차 바퀴의 경우, 원래 타이어의 내부에 금속디스크를 붙여 펑크났을 때 안전도를 증가시키고 또 바퀴의 외부에 체인을 붙여서 눈 덮인 도로나 빗길 도로에서 미끄럼을 방지할 수 있고, 도로 면에 연마제를 입혀 자동차 바퀴와의 마찰도를 높여 바퀴가 헛도는 문제를 해결할 수 있다. 또 주행속도를 높이는 방향으로 진화하고 있다.

한 개의 교반 날개를 가진 믹서는 각기 다른 기능을 가진 교반 날개를 부착하여 다양한 물성의 식품을 제조할 수 있는 방향으로 진화되고 있다.(그림 5-6)

[그림 5-6]
구형믹서(a)와 신형믹서(b)

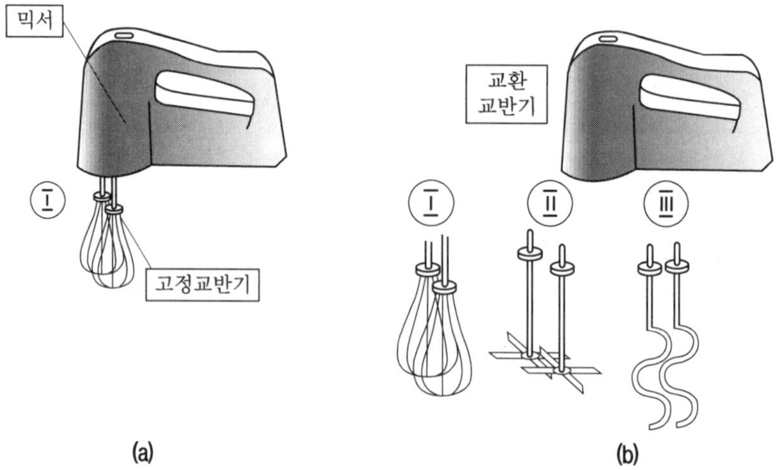

항공기나 잠수함 등의 가압 연소장치에서 화재가 발생하면 질소를 사용해서 화재를 소화하게 되는데, 이때 질소의 대량은 인체에 유해한 상황을 발생시킬 수 있다. 그러나 질소제트 장치에서 나온 질소에 분무된 물을 첨가하면 질소-물 에어로졸이 됨으로써 소화 효과가 높아지고, 질소 사용량은 약 40% 절약되며 인체에 대한 독성도 줄어드는 효과가 있다.(그림 5-7)

[그림 5-7]
잠수함 가압 격실(compartment)에서 화재 발생시 새로운 물질 도입 예

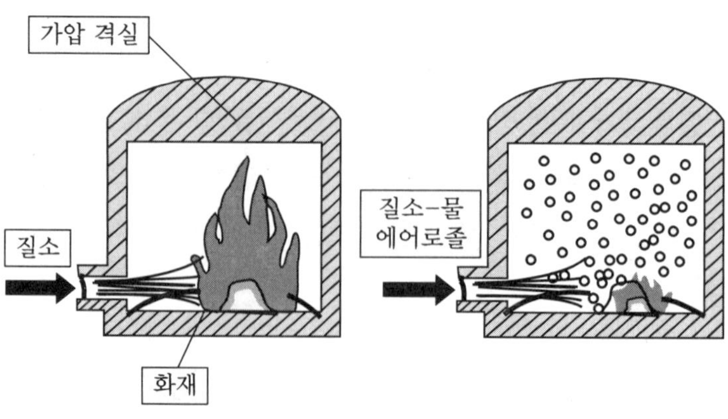

13. 편리성 향상

발명의 주된 경향은 인간이 힘을 덜 들이고 사용할 수 있게 진화되었다. 인간의 활동력에 의존하는 시스템에서 자동화, 사용편리, 수리편리, 휴대편리 등의 극대화 쪽으로 발명이 이루어져야 한다.

① TV의 레버식 채널 선택 → remote controller로 선택
② Key로 승용차의 시동 → remote controller로 시동
③ 버튼으로 휴대 전화걸기 → 음성으로 전화 걸기
④ 직선 음료수 빨대 → 주름 빨대
⑤ 골절이나 기관 진찰 → 문진, 청진, 타진 → X-ray → CT → MRI
⑥ 렌즈 → 확대경 → 안경

[그림 5-8]
확대경으로부터 안경으로의 진화

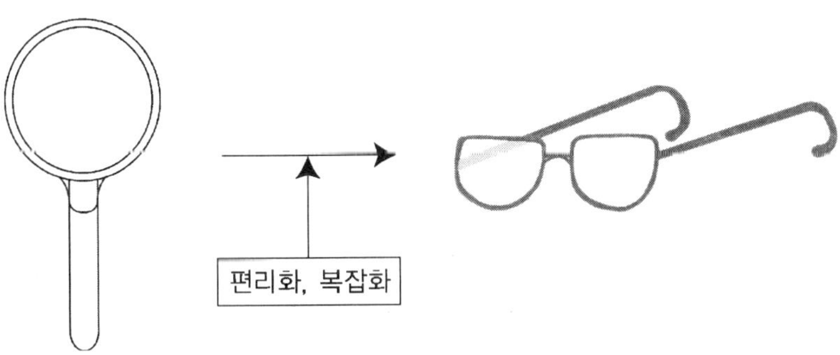

14. 경량화

기관차처럼 무거워야 미끄러지지 않기 때문에 짐을 끌기에 좋은 예외적인 경우를 제외하면 시스템은 대부분 가벼울수록 좋다. 이 기법은 무게를 줄여서 옮기는 데 운반 에너지가 적게 들고, 취급하기 용이하고, 재료를 절약할 수 있는 방법을 찾는 기법이다. 예를 들면,

① 휴대전화 경량화 : 10kg → 50g
② 생과일채소 → 건조 채소

③ 공기 테이블 → 공기를 넣으면 가볍고 견고한 테이블
④ 병 → can → plastic 용기
⑤ 철강 자동차 바디 → 알루미늄이나 플라스틱
⑥ 전투기 경량화 소재 사용
⑦ Desktop PC → Notebook PC
⑧ 브라운관 monitor → LCD monitor
⑨ C-ration의 경량화

15. 기능 효율 향상

사용 중인 장치의 가격은 저렴하면서도 기능은 편리하도록 개선하는 발명 또한 매력이 있다.

① 스틱변속기 → 자동변속기
② 단식 페달 자전거 → 가변식 페달(30% 출력 향상)
③ 대포알 → 로켓 부착 → 미사일
④ Digital TV → 선택적 영화 감상, 선택적 프로 감상
⑤ 구리전선 → 광 fiber(1000배 이상 전송량 향상)
⑥ Notebook PC용 battery 2시간 → Lithium battery(5시간)
⑦ 확대경 → 현미경, 망원경

16. 작업의 정밀도 향상

작업의 정밀도를 높이면 품질 개선 및 생산성 향상으로 매력적인 발명이 된다.

① 특정 온도에 녹는 비료 농한기인 동절기에 시비
② 야외 조깅 → 게이지가 있는 running 머신
③ Gas range에 과열 방지 센서
④ 쇠톱 → Lesser 톱
⑤ Printer의 해상도 높이기 등
⑥ 아날로그 온도계 → 디지털 온도계

17. 복잡성 줄이기

초기 발명품은 대개 여러 가지 파트를 결합한 것이기 때문에 복잡하나 이 복잡성은 대개 간단하게 진화해 가기 마련이다.

① Swiss Army Knife는 칼, 가위, 드라이버, can opener, 톱 등이 하나로 모아진 발명품이다.

② 유모차는 유모차+보행기+안전 시트가 하나로 모아진 편리한 제품이다.

③ 문서 작업 시 종이 연필 지우개 필요 → 키보드에서 해결

⑤ 편지 쓰고 우표 붙여 우체국에 가서 우송 → E-mail 전송

⑥ 정식 점심 → 도시락

18. 생산성 향상

적은 Input에 대한 Output의 극대화는 기업의 기본 목표가 되고 자본주의 사회가 발전하는 바탕이다. 즉, 생산성 향상은 기업의 흥망을 좌우한다.

① Lesser에 의한 3차원 조형기술 개발로 금형을 만들 수 있어서 비용과 시간을 절약

② 동물사료 배합비별로 사료작물을 혼합·재배하면 추수하면서 바로 배합효과가 나타나므로 시간 절약

③ 농지 경운에서 쟁기나 삽 → 트랙터

⑤ 인력 사무 → 사무자동화(컴퓨터화)

19. 에너지 절약

우리 생활에서 에너지 비용은 날로 증가하고 있다. 그래서 에너지를 줄여 사용할 수 있는 발명은 매우 매력적이다.

① 화력발전소 에너지 효율 30% 미만 → 연료전지, 복합발전, 초임계발전

② 직각형 자동차 → 유선형 자동차

③ 석탄 증기선 대서양 횡단 시, 배 무게보다 더 많은 석탄 필요 → 동력선

④ 내연엔진자동차 → 하이브리드 엔진자동차 → 전기자동차

⑤ 동력선박 → 돛을 단 동력선박

20. 물자 및 시간 절약

어떤 제품을 만들 때 효율성을 100% 가깝게 접근할 수 있다면 자원절약에 바람직하다. 또한 같은 장치를 가지고 보다 빨리 제품을 생산한다면 생산성이 향상되어 기업 이윤이 개선된다. 시간은 돈이기 때문에 시간을 줄이는 장치 개발은 매우 매력적이다.

① 논, 밭에서의 비료 유실 → 수경 재배로 비료 유실 방지
② 전기자동차 브레이크 밟으면 모터가 발전기로 변환되어 전력을 배터리에 저장 → 주행거리 연장
③ Digital camera → film을 사용하지 않기 때문에 현상, 인화가 필요 없다. → 자원절약 인력 절감
④ 폐목 → 인조목 제조
⑤ 등불 점등시간 연장 → 산란계의 산란율 향상
⑥ 도로 주행속도의 증가 → 더 많은 일(시간은 돈)
⑦ 레미콘은 수송 중 콘크리트 재료 혼합 → 시간절약
⑧ 폐유 → 비누제조
⑨ 폐난각 → 사료화 및 칼슘 소재화
⑩ 세제 사용량을 줄여 쓸 수 있고, 보관 사용 중 덩어리가 생기지 않는(anticaking) 기능이 있는 봉지[실용신안등록 제42009호(1989. 9. 4.)]
⑪ 쌀겨 → 제유원료, 고급사료, 섬유소 소재화
⑫ 수작업 설계도 작업 → CAD 활용 설계도 작성

21. 안전성 향상

인간이 발명한 제품 중에는 사용상의 편리성은 있으나 안전사고를 유발하는 경우가 많다. 그러므로 보다 안전한 제품의 개발은 소비자나 생산자 모두에게 바람직한 일이다.

따라서 발명에서 생명, 신체, 재산상의 해를 줄 수 있는 문제점을 보완하여 제품의 안전성을 개선하는 발명이 사회가 요구하는 것이다.

2002년 7월 1일 제조물 책임법(PL : Product Liability)이 시행되고 있어서

발명품에서도 안전성 확보가 중요한 요건이 되고 있다.

① 음주운전 방지장치(시동이 걸리지 않음)
② 화재 자동 경보기
③ 자동차 소속 방지용 턱
④ 자동차 뒤 범퍼에 물체 감지 장치 부착
⑤ 약병을 눌러서 열리게 된 스크루형 캡병
⑥ 방음판 설치
⑦ 배기가스 → 촉매 컨버터 부착
⑧ 다이옥신 → 고온 폐기물 처리 공정 개발
⑨ 지진 대비 → 내진 설계
⑩ 충돌 대비 → 자동차 에어백
⑪ 오발 방지 → 방아쇠 잠금장치

23. 수명 늘리기

발명품의 수명은 생산자와 소비자 사이에 이해가 상충된다. 생산자는 수명이 너무 길면 지속적인 판매량 유지에 문제가 생기고 소비자는 쉽게 망가지는 제품에 대하여 호감을 가질 리 없다.

실제적으로 수명 연장은 소비자에게는 환영받을 수 있는 발명이지만 판매업체에게는 불리한 발명이다. 그래서 무기, 자동차엔진 및 전구 등은 현재보다 더욱 내구성이 있게 할 수 있지만 생산자 혹은 판매자는 너무 길지도 너무 짧지도 않게 수명을 조정하여 제품을 내어놓고 있는지도 모른다.

① 일반 백열 전구 → 형광등 → 오스람 전구
② 금속 → 표면에 TiO_2를 칠하면 햇빛을 받을 때 여기에 전자가 발생하여 부식이 발생하지 않는 기술 개발
③ 박 바가지 → 플라스틱 바가지
④ 면 섬유 → 나일론 섬유
⑤ 철새 철봉 → 스텐리스새 철봉
⑥ 볏짚 지붕 → 스레트 지붕, 기와지붕

24. 기계적 강도 강화

제품의 기계적 강도를 강화하면 내구성 즉 수명이 연장되고 안전성이 향상되는 물건을 만들 수가 있다. 강도를 높일 때 재료의 증가 없이 강도만 증가되는 발명은 매력적이다.

① 원통 철제beam → H-beam(그림 5-12)

② 일반 콘크리트 → 특수 혼화제 첨가(1000kg/cm^2)

③ 일반 강철판 잠수함 → 고장력 강판 잠수함(1000m 심해잠수)

3 기술진화 방해요인

기술시스템의 진화는 인간에 의해서 인간을 위해 진행되기 때문에 자연발생적으로 장시간에 걸쳐 진행되는 생물적 진화와는 다르다. 기술시스템의 진화 속도, 진화의 방향 및 진화의 결과는 상황에 따라서 아주 다르며 또한 특허 요건에 맞게 진화되는 특성이 있다.

기술시스템의 진화는 문제의 인식으로부터 시작되는데, 문제의 해결도 쉽지 않지만 더욱 중요한 것은 좋은 문제점을 도출하는 것도 쉽지 않다는 점이다. 따라서 기술 시스템 진화는 인간의 기술적인 사상의 수준, 필요한 시간과 자금 및 자원의 효율적인 사용, 주도면밀한 계획을 세워 선행적 노력으로 이루어져야 한다. 그래서 발명(진화)은 여러 요인에 의해서 촉진될 수도 있고 방해될 수 있다.

이러한 방해 요인으로는 심리적 타성(inertia), 지식부족, 잘못된 계획, 모순의 회피, 시간의 함정, 정열의 부족, 정보의 부족 및 불량한 정보, know-who와의 커뮤니케이션 부족 및 문제의 거대화 등이 있다.

1) 자 원

그림 5-10에서 자원은 물질, 에너지, 공간, 장, 기능, 시간, 시스템, 조직 등을 말한다.

① 물질(substance) : 시스템 내의 모든 물질이나 환경조건
② 에너지(energy) : 시스템 내에 존재하는 에너지
③ 공간(space) : 시스템 내의 가용공간 및 환경
④ 장(field) : 시스템 내의 전기장, 자기장, 전자기장 등
⑤ 기능(function) : 시스템이나 주변 환경이 수행할 수 있는 부수적인 기능
⑥ 시간(time) : 시스템의 작동 시간 간격
⑦ 시스템(system) : 시스템의 새로운 순기능이나 하위시스템의 수정
⑧ 조직(organization) : 존재하나 완벽하게 사용되지 못하는 구조

[그림 5-10]
진화의 방해 요인

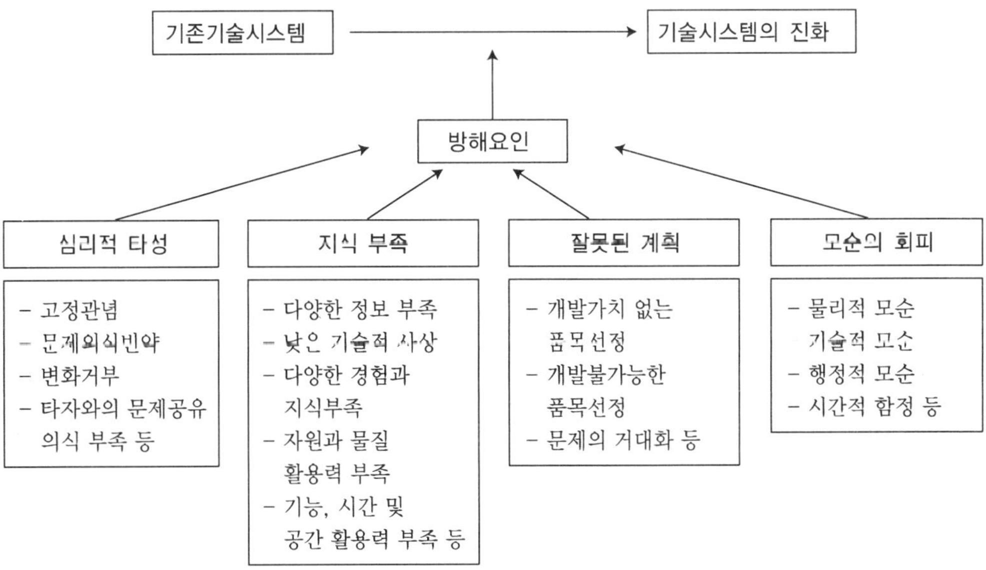

2) 물 질

그림 5-10에서 물질(substance)은 시스템과 시스템이 접촉하는 환경을 구성하는 재료들이다. 물질은 다음처럼 여러 계층 구조를 가진다.

- 통상 취급되는 소구성품으로서의 물질(달걀흰자)

- 분자집합체, 결정격자, 폴리머(알부민)
- 복합된 분자(polypeptide)
- 분자(아미노산)
- 원자(탄소, 수소, 산소, 질소)
- 원자의 부분
- 소립자
- 물리적 장(기계장, 열장, 화학장, 전자장, 자기장, 전기장 등)

3) 기 능

그림 5-10에서 기능(function)은 요소 간에 작용하는 행위로 크게 유익한 기능(useful function), 유해한 기능(harmful function), 불충분한 기능(insufficient function)으로 나뉜다.

시스템이 모두 기능하는 것의 예를 들면 자전거(바퀴의 회전, 브레이크, 페달의 이동)가 여기에 속한다,

4) 시 간

그림 5-10에서 시간(time)은 하나의 속성이 어느 때는 높고, 어느 때는 낮게 나타나거나 혹은 하나의 속성이 어느 때는 있고, 어느 때는 없게 한다. 후자의 예를 들면 전투기의 바퀴는 물리적 모순을 시간에 의해서 분리한 경우로, 전투기가 이륙 직전까지는 바퀴를 펴지만 비행할 때는 접는다.

5) 공 간

그림 5-10에서 공간(space)은 하나의 속성이 어느 한 쪽에서는 높고 다른 쪽에서는 낮게 하거나, 혹은 하나의 속성이 한 쪽에서는 있고 다른 한 쪽에는 없게 하는 경우로 대표적인 예는 초점이 두 개인 안경이다.

6) 모 순

그림 5-11에서 모순(contradiction)은 두 가지 이상의 상반된 특성을 의미한다. 발명에서 모순은 시스템의 한 부분을 변화시키면 시스템의 다른 부분에 부정적인 결과가 나타나는 것을 말한다. 따라서 이 모순을 해결하는 것이 혁신적인 발명이 된다.

예를 들면, 그림 5-11에서처럼 종이 한 장(A)을 수직으로 세우려면 세워지지 않는다. 그러나 여러 장을 붙여서 두껍게 만들면(B) 세워진다. 그러나 여러 겹을 붙여 만들면 원료가 많이 들고, 인건비가 들며, 시간이 많이 걸리는 모순이 생긴다. 이처럼 어떤 목적을 위해서 달성한 결과에서 목적 기능은 발휘되지만 새로운 문제점(모순)이 발생하면 좋은 발명이 될 수 없다.

[그림 5-11]
모순의 발생과 해결 예

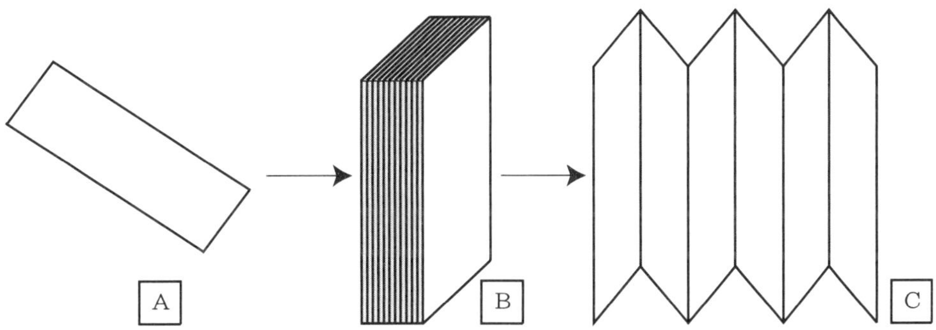

여기서 여러 장의 종이를 붙여 두껍게 해서 세우는 것 보다는 발상을 전환해서 한 장의 종이를 주름 모양(C)으로 접어 만들어 세우면 앞에서 지적한 모든 모순이 모두 해결된다.

TRIZ에서는 이와 같은 모순을 포함하는 문제를 해결하는 것이 발명이라고 하고 있다. 그래서 모순을 찾아내는 일은 발명에서 중요한 첫걸음인데 시스템이 복잡해질수록 모순을 찾기는 점점 어려워진다.

TRIZ에서 모순은 기술적 모순, 물리적 모순, 행정적 모순으로 구분한다.

(1) 물리적 모순

물리적 모순(physical contradiction)이란 동일 파라미터가 배타적 상태(자기대립)로 되지 않으면 안 되는 경우이다. 물리적 모순은 기술적 모순에 비하여 문제의 추상도가 높기 때문에 물리적인 모순은 문제를 본질적으로 파악하는 것으로부터 이루어지는데 그 예를 들면 다음과 같다.

① 아침에 밥(쌀밥)을 지을 때 빨리 짓는 것이 시간절약에 유리하다. 그러나 밥이 빨리 되면 밥이 덜 퍼져 밥맛이 없다. 좋은 밥맛이 되려면 일정한 시간이 필요하다.
② 면도날은 면도의 성능을 좋게 하기 위해서 날카로워야 하지만 피부손상을 막기 위해서는 날이 무뎌야 한다.
③ 비행기 날개의 넓이는 이착륙할 때는 넓어야 하지만 비행 중에는 좁아야 한다.
④ 철제빔의 강도를 높이려면 두껍게 만들면 되는데 그러면 재료비와 무게가 증가하는 모순이 생긴다. 어떻게 하면 좋을까?

[그림 5-12]
철봉으로부터 H-빔 발명

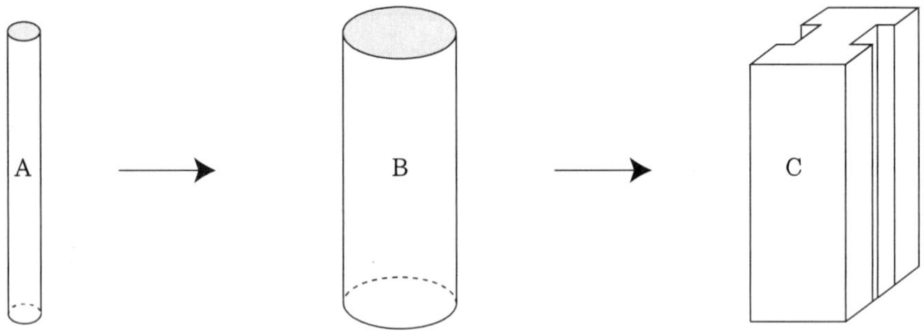

(2) 기술적 모순

그림 5-10에서 기술적 모순(technical contradiction)은 파라미터 A를 개선하고자하면 다른 파라미터 B가 악화되는 경우를 말한다.

모든 기술적 체계는 상위체계(supersystem)와 하위체계(subsystem)로 구성되는데 이런 종속의 고리에 변화가 생기면 양쪽 모두 이 영향을 받게 되는 것으로 그 예를 들면, PC의 속도를 빠르게 하려면 클릭 주파수를 높이면 된다. 그러나 주파수를 높이면 열이 많이 나기 때문에 시스템의 신뢰성과 에너지 효율이 떨어진다.

어느 한 부위의 효과에 치중하다 보면, 상-하위체계에 조화를 이루지 못하는 모순이 생기기 쉽다. 이러한 기술적 모순을 일반적으로 타협적으로 해결해 왔다.

그러나 TRIZ에서는 타협에 의한 해결책은 발명으로 간주하지 않고 모순을 근본적으로 제거해야만 발명으로 간주한다.

TRIZ에서는 기술적 모순을 해결하기 위해서 두 가지 방법을 제공한다.

하나는 기술적 모순을 모순행렬로 제시하는 발명원리를 이용하여 해결하고, 다른 하나는 기술적 모순을 물리적 모순으로 변화한 후 분리 원리를 이용하여 해결하는 것이다.

모순과 발명

발명의 첫걸음은 모순(contradiction, 문제 : problem)의 발견으로부터 시작된다. 그런데 모순이란 말은 원래 중국고사에서 비롯된 단어이다.

초나라에서 한 상인이 자신의 창을 팔기 위해서 한 손에 창을 들고 "이 창은 어떤 방패도 뚫을 수 있는 창이라고 선전했고, 또 다른 한 손으로는 자신의 방패를 들어 보이며 그 어떤 창도 막아낼 수 있는 방패"라고 선전했다.

이처럼 이상인은 '모든 방패를 뚫는 창'과 '모든 창을 막는 방패'처럼 동시에 존재할 수 없는 모순을 말하고 있었다.

그러자 구경하던 사람 중 하나가 상인에게 "당신이 그 어떤 방패도 다 뚫을 수 있다고 선전하는 창으로 그 어떤 창도 막아낼 수 있다고 선전하는 방패를 찌르면 어떻게 됩니까?"하고 질문을 던지자 상인은 아무 대답도 하지 못했다고 한다.

발명에서 모순은 또 다른 발명의 대상이 되어 이 모순을 해결할 때 좋은 발명이 된다. 물론 창과 방패 역시 그 모순을 해결하기 위하여 변증법적 노력에 의해서 끊임 없이 발전(진화)하게 되었다.

어떤 방패든 뚫을 수 있는 창을 만들고 나면 어떤 창이든 뚫을 수 없는 방패를 만들 것이고 다시 방패가 개선되면 또다시 창은 이 방패를 뚫을 수 있는 창으로 진화되지 않으면 그 제품은 시장성이 없어진다.

이처럼 모든 제도나 시스템은 문제를 안고 태어나듯 발명품 역시 모순을 안고 태어나기 때문에 아무리 명품인 발명품이라도 진화 선상의 한시적인 명품일 뿐이다. 발명은 어떤 모순을 자연법칙을 활용해서 해소함으로써 달성되기 때문에 모순의 발견은 발명의 시작이 된다.

발명에서 모순의 발견은 의사가 환자의 질병을 진단하는 것과 같고 발명은 환자를 치료하는 행위와 같기 때문에 모순의 발견으로부터 시작된 발명은 의사가 환자의 질병(문제)을 정확하게 진단하고 치료하는 것과 비슷하다.

이상의 기술시스템 진화를 방해하는 요인 외에도 기술시스템의 진화에서 무엇을 해야 하는데도 무엇을 어떻게 해야 할지를 모르는 행정적 모순, 대단한 발명을 했지만 시대적 요구가 아직 발생하지 않았다든지 이미 사회의 요구성이 소실되는 시간의 함정, 발상력은 좋으나 발명을 구현하려는 추진력이 약한 열정의 부족, 불필요한 인력과 시간 및 경비의 낭비는 물론 경쟁업체에 뒤지는 중대한 문제를 일으키는 잘못된 계획 등이 있을 수 있다.

발명과 특허 팡세

발명은 인류애를 실현하고 부와 명예를 얻고 신분을 상승시킬 수 있는 반면에 도용당하기 쉬운 약점이 있어 발명가는 특허권 보호에 주의를 기울여야 하고 국가는 발명을 장려하고 산업을 발전시켜 선진국이 되기 위해서는 발명자를 특허법으로 철저하게 보호해 줄 필요가 있다.

전통적 발명기법과 TRIZ 40가지 발명기법

6

발명의 원리는 여러 사람들에 의해서 제안되었다. 제안된 발명 원리 중에는 오스본의 8원칙, 데노브(Edward de Bono)의 아이디어 발상 기법 등 전통적인 발명기법 및 알트슐러(Genrich Altshuller)가 확립한 TRIZ는 등이 있다. 그 중에서 TRIZ는 새로운 발명 기법으로 널리 활용되고 있다.

TRIZ는 어떤 문제를 빠르고(quickly), 효과적으로(efficiently), 창조적으로(creatively), 섬세하게(elegantly) 그리고 과학적으로 해결하는 방법을 제공하고 있다.

TRIZ에서 기술적 시스템의 진화는 일정한 규칙성에 의한 사고 방법이 적용될 수 있다는 것을 제시하고 있어서 TRIZ는 혁신적 지식기반 도구로서 평가되고 있다. 혁신(innovation)이란 모든 분야에서 필요하지만 혁신의 계획단계에서는 상당히 모호하고 불확실하다는 특성이 있다.

TRIZ는 혁신적인 문제를 해결하는 방법으로 다양한 대상과 분야에 활용될 수 있지만 산업재산권을 얻기 위한 발명에서 그 활용도가 크다.

이 장에서는 전통적인 발명기법과 TRIZ 40가지 발명기법을 소개한다.

1 전통적인 발명 원리

1. 부가방법

부가 발명은 발명의 기법 중에서 가장 쉬운 방법으로, 기존의 시스템에 어떤 기능 파트를 부가하여 이상성을 증가시키는 발명기법으로 일명 플러스(+)기법이라고도 한다. 그 예를 들면 다음과 같다.

① 연필 → 지우개 달린 연필
② 분리된 송화기와 수화기 → 일체형 송수화기
③ 분리된 냉장고와 냉동고 → 일체형 냉장·냉동고
④ 자동보온밥솥 → 자동보온압력밥솥
⑤ 시계 → 시계 달린 라디오
⑥ 벨트 → 시계 달린 벨트
⑦ 저고리+치마 → 원피스
⑧ 망치 → 망치 달린 장도리
⑨ 볼펜 → 램프 달린 볼펜
⑩ 담배 → 필터 달린 담배
⑪ 철사 줄 → 철사가시 달린 철사 줄[(철조망 : 미국, 13세 목동, 조셉)]
⑫ 가마 → 바퀴 달린 수레
⑬ 단일 소켓 → 쌍소켓(일본 마쓰시다, 마쓰시다 창업)
⑭ 종이+파라핀 → 테트라 팩(tetra pack)
⑮ 온도계+습도계+기압계 → 일체형 기상관측기(그림 6-1)

[그림 6-1]
온도계, 기압계, 습도계의 일체형

이뿐만 아니라 인터넷과 편지가 만나 이메일로, 컴퓨터와 가수가 만나 사이버 가수가 탄생하는 등 부가적 발명은 많다.

2. 제거 방법

이 방법은 기존의 시스템에서 어떤 부분을 제거시켜 기능이 개선되도록 하는 발명 기법으로 많은 발명이 이 기법으로 이루어지며 비교적 손쉬운 기법이기도 하다. 그 예를 들면 다음과 같다.

① 구멍을 뚫은 과일 채소용 비닐봉지(간이 MA-film)
② 구멍이 뚫린 블록(그림 6-2)
③ 추를 없앤 시계
④ 튜브 없는 타이어(tubeless tire)
⑤ 연통 없는 난로
⑥ 구멍 뚫린 film(The Great Train Robbery)
⑦ -자 못에서 +자 못(그림 6-3)
⑧ 주전자 뚜껑에 증기배출구가 뚫린 주전자 뚜껑(그림 6-4)
⑨ 떡 시루
⑩ 콩나물 동이

⑪ 각종 식품에서 살균(제균)

⑫ 코드 없는 마이크

⑬ 김치 등 Juicy food용 개량 도마(그림 6-5)

[그림 6-2]
여러 가지 편이성과 원료 절약효과가 있는 블록

[그림 6-3]
일반 못, -자 나선형 못, +자 나선형 못

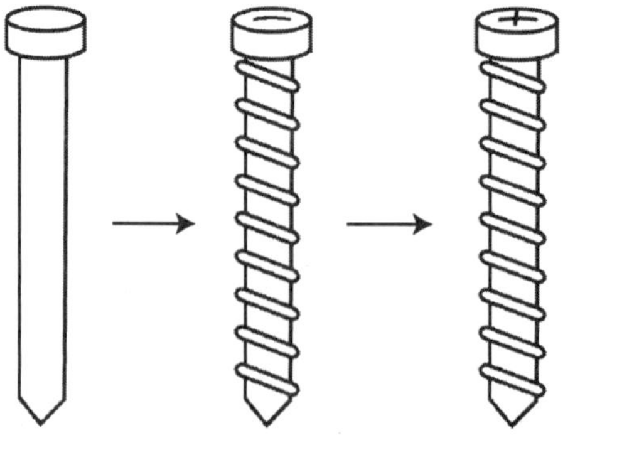

[그림 6-4]
주전자 뚜껑의 증기배출구 형태 진화

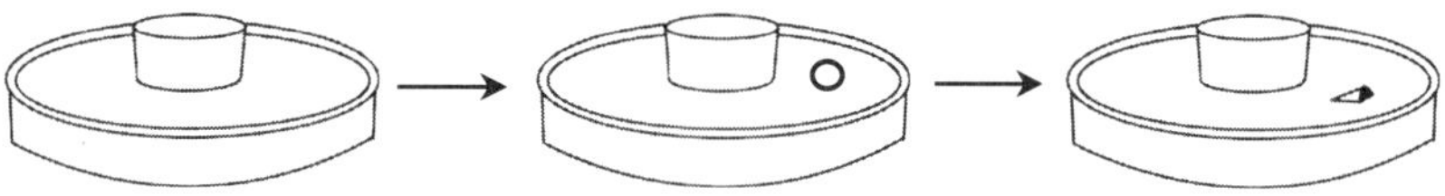

한 시점의 발명품과 영원한 발명품

아무리 우수한 발명품이라도 대부분의 발명품은 변증법적 진화 선상에서 놓인 어느 한 시점의 명품일 뿐이다. 전 세계적으로 한때 편리성이 인정되어 애용되던 자석식 전화기, 수동타자기, 레코드판 등은 이제 박물학적 유물로 취급되거나 쓰레기장에 섞이는 운명이 되고 말았다. 그러나 크라운 캡(왕관), 수저, 바늘, 한글, 주전자 뚜껑에 뚫린 증기배출구, 컵의 손잡이처럼 수백 년이 흘러도 그 실용성과 효과가 지속될 때 이를 영원한 발명이라고 할 수 있다.

[그림 6-5]
개량 전(a) 후(b)의 김치 절단용 도마

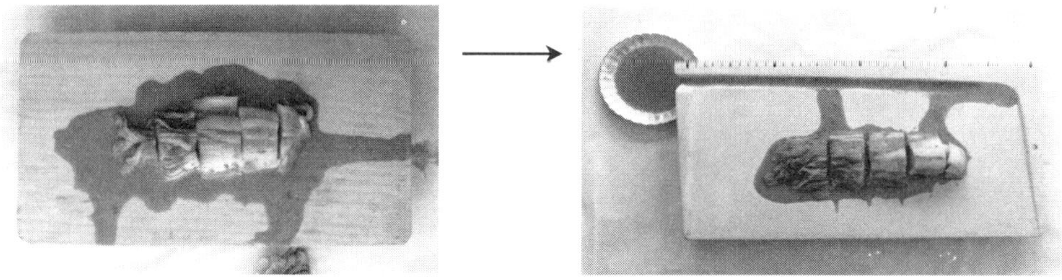

(a) (b)

3. 모양 변화

기존의 제품보다 모양을 아름답게 개선하는 것으로 이것은 산업재산권에서 디자인에 해당하는 아이디어로 예를 들면 다음과 같다.

① 유리판 → 각종 입체형 유리 제품
② 파라핀 → 초인형
③ 옷감 → 각종 무늬 있는 옷감
④ 풍선 → 모형 풍선
⑤ 전화기, 세탁기, 냉장고, TV선풍기, 라디오, 시계 등은 물론 심지어는 물컵, 주전자, 쟁반, 접시 등
⑥ 간판 → 모양 변화 간판
⑦ 철사 → 클립, 핀, 못, 철조망 등(그림 3-1(p96), 6-6)

[그림 6-6]
철사로부터의 발명품

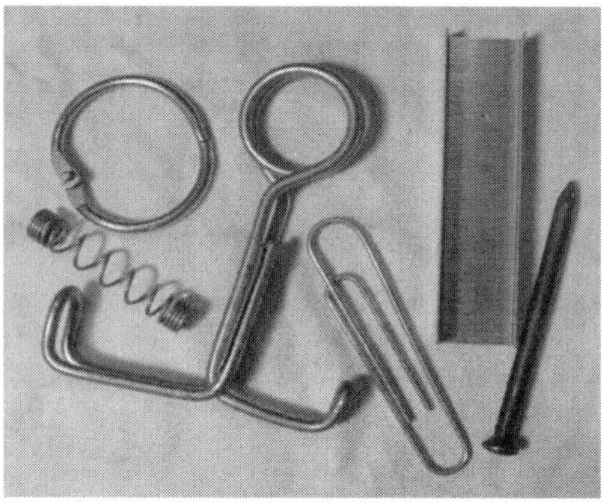

4. 반대로 생각

반대로 생각하는 발명 기법은 기존의 발명에서 모양, 크기, 방향, 수, 성질 등을 반대로 생각하는 기법으로, 이를 역발상기법이라고 하는데 예를 들면 다음과 같다.

① 두 발 자전거 → 세 발 자전거
② 땅에서 도는 팽이 → 공중에서 도는 팽이
③ 다섯 손가락장갑 → 벙어리장갑
④ 양말 → 다섯 발가락 양말

⑤ 한약 여액 제품 → 한약 증류액 제품(일명 기소주)

⑥ 분수

⑦ 자동차를 리프터로 올려놓고 자동차 밑에 서서 수리하는 경우

⑧ 전진만 하는 물체를 뒤로 가게 만든 시스템

⑨ 열풍가열기

⑩ 동결건조(고체 → 기체)

5. 용도 변경

용도 변경에 의한 발명은 기존의 물건을 구입할 때, 고유 용도만을 생각하여 구입하지만 경우에 따라서는 지금까지 알려진 용도 외에도 또 다른 용도가 있을 수 있음을 알아내는 발명기법으로 예를 들면 다음과 같다.

① 과녁 → 골프공이 붙는 벨크로 부착 과녁

② 주전자 → 탈부착이 가능한 물뿌리개 주둥이가 달린 주전자

③ 미생물 독 botulin → 안면마비 치료제, 주름 치료제

④ 해열제 아스피린 → 혈전 예방제

⑤ 위궤양제 → 감미료인 아스파탐

⑥ 접착성이 약한 풀 → Post it

6. 기존 아이디어 빌리기

기존 제품의 발명 원리를 다른 용도에 활용하여 발명하는 기법으로 예를 들면 다음과 같다.

① 쥐틀 → 바퀴잡이틀

② 파리 잡이용 끈끈이 종이 → 바퀴벌레용 끈끈이 종이

③ 스티커 우표 → 스티커 봉투

④ 형광등 → 자외선 살균등

7. 대형화와 소형화

기존의 제품을 여러 배 확대 또는 축소하여 새로운 용도의 제품을 개발하는

기법으로 그 예는 다음과 같다.

① 진공관식 라디오 → 트랜지스터 라디오

② 대형 TV → 차량용 5인치 TV

③ 벽시계 → 손목시계

④ 우산 → 접는 우산

⑤ 책상 → 접는 책상

⑥ 전축 → 카세트 → 휴대용 미니 카세트

⑦ 냉장고 → 자동차용 냉장고

⑧ 물통 → 자바라 물통

⑨ 건조식품 → 압축 식품(space food)

⑩ 팽창 제품 구명조끼 → 착용 시 공기 취입 구명조끼

⑪ 휴대폰 → 경박단소화 된 휴대폰

⑫ 카메라의 확대·축소기능 증가

⑬ 자동차 안테나 → 접는 자동차 안테나

⑭ 자 → 줄자

⑮ 사다리 → 고가 사다리

⑯ 낚싯대 → 접는 낚싯대

⑰ 지팡이 → 접는 지팡이

8. 폐품을 재활용

어떤 폐품에 새로운 기능을 가지도록 어떤 파트를 더하거나 폐품의 어떤 부분을 빼거나 또는 모양을 바꿔서 새로운 기능을 하도록 하는 발명기법이다. 그래서 이 기법은 형태의 일부만 변경하는 경우가 많기 때문에 고부가가치 효과를 얻을 수 있다. 또한 폐품에 부품을 부착하는 경우, 재료를 변형시켜 새로운 형태의 제품을 만드는 경우 등이 있다. 일단 폐품을 원료로 한 용도가 개발되면 폐품의 고부가가치화의 효과는 크다. 그 이유는 원료 구입비가 매우 저렴하고 환경 보호 기업으로 지정되어 지원 혜택을 받을 가능성이 있기 때문이다. 예를 들면 다음과 같다.

① 석탄 폐품인 타르(tar) → 아닐린(aniline)

② 버린 가죽 → 장갑이나 지갑 제조
③ 폐지 → 화장지 및 재생지
④ 폐지 → 달걀 포장용 지기(紙器)
⑤ 페트병 → 난방 라디에이터 배기가스 수기(그림 6-7)
⑥ 표식 없는 종이컵 → 표식이 있는 종이컵(그림 6-8)

[그림 6-7]
페트병을 이용한 라디에이터 배기가스 수기

[그림 6-8]
기호가 표기된 종이 컵

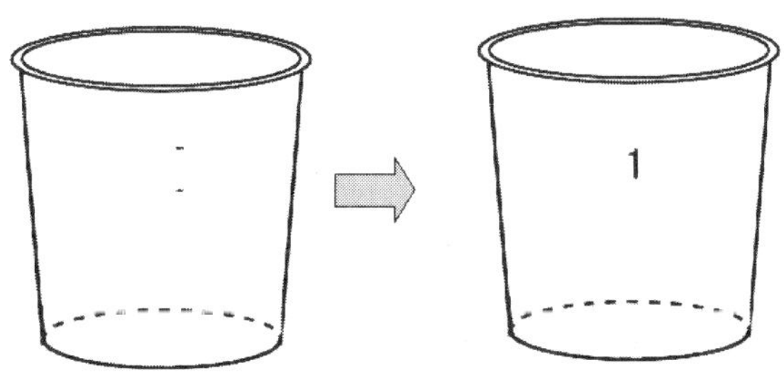

9. 재료 대체

기존 제품의 재료를 바꾸는 것은 제품의 특성을 크게 변화시킬 수 있는 발명으로 그 예는 다음과 같다.

① 유리나 자기 컵 → 종이컵
② 쇠 젓가락 → 나무젓가락
③ 자기그릇 → 플라스틱 그릇
④ 병이나 캔 → 종이 음료 용기
⑤ 병이나 캔 → 비닐 음료 용기
⑥ 실장갑 → 고무장갑
⑦ 천연 가죽 → 인조 가죽 장갑
⑧ 흙 벽돌 → 시멘트 벽돌
⑨ 합성수지 마네킹 → 풍선식 마네킹(튜브식)
⑩ 오징어를 부르는 전등 → 광섬유를 배 밑에 붙임
⑪ 색깔이 변하는 간판 → 카멜레온 간판
⑫ 음식 → 전시용 모조 음식(과일)
⑬ 장갑을 끼고 세밀한 일은 하기 어려움 → 바르는 장갑
⑭ 나무 이쑤시개 → 전분 재질 이쑤시개
⑮ Tennis racket(나무 → 철 → Aluminum → Carbon → Titanium)

10. 박막화

이 기법은 두께를 줄임으로써 부피와 무게를 줄이는 효과로 재료 공간 절약과 취급 및 운반 불편을 해소하는 기법으로 예를 들면 다음과 같다.

① 두꺼운 책 → 책장을 얇게 하여 → 얇은 책
② 손목시계 → 더욱 얇게 하여 거추장스럽지 않게
③ 전자계산기 → 마분지처럼 얇은 전자계산기
④ 브라운관 TV → LCD 벽걸이 TV

11. 투명화

이 기법은 케이스를 투명하게 하여 시스템 내부나 작동성을 볼 수 있게 하는 기법으로, 새로운 시각 효과로 인기를 끌고 있다. 그 예를 들면 다음과 같다.

① 불투명 봉투 → 속이 보이는 투명한 셀로판 봉투(투명한 셀로판 이용)

② 불투명 냄비 뚜껑 → 투명 냄비 뚜껑
③ 불투명 화장지 박스 → 일부 투명한 화장지 박스(비닐, 셀로판 이용)
④ 불투명 전화기 → 투명 전화기
⑤ 불투명 안경집 → 투명한 안경집(그림 6-9)

[그림 6-9]
불투명한 안경집과 투명한 안경집

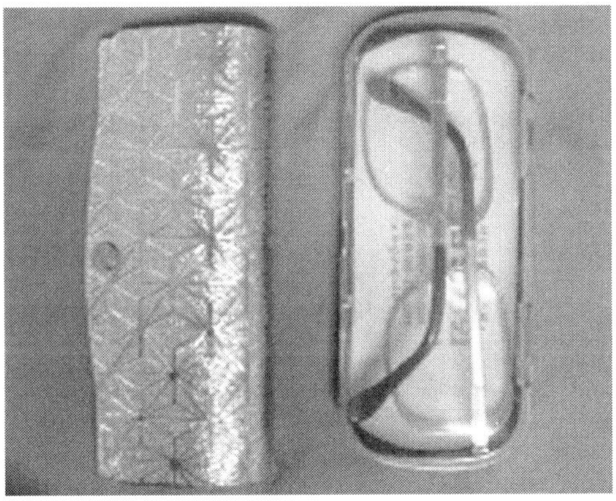

12. 재미있는 기능 추가

기존의 제품에 재미난 기능을 추가하거나 새로운 재미를 느낄 수 있는 기능을 하는 시스템을 개발하는 기법으로 예를 들면 다음과 같다.

① 그림을 누르면 그림이 말을 한다 → 말하는 그림
② 만화가 인쇄된 화장지 → 유머, 속담 등을 인쇄
③ 저금을 하면 음악이 나온다 → 멜로디 저금통
④ 말하는 인형 → 영어를 말하는 인형 등
⑤ 생쥐 → 미키마우스(미국, 월트디즈니)
⑥ 어학용 기기 → 강아지 모형 어학기
⑦ 어린이 장대 놀이 → 스카이(sky) 콩콩

⑧ 신발 → 롤러브레이드(roller blade)

⑨ 각종 game용 S/W

13. 고정체를 운동성 있게

고정되어 있는 시스템에 운동성을 부여하는 기법으로 그 예를 들면 다음과 같다.

① 크기가 정해져 있는 책꽂이 → 조립식 책꽂이

② 의자 → 높낮이 조절 의자

③ 자동차 핸들 → 자신의 몸에 맞게 상하 각도를 조절

④ 벽 칸막이 → 탈착이 가능한 칸막이

⑤ 비운동성 테이블 → 바퀴 달린 테이블

⑥ 비운동성 환자용 침대 → 운동성 환자용 침대

14. 불가능한 것을 가능화

일반적으로 불가능하다고 생각되는 즉 사람이 물위에 뜨는 것, 하늘을 나는 것, 물 속을 오래 잠수하는 것, 전쟁을 경험하는 것, 실내에서 골프를 치는 것 등을 가능하게 하는 발명기법으로 그 예를 들면 다음과 같다.

① 수상 텐트

② 수직 이착륙 비행기(헬리콥터)

③ 실내 골프 연습기

④ 전쟁 또는 비행 시뮬레이션(simulation) 프로그램

⑤ 산소 캔(can)

⑥ 비행기, 행글라이더

15. 자연의 원리 활용

모든 발견된 자연물과 자연 현상은 소중한 발명의 자원이 된다. 자연현상이나 자연물에서 얻은 힌트를 제품화에 활용하는 발명기법으로 자연모방 발명이다.

그 예를 들면 다음과 같다.

① 각종 동물 → 동물 모형 로봇
② 오징어가 서로 부르는 원리를 이용 → 수중 확성기로 오징어 떼 유인
③ 동물은 사람보다 먼저 지진을 예측 → 동물을 이용한 지진 예보
④ 새 → 비행기 발명
⑤ 생쥐 → 미키마우스(월트디즈니)
⑥ 여자친구의 주름치마에 가려진 엉덩이를 보고 발명한 코카콜라 병(18세 루드, 6백만 불의 사나이)
⑦ 호랑가시 → 톱

16. 저장성 개선

자연물은 시간이 지나면 다양한 화학반응을 일으켜 변질, 부패를 일으키기 마련이다. 이는 자원의 낭비일 뿐만 아니라 경제적 피해를 야기한다. 특히 식품의 경우는 지역적인 편차가 많다. 이 지역적·시간적 편차를 해소하는 방법이 식품 보존법이다. 예를 들면 다음과 같은 방법이 있다.

① 병조림 ② 통조림
③ 항산화제 ④ 탈산소제
⑤ 불활성 가스 충전 ⑥ 동결건조
⑦ 훈증 ⑧ 방사선 조사

17. 비만억제제

포식의 시대에 접어들면서 비만인구가 증가하고 있다. 비만은 여러 가지 성인병 원인이 되고 있어서 비만 예방을 위한 건강식품이나 약품들이 많이 개발되고 있는데 그 원리를 보면 다음과 같다.

① Amylase 작용 억제 물질 개발 ② 당 흡수억제 물질 개발
③ Lipase 작용 억제 물질 개발 ④ 지방산 흡수 억제 물질
⑤ Hunger center 기능 억제 기능성 물질

2 혁신적 발명기법 TRIZ 40가지

1. 분할 원리

분할(segmentation) 원리는 하나의 물체를 개개의 부분으로 분할하여 이상성을 높이는 기법, 물체를 분해 조립 가능하게 분할 및 분할 정도를 높이는 기법이다. 분할의 정도는 분자, 원자 수준까지를 생각해 볼 수 있다.

- 모듈로 된 컴퓨터 부품
- 조립식 가구
- 거대한 트럭을 트럭과 트레일러로 분할
- 연결해서 연장 사용이 가능한 정원용 호스
- 잘라 포장된 치즈
- 다초점 렌즈
- 다초점 인공 수정체

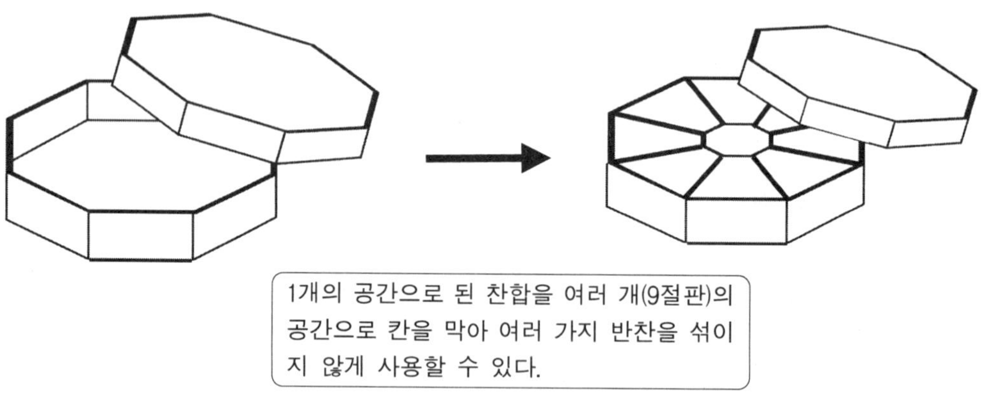

2. 분리 원리

분리(extraction) 원리는 유해 부분의 분리, 물체의 필요한 또는 유익한 부분을 선발하는 원리이다.

- 암 부위에 방사선을 조사하여 제거
- 오염수나 공기로부터 오염물질 제거 방법
- 압축기와 냉각기를 에어컨에서 분리해서 실외에 설치하여 소음제거
- 비행장 활주로에서 새를 쫓기 위해서 새가 싫어하는 파장범위의 음만을 녹음하여 사용하는 방법
- 용접 헬멧
- 방독마스크

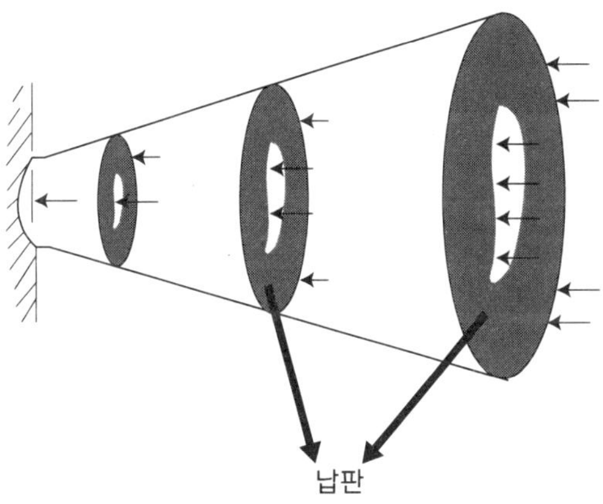

X-선의 상은 둥글다. 흉부의 피폭을 적게 하기 위해서 암조직 부분에만 조사되게 구멍을 둔 납판 필터를 사용한다.

3. 국소품질 원리

국소품질(local quality) 원리는 물체의 균질한 구성을 불균질한 구성으로 변경하는 원리로 물체의 각 부분이 작동하는 데 최적 조건이 되도록 기능화하는 기법이다. 각 부분이 각기 유용한 기능을 수행하도록 하는 기법이다.

- 지우개가 달린 연필
- 찬합에 국물이 있는 것과 없는 것을 구분하기 위한 칸막이가 있는 찬합
- 비누통이 달린 빨래판
- 다기능 공구
- 냉·온수 겸용 정수기
- 실홈이 있는 봉지형 차류용 컵

이용 발명품의 윈-윈 전략

어떤 사람이 A-컵의 불편한 점을 개선하기 위해서 손잡이가 달린 컵-B를 개발해서 특허권을 얻었다면 이는 이용 발명에 속한다.

여기서 컵-A에 손잡이가 달린 실용적인 컵-B를 발명하여 특허를 받았다고 할지라도 만일 A-컵의 특허권이 소멸되지 않은 상태라면 컵-B의 특허권자는 컵-B를 업으로 생산할 수 없다. 그 이유는 컵-B의 특허권자는 컵-B 중에서 손잡이만 특허권으로 인정 되어 있기 때문이다.

그러므로 컵-B를 업으로 생산하려면 특허 존속기간이 끝나지 않은 경우 컵-A의 특허권자의 허락을 받든지 컵-A의 특허 존속기간이 지난 후에 가능하다. 제일 좋은 방법은 컵-A 특허권자와 컵-B 특허권자가 서로의 특허권을 합해서 새로운 컵-B를 생산하여 이윤을 적절히 분배하기로 결정할 경우 이는 서로 좋은 윈-윈(win-win) 결과가 된다.

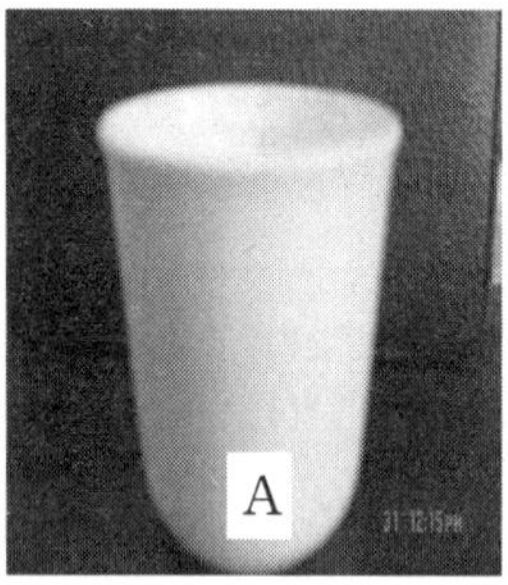

4. 비대칭 원리

비대칭(asymmetry) 원리는 대칭성 물체를 비대칭성 물체로 변경하는 원리이다. 이미 대칭성인 물체의 대칭성을 증가시킨다.

- 자동차 좌우 헤드라이트를 같은 각도로 하는 것보다 운전석의 것은 가까운 곳을, 우측 것은 먼 곳을 비출 수 있게 비대칭성 각도로 설치
- 비대칭 믹서(제빵용 반죽기, 믹서, 레미콘 트럭)
- 커브 길에서 타이어의 마모를 줄이기 위해서 타이어의 바깥쪽을 안쪽보다 강하게 제조
- 비대칭 전기용광로

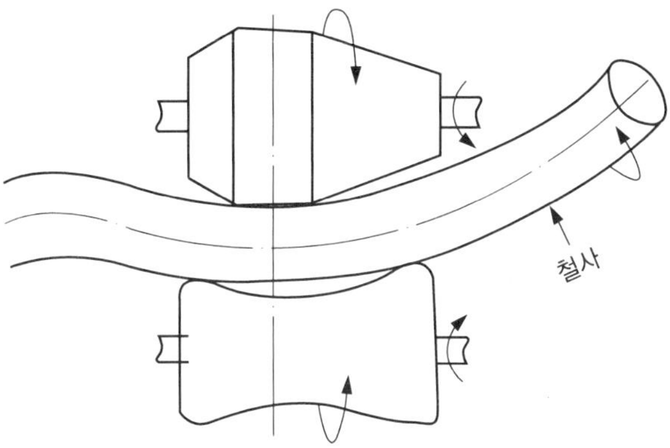

철사의 구부러짐을 펴는 장치는 요철 있는 2개의 롤러로 구성된다. 이 롤러는 y축에 대해서 비대칭적으로 되어 있어 생산성이 높고 품질이 좋게 된다.

5. 병합 원리

병합(merging-시간, 공간) 원리는 공간적으로는 동일하거나 유사한 물체를 보다 밀접하게 조합하는 원리이다. 그리고 시간적으로는 동일 혹은 유사한 물체를 보다 밀접하게 조합시켜서 병렬작용을 수행하도록 하며, 작업을 동일시간 내로 병행시킨다.

- 빨간색과 파란색을 쓸 수 있는 색연필
- 여러 개의 지방추출 플라스크를 동시에 놓을 수 있게 구성한 유지 추출장치
- 회로판에 있는 전자칩들
- 여러 가지 혈액형을 동시에 분석하는 의료 분석 기구
- 오디오 세트
- 젓가락
- 동결 지면 굴착 시 작업 효율을 높이기 위해서 고온 스팀 분사 병행
- 미생물 혼합 배양

6. 범용성 원리

범용성(universality) 원리는 부품이나 물체에 복수의 기능을 가지도록 하는 물체의 범용화 원리이다. 일석이조의 효과를 기대하는 원리이다.

- 포탄과 조명탄을 쏠 수 있는 박격포
- 소파용 침대

- 살균등이 달린 칫솔 보관통

7. 포개기 원리

포개기(nesting) 원리는 한 물체 공간 속에 다른 여러 개를 배치(또는 삽입)시키는 원리이다. 달은 지구를 돌고 그 지구는 태양을 돌고 태양계가 은하계를 구성하여 회전하는 우주의 구성과 같은 원리이다. 부분이 전체를 또는, 전체가 부분을 나타내게 된다.

- 접어지는 라디오 안테나
- 고가 사다리
- 강의용 포인터
- 줌렌즈
- 러시아 인형
- 포갬이 가능한 야외 등산용 컵 세트
- 안전벨트

8. 평형추 원리

평형추(counterweight) 원리는 다른 물체와 조합시켜서 물체의 무게를 경감시키는 원리이다. 공기력, 유체의 힘, 부력 등의 매체(힘)를 이용, 환경과 상호 작용시켜서 물체의 무게를 경감시키는 원리이다.

사용한 붓을 물에 뜰 수 있게, 붓을 다공성 링에 끼워 세척용기에 넣어 수직으로 위치하도록 하여 붓을 세척한다.

- 천칭
- 대칭
- 건설용 기중기
- 물과의 마찰을 줄이기 위한 수중익선
- 비행선
- 애드벌룬
- 통나무 묶음에 거품이 나는 약품을 주입해서 물 위에 뜨게 하는 것
- 비행기 날개의 소용돌이 줄무늬

9. 사전 예방조처 원리

사전예방 조처(preliminary anti-action) 원리는 유용한 동작과 유해한 영향을 동시에 일으키는 동작을 수행할 필요가 있는 경우에 유해한 영향을 감소시키기 위해서 사전에 그 반작용을 일으키는 원리이다. 물체 중에 응력을 발생시켜 두고, 후에 발생하는 바람직하지 않은 작동응력을 상쇄한다.

- 테니스 라켓용 엘보 방지용 링(또는 테이프)
- 건축현장에서 낙하물받이 그물망
- 선박 철판에 프라이머 페인팅
- 페인트칠을 하지 않을 곳에 미리 테이프를 붙이고 작업
- 교통 표지판에 야광페인트 사용
- X선 촬영 시 납판 사용

10. 사전 준비조처 원리

사전 준비조처(prior action) 원리는 물체에 대해서 필요한 일부 또는 전부를 변경해 두는 원리로, 겪게 될 변화를 미리 준비해 둔다. 작동(작업) 전에 작업을 수행하는 데 최대 능률을 올릴 수 있도록 준비해 둔다.

- 봉합 살균된 주사기
- 풀칠된 봉투나 우표
- 날이 무뎌지면 잘라서 사용하는 커터

- 깁스를 편리하게 해체하기 위해서 깁스 절단칼 넣고 깁스 작업

11. 사전 보호 원리

사전 보호(beforehand cushioning) 원리는 긴급수단을 미리 준비해서 물체의 비교적 낮은 신뢰도를 보완해 주는 원리로, 보호적인 수단을 사전에 준비한다.

- 비행기에서 낙하산
- 배에서 구명조끼
- 도난방지용 바코드
- 가스사고에서 산소마스크
- 화제 현장 탈출용 물 젖은 마스크

12. 높이 유지 원리

높이 유지(equipotentiality) 원리는 물체를 들어 올릴 필요성을 제거하는 원리로, 중력장 중에서 상하로 이동을 제한한다.

- 자동차 정비 때 자동차를 높여 작업하거나 자동차 밑 작업 골에 들어가 작업하는 것보다 자동차를 환상 회전 장치에 고정하여 거꾸로 한 다음 작업하는 방법
- 대형 식품믹서에 회전축을 설치하여 청소 및 내용물을 쏟을 때 편리하게 하는 것
- 운하
- 배 수리용 도크
- 수세식 변기 저수 탱크

13. 역발상 원리

역발상(inversion) 원리는 문제 해결에 이용하는 작용으로, 예를 들면 물체를 냉각하는 대신에 가열해서 해결하는 역발상적 문제해결 원리이다. 동작이나 프로세스를 거꾸로 하는 원리이다.

- 수영장에서 장거리 연습을 하기 위해서는 여러 번 돌기를 반복해야하는 불

편이 있다. 그래서 돌지 않게 하기 위해서는 길이가 긴 수영장을 설치하는데 따른 비용과 공간이 필요하다. 이를 해결하기 위해서 런닝머신의 원리를 활용해서 수영자의 진행방향과 반대로 물을 흘려보낸다. 수영자는 전진하지 않지만 장거리 수영을 하는 효과가 난다.

- 거꾸로 돌리는 자전거
- 컨테이너를 비우기 위해서 컨테이너를 뒤집기
- 역방향회전 롤러로 된 분쇄기
- 뚜껑에 발열체 있는 조리기구

14. 타원체 원리

타원체(spheroidality) 원리는 일명 곡면 원리이다. 직선상의 부품, 표면, 형태를 사용하는 대신에 곡선상의 것으로 사용하는 원리이다. 이 원리는 평탄한 표면을 곡면으로 한다. 평방체 형상의 부품을 구형의 구조로 한다. 직선운동은 회전운동이나 원심력을 이용한다.

- 종래의 자동차 작업용 컨베이어 벨트는 넓은 면적이 필요한데 직선상으로 배열하지 않고 원형 배열로 한 원형 컨베이어 벨트로 하면 설치면적이 줄고 작업도 용이하고 작업순서의 기계화도 촉진된다.
- 컴퓨터 볼 마우스
- 볼펜
- 건축에서 강도를 높이기 위해서 아크나 돔을 사용
- 이동식 가구에서 원통형 바퀴대신 원형 바퀴 사용
- 원형 비행기 활주로

15. 유연성 원리

유연성(flexibility) 원리는 물체의 특성, 외부환경, 프로세스를 변경해서, 혹은 변경하도록 설계해서 최적이 되게 하는 것 또는 최적의 작업 조건을 활용하는 원리이다. 움직이지 않는 물체를 움직이게 해서 최적으로 하는 원리로 역동성(dynamic)의 원리이다.

- 질병검사를 위한 내시경
- 조정 가능한 의자, 핸들, 거울
- 엔진검사를 위한 유연한 boroscope
- 요철 지면을 넘을 수 있게 차체를 전·후 두 쪽으로 구성

16. 조처 과부족 원리

조처 과부족(partial or excessive action) 원리는 지정된 해결방법으로 100%의 성과를 얻기 곤란할 때는 같은 해결 방법으로, 효과의 정도를 『조금 적게』 또는 『조금 많이』와 같은 방법을 이용한다.

- 이미지 압축기술
- 페인트를 칠 할 때 색의 경계를 테이프를 붙여 칠한 후 테이프를 제거하면 깨끗하게 경계가 생긴다.

17. 다른 차원 원리

다른 차원(another dimension) 원리는 다층배열의 원리라고도 한다. 이 원리는 물체를 2차원 또는 다차원 공간으로 이동한다. 물체를 기울게 하거나 방향을 전환하고, 물체를 단층으로 배열하지 않고 다층으로 배열한다. 그리고 지정된 영역의 반대측을 이용한다.

- 여러 장의 CD가 들어가는 CD 플레이어
- 컴퓨터 HDD
- 다층 신발장
- 덤프트럭
- 복합 마이크로 전자회로
- 고층아파트
- 엘리베이터
- 임플란트

나무 밑에 반사경을 두어 일조량이 부족한 밑부분에 태양광선을 쪼여 과실을 생장시킨다.

18. 기계적 진동

기계적 진동(mechanical vibration) 원리는 물체를 진동시키는 원리이다. 진동수를 초음파 정도까지 증대시키고, 물체의 공진 진동을 이용한다. 그리고 기계적 진동 없이 압전 진동을 사용하고, 초음파 진동과 전자기 진동을 조합해서 사용한다.

- 초음파 진동 세척기 및 추출기
- 수정 발진 시계
- 진동하는 날을 가진 전자 조각칼
- 유압 해머
- 분말 분리용 진동체
- 국물 조리시간을 단축시키기 위해서 저어 주든지 저주파의 음파진동 사용

19. 주기적 조처 원리

주기적 조처(periodic action) 원리는 연속적인 동작 대신에 주기적 동작을 하도록 하는 원리이다. 만약 주기적 동작을 하고 있다면 주기 정도를 변경하는 원리이다.

- 해머로 물체를 주기적으로 두드림
- 연속적 경고음을 주기적인 경고음으로 변경
- 물 절약을 위해서 주기적으로 물이 분출되는 스프링클러
- 광센서 부착 가로등

20. 연속성 원리

유용한 동작의 연속성(continuity of useful action) 원리는 작업을 연속적으로 수행하게 하는 원리로 물체의 모든 부분이 항상 최대부하로 작동하게 한다. 유휴 상태 혹은 단속적인 작업을 없게 한다.

실험실용 회전테이블

- 프린터 용지를 공급하는 동안 인쇄할 수 있게 한다.
- 공장의 연속 공정 라인에서 병목 현상을 제거해서 최적 페이스에 작동하도록 한다.
- 플라이어 휠은 자동차가 멈출 때 에너지를 저장해서 모터가 최적의 힘으로 작동하도록 유지해 준다.

- 전진·후진의 움직임을 회전운동으로 대치한다.
- 환자용 페리스텔틱 펌프

21. 고속 실행 원리

고속 실행(skipping) 원리는 파괴적, 유해 혹은 위험한 작업 등의 공정이나 단계를 고속으로 실행하는 원리로 유해작용을 건너뛰는 원리이다.

- 우유나 야채 장기보존을 위한 고온·단시간 살균
- 고속실행 원리를 이용해서 얇은 두께의 플라스틱 관을 고속 칼로 깔끔하게 절단
- 치아를 갈 때 이빨 조각이 떨어지는 것을 막기 위해서 드릴을 고속으로 회전
- 얇은 플라스틱 파이프 절단 시 변형을 막기 위해서 마찰열이 퍼지기 전에 빠르게 절단하기 위한 고속절단기 사용

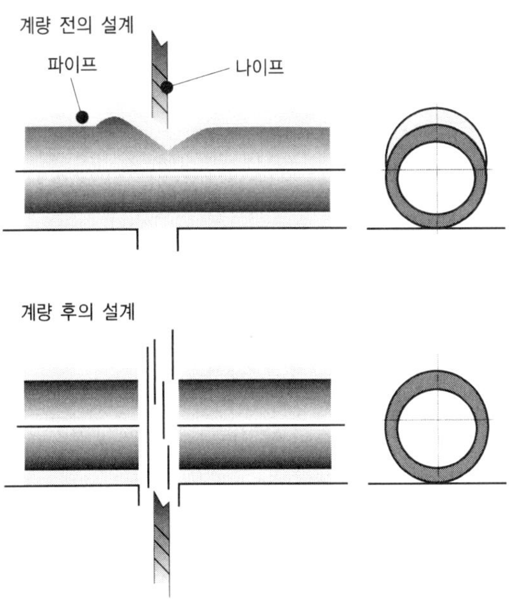

얇은 플라스틱 파이프를 자를 때 저속의 칼을 사용하면 관이 변형되어 깔끔하게 절단되지 않는다. 고속실행원리를 이용해서 고속의 칼을 사용하면 관성을 가진 상태에서 순식간에 절단하기 때문에 깔끔하게 절단된다.

22. 유해물 이용 원리

유해물 이용(convert harm into benefit) 원리는 유해동작을 유익한 결과가 되

도록 재구성하는 원리이다. 유해요인 특히 환경이나 주위 조건의 유해한 영향을 이용해서 유익한 효과를 획득한다.

유해작용에 다른 유해작용을 추가해서 문제를 해결한다. 유해요인을 유해하지 않을 때까지 증대시킨다.

- 폐기물 재활용
- 폐기물의 연소열로 전기를 발생 및 난방
- 산불 발생시 불 확산을 막기 위해서 반대쪽에 불을 지르기
- 화력 발전소에서 발생하는 아황산가스(SO2)를 알칼리수로 중화

23. 피드백 원리

피드백(feedback) 원리는 이전의 상태를 참조한다든지, Cross check하는 등의 피드백을 도입해서 공정이나 작용을 개선하는 것으로 feedback의 이용 또는 피드백의 제어 원리이다.

이미 피드백을 이용하고 있는 경우는 그 정도나 영향 정도를 변경한다. 학습에서는 시험을 통해서 그 사람의 약점을 발견하고 개선해 나가는 원리이다.

- 무게를 소리로 변화(엘리베이터)
- 통계적 공정관리
- 냉방을 할 때 에너지효율을 위해서 자동온도조절 장치의 민감도를 높이기
- 발효탱크에서 pH를 자동조절
- 빛 대신 전기신호를 이용한 망원경
- 자기장을 영상으로(MRI 원리)

24. 중간 매개물 원리

중간 매개물(intermediary) 원리는 중간 매개체 또는 중간 프로세스를 이용한다. 어느 물체를 간단히 제거될 수 있는 다른 물체와 일시적으로 조합시키는 것으로 중개를 이용한 동작의 제어 원리이다.

- 화학에서 촉매 그 자체는 반응하지 않고 반응 공정만을 진행
- 인터넷 망

- 못 박을 때 작업의 정확도를 높이기 위한 못 고정 기구
- 뜨거운 음식을 나르는 쟁반
- 유화식품용 유화제

25. 셀프서비스 원리

셀프서비스(self-service) 원리는 보조적인 기능을 부가하는 것에 의해서 물체가 셀프서비스를 행하도록 하는 것으로 자기수행형 동작의 이용 원리이다. 폐기자원, 폐기에너지, 폐기물질을 이용한다.

- 자동차 엔진 열을 이용한 차 안의 난방
- 동물 배설물로 유기질 비료제조
- 자동문
- 타이머를 이용한 기기
- 할로겐 램프는 사용하는 동안 필라멘트를 재생한다. 즉, 증발된 물질이 다시 부착된다.

스킨스쿠버가 착용하는 산소 탱크의 공기압은 200psi이다. 공기가 다이버의 폐에 들어가기 전에 배기시켜 3~4psi로 감압되어야 한다. 배기는 보조날개 구동장치의 에너지원이 되어, 보조날개가 달린 산소통을 메고 다이빙할 때 이 날개가 작동되면 다이빙 거리는 7배 정도 증가한다.

26. 대체 원리

대체(copying) 원리는 이용하기 어렵고 고가이며 깨지기 쉬운 물체를 단순하고 값이 싼 것으로 대체하는 것으로, 빛의 복사 대신에 자외선이나 적외선 복사를 이용한다.

- 모조 음식물
- 컴퓨터를 이용한 가상현실
- 사이버 강의
- 무인 교통단속 카메라
- 허수아비
- 컴퓨터를 통한 가상현실
- 화성표면의 사진으로 화성 표면을 조사
- 태아건강 상태 검사용 소노그래프 이용
- 기관 상태 검사를 위한 MRI 사진

27. 일회용품 원리

일회용품(cheap short-living objects) 원리는 오래 쓸 수 있으나 값이 비싼 것을 값이 싼 일회용품으로 교체하는 원리이다.

- 드라이아이스
- 일회용 카메라
- 일회용 기저귀
- 일회용 컵

사용 후 버리는 쥐덫

28. 기계식 시스템의 대체 원리

기계식 시스템의 대체(replace a mechanical system) 원리는 기계적 장치를 물리적 장으로 대체하는 원리로 기계적 수단을 광학, 음향, 미각, 취각 등의 지각 수단으로 대체한다.

현미경의 대물대에 놓여진 관찰대상을 수 ㎛씩 움직이게 하기 위해서 금속막대의 열팽창을 이용한다. 막대의 다른 한쪽을 가열하면 팽창된 만큼 물체가 이동된다.

전계, 자계, 전자계를 이용해서 물체와 상호 작용, 고정 장으로부터 가동 장으로, 구조화되지 않은 장으로부터 구조화된 장으로 변경한다. 강자성체와 같은 장에 의해서 활성화되는 입자와 장을 조합한다.

- 레코드는 기록된 골을 바늘이 마찰 진동하면서 음으로 변화
- 컴팩트디스크(CD)는 광으로 디스크면 골을 읽음
- 자동문은 광으로 물체를 감지하여 문을 자동적으로 개폐
- 쥐의 침입을 막기 위한 방벽을 초음파 울타리로 대체
- 자기장을 이용한 자기부상 열차
- 액체의 밀도를 변화시키기 위해서 자성 물질 사용

29. 공기압 및 수압 원리

공기압 및 수압(pneumatics and hydraulics)원리는 물체의 일부를 기체화 또는 액체화하는 원리이다. 고체대신 기체나 액체 같은 유체를 이용하는 원리이다.

동경 돔구장은 돔 내외의 기압차를 이용한 것으로 기압 차이는 겨우 0.03 기압차로 충분하다.

- 고기압 풍선
- 물총
- 펌프 운동화
- 각종 볼
- 에어 메트리스
- 소방펌프
- 에어 커튼 연돌

30. 연한 막이나 박막 원리

연한 막이나 박막(flexible shells and thin films) 원리는 3차원 구조 대신에 유연한 껍질이나 박막을 사용하는 원리이다. 유연한 껍질이나 박막을 이용해서 물체를 외부환경으로부터 분리한다.

- 박막의 텐트로 된 동경 돔구장
- 물침대
- 과일이나 채소의 표면증발을 막기 위한 중합체 코팅
- 수증기 증발을 막기 위한 양성(한쪽은 친수성 다른 한쪽은 소수성) 필름 사용
- 겨울철 테니스코트 보호용으로 부풀릴 수 있는 커버 이용
- 연질 캡슐
- 캡슐화 젖산균
- 종자를 고르게 뿌리기 위해서 종자를 회전 원판에 놓고 거품 흐름 중에 섞이게 해서 밭고랑에 방출(이때 거품에 영양분, 공기, 물 등을 섞어주면 발아율 개선)

31. 다공성 소재의 원리

다공성 소재(porous materials)의 원리는 물체를 다공질화 하거나 다공질 요소를 추가, 삽입, 코팅하는 원리이다. 물체가 이미 다공질화 된 경우는 세공을 사용해서 유용한 물질이나 기능을 도입한다. 다공화는 물체의 무게를 줄이게 된다. 다공질의 대표적 물체는 물을 빨아들이는 성질을 가진 스펀지이다. 흡지 역시 액체를 빨아들이는 성질을 가지고 있다.

- 스티로폼
- 포장용 바블랩
- 활성탄
- 물고기 사료

32. 변색 원리

변색(color changes) 원리는 물체의 색 변화와 물체의 투명화 원리이다. 예를 들면 썬글라스는 불필요한 자외선을 막아준다. 엘리베이터나 에스컬레이터 일부를 투명하게 하면 밖이 보인다.

- 살균용 메틸알코올
- 감온 변색 집(카멜레온 집)
- 투명한 붕대
- 화학분석실에서 사용하는 모든 비색정량 방법
- 리트머스 시험지

33. 동질성 원리

동질성(homogeneity) 원리는 동일 특성을 가진 재료의 이용으로, 물체를 같은 재료 또는 동일의 특성을 가진 재료의 물체와 상호 작용시킨다.

- 다이아몬드는 다이아몬드로 만든 절단 도구로 절단
- 용기와 용기(내용물이 반응하는 것을 방지하기 위해서 내용물과 같은 재료의 용기를 사용)
- 유방확대용 충진제
- 수혈

- 생리식염수(0.9%)
- 골수 기증

34. 배제 또는 재생 원리

배제 또는 재생(discarding and recovering) 원리는 기능을 완료한 물체의 부분을 용융, 증발 등으로 배제하거나 배출, 또는 동작 중에 그 부분을 재생하는 원리이다. 반대로 동작 중에 물체의 소모 부분을 직접 회복시키는 원리이다.

- 스페이스 셔틀이나 쏘아 올린 로켓의 회수
- 자동차 등의 축전지를 발전기로 충전해서 에너지를 회수
- 사용 중에 저절로 날이 갈리는 잔디 깎기
- 녹는 캡슐형 식품
- 마이크로 캡슐 제품(식품, 농약)
- 주행 중에 스스로 튠업되는 자동차 엔진

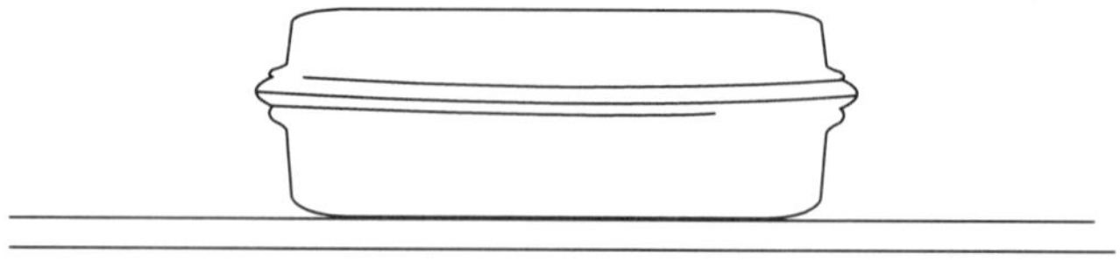

환경에 좋은 안전한 생분해성 도시락통을 제조한다.

35. 모수 변화 원리

모수 변화(parameter changes) 원리는 기체, 액체, 고체 등으로 된 물체의 물리적 상태를 변화시키는 원리로 농도나 균일성을 변화시키거나 유연성의 정도나 온도를 변화시킨다.

- 스크린 상의 표시를 가리키는 지시봉은 길수록 편리하지만 멀리서 지시하거나 관리가 불편하다. 이 문제는 지시봉 일부분의 끝에 레이저다이오드를 붙이면 스크린의 스포트를 멀리서 정확히 가리킬 수 있다.
- 음식재료를 고온으로 처리해서 일반 조리 온도에서 느낄 수 없는 맛과 향기를 느끼게 한다.
- 유연성과 내구성을 증가시키기 위해서 고무를 고온에서 유황으로 처리한다.

- 액체 비누는 덩어리 비누보다 농도가 진하고 점도도 높다. 또한 정량사용과 위생적 사용효과가 있다.
- 산소, 질소, 천연가스는 운반 시 부피를 줄이기 위해서 액체 상태로 운반한다.
- 시럽이 들어 있는 초콜릿 사탕 제조 시, 시럽을 얼린 후 액체 초콜릿에 잠시 담근다.
- 한천을 열처리했다가 냉각시켜 미생물 배양용 사면 배지를 만든다.

36. 상변화 원리

상변화(phase transitions) 원리는 체적의 변화, 열의 손실이나 흡수 등의 상변화가 발생하는 현상을 이용하는 원리이다.

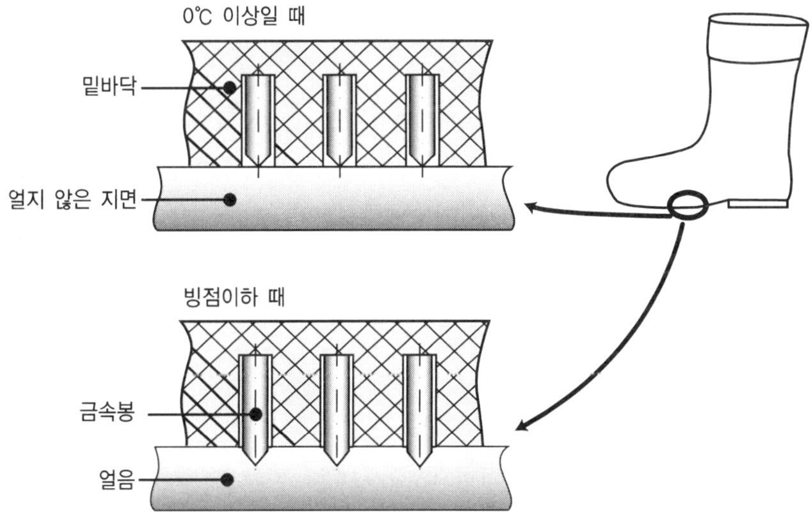

신발 밑바닥에 형상기억 금속 봉을 다수 부착하여 0℃ 이상에서는 신발 바닥 속에 감추어져 있다가 기온이 0℃ 이하로 되면 그 금속 봉이 신장해서 얼음판에서 미끄러짐이 방지된다.

- 고체인 드라이아이스는 실온에서 기체로 되기 때문에 폐기할 필요가 없음
- 기체로 되면 체적이 증가하기 때문에 이러한 상변화를 이용(냉상고)
- 최근에 사용하는 방법으로, 물과 얼음 사이의 빙온에서 세포가 얼기 직전의

상태로 식품을 보존하는 방법
- 물은 얼면 체팽창을 해서 부피가 증가하는 원리를 이용하여, 순수한 물을 분리하거나 Ice bug 상태로 이동시킬 때 사용

37. 열팽창 원리

열팽창(thermal expansion) 원리는 온도를 이용해서 크기를 변경하거나 다중팽창 현상을 이용하는 원리이다. 열팽창 원리를 이용하고 있는 경우는 열팽창계수가 다른 복수의 재료를 사용한다. 일반적으로 거의 사용되고 있지 않는 원리이다.
- 열팽창 원리의 전형적인 활용으로는 온도 변화에 따라서 on-off가 자동으로 기능하는 정온유지 기구의 바이메탈
- 통조림 제조 시 가열 탈기

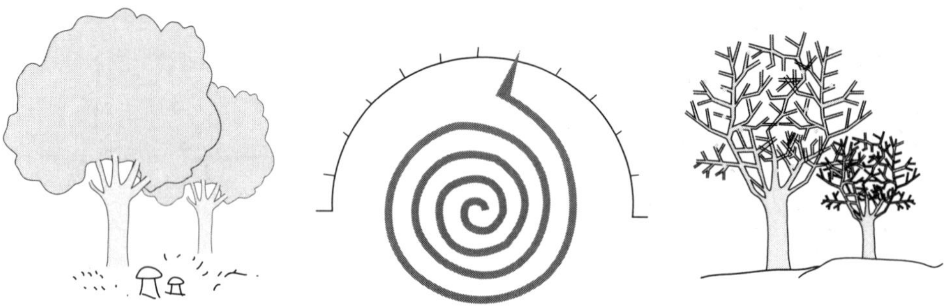

온도가 변화하면 바이메탈의 곡률이 변한다. 바이메탈 끝에 붙은 침의 위치가 눈금과 같이 동심원상으로 움직인다.

38. 고농도 산소(산화제) 이용 원리

강한 산화제 이용(use of strong oxidizers) 원리는 일반의 공기를 고농도의 산소로 대체하는 것, 공기나 산소로 전리방사선을 조사하는 것, 오존화 산소를 이용하는 원리 등이 있다.
- 산화력이 강한 오존을 살균, 소독, 표백에 사용
- 열대어의 수조에 펌프로 공기를 불어넣어 수중의 산소 농도 높이기

- 산소·아세틸렌 토치를 사용하여 고온으로 철근을 절단
- 잠수용 고농도 산소통 제조
- 공기 청정기에서 오염물질을 분리하기 위해서 공기를 이온화하는 것
- 가스 사용 전에 이온화하여 화학반응 속도를 높이기
- 산소 통조림 제품

39. 불활성 환경 원리

불활성 환경(inert environment)원리는 불활성매체의 사용 및 불활성인 부분 활용의 원리로, 일반적인 환경을 불활성 가스로 대치한다.

- 필라멘트 산화방지를 위해서 전구 내에 불성·불활성인 아르곤을 넣고 밀봉
- 수면제 중에, 다량 복용하면 구토를 일으키는 성분을 넣는 방법
- 바나나를 배로 운반할 때 선창에 질소가스 충진
- 부서지기 쉬운 과자 포장 시 불활성가스 충진

40. 복합재료 원리

복합재료(composite materials) 원리는 균일한 재료를 복합 재료로 대체하는 원리이다.

- 자동차의 바퀴도 원래는 쇠 바퀴로, 차체를 지지하는 강한 것이었으나 진동 흡수를 위해서 유연한 고무가 부착되어, 하나의 바퀴에는 단단함과 유연함이라는 양면성을 지니고 있다.
- 단단한 것은 철만이 아니고 최근에는 철 대신에 가벼운 플라스틱이 쓰이고 있다.
- 크라운 캡 안쪽에 부드러운 고무 라이닝이나 콜크 처리
- 비행기 동체의 복합 재료는 가볍고 강하고 유연

발명과 특허 팡세

교육자들은, 우리 주변에 잠재적인 창조력이 있는 사람 중에서 발명가가 된 사람보다 발명가가 되지 못한 사람들이 훨씬 더 많다는 현실을 유념할 필요가 있다.

7 발명을 위한 문제 도출과 해결기법

일반적인 발명으로의 진입 방법은 어떤 사물에 대하여 문제나 개선의 필요성을 인식하는 것으로부터 시작되는데, 문제의 인식은 사물이나 현상을 접하는 데서 시작된다.

발명을 위한 문제 해결에 여러 가지 자원(resources)이 활용되는데, 여기서 자원은 물질(substance), 장(field), 기능(function), 시간(time), 공간(space) 및 정보(information)를 가리킨다.

실제로 어떤 사물의 개선이나 문제해결을 위해서는 일차적으로 STCS 연산자와 제6장의 TRIZ활용이나 또는 부록Ⅲ이나 Ⅳ의 과학현상과 효과 및 자원을 활용한다.

이러한 효과 활용이나 발명의 원리는 발명의 분야에만 적용되는 것만이 아니라 모든 분야의 문제 해결에도 활용할 수 있다.

1 문제 도출과 해결방법

대개 발명은 어떤 현상과 물체에 대한 문제[P : problem]의 인식과 그 문제의 해결[S : solution]이라는 2단계 과정을 거쳐 이루어진다. 여기서는 2단계 발명의 예를 주로 생명과학에 관련된 것을 골라 열거하였다.

1. 통조림용 피망 꼭지 제거 방법

[P] 피망을 통조림할 때는 먼저 원료인 피망의 꼭지를 제거해야 하는데 지금까지 그것을 손으로 일일이 제거했기 때문에 인건비가 많이 드는 문제가 있었다. 이러한 문제가 있음에도 불구하고 지금까지 피망 꼭지 제거를 자동화하지 못한 이유는 피망의 크기나 형태가 일정하지 않기 때문이다.

[S] 밀폐용기에 피망을 넣은 후 압력을 점차 높여 8기압까지 높이면 피망이 쭈그러들게 되는데, 이때 가장 약한 꼭지부분에 틈이 생기고 압축공기가 피망 속으로 들어가 피망 내와 외의 공기압이 같아진다. 그리고 압력을 급속하게 해제하면 피망 내의 압축 공기가 피망의 가장 약한 부분인 꼭지 부분을 강하게 밀치며 순간적으로 빠져 나오게 됨으로써 피망으로부터 꼭지와 씨가 쉽게 분리된다.

2. 맛있는 오리고기 생산 방법

[P] 집오리는 운동 부족으로 지방이 많아 고기의 맛이 조금 떨어지지만 언제라도 먹을 수 있는 데 비해 야생오리는 운동량이 많아 지방의 함량이 적고, 고기의 맛은 좋지만 언제나 먹을 수 없는 문제가 있다.

[S] 이를 개선하기 위해서는 야생오리와 집오리를 교배한 집오리를 생산하면 고기 맛은 야생오리와 같은 집오리 고기를 언제라도 먹을 수 있다.

3. 과채류 냉장실 열 때 냉기 배출 방지 방법

[P] 각종 식품을 보관하는 냉동 냉장실은 문이 열릴 때마다 냉동·냉장실의 공기와 외부의 공기와의 밀도 차이가 순간적으로 발생하여 냉동·냉장실 내의 냉기가 밖으로 빠져나가 에너지 낭비가 발생한다. 냉장실 문이 열릴 때 냉동·

냉장실 내외의 공기의 흐름을 막아 냉기의 손실을 막을 수 있는 방법은 없을까?

[S] 이 문제는 냉동·냉장실 내의 공기와 외부 공기의 흐름을 차단할 수 있게 문 안쪽에 에어커튼을 설치하면 이를 해결할 수 있다.

4. 과·채류 저장기간 연장방법

[P] 실온에서 과채류 보관에는 산소가 주요한 방해 요인이 되고, 어느 정도의 탄산가스는 유익 요인이 된다. 그 이유는 과채류를 산소가 많은 공기 중에 방치하면 호흡반응이 왕성하여 양분의 소모와 함께 품질이 차츰 떨어진다.

[S] 공기 중에는 산소(22%)보다 탄산가스(0.03%)가 아주 적다. 과채류를 가스가 선택적으로 투과되는 필름 백에 담아 외부 공기와 분리하면, 필름 백 내의 산소는 호흡반응에 의해 줄어들고 탄산가스는 차츰 증가하게 되는 피드백(feedback) 원리를 활용하여 봉지 내의 산소를 줄인 상태로 환경을 조절해 준다. 이 원리를 자동화한 것이 CA-저장(Controlled Atmosphere Storage)이라고도 하고 MA-저장(modified Atmosphere)이라고도 한다.

5. 달걀의 방향을 결정하는 방법

[P] 달걀을 포장할 때 달걀의 방향이 일정하게 운송되는 것이 필요하다. 그러나 달걀은 달걀의 기하학적인 중심점과 무게 중심점이 일치하지 않아 일정하게 세우기가 어렵다.

[그림 7-1]
달걀의 무게 중심

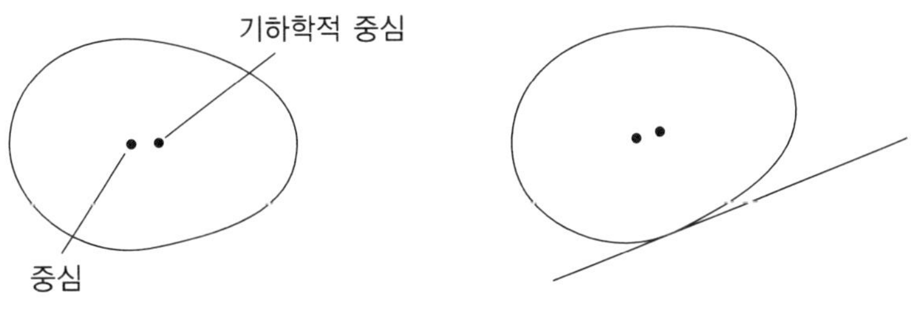

[S] 달걀의 기하학적인 중심점과 무게 중심점은 일치하지 않는다. 그 때문에 달걀을 경사면에 놓게 되면 무게중심이 가능한 한 밑으로 위치하게 됨과 동시에 그림 7-1처럼 달걀의 뾰쪽한 부분이 위를 보게 된다. 이 원리는 중력을 이용한 것이다.

6. 닭 포획기

[P] 닭을 손으로 잡기란 매우 어렵고 여러 마리를 포획하는 작업은 허리에 통증을 유발한다. 떨어진 곳에 있는 닭을 포획하는 방법은 없을까?

[S] 철사의 끝 부분을 그림 7-2처럼 U-자 도구를 만들어 사용하면 닭의 다리를 쉽게 걸 수 있다.

[그림 7-2]
닭 포획기

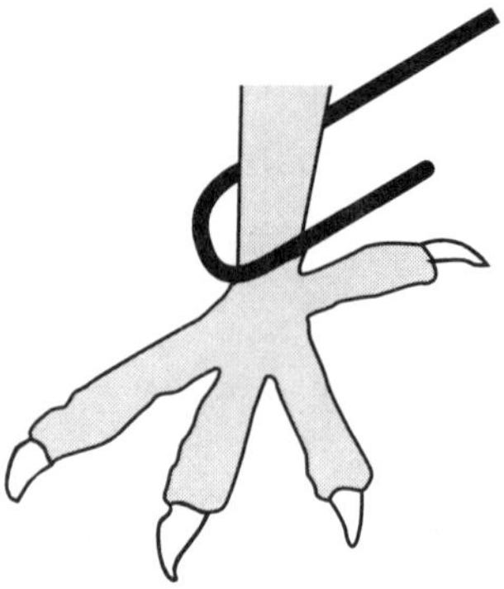

7. 도토리 제피 방법

[P] 도토리로부터 전분이나 묵을 만드는 데 도토리 껍질은 불필요한 부분이기 때문에 도토리 속과 껍질을 분리하는 것이 공정상 필요하지만 분리가 쉽지 않다.

[S] 밀폐용기 내에 도토리와 물을 넣고 가열하여 수증기압이 어느 정도 생길 때 급속히 압력을 해제한다.

이때 도토리에서는 뜨거운 물이 스며들었다가 압력을 갑자기 해제하는 순간 물이 수증기로 상변화가 일어나 도토리 속에 높은 내압이 생기므로 도토리 껍질은 터지게 된다.

8. 한약재 중 휘발성 성분을 한약 액에 포함시키는 방법

[P] 한약재 속에는 휘발성 성분과 비휘발성 성분이 있다. 한약을 탕제로 만들 경우 지금까지는 비휘발성 성분만 이용해 왔다. 한약액에 휘발성 성분과 비휘발성 성분이 함께 함유시킬 수 있는 방법을 생각해 보자.

[S] 이 문제의 해결 방법은 한약 추출기(약탕기)에서 나오는 증기를 냉각시켜 환류시키면 된다. 한약 추출기에서 환류 기능이 있으면 약액이 졸아서 타는 문제도 해결된다.

9. 케이크 이동시 형태 부서짐 방지

[P] 케이스에 든 케이크를 운반할 때 기울어지면 케이크가 밑판으로부터 밀려 케이크가 케이스에 닿아 형태가 일그러지는 문제가 발생한다.

[S] 밑판 정 중앙에 미끄러짐 방지 심을 설치하여 케이크의 이동을 방지한다.

10. 전시용 음식 대체 방법

[P] 레스토랑에서 메뉴를 전시하는데 매일 만들어 전시하는 것이 번거롭고 전시된 음식은 얼마 후 버려야 되는 문제가 있다.

[S] 파라핀이나 플라스틱으로 모조음식을 만들면 오래 전시할 수 있다. 이것은 대체 원리라고 할 수 있다.

11. 실내에서 조깅할 수 있는 방법

[P] 비만을 비롯한 성인병 예방을 위해서 조깅을 하는 사람들이 증가하고 있다. 그러나 추운 날 야외에서 조깅하는 것은 여러모로 건강에 해로울 수 있다. 실내에서도 실외에서 조깅을 하는 만큼 효과를 낼 수 있는 방법은 없을까?

[S] 런닝머신을 사용한다.

12. 해바라기 씨 제거 방법

[P] 해바라기 씨는 수로 식용으로 또는 제유 원료로 쓰이는데 이때 껍질은 불필요한 부분이다. 그래서 껍질을 벗겨 내는 것이 해바라기 씨의 가공 적성이나

식용성 향상을 위해서 필요하지만, 그의 제피 방법은 아직 확립되어 있지 않다. 해바라기 씨를 벗겨낼 방법은 없을까?

[S] 해바라기 씨를 밀폐된 용기에 넣고 용기의 내부 압력을 일정하게 높인 시점에서 압력을 해제한다. 이때 해바라기 씨를 압축공기와 함께 직경이 작은 관을 통과시킨다. 그러면 해바라기 씨의 속이 껍질 밖으로 밀려나온다. 이것은 베르누이 원리를 활용한 것으로 고압상태에서 저압상태로 전환되면서 해바라기씨 속의 고압공기(수증기 포함)가 갑자기 팽창되어 껍질을 파열시켜 씨의 속과 껍질이 분리되는 원리를 이용하는 것이다.

13. 항온 샤워 헤드

[P] 샤워 헤드 아래 서 있는 동안 부주의로 뜨거운 물을 틀어 데게 되는 일이 종종 있다.

[S] 온도에 따라서 조절되는 자동 항온개폐기(thermostatic shower head)를 설치한다.

14. 양어장 수조 공기 공급 방법

[P] 양어장에서 사용하는 용수는 용존 산소량이 많을수록 단위 면적당 물고기의 사육 마리 수를 증가시킬 수가 있다.

[그림 7-3]
양어장 산소공급 장치

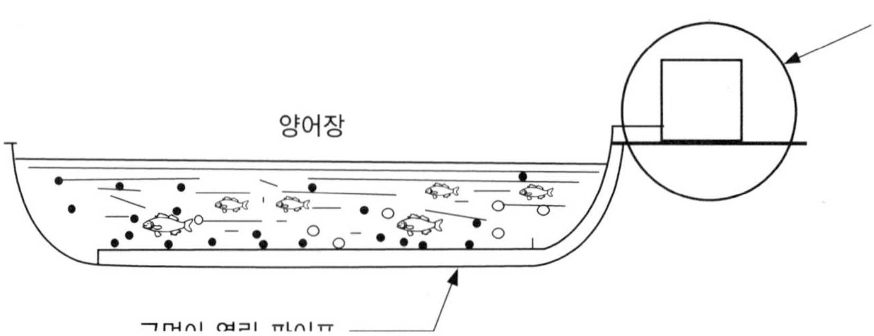

[S] 공급수에 따라 산소의 용존량을 증가시킬 수 있는 방법은 다음과 같다.

① 액체산소를 공급하여 수온을 낮춰주고 산소도 공급한다.

② 다음 그림 7-3처럼 양어장 바닥에 압축 공기를 공급할 수 있는 구멍이 열린 파이프나 판을 설치해서 컴프레서로 공기를 공급한다.

별도로 설치한 탱크 중에 있는 물에 압력을 걸어 산소를 포화상태로 한 다음 그 물을 펌프로 공기 공급구를 통해서 공급한다.

이 해결기법은 물의 국소적 성질변화와 산소의 응집상태를 변화시키는 다이내믹 원리를 이용한 것이다.

15. 유리 필터제조 방법

[P] 액체 식품의 여과에는 유리필터(glass filter)를 흔히 사용한다. 어느 공장에서 직경 254mm, 길이 50.8mm의 유리 필터만을 만들고 있는데, 수요자로부터 직경이 305mm, 길이 610mm인 대형 유리 필터 주문이 왔다. 그리고 액이 통과하는 구멍은 아주 직선적이고 균일하게 뚫려야 한다는 조건이었다. 그러나 기존의 방식인 드릴로 이 큰 유리 필터를 제작하는 것은 기술적인 문제와 인건비가 많이 드는 문제가 있다.

[S] 해결 원리는 제거가공에 의해서 구멍기능을 하게 하는 대신에 조합, 합성, 다발 지움에 의해서 구멍을 형성하는 원리로 유리 섬유를 다발지어 제작한다. 이때 다발 속의 섬유 사이에는 균일한 공간이 형성되기 때문에 드릴작업이 필요없게 된다. 유리 섬유 크기만 조절하여 다발 지어주면 어떠한 크기의 유리 필터라도 쉽게 제작할 수 있다.

16. 맛이 쓴 가축 쓸개를 쓰지 않게 먹을 수 있는 방법

[P] 곰쓸개(웅담) 및 돼지 쓸개를 비롯한 동물의 쓸개즙이 여러 가지 치료 목적으로 쓰이고 있으나, 맛이 써서 복용하기가 매우 역겨운 문제가 있다.

[S] 이것은 분리 원리를 활용하는 방법으로, 쓸개즙을 건조하여 얻어진 분말을 일정량씩 캡슐에 담아 제품화하면 해결된다.

17. 휴대폰에 암 모기 퇴치 기능 부여 방법

[P] 모기는 암수 중에서 암 모기만 알을 낳기 위해서 동물의 피를 필요로 한다. 그래서 야외에서 사람을 괴롭히는 모기는 암컷이다. 그런데 암모기는 숫모기의 날개 소리인 12~15KHz 음향을 싫어한다. 이런 특성을 이용한 모기 퇴치 방법은 없을까?

[S] 휴대전화 스피커에서 숫모기 날개 소리인 12~15KHz대의 음향을 내게 한다.

18. 효과적인 분쇄용 롤러의 구성 방법

[P] 밀을 제분할 때 제면시 반대기 제조용 롤러를 사용하면 덩어리지고 분쇄 효과가 매우 나쁜 문제가 있다.

[S] 반대기 제조용 롤러 2개(A롤러/B롤러)의 회전속도는 서로 같은 속도(A=B)이어야 하지만 분쇄용 롤러 2개는 회전속도가 서로 달라야(A≠B) 한다.

19. 수영장 다이빙대 밑 물에 공기 방울 만들기

[P] 수영장 다이빙대에서 낙하하여 접수할 때 특히 초보자들은 충격으로 아픔이 심하여 다이빙을 두려워하는 문제가 있다.

[S] 이것은 물의 밀도를 낮게 하는 원리로 다이빙보드 밑의 물에 공기를 불어넣어 물의 밀도를 떨어뜨려 주면 충격에 의한 아픔이 훨씬 덜 하다.

20. 식료품을 많이 구입할 수 있게 하는 방법

[P] 쇼핑몰에서 식료품 구매자들은 손으로 들고 다닐 수 있는 작은 바구니를 들고 와서 그 바구니에 담을 수 있는 분량만을 구입하므로 식료품점에 자주 다녀야 하는 번거로움이 있다. 구매자도 한꺼번에 보다 많이 구입하고자 하고, 판매점 역시 고객이 한꺼번에 많은 양의 물건을 구입해 가는 윈-윈(win-win) 방법은 없을까?

[S] 식료품용 손수레(grocery shopping cart) 즉, 몸체에 바퀴가 달린 큰 철제 바구니를 제작하여 제공하면 많은 양의 물건을 수레에 담아 매장 안에서의 이동은 물론 매장에서 주차장까지 운반을 용이하게 한다.

21. 앰플 밀봉 방법

[P] 앰플(ample)에 어떤 약을 충전하고 끝을 강한 화염으로 밀봉하게 되면 앰플 속의 약물이 변질되는 문제가 있다. 반대로 약한 불로 밀봉하면 약효성분의 변질은 덜 일어나지만 밀봉이 불충분하게 되어 저장성이 떨어지는 문제(모순)가 있다.

[S] 약물을 넣은 앰플을 물에 밀봉할 부분만을 최소로 남기고 담근 상태에서 강한 불꽃으로 밀봉한다.

22. 목재 구부리는 방법

[P] 목재를 이용한 가구의 형태는 다양하다. 가구를 만들기 위해서는 목재를 구부려 사용해야 할 때가 있다. 그러나 이 작업은 쉽지 않고, 목재를 구부릴 때는 부드러워야 하지만 구부린 후에는 단단해야 하는 모순이 공존한다.

[S] 이 문제는 목재를 구부릴 때는 유연하게 하고 구부린 후에는 단단히게 곤는 시간적 분리 특성이 이루어져야 한다. 그렇게 하기 위해서는 목재를 유연하게 하는 물질을 침투시켜야 한다.

실제로 목재에 액체암모니아를 흡수시키면 유연성을 가지게 된다. 이때 목재를 목적하는 정도로 구부린 후 암모니아를 휘발시키면 목재는 원래의 경도를 가지게 된다.

23. 아세톤의 유기적 제조 방법

[P] 아세톤은 유기용제로 많이 쓰이지만 폭약제조 원료로도 쓰인다. 세계 제1차 대전 중 영국은 폭발물 제조에 필요한 아세톤의 공급원이 끊어져 폭발물제조에 제한을 받게 되자 아세톤(acetone) 공급의 필요성이 절실해지는 문제가 발생하게 되었다.

[S] 자국에 생산되는 옥수수를 발효 기질로 혐기성(anerobic) 세균을 이용하여 혐기적 발효로 아세톤을 제조하는 방법을 개발하였다.(영국의 Chaim Weizman) 이 발명은 곤경에 빠진 영국과 연합군이 전쟁에서 전쟁광 독일을 물리치는 데 공헌하였고 결국 세계평화에 기여하게 되었다.

24. 닭 배설물이 들어가지 않는 물통제작 방법

[P] 일반적으로 닭 물통은 원통형으로 되어 있어서 사용시 닭이 물통 위에 올라가 배설하여 물을 오염시키는 문제가 있다.

[S] 이 문제를 해결하는 데는 2가지 파라미터를 정할 필요가 있다. 일정 용적의 물이 담겨 있어야 하고 배설물로 이 물이 오염되지 않도록 하는 것이다. 이 두 가지 파라미터의 모순되는 문제를 풀어야 한다.

방법은 아래 그림 7-4처럼 비대칭의 구조를 구성하면 닭이 물통 위에 앉을 수 없게 된다.

[그림 7-4]
닭의 물 공급 통

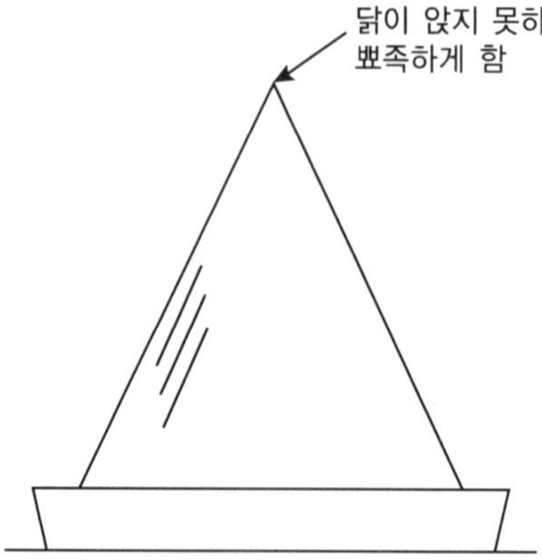

25. Flip-top 깡통을 따는 방법

[P] 음료수 깡통은 병따개가 있어야 개봉하여 내용물을 마실 수 있다.

[S] 통조림통의 뚜껑을 flip-top 구조로 하여 개봉이 쉽게 한 flip-top cap를 제작하여 해결한다.

26. 원적외선 램프가 달린 두피 마사지 기구

[P] 요즈음 탈모를 방지하기 위해서 여러 가지 약물이 사용되고 있는데, 사용법에는 "약을 바르고 두피를 손으로 철저하게 마사지하라."는 사용법이 제시되어 있어서 약을 바를 때마다 두피 마사지는 필수적이다. 이런 사용법에서 약물효과 보다는 마사지효과가 더 클 수 있다는 사실을 한 가지 유추할 수 있다.

마사지는 두피 발달을 좋게 하여 모근에 산소와 영양소를 원활하게 하여 탈모를 방지하거나 발모를 촉진하는 효과가 있기 때문에 발모제 사용 시 마사지를 병행하도록 하고 있다. 그러나 위생적이며 빠르고 고르게 효과적으로 마사지를 할 수 있는 마사지기구는 아직 없다.

[그림 7-5]
원적외선 램프가 부착된 네트형 두피마사지 기구

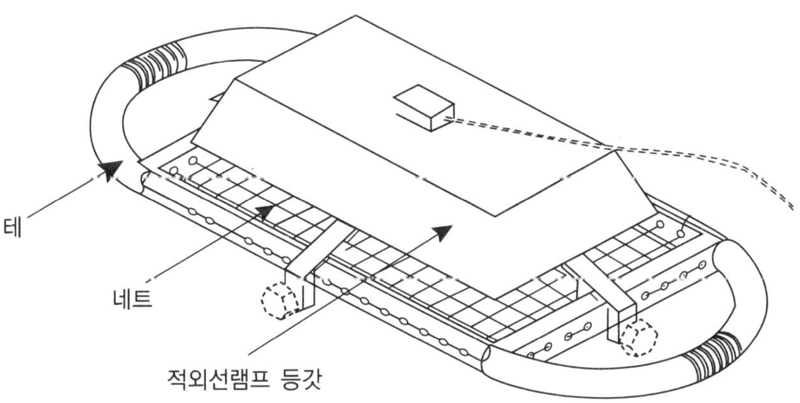

[S] 발모촉진과 탈모예방에 최선의 원리는 적당한 마사지로 두피의 유연성을 개선하고, 동시에 두피층을 두껍게 하여 모근이 박힐 수 있는 공간을 넓힘과 동시에, 모발이 자라는 데 필요한 영양분과 산소의 공급을 담당하는 모세혈관의 발달과 신생에 효과가 있는 마사지요법의 개발이 최선이라 할 수 있다. 이러한 기구로는 그림 7-5처럼 네트형 마사지 기능에 혈류개선에 효과가 있는 원적외선 램프가 부착된 마사지 기구가 바람직하다.

27. 컨베이어 벨트에 식품이 붙음을 방지하는 방법

[P] 냉동식품 제조 공정에서 냉동식품을 스테인리스를 소재로 만든 컨베이어 벨트(conveyor belt)로 운반하면 벨트에 식품이 얼어 달라붙어 잘 분리되지 않는 문제가 있다.

[S] 이것은 전도율이 낮은 접촉판을 활용하는 방법으로, 냉동식품운송(수초~수분) 공정에서 스테인리스 판을 열전도율이 낮은 나무판으로 대치함으로써 해결할 수 있다.

28. 온실의 태양광선 에너지 조사 조절 방법

[P] 온실 옥상의 투명한 플레이트 사이에 착색 액을 펌프로 보내어 얇은 반투명의 층을 형성한다. 간극의 두께나 액체의 투명도에 따라서 온실 내로의 햇빛 조사량을 조절할 수가 있다. 그러나 운영비용이 많이 드는 문제가 있다.

[그림 7-6]
온실의 태양광선 에너지 조절 장치

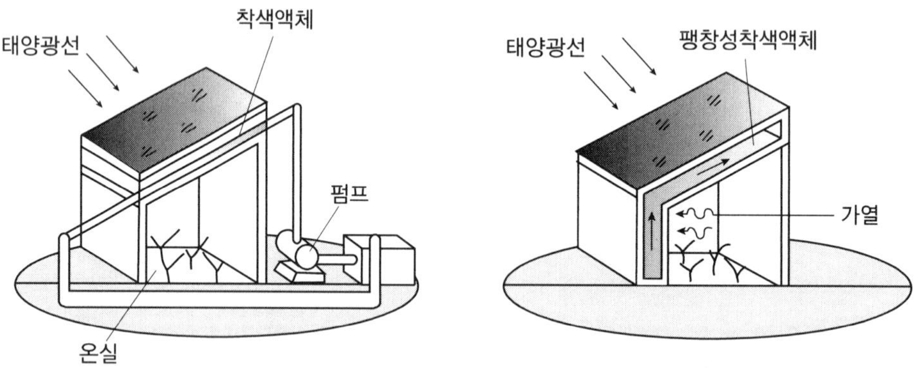

[S] 이를 해결하기 위해서는 그림 7-6처럼 펌프를 제거하고 지붕 공간 부분에 열팽창성이 있는 착색액을 넣는다. 온실내의 온도가 상승하면 액체가 팽창하여 지붕의 공간이 착색액으로 가득 찬다. 그 결과 태양에너지의 온실 내로의 침입이 차단된다. 이렇게 해서 온실 운영비를 줄일 수 있다.(USA.C. 686,676)

29. 액체의 미량투여 방법

[P] 미량의 약제를 실험 생물체에 투여하는 작업은 어려운 문제이다.

[S] 투여하려는 약제에 초음파 진동을 가한다. 액체가 진동함에 따라서 피펫으로부터 균등하게 약액이 누출된다. 진동의 주파수 및 진동에 따라서 약제 투여량이 조절된다.

30. 시각장애인용 카펫

[P] 시각장애인이 무대에서 움직이는 것은 매우 불편하다. 장애인들이 무대의 위치를 감지할 수 있는 방법은 없을까?

[S] 무대 위에 자연무늬를 직조한 카펫을 깔아 시각장애인들이 자신의 위치를 알 수 있게 한다. 이것은 춤 공연, 연극 공연과 같은 공연무대 위의 카펫으로로도 활용할 수 있다.[발명자 : 밴너(Josephina Banner)]

31. 누워있는 환자의 등창 방지 방법

[P] 환자가 병상에 오래 누워 치료를 받게 되면 본래의 병보다도 침대에 오래 누워 있음으로써 생기는 등창으로 더 고생을 하게 되는 문제가 있다.

[S] 이것을 해결하기 위해서는 공기 방울 플라스틱판을 만들어 환자의 등과 침대사이에 끼워 사용한다. 이 등창 예방용 일회용 흡수 패드(pad)인 물방울 플라스틱판은 깨지기 쉬운 물건의 포장에도 활용되고 있다.[발명자 : 엠스트(Patricia Van Emst)]

32. 애완견 대치 방법

[P] 애완견의 선호도가 크게 증가하고 있다. 그러나 애완견을 기르려면 주기적으로 밥을 주어야 하고 대소변 처리, 미용 등 번거로운 일손이 많이 필요함은 물론 질병 매개체가 되는 등의 문제가 있다.

[S] 체온이 조절되고 대화가 가능한 로봇 애완견을 제작함으로써 애완견을 기르는 데 따른 문제를 해결할 수 있다.

2 생명과학에서의 문제 도출

여기서 제시된 문제는 생명과학에 관련된 것들이다. 이들의 해결 방법은 이미 해결되어 우리 일상생활에서 사용되고 있는 것이거나 또는 이 책의 내용 중에서 찾을 수 있는 것들이다.

앞에서처럼 해답을 제시하지 않은 것은 쉬운 문제나 모순을 생각하다 보면 다른 해결 방안 즉 새로운 아이디어나 분지 아이디어를 생각해 낼 수 있기 때문에 여기서는 문제만을 열거하여 상상력을 발휘해보도록 하였다.

또한 이런 문제를 해결하는 방법에는 여러 가지가 있을 수 있지만 지금까지 알려진 방법은 대개 한 가지만 개발되어 있다. 그렇기 때문에 다음 문제를 다른 방법으로 해결하여 새로운 발명을 할 수 있는 여지가 많다. 이들 문제를 해결하는데 부록 III 및 IV을 활용하면 도움이 될 수 있다.

1. 청국장균과 된장의 고지균을 한 가지 원료에 배양할 수 있는 방법

청국장과 된장은 대두를 원료로 한 우리 고유의 발효 식품으로 그의 생리활성 기능이 알려지면서 조미료로써는 물론 기능성 식품 소재로 활용도가 높아지고 있다. 청국장균은 세균이고 된장용 고지균은 곰팡이이기 때문에 생육 특성이 현저히 다른데 이 두 균을 하나의 원료(배지)에 배양해서 된장과 청국장의 기능성이 통합된 배양물을 제조하는 방법은 없을까?

2. 고무호스에 깔끔하게 구멍 뚫는 방법

액체나 공기 분출용으로 사용하기 위해서 고무 호스에 1mm 크기의 수많은 구멍을 뚫는 작업이 필요한 경우 고무호스는 강도가 없어 천공 작업 시 변형되어 정교한 구멍을 뚫기가 아주 곤란하다. 어떻게 하면 깔끔하게 공기 구멍을 뚫을 수 있을까?

3. 폐알루미늄 캔 취급성을 개선하는 방법

빈 알루미늄 캔을 수거해서 재활용 및 처리하는데 캔의 용적을 줄이지 않고 폐기 작업을 하면 용적이 커서 효율도가 떨어진다. 어떻게 하면 용적을 줄여서 작업성을 높일 수 있을까?

4. 식품 배송 시 도난 원리 찾기

어느 식용유 회사의 사장이 탱크로리 운전사로 하여금 식용유 운반탱크에 정확히 3,000리터씩 담아 운반하게 한 후 식용유를 배출해서 기름 양을 측정해 보면 언제나 30리터가 부족하였다.

단 식용유 운송 중 트럭이 정지하거나 운전사가 식용유를 따라내지도 않았다. 이 부족된 양은 분명 운전사의 소행이다. 그 소행을 설명해 보시오.

5. 국수의 맛 개선 방법

국수 맛의 특징은 씹는 맛에 있다. 이 씹는 맛은 밀가루 중의 글루텐 함량에 따라 좌우된다. 그래서 국수 제조 시 단백질 함량이 많은 강력분만을 사용하면 씹히는 맛은 좋으나 부드러운 맛이 덜하고, 반대로 박력분만을 사용하면 부드러운 맛은 있지만 씹히는 맛이 떨어진다. 씹는 맛이 좋고 부드러운 국수를 만들 수 있는 방법은 없을까?

6. 압력솥 사용에 따른 실내 곰팡이 발생 예방 방법

압력솥은 증기압을 발생시켜 고온으로 밥을 빨리 짓게도 하지만 고온에 의한 호화도를 높여 차진 맛을 내는 장점이 있기 때문에 현재 널리 사용되고 있다. 그러나 사용 중 발생되는 증기가 실내의 습도를 높여 특히 여름철 방벽에 곰팡이가 발생되는 문제가 있다.

한편 증기를 발생시키지 않으면 밥솥의 온도가 100℃ 이하가 되어 조리 속도가 늦고 밥맛이 없게 된다. 이 문제를 해결할 수 있는 방법은 없을까?

7. 같은 용량이면서 단열효과가 좋은 냉장고 제작 방법

냉장고 단열재는 전력소비를 줄이기 위해서 두꺼울수록 효과가 좋지만 내부 용적이 줄어드는 모순이 발생한다. 이 모순을 해결할 수 있는 방법은 없을까?

8. 식빵의 굳기 조절 방법

식빵을 만들 때 기름을 4~5%(w/w) 첨가하는데 이때 액체 기름(oil)을 쓰면 너무 빵 조직이 무르고 지방(fat)만을 쓰면 단단한 빵이 된다. 적당히 부드러운 빵을 만들 수 있는 방법은 없을까?

9. 식품 중 과산화물 생성 최소화 방법

튀김식품 제조시 오일(oil)을 사용하여 오래 저장하면 산패에 의한 맛과 냄새가 변질됨을 물론 위생적으로 문제되는 과산화물(유리기의 일종)이 많이 발생한다. 튀김식품에서의 산패반응을 줄일 수 있는 방법은 없을까?

10. 효소의 재사용 방법

효소이용 공업에서 한번 사용한 효소는 제품 생산 후 생산품과 분리되어 제거된다. 이 결과는 제품 정제 비용과 생산비 증가 요인이 된다. 한번 사용한 효소를 재사용(reuse)할 수 있는 방법은 없을까?

11. 동물 세포 배양용 제균 방법

미생물배지 제조시 100℃ 이상에서 가열·살균하는 것이 일반적이다. 그러나 체세포 배양에서는 소량의 영양소 파괴만으로도 배양이 불가능하기 때문에 저온 살균을 적용해야 하나 저온 살균은 완전 살균이 되지 않아 배양에 실패하는 문제가 발생한다. 배지 영양소의 파괴 없이 신속히 제균할 수 있는 방법은 없을까?

12. 달걀의 콜레스테롤을 섭취하지 않는 방법

달걀에는 최고 양질의 단백질이 함유됨과 동시에 자연식품 중에서 콜레스테롤을 가장 많이 함유하고 있다. 달걀의 단백질 섭취 시 콜레스테롤을 제로화하여 섭취할 수 있는 방법은 없을까?

13. 과채류에서 펙티나제 불활성화 방법

토마토 주스나 오렌지 주스 같은 혼탁 주스는 주스 중의 pectin이 가수 분해

되면 품질이 불량하게 된다. Pectin에 가수분해를 일으키는 효소는 PE(pectic methylesterse)와 PG(pectic acid glycosidase)가 있는데 이들의 파괴온도는 각각 71℃, 160℃이다. 이 효소를 둘 다 파괴하려면 160℃에서 열처리해야 하는데 이렇게 고온·장시간 가열처리하면 주스 영양소의 파괴와 에너지 사용 비용을 증가시키는 문제가 있다. 낮은 온도에서 열처리 할 수 있는 방법은 없을까?

14. 이쑤시개 재료 대체 방법

대개의 사람들은 식사 후 치아 사이에 낀 음식물을 제거하기 위해서 이쑤시개을 사용한다. 사용된 이쑤시개는 대나무나 강도가 있는 목재로 양끝이 예리하게 뾰쪽한 형태이다. 이때 사용된 이쑤시개가 만일 음식물 쓰레기에 섞여 양돈 농가에 제공되어 돼지 사료로 쓰일 경우, 가축의 구강을 찌르거나 소화기관을 손상시키는 문제가 발생한다.

15. X-ray 촬영시 노출방지 방법

X-ray촬영은 진료과정에서 필수적인 경우가 있다. 이 경우 대상 장기에만 적용되고 나머지 신체 부위에 대한 X-ray의 노출을 최소화할 수 있는 방법은 없을까?

16. 소화관에서 젖산균의 사멸 방지 방법

정장작용이 있는 젖산균은 위를 통과할 때 위의 강산성 조건(약 pH 2)에서 죽게 되어 장에 도달되면 거의 사멸되고 정장효과가 없는 문제가 있다. 젖산균을 섭취했을 경우, 젖산균이 위의 강산에 의해서 사멸되지 않고 장까지 내려갈 수 있게 할 수 있는 방법은 없을까?

17. 약효성분의 지속화 방법

약효는 일정량의 약성분이 피에 잔존하여 일정시간 지속되는 것이 치료효과를 극대화하는 데 유리하다. 그러나 약효는 복용 초기보다 시간이 지날수록 떨어지는 문제가 있다. 피 속에 약성분이 일정 시간(다음 약 복용 시까지)동안 지속시킬 수 있는 방법은 없을까?

18. 일회용 주사기의 제조

전염성 질병을 방지하기 위해서 한번 사용한 주사기는 버린다. 일회용 주사기의 구성은 크게 3개의 유니트로 되어 있다. 이 유니트를 줄여 생산 코스트나 자원을 절약할 수 있는 방법은 없을까?

19. 조미 성분의 용해도 증가 방법

아미노산 식문화를 즐겨온 사람들에게 감칠맛을 주는 조미 성분은 glutamic acid이지만 이것은 용해도가 낮아 사용이 제한된다. 용해도를 높여 범용성 있게 할 수는 없을까?

20. 무기태 칼슘의 흡수율 증가 방법

일반적으로 사용되어 오던 칼슘제 원료는 굴 껍질이나 달걀 껍질이었다. 그러나 이들 중에 포함된 칼슘 형태는 체내에서 흡수율이 낮다. 이들 칼슘제 원료에서 칼슘의 흡수력을 증가시킬 수 있는 방법은 없을까?

21. 화재 현장에서의 질식 예방 방법

대형 화재 시 피해자 대부분은 유독가스에 의해 의식을 잃거나 사망하게 되는데, 통계에 따르면 화재로 인한 사망자 중 60% 이상이 화염이 채 몸에 도달하기 전에 가스와 연기로 인한 질식 사망이고 약 2% 정도만이 소사 하는 것으로 알려지고 있다. 정교한 필터를 장착한 가스마스크를 착용할 수 있다면 가장 안전하지만 이런 마스크는 값이 비싸고, 무거우며, 부피가 커서 예고된 화재가 아니라면 휴대하기 곤란하다.

사람들은 화재현장 탈출 시 가지고 있던 손수건이나 타월을 한 손으로 코를 막고 탈출하기도 하는데, 이것은 매연의 흡입은 억제할 수 있으나 질식의 원인이 되는 아황산가스(SO_2), 암모니아(NH_3), 황화수소(H_2S), 탄산가스(CO_2), 일산화탄소(CO), 이황화탄소(CS_2), 염화수소(HCl) 및 각종 다이옥신류 흡입은 거의 막지 못한다.

그 이유는 마른 수건이나 마스크는 물리적 여과 기능만 할 뿐 질식의 원인이 되는 유독가스를 잡아주는 화학적인 기능은 없기 때문이다.

따라서 사람들이 일상적인 생활 중 화재 발생 현장에 처할지도 모르는 상황을 대비하기 위해서, 유독가스 제독기능이 있으면서 휴대하기 쉽고 가격이 저렴하여 개개인이 휴대할 수 있는 기구의 생산유통이 바람직한 방법은 없을까?

22. 도마에서 김치 절단 시 국물 유실방지 방법

김치처럼 국물이 많은 것을 평판 도마에 자르면 국물이 많이 흘러나와 작업대를 오염시키는 문제가 있다. 특히 김치 국물에는 젖산균이나 영양소가 많이 함유되어 있고 국물은 김치가 마르는 것을 방지하기 때문에 김치 국물은 절단된 김치에 김치 국물이 같이 있게 하는 것은 영양적으로나 시각적인 면에서 바람직하다. 김치 절단 시 김치의 국물 낭비를 막을 수 있는 방법은 없을까?

김치처럼 물이 많이 함유된 식품은 도마에서 자를 때 국물이 유출되어 작업대를 오염시킨다. 이 오염을 방지할 수 있는 도마를 생각해 보자.

23. 선박 충돌 시 원유 유출 예방 방법

원유 운반 선박의 좌초나 충돌 시 원유 유출로 인한 해수오염은 세계적인 문제이다. 원유 운반선이 충돌하거나 좌초될 때 원유 유출로 인한 해상오염을 예방할 수 있는 방법은 없을까?

24. 장기 입원환자의 등창 예방 방법

장기간 침대에 누워 치료 중인 환자의 경우 본래의 질병 치료보다 등창으로 인하여 상태가 심각하게 되는 경우가 많다. 장기 입원환자의 등창예방 방법을 생각해보자.

25. 액상 물질의 분취 방법

액상 식품이나 약을 일정량씩 손쉽게 계량적으로 분취해서 사용할 수 있는 방법은 없을까?

26. 실험 용기의 빠른 건조 방법

삼각플라스크를 씻은 다음 건조하는 과정에서, 씻은 플라스크를 바로 세워 건조하면 시간이 많이 걸린다. 보다 빨리 건조할 수 있는 방법은 없을까?

27. 카이틴(chitin)의 흡수율 증가 방법

새우, 게 등 갑각류에 들어 있는 카이틴(chitin-단백질-$CaCO_3$)은 체내에 흡수되면 여러 가지 생리활성 효과가 있는 건강식품으로서의 가치가 큰 천연 소재이다. 그러나 자연에 존재하는 카이틴은 불용성으로 거의 흡수되지 않는 문제가 있다. 카이틴의 체내 흡수율을 높일 수 있는 방법은 없을까?

28. 제초제 약해가 없는 작물의 육종 방법

제초제 사용 시 작물에 살포하면 제초 효과는 나지만 작물에 약해가 발생하는 모순이 발생한다. 작물에는 피해가 없고 잡초만 효과적으로 죽일 수 있는 방법은 없을까?

29. 팩상 한약 데울 때 태움 방지 방법

한약의 보편적인 소비형태는 팩에 한약을 넣어 밀봉 살균한 팩상으로 20여 일분을 한번에 제조하여 냉장고에 보관하면서 복용하는데, 찬 상태보다 따뜻한 상태의 것을 먹는 것이 약효가 좋다. 그래서 팩상 한약은 냄비에 데워 먹는 가정이 많은데, 태우거나 보이지 않아 먹기를 잊어버리는 경우가 발생한다.

한약을 데울 때 부주의하더라도 태우지 않고 가열할 수 있는 방법은 없을까?

30. 건조식품의 변질 방지 방법

식품이나 환약 및 알약을 한 병에 넣어 오랫동안 복용하면 산화나 흡습되어 변질되기 쉬운 문제가 있다.

식품이나 약품을 용기 중에 보관할 때, 산화반응과 흡습을 방지할 수 있는 방법은 없을까?

31. 피자 먹기 전에 절단하는 번거로움을 해결해 주는 방법

피자가 배달되었을 때 크기가 커서 먹기 전에, 먹기에 적당한 크기나 사람 수에 맞게 칼을 사용해서 절단하는 번거로움이 요구되는 문제가 있다.

배달된 피자를 번거로움이 없이 쉽게 떼어먹을 수 있게 하는 방법은 없을까?

32. 고온 지역에서의 초코파이 녹음 방지 방법

초코파이는 우리의 국민과자이다. 국내에서 판매할 초코파이는 비닐봉지에 넣어 냉동·밀봉하여 유통시켜도 문제가 없었다. 그러나 이러한 포장 상태로 우리나라와 기후 환경이 다른 외국으로 수출할 경우 더운 나라에서는 초코파이가 녹아내리고 추운 지역에서는 조직이 단단하게 되는 문제가 발생한다. 더운 지역에서 녹지 않고 추운 지역에서 굳기가 지나치게 단단해지는 문제를 막는 방법은 없을까?

33. 가래떡의 형태 유지 방법

가래떡은 수분이 많으면 부드러워 먹기 좋으나 형태가 유지되기 어렵다. 반대로 수분이 적으면 형태는 잘 유지되나, 맛이 질기고 가래떡 제조 시 압출 부하가 많이 걸리는 문제가 있다.

가래떡 형태 유지와 부하를 적게 하는 가래떡 원료처리 방법은 없을까?

34. 곰탕 조리시 대움 방지 방법

곰탕은 동물의 뼈, 피부, 힘줄 등에 함유된 콜라겐으로부터 젤라틴을 용출시켜 만들기 때문에 조리 시간이 수 시간 내지 수십 시간 걸린다. 이런 경우 물이 졸아 재료도 태우고 냄비도 태우는 문제가 발생하기 쉽다. 태우지 않고 조리를 완성할 수 있는 방법은 없을까?

35. 수박의 둥근 모양 변형 방법

현재의 원형 수박은 경사면에서 취급시 저절로 굴러가 부딪쳐 깨지는 문제가 발생할 수 있고 여러 개를 차에 실을 때 또는 포장 시 공간이 많이 필요한 문제가 있다. 네모난 수박을 생산할 수 있는 방법은 없을까?

36. 어린이에게 안전한 약병의 마개 구조

약병을 간단히 돌리기만 하면 열리는 약병은 잘못 관리할 경우 판별력이 없는 어린이들이 약병을 열어 불필요한 약을 먹어 약물중독을 발생할 우려가 있다. 어린이들이 약병 뚜껑을 쉽게 열 수 없게 할 방법은 없을까?

37. 수술용 고무장갑을 손쉽게 착용하는 방법

수술실에서 수술 작업 요원들은 모두가 살균된 고무장갑을 끼게 되는데, 대개 장갑에 공기를 입으로 불어넣은 다음 손에 착용하는 데 시간이 많이 걸리고 비위생적이며 불편하다. 쉽게 착용할 수 있는 방법은 없을까?

38. 과일을 쉽게 딸 수 있는 방법

농촌의 인건비가 올라가면서 과일의 수확 비용이 크게 증가되어 과수 농가의 수입을 격감시키는 문제가 지속되고 있다. 과일나무로부터 과일을 쉽게 딸 수 있는 방법은 없을까?

39. 펌프병의 분출량 조절 방법

펌프병은 액상 및 반액상 화장품이나 세제는 물론 약품을 일정량씩 사용하는 데 사용되고 있다. 그러나 경우에 따라서는 일회 분출량을 적게 하거나 보다 많게 할 필요가 있다.

출고시 정해진 양으로만 펌핑되도록 고정된 펌프병에서 1회 분출량을 필요에 따라서 조절할 수 있는 방법은 없을까?

40. 현미에 담자균 배양 방법

상황버섯 및 차가 버섯의 균사체를 목재에 배양하는 것보다 재료인 현미에 배양하면 가식성 건강식품 소재가 얻어지는 장점이 생긴다. 그러나 담자균은 번식 시간이 20일 이상으로 길어 배양 중 배지의 잡균 오염을 철저히 배제하기 위해서 살균은 고온(121℃), 장시간(80~90분)에서 이루어져야 한다. 이렇게 고온·장시간 살균을 하면 살균효과는 좋으나 현미 입자끼리 덩어리 져서 담자균 배지로 쓸 수 없게 되는 문제(모순)가 생긴다.

현미를 담자균 배지로 사용할 경우 덩어리짐 없이 배지를 제조할 수 있는 방법은 없을까?

41. 분체 식품의 계량적 사용 방법

봉지에 들어 있는 커피, 설탕, 프림, 소금, MSG 등 가루(분체)식품은 계량적으로 사용하기 어렵고, 개봉하여 보관 중이나 사용 중 넘어지면 엎질러지며, 개미 등이 침입하는 문제가 있다. 이 문제를 해결할 수 있는 방법은 없을까?

42. 건조 분체 식품 용기의 개봉 사용 중 덩어리짐 방지 방법

여름철 개봉된 인스턴트 커피를 오래 방치하면 덩어리(caking)가 생기는 문제가 발생한다. 커피를 비롯한 분체 식품의 덩어리지는 문제를 해결할 수 있는 방법은 없을까?

43. 생면의 저장성 연장 방법

생면은 기름을 꺼리는 사람들에게 선호도가 높다. 그러나 생면을 비닐봉지에 넣어 유통시키는 경우 특히 기온이 높은 여름철에는 유통과정에서 곰팡이가 발생하는 문제가 있다. 이 문제를 해결할 수 있는 방법은 없을까?

44. 식품 중 쇳가루 제거 방법

제분 시 제분기의 회전 및 마찰로 부품의 연삭작용에 의해서 쇳가루가 발생하여 식품가루에 쇳가루가 섞이는 문제가 발생한다. 이렇게 식품가루에 섞인 쇳가루를 제거할 수 있는 방법은 없을까?

45. 병원에서 약물 오용 방지 방법

병원에서 간호사나 의사가 환자에게 주사할 때 의약품 오용으로 주사 쇼크사고가 가끔 발생하고 있다. 병원에서 의약품 오용을 예방할 수 있는 방법은 없을까?

46. 과채류의 수확 당시 저온 유지 방법

과채류는 수확 당시의 품온이 높을수록 저장유통 수명이 짧아진다. 과채류 수확 당시 밭에서 품온을 낮게 할 수 있는 방법은 없을까?

47. 가스관에서 가스 유출 감지 방법

가스는 이제 주방에서 조리하는 데 보편적인 가열매체가 되었다. 조리 시 가스의 사용은 여러 면에서 장점이 있지만 부주의나 가스관 결함으로 가스로 인한 화재가 일어날 수 있는 문제가 있다. 가스는 무색이기 때문에 유출 확인이 어렵다. 그래서 가스관에 결함이 있으면 가스 유출에 의한 화재가 발생하기 쉽다. 가스 유출 상태를 확인할 수 있는 방법은 없을까?

48. 식품의 산패 방지 방법

구운 김, 잣, 비스킷, 호도, 땅콩 등 기름 함유량이 많은 식품은 오래 저장하면 기름이 산화되어 유해한 과산화물이 필연적으로 발생하는 문제가 있다. 유지를 많이 함유하는 식품에서 과산화물 생성을 억제할 수 있는 방법은 없을까?

49. 기름과 물의 유화 방법

물과 기름은 각각 극성과 비극성이기 때문에 서로 섞이지 않는다. 물과 기름(oil)을 섞이게 할 수 있는 방법은 없을까?

50. 인공 유산제의 효능 지속 방법

인공 유산제 프로스타글랜딘은 질 내 좌약 및 주사액으로 사용할 수 있으나 체내에서 3초 후에는 약효가 상실된다. 체내에서 약효를 지연시킬 수 있은 방법은 없을까?

51. 비살균 가공 식품의 보존 방법

떡국용 쌀떡, 가락국수, 메밀국수, 어묵 등에 방부제로 과산화수소가 쓰여 왔으나 이것이 위생적으로 문제가 있음이 알려지면서 식품가공업체들은 대체물질 찾기에 부심하고 있다. 이것을 해결할 수 있는 방법은 없을까?

52. 생선회의 선도유지 방법

생선회는 횟감을 절단해서 회 접시에 담아 상에 놓아 손님에게 제공되는데 생선을 절단하여 만든 회를 섭취할 때까지 수 분 내지는 수십 분 걸리게 된다. 이 사이 회는 생선이 가지고 있는 자가 효소의 작용으로 회 조직이 서서히 연화되고 마르게 되어 씹히는 맛이 떨어지는 문제가 있다.

회를 먹는 동안 회 접시에 놓인 회의 조직이 지나치게 연화되고 마르는 문제를 해결할 수 있는 방법은 없을까?

53. 콩나물 재배통의 구조변화 방법

콩나물콩의 발아와 생육 과정은 다음 반응에서 보는 바와 같이 호흡반응이 병행되기 때문에 발아와 생육이 왕성할수록 이 반응이 활발히 진행되어 콩나물의 직접적이고 주요한 재배 환경을 좌우하는 콩나물 재배통 내의 산소 밀도는 낮아지고 탄산가스 밀도 및 온도는 지속적으로 높아지게 된다. 따라서 콩나물 전 재배기간 동안 기존의 콩나물 재배통 내는 산소의 부족과 고온 장해로 인하여 부패가 일어나기 쉬운 문제를 안고 있다.

$$C_6H_{12}O_6 + 6O_2 = 6CO_2 + 6H_2O + \text{열}$$

콩나물 재배기간 동안 콩나물 재배통 내로의 공기 유통이 원활하게 일어나 기존 재배통보다 산소 공급이 잘 되고 고온 장해가 발생하지 않는 콩나물 재배통의 구조변화 방법은 없을까?

54. 포장 김치의 가스발생 억제 방법

포장 생김치 보관 및 유통 시 알코올 발효반응($C_6H_{12}O_6 \rightarrow 2C_2H_5OH + 2CO_2$)에 의해서 포장이 팽창하거나 파열되는 문제가 발생할 수 있다. 가스발생을 억제할 수 있는 방법은 없을까?

55. 포장 김치의 용기 내에서 발생한 가스 제거 방법

포장 생김치 보관 및 유통 시 앞 항 54의 반응에 의해서 포장이 팽창하거나 파열되는 문제가 발생할 수 있다. 발생된 가스를 제거할 수 있는 방법은 없을까?

56. 김장김치 표층 갈변억제 방법

김장김치 담글 시 김치를 용기에 담은 후 표층에는 적당량의 우거지를 얹은 다음 중량감 있는 돌을 놓아 김치 표층이 김치 국물에 잠기게 하여 곰(산막균)발생을 억제하는 표면처리를 하게 된다. 그러나 이런 표면처리는 김치발효과정에서 생긴 유기산이 돌의 성분과 반응하여 상층 김치에 갈변을 일으키는 동시에 중성에 가까운 산도를 나타내어 표면 김치는 언제나 맛이 없고 색이 좋지 않게 된다. 김치 표층에서 일어나는 변질을 억제할 수 있는 방법은 없을까?

57. 빵 틀로부터 빵을 쉽게 분리할 수 있는 방법

빵을 구울 때 빵 틀에 도우(dough)를 넣고, 굽고 나서 빵 틀로부터 빵을 분리하려면 붙어서 분리하기 어렵다. 빵을 구운 후 빵 틀에서 분리하기 쉽게 할 수 있는 방법은 없을까?

58. 고깃국에 뜬 기름의 제거 방법

쇠고기 및 돼지고기는 물론 각종 가금류의 고깃국물에는 언제나 기름이 뜨게 된다. 고깃국에 뜬 기름은 포화지방산이 많고 조리되는 동안 공기와의 접촉이 자유로워 프리래디칼(free radical)의 일종인 유해한 과산화물(peroxide)이 많이 함유될 가능성이 높기 때문에 비만, 각종 혈관계 질환 및 세포 노화 등을 막기 위해서 국물 위에 뜬 기름은 가급적 제거하여 먹는 것이 좋다. 고깃국물에 뜬 기름을 효과적으로 제거할 수 있는 방법은 없을까?

59. 찹쌀 중 금속이온의 제거 방법

부수게(일명 유과 또는 산자)의 주원료인 찹쌀은 전기적 음성도가 높아 2가의 금속이온(Ca^{2+}, Mg^{2+})이 아밀로펙틴(amylopectin) 체인 사이에 가교결합을 이루고 있어서 부수게 반대기 튀김 시 팽화력이 떨어지는 원인이 되고 있다. 부수게 원료인 찹쌀 중의 2가 금속이온 제거 방법은 없을까?

60. 된장이나 고추장 표면의 곱 발생 억제 방법

가정에서 된장이나 고추장을 항아리에 담고 숙성하는 과정에서 표면에 곱(산막효모, 곰팡이 등)이 발생하는 것을 막기 위해서 표면에 소금을 듬뿍 뿌리고 햇빛을 쪼이고 있다. 이런 경우 표면은 갈변으로 검고, 너무 짜며, 수분이 증발하여 유동성 없는 등 먹을 수 없는 표면층이 생겨 이 부분은 버리게 된다.

표면에 소금을 많이 넣지 않아 짜지 않고, 갈변도 최소화되며, 마르지 않는 표면관리 방법은 없을까?

생체 모방발명은 우수한 발명 가능성 높아

발명품 중에는 자연물로부터 영감을 얻어 발명된 것들이 많고 이것들은 대부분 명품인 경우가 많다.

고래 표면을 모방한 잠수함 표면 구성, 상어의 표면을 모방한 필름을 비행기 표면에 붙여 연료를 절약한 발명, 장미 넝쿨로부터 가시 철조망의 발명, 벌집으로부터 일회용 종이컵 발명, 낙지 흡착판으로부터 전화기 밀림 방지 부착판 발명 및 바다 거북등에 페인 골 형태로부터 골프공 발명(비거리 퍼팅에서 유리) 등은 우수한 생체 모방 발명이다.

생체 모방 기술이 성공하는 이유는 생물체는 자연 조건에서 수천 년을 거치면서 자연에 순응하기 위해서 완벽하게 진화된 것이기 때문이므로 자연물을 활용한 발명은 실용도가 높다.

61. 거미줄의 새로운 용도

거미줄은 가늘고 무게가 적어 보이지만 인장 강도는 나일론과 맞먹은 정도이며, 인체에 유해성이 전혀 없으며 특히 인체에 대하여 알레르기 반응을 일으키지 않는 특성이 인정되었다. 이를 활용할 수 있는 방법은 없을까?

62. 열순환 펌프에서 기름 부족을 아는 방법

열 순환 펌프는 저수탱크 내에 일정 수준의 기름이 채워져 있어야 작동이 된다. 한 실험실에서 오래된 펌프를 작동해 보니 작동이 되지 않는다. 기름 수위도 줄은 듯하고 오래 사용해서 고장일 수도 있다.

이 경우 먼저 기름이 부족한가를 체크해야 한다. 그런데 준비된 기름이 없어 기름을 부어 확인하려면 기름을 사와야 한다. 기름을 사지 않고 기름 부족을 확인할 수 있는 방법은 없을까?

63. 음주운전자가 시동을 걸면 걸리지 않게 할 수 있는 방법

음주 운전에 의한 자동차 사고는 매년 증가하고 있어서 음주운전은 사회적인 문제가 되어있다. 불치의 질병으로 숨지는 것은 어찌할 수 없으나 문명의 이기인 자동차 사용에 의한 인명 사고는 발명품의 사용에 따른 부작용의 한 예이다.

음주운전자가 시동을 걸면 걸리지 않게 할 수 있는 방법은 없을까?

발명과 특허 팡세

발명이란 기존의 어떤 것을 조합해서 새로운 기능이나 시스템을 창출하는 것으로 이는 마치 우리가 현재 사용하고 있는 단어를 서로 다르게 조합해서 시를 쓰고, 색과 색을 조합해서 그림을 그리는 것과 다를 바가 없으나, 발명은 물리적 및 화학적 기능이 있다는 점에서 이들과 다르다.

8 발명의 시장성 평가

발명(invention)은 특허성과 시장성이 있을 때 성공한다. 그러나 발명이 특허성이 있다 해서 반드시 시장성이 보장되는 것은 아니다. 그러므로 발명가는 본격적으로 발명을 실행하기 전에 자기의 발명에 대하여 쓸모없는 발명이 되지 않도록 시장성 평가를 객관적으로 실행할 필요가 있다. 그러나 대부분의 발명가들은 자기 발명에 대하여 마치 10달 동안 태아를 키워 아기를 탄생시키는 산모처럼 자기 발명품이나 시제품의 시장성에 대하여는 지나치게 낙관적인 평가를 하기 쉽다.

발명의 시장성 평가는 도면이나 시제품을 만들어 시장성(marketability)을 조사할 수 있다.

어떤 발명에 대한 시장성 평가 결과는 그 발명의 성공 가능성 여부의 판단 기준이 되기도 하지만 평가 결과를 참고하여 자기 발명에 대하여 시장성 있게 보완하는 좋은 기회가 될 수도 있다.

특허 출원 전 발명의 시장성 조사 과정에 있는 발명의 내용을 공개하거나 시제품을 판매한 경우는 미국을 제외하고 우리나라를 포함해서 대부분의 나라에서 특허를 받을 수 없게 된다는 것을 유의해야 한다.

1. 비용(cost)

당신의 발명이 기존의 상품보다 제조, 유통 및 사용 비용이 적게 드는가를 평가한다.

2. 무게(weight)

당신의 발명이 기존의 상품보다 더 가벼운지, 더 무거운지 그리고 그 변화가 바람직한지를 평가한다.

3. 크기(size)

당신의 발명이 기존의 상품보다 크기나 용량에 있어 더 큰지 더 작은지, 또 그러한 변화가 바람직한지를 평가한다.

4. 안전과 건강(safety and health)

당신의 발명이 기존의 상품보다 사용에 있어 더 안전한지, 건강에 더 이로운 효과를 낼 수 있는지를 평가한다. 건강과 안전에 도움이 될 때는 비용과 무게의 큰 증가도 종종 받아들여지고 있다.

5. 속도(speed)

당신의 발명이 기존의 상품보다 더 빨리(또는 느리게) 일을 해낼 수 있는지 또 그러한 속도의 변화가 이로운지를 평가한다.

6. 사용의 용이도(ease of use)

당신의 발명이 기존의 상품에 비하여 사용하기 더 쉬운지 또는 사용방법을 배우기가 더 쉬운지를 평가한다.

반대로 사용하기 어려울수록 이점이 되는 경우도 있다. 예로서 금고의 숫자 맞춤, 자물쇠, 비밀번호 등을 들 수 있다.

7. 생산의 용이성(ease of production)

당신의 발명이 기존의 상품에 비하여 제작하기 더 쉬운지 또는 더 어려운지 비용이 더 적게 드는지 또는 더 많이 드는지를 평가한다.

수작업으로 제조할 수밖에 없는 이전의 상품과는 달리 대량생산이 가능한지도 평가한다. 반대로 만들기 어려울수록 이로운 경우도 있으며 그 예로서 화폐나 신용카드를 들 수 있다.

8. 내구성(durability)

당신의 발명이 이전의 상품에 비하여 보다 더 오래 쓸 수 있는지 또는 빨리 낡아 없어지는지를 평가한다.

빨리 낡아 못쓰게 되는 상품을 좋은 제품이라고는 할 수 없지만 일회용 면도기와 같이 이전의 상품보다 오래 못 쓰는 제품을 만든 것이 그 제조업자에게 큰 돈을 벌게 한 사례도 많다.

9. 수리의 수월성(repairability)

당신의 발명이 이전의 상품에 비하여 수리하기가 더 쉬운지 수리 비용이 적게 드는지를 평가한다. 주기적인 유료 a/s가 필수적인 제품을 개발하는 것은 생산자에게 영업상 장점이 될 수 있다.

10. 신규성(novelty)

당신의 발명이 이전의 상품에 비하여 전혀 새로운 것인지를 평가한다. 단지 새롭다는 것 자체만으로는 도움이 되지 않는다고 생각할 수 있지만 대개의 경우 큰 도움이 된다.

이전의 방법이나 장치가 정부의 규정 등으로 그 실시에 어려움이 있거나 특허권을 침해하는 경우 대체 가능한 방법이나 장치는 도움이 된다.

11. 편의성과 사회적 이익(convenience and social benefit)

당신의 발명이 생활을 보다 쉽게 하거나 편의를 가져오는지를 평가한다. 새로운 기능이 있는 발명이면 그러한 이점을 가져오는 경우가 많다.

전기 칼, 원격조정 TV, 디지털시계, 전기톱, 전동 드라이버 등과 같은 기계·기구의 궁극적인 가치에 대하여 의문을 가질 수도 있다. 그러나 비교적 풍요한 우리사회에서는 기계·기구 구입을 위해 쓰는 돈을 벌기 위한 시간이 그것을 사용함으로써 절약되는 시간보다 오히려 시간이 많이 드는 경우도 종종 있다.

그럼에도 불구하고 노력과 시간을 절약시키는 기계·기구 덕분에 상당한 돈을 번 경우가 많다. 또 많은 새로운 산업은 기존의 발명품을 보다 사용하기 쉽고 편리하게 만드는 것으로부터 시작되었다.

자동차를 발명한 것은 헨리포드(Henry Ford)가 아니지만 그는 그것을 대량으로 생산했고, 또 대중이 사용하기에 보다 더 편리하게 만들었다. 또 사진기에 있어 조지 애스만(George Eastman)도 그러하였고, 컴퓨터에서 Jobs and Wozniak도 그런 경우이다.

12. 신뢰도(reliability)

당신의 발명이 이전의 상품에 비하여 실패율이 적고 수리 빈도가 적은지를 평가한다.

13. 생태(ecology)

당신의 발명이 이전에 폐기물이라고 생각되었던 것을 활용할 수 있는 것인지를 평가한다. 한정된 천연자원의 소비를 감소시키는지 또 연기, 폐수 등과 같은 폐기물을 덜 배출하는지를 평가한다.

14. 시장성(salability)

당신의 발명이 이전의 상품에 비하여 판매 또는 마케팅이 쉬운지를 평가한다.

15. 외형(appearance)

당신의 발명이 이전의 상품에 비하여 보다 더 아름다운 디자인이 가능한지를 평가한다.

16. 보이기(viewability)

당신의 발명이 눈에 관련된 발명이라면 보다 더 밝고 분명하게 보이는지를 평가한다. 예를 들면, 보다 선명한 화면의 칼라 TV나 햇빛 아래에서는 저절로 어두워지는 가변색(photo-chromic) 안경은 가치 있는 발명이다.

17. 정밀도(precision)

당신의 발명이 이전의 상품보다 정밀 또는 정확하게 작동하는지를, 또는 보다 더 정밀하고 정확한 기능을 제공하는지를 평가한다.

18. 소음(noise)

당신의 발명이 보다 더 조용하게 작동되는지, 불쾌한 소음을 보다 듣기 좋은 소리로 변환시키는지를 평가한다.

19. 향기(oder)

당신의 발명이 불쾌한 냄새를 적게, 또는 많이 내는지를 평가한다. 반대로 유쾌한 냄새를 보다 많이 느낄 수 있는가를 평가한다.

20. 맛(taste)

당신의 발명이 알약과 같이 먹을 수 있는 것이거나 미감과 관련이 있는 것이라면 더 좋은 맛을 내는지를 평가한다.

악취나 고약한 맛이 이득이 될 수도 있다. 예를 들면 독약의 경우, 아이들의 복용을 마을 수 있는 이점이 있고, 전화선의 경우 쥐 같은 동물이 씹는 것을 방지할 수 있는 이점이 있다.

21. 시장의 규모(market size)

당신의 발명이 이전의 상품에 비하여 보다 더 큰 시장성이 있는지를 평가한다. 예를 들면, 기후나 법적인 규제 때문에 좁은 지역에서만 사용할 수 있는 발명도 있고, 또 생태적인 이유로 어떤 지역으로 사용이 한정되는 발명도 있다. 발명이 그러한 제한으로부터 벗어날 수 있다면 시장은 확대될 것이다.

22. 수요의 경향(trend of demand)

당신의 발명이 수요가 증가하는 경향이 있는 것인지 아닌지를 평가한다. 가능하면 경향(trend)과 유행(fad)을 구분할 필요가 있다.

경향은 시장을 제공해 줄 것이지만 유행은 초기에 잡지 않으면 곧바로 떠나 버릴 것이다. 어쨌든 고객의 잠재적인 수요를 예측한 것이라면 좋다.

23. 수요의 계절성(seasonal demand)

당신의 발명이 계절에 상관없이 유용한 것인지 아닌지를 평가한다. 에어컨 및 선풍기 등은 대표적인 계절상품이지만 이들에게 계절성을 타파할 수 있는 기능을 붙인다면 사계절 상품이 될 수 있다.

24. 시장침투의 난이도(difficulty of market penetration)

당신의 발명이 이전에 팔리고 있는 상품을 개선한 것인지 아닌지를 평가해 본다. 전혀 새로운 기능을 가진 물품은 보다 시장침투가 쉬울 것이다.

25. 잠재적인 경쟁성(potential competition)

당신의 발명이 간단한 것이거나 인기 있는 것이거나 만들기 쉬운 것이어서 많은 사람들이 비슷한 것을 만들거나 그 특허를 무효화시키려고 할 가망성이 많은지를, 반대로 발명이 인기가 적고 비교적 복잡하고 만들기 어려워서 제조설비 및 생산에 큰 자본이 소요되기 때문에 경쟁하면서 생산하려 하지 않을 것인지를 평가해 본다.

26. 품질(quality)

당신의 발명이 기존의 상품에 비하여 보다 품질이 더 좋은 제품을 생산하거나 보다 더 좋은 결과를 가져온 것인지 아닌지를 평가해 본다. 예를 들면, 레이저 음반은 마그네틱테이프보다 더 좋은 음질을 제공한다.

27. 충동성(excitement)

당신의 발명이 일반적인 사람들에게 어떤 형태의 흥분이나 설렘 같은 것을 일으킬 수 있는 것인지 아닌지를 평가해본다.

어떤 사람들은 새로운 차를 사거나 여행을 함으로써, 또 어떤 사람들은 최대인치 TV, 레이저축음기, 집 보는 로봇 등과 같은 새로운 물품을 구입함으로써 만족감을 얻는다.

그러한 구매자들을 일컬어 새로운 것을 좋아하는 사람(neophiles)이라고 부른다. 그들은 새로운 장난감을 소유하거나 자랑함으로써 어떤 흥분이나 설렘 같은 것을 맛보곤 한다. 벤츠(Mercedes benz) 자동차나 로렉스(Rolex) 시계와 같은 값비싼 물건을 구입하는 사람들은 베렌(Thorsten Veblen)이 말한 『눈에 띄는 소비(onspicuous consumption)』라든가, 요즘 말하는 『신분 추구(status seeking)』라는 것에 대개 움직이는 사람들이다.

그들은 비싸거나 진기한 것을 구하여 자랑하기를 좋아한다. 그래서 이러한 소비자들의 욕구를 충족시킬 수 있는 새롭거나 고급스러운 발명이 결정적으로 유리할 것이다.

28. 이윤율(mark-up)

발명이 충동적인 것이라면 높은 이윤을 낼 수 있는 것인지 아닌지를 평가해 본다. 예로서 판이하거나 새롭거나 혁신적이거나 호화스러움이 있는 것이면 마케팅에 성공할 수 있다.

29. 저성능(inferior performance)

당신의 발명이 기존의 것보다 성능이 좋지 못하더라도 적절한 활용방안만 마련된다면 커다란 이점이 될 수 있다.

우습게도 성공한 3M사의 한 장씩 떼어 쓸 수 있게 한 post it 노트 패드가 좋은 예가 된다.

30. 섹시한 포장(sexy packaging)

발명품이 섹시한 것이거나 그러한 포장에 들어가는 것 또는 그러한 포장으로 팔릴 수 있는 것이면 유리하다. 예를 들면, 달걀 모양의 포장으로 haines eggs 스타킹을 성공시켰다.

31. 긴 수명(long life cycle)

당신의 발명품의 수명이 긴 것은 분명 소비자들에게 장점이 된다. 이전 것보다 수명이 길어야 하지만 너무 수명이 길게 되면 기업은 생산량을 줄여야 한다. 제품의 수명은 생산자(판매자)와 소비자 사이에 이익이 상충되는 파라미터이다.

32. 관련 제품과의 호환성(related product adaptability)

당신의 발명품이 관련제품과 호환성이 있는지 없는지를 평가해야 한다. 관련제품과의 호환성이 크면 클수록 시장성은 크다. 예를 들면, 어느 컴퓨터에나 호환성이 있는 디스켓, 프린터, s/w를 개발하면 시장성이 있다.

33. 존속되어 온 필요에 만족(satisfies exiting need)

당신의 발명이 사회적으로 지속되어 온 필요에 만족한 것인지 아닌지를 평가한다. 예를 들면, 약물남용이나 자동차의 충돌을 방지할 수 있는 것.

34. 적법성(legality)

당신의 발명이 법적으로 적합한지 아닌지를 평가해 본다. 환경이나 안전성에 문제가 없는지를 평가한다.

35. 작동성(operability)

당신의 발명이 기존의 상품에 비하여 쉽게 작동될 수 있는 것인지 아닌지를 평가한다. 작동이 어렵고 사용법을 익히는 데 긴 시간이 요구되는 발명은 시장성을 감소시킨다.

36. 개발도(development)

당신의 발명품이 시장에 내놓을 만큼, 기존의 상품보다 재료선택이나 외관이 잘 디자인되었는지 그렇지 않은지를 평가한다.

37. 수익성(profitability)

당신의 발명이 외국산 원료에 대한 의존도가 높은지 그렇지 않은지를 평가한다. 또 시장에 선보일 때 가격 수준은 적합한지를 평가한다.

38. 쇠퇴성(obsolescence)

당신의 발명이 쇠퇴기에 처한 것인지 아닌지를 평가해본다. 시장성이 오래 지속되지 못 할 제품을 생산할 때는 공장시설을 하는 것보다는 아웃소싱(outsourcing)하는 것이 좋다.

39. 시대착오성(anachronism)

당신의 발명이 너무 시대에 뒤떨어진 것이 아닌지 평가한다. 미국의 한 발명가가 사전에서 쉽게 단어를 찾는 기발한 방법을 발명했다. 그러나 발명은 어느 출판사에서도 흥미를 끌지 못했다. 그것은 이미 컴퓨터 사전에 의해 확립된 방법으로 대치할 가치가 없는 시대착오적 발명이었기 때문이다.

40. 제조물 책임 위험성(product liability risk)

당신의 발명이 사용 중 제조물 책임법(pl : product liability)에 걸려들 확률이 높은 것인지 아닌지를 평가해야 한다. 약품이나 어떤 장치의 수익성이 높아도 제조물 책임법에 저촉될 확률이 많으면 그 발명은 실패하기 쉽다.

41. 시장 독립성(market dependence)

당신의 발명을 판매하는 데 있어서 다른 상품과 종속적인지 독립적인지를 평가한다.

개량된 TV 튜너가 성공적인 판매를 위해서 독립적이라면 TV 판매는 차츰 위축된다.

42. 보급의 곤란성(difficulty of distribution)

당신의 발명이 배송에 용이한지를 평가한다. 너무 크고, 깨지기 쉽고, 변질되기 쉽다면 배송에 많은 비용이 든다.

43. 서비스 요구성(service requirement)

당신의 발명이 서비스 요구성이 있는 것인지 아닌지를 평가한다. 판매 후에 자주 서비스를 해주어야 한다든지 조정해 주어야 하는 것은 불리하다.

44. 생산시설 요구성(production facilities)

당신의 발명을 생산하는 데 새로운 시설이 요구되는가를 평가해본다. 발명품을 생산하는 데 새로운 장치와 도구가 필요하다면 그만큼 불리하다. 그러나 새로운 발명을 산업화하는 데 기존의 시설을 그대로 사용할 수 있거나 약간의 교체만으로 가능하다면 그것은 유리한 발명이 된다.

45. 교육의 필요성(learning required)

당신의 발명을 사용하는 데 사전교육이 필요하게 되면 불리하다.

46. 일용품(commodities)

당신이 좋은 플라스틱, 용재, 혹은 곡류를 발명했다면 이미 확립된 표준에 미달하는지 안 하는지, 혹은 기존의 가격 수준에 경쟁력이 있는지를 평가한다.

발명과 특허 팡세

> 발명력은 학력과 지능지수에 비례하지 않고 단지 관심의 대상이 무엇이고 그 대상으로부터 어떤 문제를 끌어내어 이상적인 방법으로 문제를 해결하려는 집중력에 비례한다.

9 산업재산권 정보검색

발명 아이디어가 떠오르면 발명을 구성하기 전에 자기의 아이디어가 선등록된 내용과 중복된 것은 아닌지 그리고 시효가 지난 것은 아닌지를 확인하는 것은 발명가가 발명을 하기 전에 반드시 지켜야 할 수칙이다.

철저한 정보 검색 노력은 중복 혹은 유사 출원을 방지하여 발명에 따른 시간, 연구비, 출원료, 변리사 비용 및 노력 등의 낭비를 방지하고 유사 출원으로 인하여 특허법에 저촉되어 송사에 휘말리는 문제를 회피하고 신선한 발명을 위한 필수 과정이다.

발명에 있어서 발명의 중복과 유사성으로 인한 여러 가지 낭비의 주요 요인으로는 발명가가 자기 아이디어에 몰두하기 전에 자기 생각을 이미 다른 사람이 했을지도 모른다는 개연성을 망각할 때이다.

이런 개연성의 망각으로 인한 여러 가지 낭비를 막는 최선의 방법이 바로 국내

외 선등록 특허 정보를 검색하여 중복성과 유사성을 검토하는 것이다.

1 산업재산권 정보의 의의

특허, 실용신안, 디자인 및 상표에 관한 권리를 총칭하여 [산업재산권]이라 하며, 이러한 산업재산권에 관한 여러 가지 정보 즉, 발명자, 출원인, 출원일, 공고일, 발명의 명칭, 발명의 상세한 설명, 특허청구의 범위 등과 같은 정보를 담고 있는 것이 산업재산권 정보이다.

이와 같은 산업재산권 정보에는 특허공고, 실용신안공고, 디자인공고 및 상표공보와 같은 공보는 물론 이들의 초록 또는 색인들도 포함되며 각각의 출원인, 출원일 등의 권리정보와 최신 기술정보가 게재되어 있어 기술 개발과 기업 경영에 있어 매우 중요한 정보이다.

또한 신기술 개발에 따른 첨단기술 분야의 출원 증가와 PCT 국제 조사 기관 예비심사 업무 수행에 따라 특허문헌 외에 각종 해외 저널 및 과학기술 관련 자료에 대한 수요가 증대되고 있다. 따라서 기업간 신기술개발은 물론 중복투자 방지를 위한 선행기술 조사 자료에 있어 과학기술 분야의 정보도 매우 귀중한 검색자료라 할 수 있다.

2 산업재산권 정보의 특징

1. 산업재산권 정보의 성격

1) 최신 기술정보의 원천으로서 기술의 배경, 문제점 및 해결방법이 구체적으로 기술되어 있다.

2) 모든 기술분야가 수록되어 있으며, 학회지나 학술잡지 등에 수록되지 않는 분야의 기술 정보도 있다.

3) 세계 지식재산권기구(WIPO)에서 제정한 특허문헌의 종류, 서지사항, 식별 코드 등을 적용하고 있고 기재 양식이 표준화되어 있다.

4) 공개제도를 채택하는 국가의 공개공보를 조사함으로써 기술수준이나 기술 개발의 방향을 신속하게 파악할 수 있다.

2. 정보의 역할

1) 기술개발에 있어서의 역할

(1) 장기간에 걸친 광범위한 국내외 특허정보가 축적되어 있어 새로운 연구개발 테마 수집이 가능하다.

(2) 특허정보는 비교적 새로운 정보이므로 특정분야에 대한 동종업체의 기술 동향, 기술수준의 파악이 가능하여 중복연구 및 이중투자 방지가 가능하다.

(3) 자기회사의 기술개발 테마의 선정이나 개발 프로세스의 수정이 용이하고, 특허정보를 분석하여 Patent Map을 작성함으로써 타사의 특허전략, 기술개발전략 및 기업전략의 파악이 가능하다.

2) 권리취득에 있어서의 역할

(1) 출원시 명세서를 작성할 때 타인의 권리내용과 선행기술을 고려하여 자신의 권리범위를 확정한다.

(2) 정보제공이나 이의신청, 무효심판 등에 의해 타사의 특허권을 저지하거나 권리범위의 축소가 가능하다.

3) 권리활용에 있어서의 역할

(1) 자사가 독점적으로 권리를 실시하고 타사의 실시 방지가 가능하다.

(2) 라이센스 계약에 의해 타사에서 실시를 허락하여 로열티 수입이 가능하다.

(3) 자사의 권리를 타사의 실시허락과 동시에 그에 대응하는 타사권리의 실시 허락을 받는 크로스 라이센스가 가능하다.

4) 기술동향 조사에 있어서의 역할

(1) 특허 면에서 본 기술개발의 방향이나 현재기술의 문제점 파악이 가능하다.

(2) 기술개발이 요청되고 있는 기술 분야, 개발기술이 활발하여 기술이 고도화, 복잡화되어 있는 기술 분야 등에서는 기술예측 또는 특허 출원 시 사전조사의 효과가 있다.

3 산업재산권 정보 조사

1. 조사의 목적

- 특허출원용 선행기술 조사 이의신청 및 심판청구
- 신제품에 대한 타인의 권리 확인 및 경쟁자 감시
- 제품의 수출 시 상대국의 권리 확인 및 실시계약
- 제품의 수입 시 국내권리 확인 등

2. 조사의 시기

1) 특허·실용신안의 경우

- 연구·개발테마 모색, 아이디어 수집 단계 시
- 연구·개발테마 결정, 개발계획 단계 시
- 연구·개발의 과정·설계·제품개량의 과정 시
- 설계·제품개량의 과정·수주 또는 견적서 작성 시
- 제품출하·수출 전 기술제휴·자재 부품구매 시
- 특허출원(심사청구)·이의신청·심판청구 시 등

2) 디자인의 경우

- 상품개념 책정 시
- 아이디어 전개·스케치 검토 시

- 완성예상도 작성·디자인 회의 시
- 모델 작성·디자인 결정 시
- 제품출하·수출 전 기술제휴·자재·부품구매 시
- 디자인출원·이의신청·심판청구 시 등

3) 상표의 경우

- 상표명 결정 시·도형의 스케치 검토 및 도형 결정 시
- 상표출원·이의신청·심판청구 시 등

4 KIPRIS 소개

KIPRIS(Korean Industrial Property Rights Information Service, 한국특허정보원)는 특허청 보유 국내 산업재산권 정보 전체를 DB로 구축하여 일반인들이 인터넷을 통하여 검색·열람할 수 있도록 한 특허청 산하 한국특허정보원(KIPI)의 국민 특허정보 종합인터넷 서비스이다.

KIPRIS는 1996년 7월 상업적인 서비스를 개시한 후 2000년 1월 특허정보의 이용 활성화를 위해서 무료서비스를 시작하였고, 2004년 7월 1일 보다 편리한 검색시스템구축과 급변하는 정보 양태의 변화에 부응하기 위해서 신개념의 특허실용검색 서비스 시스템을 구축하여 제공하고 있다.

KIPRIS이용 절차를 요약하면 그림 9-1과 같다.

[그림 9-1]
KIPRIS 이용 절차

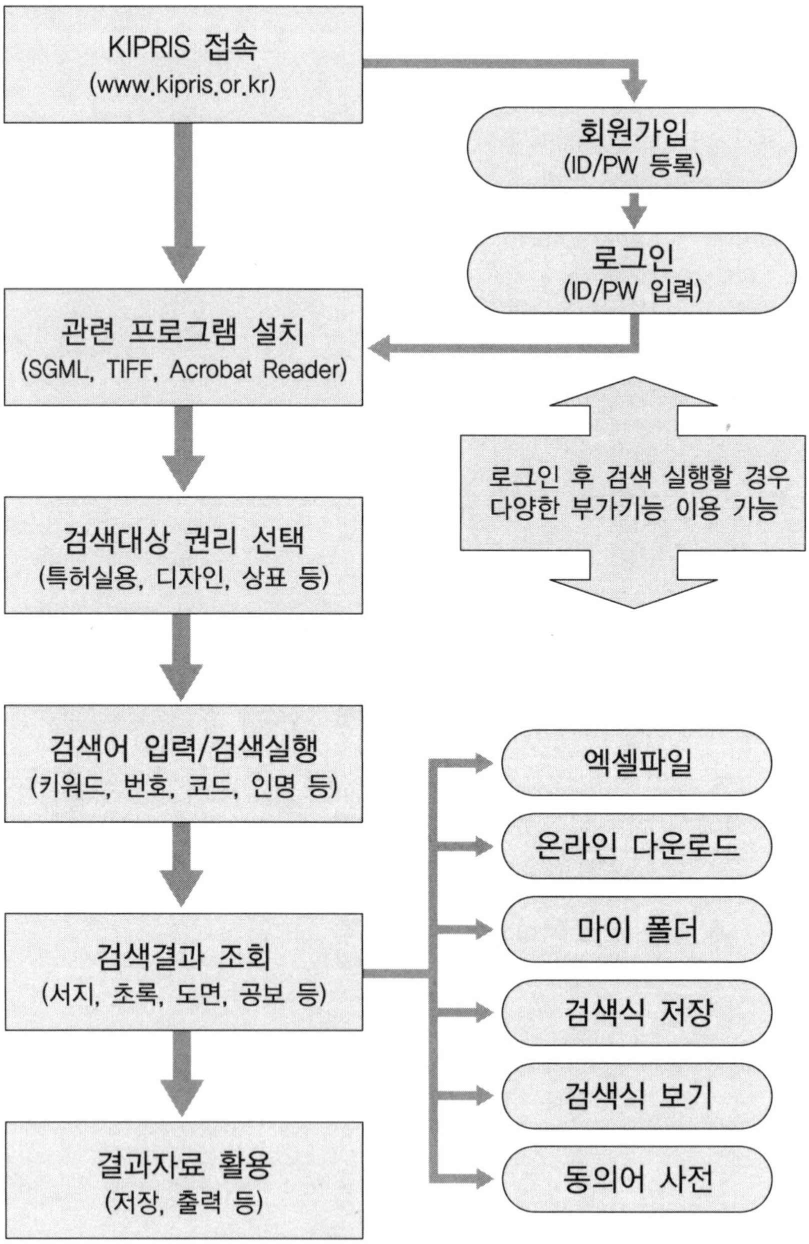

5 관련 프로그램 설치

특허·실용신안·디자인·상표의 공개 및 공고 전문을 열람하려면 반드시 관련 프로그램을 설치한다.

① 홈페이지「프로그램설치안내」코너에서 관련프로그램을 다운로드할 수 있다.

② 각 프로그램의 [다운로드] 버튼을 클릭하여 차례대로 다운로드 한다.

- 「SGML공보보기(Viewer for KIPRIS)」
- 「TIFF이미지보기(TIFF Plug-in Program)」
- 「Acrobat Reader」

가. Viewer for KIPRIS

- '파일 다운로드' 창이 열리면 [저장]을 클릭한다.
- '다른 이름으로 저장' 창이 열리면 파일을 저장할 위치를 지정한 후 [저장]을 클릭(예 : 바탕화면)한다.
- 다운로드가 완료되면 [열기]를 클릭한다.
- 설치가 시작되면 [다음] 클릭, 설치가 완료되면 [완료]를 클릭한다.

나. TIFF Plug-in Program

① ActiveX control, auto-install 아래 〈Click here to go...〉 클릭한다.

② 'Auto-install AlternaTIFF ActiveX control' 클릭한다.

③ 화면 하단의 이미지가 검게 나타날 경우 그 부분을 클릭하여 간단한 등록 절차를 진행한다.

➡ '보안경고' 창이 열리면 [예]를 클릭하여 진행한다.

④ 등록 창이 열리면 [Next]를 클릭한다.

⑤ Name, Company, E-mail 입력란에 해당 사항 기재 후 [Next]를 클릭한다.

⑥ [Send registration]을 클릭한다.

⑦ [확인]을 클릭한다.

※ 화면 하단에 설치 완료에 관한 문구가 나타나면 설치 완료된 것이다.

다. Acrobat Reader

[다운로드] 버튼 클릭 후 '다운 설치' 창이 열리면.

① Acrobat Reader프로그램을 클릭한다.

② [다운로드]를 클릭한다.

③ 다운로드 위치를 선택한 후 [확인]을 클릭한다.

④ [지금 설치]를 클릭한다.

⑤ [마침]을 클릭한다.

※ Adobe Reader에서는 사용자 PC의 운영 체제별 최신 버전을 지원하고 있으므로 사용자 PC환경에 따라 설치 과정이나 내용이 다를 수 있다.

6 특허 실용검색

먼저 KIPRIS 초기화면 상단에서 검색하고자 하는 권리(특허, 실용, 디자인, 상표 등)를 선택한다.

- 특허·실용 : 발명특허와 실용신안 검색
- 디자인 : 물품의 디자인 검색
- 상표 : 상품의 브랜드명 또는 로고 및 서비스표 검색
- 심판 : 지식재산권 관련 심판 사항 검색
- KPA : 국내 특허의 영문 자료(영문 초록) 검색
- 해외특허 : 미국, 유럽, PCT, 일본특허 검색

1. 검색 구분

특허 실용검색은 「일반검색」과 「항목별 검색」으로 검색이 구분되며, 검색어 입력란에 해당 검색어를 입력하여 검색한다.

가. 일반검색

일반검색은 간단한 단어, 인명, 번호 등의 전체 또는 일부를 이용한 검색이 가

능하며, 「단어검색」과 「번호검색」으로 구분되어 있다.

1) 단어검색

기술 용어, 출원인 명칭 등 간단한 단어(문자)로 검색이 가능하며, 검색 항목의 제한 없이 Full Text DB에서 검색이 이루어진다.

① 권리구분 : 특허와 실용신안 중에서 검색 대상을 선택할 수 있으며, 체크박스에 체크(☑)된 권리에 한하여 검색이 이루어진다.

② 검색범위 : 검색기간을 선택하는 기능으로서 "전체, 최근 1~5년, 최근 10년"으로 구분되어 있으며, 메뉴버튼(∨)을 클릭하여 선택한다.

③ 간단한 단어 또는 구문을 입력하며, 연산자 이용이 가능하다.

④ [검색] : 입력된 검색조건으로 검색을 실행하는 버튼이다.

⑤ [초기화] : 입력된 검색어를 삭제하고 초기 화면으로 되돌리는 버튼이다.

⑥ 검색어 입력 예시

2) 번호검색

특허 관련 문헌 번호의 전체 또는 일부를 이용한 검색이 가능하다.

① 특실종류 : 특허와 실용신안의 각종 문헌번호 중에서 검색 대상을 선택할 수 있으며, 메뉴버튼(∨)을 클릭하여 해당 번호를 선택한다.

② 연도선택 : 문헌 번호에 포함된 해당 년도를 메뉴버튼(∨)을 클릭하여 선택한다.

③ 번호입력 : 특허문헌의 일련번호를 자릿수와 관계없이 입력한다.

④ [검색] : 입력된 검색조건으로 검색을 실행하는 버튼이다.

⑤ [초기화] : 입력된 검색어를 삭제하고 초기화면으로 되돌리는 버튼이다.

⑥ 검색어 입력 예시

나. 항목별검색

항목별검색은 특정 검색항목을 지정하여 검색하거나, 다수 개의 검색항목을 이용한 조합검색이 가능하다.

1) 항목별검색

기술용어, IPC분류 출원번호, 등록일자, 출원인 등 세부 검색항목별 검색조건을 입력하여 검색하는 것이다.

① 권리선택 : 특허와 실용신안 중에서 검색 대상을 선택하는 것이다.

② 행정처분 : "전체, 거절, 등록, 무효, 취하, 포기"로 구분된 행정처분별 검색이 가능하며, 메뉴버튼(⌄)을 클릭하여 선택한다.

③ 세부 검색항목별 검색어 입력란에 해당 키워드를 입력한다.

④ [검색] : 입력된 검색조건으로 검색을 실행하는 버튼이다.

⑤ [초기화] : 입력된 검색어를 삭제하고 초기화면으로 되돌리는 버튼이다.

⑥ 검색어 입력 예시

➡ 다수 개의 검색항목 간 검색조건은 AND 조건이다.

2) 검색항목 설정

'항목별검색'의 각 검색항목은 이용자의 편의에 따라 설정이 가능하며, 검색화면에 나타난 다수의 검색항목 중에서 자주 이용하는 항목만을 나타내도록 하거나 불필요한 항목을 제거하고자 하는 경우에 사용한다.

① 검색항목보기 : 검색항목보기 버튼(⊞)을 클릭한다.

② 검색항목설정 : 이용자의 편의에 따라 필요한 검색항목의 체크박스에 체크(☑)한다.

③ [새로고침] : 검색항목설정을 적용시키는 버튼이다.

④ 설정화면 지움(⊠) : 검색항목설정 화면 숨기기 버튼이다.

➡ 검색항목 설정 후 반드시 [새로고침] 버튼을 클릭하여야 변경된 설정값이 적용된다.

2. 검색실행

1) 일반검색-단어검색

① 검색어 입력

- 단어 입력 : 간단한 명사형 단어를 국문 또는 영문으로 입력한다.
- 구문 입력 : "큰따옴표"를 이용하여 검색어 입력(예 : "프린터 토너")

② [검색] 버튼을 클릭한다.

2) 일반검색-번호검색

① 특실종류 선택 : 메뉴버튼을 이용하여 선택한다.

② 연도선택 : 메뉴버튼을 이용하여 선택한다.

③ 번호입력 : 일련번호를 숫자로 입력한다.

④ [검색] 버튼을 클릭한다.

3) 항목별검색

① 검색조건 입력 : 검색항목별 검색어를 입력한다.

② 검색조건 입력 : 다수 개의 검색항목을 이용한 조합 검색 시 입력한다.

③ [검색] 버튼을 클릭한다.

※ 항목별 검색 시 주의사항

3. 검색결과 조회

검색실행 후 검색결과는 검색결과 리스트에 해당하는 '간략정보'와 각각의 '상세정보' 및 '전문보기' 순으로 조회한다.

가. 간략정보 보기

검색된 결과리스트를 보여주는 '간략정보 보기' 화면에서 설정된 결과 항목별 간략정보를 확인한다.

① 입력 검색식 : 검색을 위해 이용자가 입력한 검색어 및 검색항목 표시

② 검색결과 건수 표시 : 총 검색결과 건수 및 현재 페이지 표시건수 확인

③ 정렬 : 검색결과 리스트의 정렬 표시로서 이용자의 편의에 따라 정렬이 가능하며, 각 항목별로 '내림차순'과 '오름차순'으로 구분됩니다. 조회항목 명칭(예 : 출원번호)을 클릭하여 정렬시킬 수 있다.

④ 간략정보 조회

⑤ 페이지 이동 버튼 : 30건 초과 시 페이지별 조회가 가능하다.

⑥ 페이지당 표시 건수 선택 : 페이지당 30개, 60개, 90개 중에서 선택한다.

⑦ [조회항목] : 간략정보에 표시된 항목(예 : 출원번호, 출원인 등)을 이용자 편의에 따라 변경 가능하다.

※ 조회항목은 '출원번호'와 '발명의 명칭'을 제외한 다양한 항목의 정보를 간략정보 화면에서 바로 확인이 가능하도록 항목선택이 가능하나, 최대 3개까지만 선택 가능하며, 선택 후 [새로고침]을 반드시 클릭하여야 한다.

나. 초록정보 보기

간략정보 보기 화면에 나타난 검색결과 리스트 순서대로 발명(고안)에 대한 요약문을 조회할 수 있다.

① [초록정보] 버튼을 클릭한다.

다. 상세정보 보기

서지, 초록, 도면, 등록, 심판, 중간처리 등 세부정보에 해당하는 상세정보를 한번에 조회할 수 있다.

① 검색결과 리스트에서 해당 '출원번호' 또는 '발명의 명칭'을 클릭한다.

② '상세정보 보기' 화면에서 상세정보의 각 항목 바로가기

- 기본정보 : 특허문헌번호 및 일자, 원출원정보, 최종처분, 국제출원정보, 심사청구사항 등
- 인명정보 : 출원인, 발명자/고안자, 대리인, 우선권정보
- 초록 : 발명기술의 이유, 목적, 효과에 대한 요약
- 대표청구항 : 다수의 청구항 중에서 대표청구항
- 대표도면 : 다수의 도면 중에서 대표도
- 전문 : 공개전문, 공고전문, 책자공보, 정정공고
- 등록/심판/행정처리 : 등록사항, 심판사항, 행정처리(중간처리)

③ 검색결과 리스트 순서대로 '다음' 및 '이전' 자료 바로가기

④ 상세정보 화면 출력(인쇄)

라. 전문보기

선택된 건의 공보, 즉 도면을 포함한 명세서 전체를 확인한다.

① 간략정보 조회항목 중에서 [전문] 아이콘()을 클릭한다.

② 페이지별 또는 세부 사항별 공보를 조회한다.

※ 초록정보 화면에서도 [전문] 아이콘()을 클릭하여 전문 조회 가능

※ 상세정보보기 화면에서도 [전문보기]를 클릭하여 전문 조회 가능

※ 간략정보에서 [대표 도면] 아이콘( )을 클릭하여 대표 도면 조회 가능

7 디자인검색

1. 검색구분

디자인검색은「일반검색」과「항목별 검색」으로 검색이 구분되며, 검색어 입력란에 해당 검색어를 입력하여 검색한다.

가. 일반검색

일반검색은 "단어검색"과 "번호검색" 코너로 구분되며, "단어검색" 코너에서는 디자인의 대상이 되는 '물품의 명칭'이나 '창작자 명칭'에 해당하는 단어(문자)를 이용하여 검색하고, "번호검색" 코너에서는 '출원번호'나 '등록번호'와 같은 문헌번호를 입력하여 검색한다.

1) 단어검색

물품의 명칭, 출원인 명칭 등 간단한 단어(문자)로 검색이 가능하며, 검색항목의 제한 없이 'Full Text DB'에서 검색이 이루어신다.

① 검색범위 : 검색기간을 선택하는 기능으로서 "전체, 최근 1~5년, 최근 10년"으로 구분되어 있으며, 메뉴버튼( )을 클릭하여 선택한다.

② 간단한 단어 또는 구문을 입력하며, 연산자 이용이 가능하다.

③ [검색] : 입력된 검색 조건으로 검색을 실행하는 버튼이다.

④ [초기화] : 입력된 검색어를 삭제하고 초기 화면으로 되돌리는 버튼이다.

⑤ 검색어 입력 예시

➡ '단어검색'에서는 문자(한글 또는 영문자)검색만 가능

2) 번호검색

디자인 관련 문헌번호의 전체 또는 일부를 이용한 검색이 가능하다.

① 연도선택 : 문헌번호에 포함된 해당 년도를 메뉴버튼(⌄)을 클릭하여 선택한다.

※ 등록번호로 검색할 경우 연도선택은 필요 없으며, 그 외 문헌번호의 해당 년도를 정확히 모르는 경우에는 생략이 가능하다.

② 번호입력 : 특허문헌의 일련번호를 자릿수와 관계없이 입력한다.

③ [검색] : 입력된 검색조건으로 검색을 실행하는 버튼이다.

④ [초기화] : 입력된 검색어를 삭제하고 초기화면으로 되돌리는 버튼이다.

⑤ 검색어 입력 예시

➡ '번호검색'에서 '번호입력' 란에는 숫자만 입력한다.

나. 항목별 검색

항목별 검색은 특정 검색 항목을 지정하여 검색하거나, 다수 개의 검색 항목을 이용한 조합 검색이 가능합니다. 검색 항목별 검색 조건 입력란이 구분되어 있으며, 지정된 항목에 한하여 검색이 이루어진다.

1) 항목별 검색

물품의 명칭, 디자인 분류, 출원번호, 등록일자, 출원인 등 다양한 검색조건을 각 검색항목에 입력하여 검색한다.

① 행정처분 : "출원, 거절, 등록"으로 구분된 행정처분별 검색이 가능하며, 체크박스에 체크(☑)하여 선택한다.

② 세부 검색항목별 검색어 입력란에 해당 키워드를 입력한다.

③ [검색] : 입력된 검색조건으로 검색을 실행하는 버튼이다.

④ [초기화] : 입력된 검색어를 삭제하고 초기화면으로 되돌리는 버튼이다.

⑤ 검색어 입력 예시

⑥ 검색항목 설정(page 29)

➡ 다수 개의 검색항목 간 검색 조건은 AND조건이다.

2) 검색항목 설정

'항목별 검색'의 각 검색항목은 이용자의 편의에 따라 설정이 가능하며, 검색화면에 나타난 다수의 검색항목 중에서 자주 이용하는 항목만을 나타내도록 하거나 불필요한 항목을 제거하고자 하는 경우에 사용한다.

① [검색항목 설정] 버튼을 클릭한다.

② 검색항목 선택 : 이용자의 편의에 따라 필요한 검색항목의 체크박스에 체크(☑)하여 선택한다.

③ [전체선택] : 검색항목 전체를 선택할 경우 클릭한다.

④ [전체해제] : 검색항목을 다시 선택할 경우 클릭한다.

※ 설정화면을 숨기려면 [검색항목 설정] 버튼을 다시 클릭하면 된다.

2. 검색실행

가. 일반검색-단어검색

① 검색어 입력

- 단어 입력 : 간단한 명사형 단어를 국문 또는 영문으로 입력한다.

② 검색범위 선택

- 특정 기간에 한정하여 검색할 경우에만 선택한다.

③ [검색] 버튼을 클릭한다.

※ 단어검색 시 알아 둘 사항

• 단어는 국문 또는 영문으로만 입력한다.
• 절단검색은 자동 지원된다.
• 구문검색은 지원되지 않는다.
• 문자 이외의 숫자검색도 가능하다.
• 디자인분류는 정확한 입력을 요한다.
• 연산자 이외의 기호는 무시된다.
• 띄어쓰기보다는 연산자를 이용한 검색이 바람직하다.

나. 일반검색-번호검색

① 연도선택 : 메뉴버튼 이용하여 선택한다.

② 번호입력 : 일련번호를 숫자로 입력한다.

③ [검색] 버튼을 클릭한다.

※ 번호 검색 시 알아둘 사항

- 디자인 관련 문헌번호 체계 : 권리(2자리)+년도(4자리)+일련번호(7자리)
- 검색 가능한 문헌번호 종류 : 출원번호, 공개번호, 공고번호, 등록번호
- 해당 연도를 모르는 경우 일련번호만으로 검색이 가능하다.
- 일련번호 입력 시 자릿수 상관없다.
- 절단검색은 지원되지 않는다.
- 띄어쓰기는 올바른 입력방법이 아니다.

다. 항목별검색

① 행정처분 선택 : "출원, 등록, 거절" 중에서 선택한다.

- 행정처분과 관계없이 검색할 경우에는 선택할 필요가 없다.

② 검색조건 입력 : 검색항목별 검색어 입력 한다.

③ 검색조건 입력 : 다수 개의 검색항목을 이용한 조합검색 시

④ [검색] 버튼을 클릭한다.

※ 항목별 검색 시 주의사항

- 검색항목과 검색항목 간 검색조건은 AND조건이다.
- '자유검색' 항목에서는 검색어와 검색항목코드 및 연산자를 결합한 검색식으로 다수 개의 검색항목을 조합한 조합검색이 가능하다.

예) IT=[핸드폰+휴대폰]*AP=[삼성]

☞ "삼성"에서 출원한 "핸드폰" 또는 "휴대폰" 관련 디자인검색

3. 검색결과 조회

검색실행 후 검색 결과는 검색 결과 리스트에 해당하는 '간략정보'와 각각의 '서지상세정보' 및 '전문보기' 순으로 조회한다.

가. 간략정보 보기

검색된 결과리스트를 보여주는 '간략정보 보기' 화면에서 설정된 결과 항목별 간략정보와 견본이미지를 확인한다.

① 입력검색식 : 검색을 위해 이용자가 입력한 검색어 및 검색항목을 표시한다.

② 검색 결과 건수 표시 : 총 검색 결과 건수 및 현재 페이지의 건수를 표시한다.

③ 페이지당 표시건수 선택 : 페이지당 50개, 100개, 150개 중에서 선택한다.

④ 페이지 이동 버튼 : 50건 초과 시 페이지별 조회가 가능하다.

⑤ 결과항목 : 간략정보에 표시된 항목으로서 [결과항목 및 정렬방식]을 이용하여 이용자 편의에 따라 변경 가능하다.

➡ [결과항목 및 정렬방식]은 '출원번호'와 '견본이미지'를 제외한 다양한 결과항목(예 : 디자인분류, 창작자 등)을 간략정보 화면에 추가하거나 제거할 수 있는 선택코너이며, 화면에 표시되는 결과리스트를 일정한 순서대로 정렬시킬 수 있다.(예 : 출원번호 내림차순, 출원일자 내림차순 등)

※ 선택을 마친 후 [새로고침]을 반드시 클릭하여야 한다.

나. 견본보기

간략정보 보기 화면에 나타난 검색 결과리스트 순서대로 디자인별 견본 이미지를 일괄적으로 조회한다.

① [견본보기]를 클릭한다.

② 이미지로만 구성된 견본리스트를 조회한다.

다. 상세정보 보기

도면, 창작자, 창작내용, 중간처리 등 세부정보에 해당하는 상세정보를 한번에 조회할 수 있다.

① 검색 결과리스트 해당 [출원번호]를 클릭한다.

② '서지 상세 보기' 화면에서 세부 항목별 상세정보를 조회한다.

- 기본정보 : 도면, 문헌번호, 일자, 원출원정보, 최종처분, 심판사항 등
- 인명정보 : 창작자, 출원인, 대리인
- 창작내용 : 창작의 요점, 창작의 내용
- 행정처리 : 행정처리사항(중간처리정보)

③ 편리한 기능

- 최종공보 : 해당 건의 최종 공보 바로보기
- 이전/다음 : 결과리스트 순서대로 '이전' 및 '다음' 자료 바로가기

- 출력 : 서지 상세 보기 화면 그대로 내용 출력

라. 전문보기(공보보기)

선택된 건의 공보, 즉 도면을 포함한 디자인공보 전체를 확인한다.

① 간략정보 조회항목 중에서 [전문] 아이콘( )을 클릭한다.

② 디자인공보 페이지별 조회한다.

※ 서지 상세 보기 화면에 있는 [최종공보] 또는 [공고공보]를 클릭하여 공보 전체를 볼 수 있다.

8 상표검색

1. 검색구분

상표검색은 '일반검색'과 '항목별 검색'으로 검색이 구분되며, 검색어 입력란에 해당 검색어를 입력하여 검색한다.

가. 일반검색

일반검색은 "단어검색"과 "번호검색" 코너로 구분되며, "단어검색" 코너에서는 '상표명칭'이나 '출원인 명칭'에 해당하는 단어(문자)를 이용하여 검색하고 "번호검색" 코너에서는 '출원번호'나 '등록번호'와 같은 문헌번호를 입력하여 검색한다.

1) 단어검색

상표명칭, 지정상품, 출원인 등 간단한 단어(문자)로 검색이 가능하며, 검색항목의 제한 없이 'Full Text DB'에서 검색이 이루어진다.

① 검색범위 : 검색기간을 선택하는 기능으로서 "전체, 최근 1~5년, 최근 10년"으로 구분되어 있으며, 메뉴버튼( )을 클릭하여 선택한다.

② 간단한 단어 또는 구문을 입력하며, 연산자 이용이 가능하다.

③ [검색] : 입력된 검색조건으로 검색을 실행하는 버튼이다.

④ [초기화] : 입력된 검색어를 삭제하고 초기화면으로 되돌리는 버튼이다.

⑤ 검색어 입력 예시

2) 번호검색

상표 관련 문헌번호의 전체 또는 일부를 이용한 검색이 가능하다.

① 권리선택 : 상표, 서비스표, 업무표장 등 출원 종류별 권리를 선택한다.

② 연도선택 : 문헌번호에 포함된 해당 년도의 메뉴버튼(⌄)을 클릭하여 선택한다.

※ 등록번호로 검색할 경우 연도선택은 필요 없으며, 그 외 문헌번호의 해당 년도를 정확히 모르는 경우에도 생략이 가능하다.

③ 번호입력 : 권리구분 및 연도를 제외한 나머지 '일련번호'를 자릿수와 관계없이 입력한다.

④ [검색] : 입력된 검색 조건으로 검색을 실행하는 버튼이다.

⑤ [초기화] : 입력된 검색어를 삭제하고 초기화면으로 되돌리는 버튼이다.

⑥ 검색어 입력 예시

➡ '번호검색'에서 '번호입력' 란에는 숫자만 입력한다.

나. 항목별 검색

항목별 검색은 특정 검색항목을 지정하여 검색하거나, 다수 개의 검색항목을 이용한 조합검색이 가능합니다. 검색 항목별 검색조건 입력란이 구분되어 있으며, 지정된 항목에 한하여 검색이 이루어진다.

1) 항목별 검색

상표명칭, 상품분류, 지정상품, 출원번호, 등록일자, 출원인, 도형코드 등 다양한 검색조건을 각 검색항목에 입력하여 검색한다.

① 유형 : 문자상표 또는 도형상표 중에서 선택(☑) 가능하다.

② 권리구분 : 출원 종류별 선택(☑) 가능하다.

③ 행정처분 : 행정 처분별 선택(☑) 가능하다.

④ 세부 검색 항목별 검색어 입력란에 해당 키워드를 입력한다.

⑤ [검색] : 입력된 검색조건으로 검색을 실행하는 버튼이다.

⑥ [초기화] : 입력된 검색어를 삭제하고 초기화면으로 되돌리는 버튼이다.

⑦ 검색어 입력 예시

➡ 다수 개의 검색 항목 간 검색조건은 AND조건이다.

2) 검색항목 설정

'항목별 검색'의 각 검색항목은 이용자의 편의에 따라 설정이 가능하며, 검색화면에 나타난 다수의 검색항목 중에서 자주 이용하는 항목만을 나타내도록 하거나 불필요한 항목을 제거하고자 하는 경우에 사용한다.

① [검색항목 설정] 버튼을 클릭한다.

② 검색항목 선택 : 이용자의 편의에 따라 필요한 검색항목의 체크박스에 체크(☑)하여 선택한다.

③ [전체선택] : 검색항목 전체를 선택할 경우 클릭한다.

④ [전체해제] : 검색항목을 다시 선택할 경우 클릭한다.

※ 설정화면을 숨기려면 [검색항목 설정] 버튼을 다시 클릭하면 된다.

2. 검색실행

1) 일반검색-단어검색

① 검색어 입력

- 단어 입력 : 상표명이나 출원인명에 해당하는 문자(국문, 영문) 입력
- 숫자 입력 : 상표명에 포함된 숫자를 입력하여 검색 가능하다.

② 검색범위 선택

- 특정 기간에 한정하여 검색할 경우에만 선택한다.

③ [검색] 버튼을 클릭하여 검색 실행한다.

※ 단어검색 시 알아둘 사항

• 단어는 국문 또는 영문으로만 입력한다.
• 절단검색은 절단기호를 이용하여 검색한다.
• 구문검색은 지원되지 않는다.
• 문자 이외의 숫자검색도 가능하다.

• 연산자 이외의 기호는 무시된다.
• 띄어쓰기보다는 연산자를 이용한 검색이 바람직하다.

예: 흥부와 놀부 ☞ 흥부*놀부

2) 일반검색-번호검색

① 권리선택 : 메뉴버튼(⌄) 이용하여 출원 종류별 권리를 선택한다.

② 연도선택 : 메뉴버튼(⌄) 이용하여 해당 연도를 선택한다.

③ 번호입력 : 일련번호를 숫자로 입력한다.

④ [검색] 버튼을 클릭하여 검색을 실행한다.

3) 항목별 검색

① 검색범위 선택 : 필수사항이 아니므로 필요에 따라 선택한다.

② 검색조건 입력 : 검색 항목별 검색어 입력(다수 개의 검색항목 이용 가능) 한다.

③ [검색] 버튼을 클릭하여 검색을 실행한다.

3. 검색결과 조회

검색실행 후 검색결과는 검색결과 리스트에 해당하는 '간략정보'와 각각의 '서지상세정보' 및 '전문 보기(공보보기)' 순으로 조회한다.

가. 간략정보 보기

검색된 결과 리스트를 보여주는 '간략정보 보기' 화면에서 설정된 결과 항목별 간략정보와 견본이미지를 확인한다.

① 입력검색식 : 검색을 위해 이용자가 입력한 검색어 및 검색항목을 표시한다.

② 검색결과 건수 표시 : 총 검색결과 건수 및 현재 페이지의 건수를 표시한다.

③ 페이지당 표시건수 선택 : 페이지당 50개, 100개, 150개 중에서 선택한다.

④ 페이지 이동 버튼 : 50건 초과 시 페이지별 조회가 가능하다.

⑤ 결과항목 : 간략정보에 표시된 항목으로서 [결과항목 및 정렬방식]을 이용하여 이용자 편의에 따라 변경이 가능하다.

나. 견본보기

간략정보 보기 화면에 나타난 검색결과 리스트 순서대로 상표별 견본이미지를 일괄적으로 조회한다.

① [견본보기]를 클릭한다.

② 이미지로만 구성된 견본리스트를 조회한다.

※ 이미지 상단에 있는 각각의 출원번호를 클릭하면 상세정보를 볼 수 있다.

다. 상세정보 보기

상품분류, 출원인, 중간처리, 지정상품 등 세부정보에 해당하는 상세정보를 한 번에 조회할 수 있다.

① 검색결과 리스트에서 해당 '출원번호'를 클릭한다.

② '서지상세 보기' 화면에서 세부 항목별 상세정보를 조회한다.

- 기본정보 : 상품분류, 문헌번호, 일자, 원출원정보, 최종처분 등
- 인명정보 : 출원인, 대리인
- 행정처리 : 행정처리사항(중간처리정보)
- 지정상품 : 분류별 지정상품 세부내용

③ 편리한 기능

- 최종공보 : 해당 건의 최종 공보 바로보기
- 이전/다음 : 결과 리스트 순서대로 '이전' 및 '다음' 자료 바로가기
- 출력 : 서지상세 보기 화면 그대로 내용출력

➡ [세부항목 숨기기 설정] : 세부항목 중에서 불필요한 항목을 선택하여 서지상세 보기 화면에 나타나지 않도록 설정하는 기능이다.

라. 전문보기(공보보기)

선택된 건의 공보, 즉 도면을 포함한 상표공보 전체를 확인한다.

① 간략정보 조회항목 중에서 [전문] 아이콘( )을 클릭한다.

② 상표공보 페이지별 조회한다.

9 심판검색

1. 검색구분

심판검색은「일반검색」과「항목별 검색」으로 검색이 구분되며, 검색어 입력란에 해당 검색어를 입력하여 검색한다.

가. 일반검색

일반검색은 "단어검색"과 "번호검색" 코너로 구분되며, "단어검색" 코너에서는 각종 단어(문자)를 이용하여 검색하고 "번호검색" 코너에서는 '심판번호'를 입력하여 검색한다.

1) 단어검색

발명의 명칭, 상표명칭, 출원인, 청구인 등 간단한 단어(문자)로 검색이 가능하며, 검색항목의 제한 없이 'Full Text DB'에서 검색이 이루어진다.

① 검색범위 : 검색기간을 선택하는 기능으로서 "전체, 최근 1~5년, 최근 10년"으로 구분되어 있으며, 메뉴버튼(▾)을 클릭하여 선택한다.

② 간단한 단어를 입력하며, 연산자 이용이 가능하다.

③ [검색] : 입력된 검색조건으로 검색을 실행하는 버튼이다.

④ [초기화] : 입력된 검색어를 삭제하고 초기화면으로 되돌리는 버튼이다.

⑤ 검색어 입력 예시

2) 번호검색

'심판번호'의 전체 또는 일부를 이용한 검색이 가능하다.

① 연도선택 : 심판번호에 포함된 해당 년도를 메뉴버튼(▾)을 클릭하여 선택한다.

② 심판분류 : 메뉴버튼(▾)을 이용하여 심판의 종류를 선택한다.

③ 번호입력 : '심판청구년도'와 '심판분류'를 제외한 나머지 '일련번호'를 자릿수와 관계없이 입력한다.

④ [검색] : 입력된 검색조건으로 검색을 실행하는 버튼이다.

⑤ [초기화] : 입력된 검색어를 삭제하고 초기화면으로 되돌리는 버튼이다.

⑥ 검색어 입력 예시

➡ '번호검색'에서 빈 칸(일련번호 입력란)에는 숫자만 입력한다.

나. 항목별 검색

항목별 검색은 특정 검색항목을 지정하여 검색하거나, 다수 개의 검색항목을 이용한 조합검색이 가능합니다. 검색 항목별 검색조건 입력란이 구분되어 있으며, 지정된 항목에 한하여 검색이 이루어진다.

1) 항목별 검색

물품의 명칭, 디자인분류, 출원번호, 등록일자, 출원인 명칭 등 다양한 검색조건을 각 검색항목에 입력하여 검색한다.

① 권리구분 : 산업재산권 4권리 중에서 선택(☑)이 가능하다.

② 심급구분 : 심급별 선택(☑)이 가능하다.

③ 당사자구분 : '결정계' 또는 '당사자계' 중에서 선택(☑)이 가능하다.

④ 세부검색 항목별 검색어 입력란에 해당 키워드를 입력한다.

⑤ [검색] : 입력된 검색조건으로 검색을 실행하는 버튼이다.

⑥ [초기화] : 입력된 검색어를 삭제하고 초기화면으로 되돌리는 버튼이다.

⑦ 검색어 입력 예시

➡ 다수 개의 검색 항목 간 검색조건은 AND조건이다.

2) 검색항목 설정

'항목별 검색'의 각 검색항목은 이용자의 편의에 따라 설정이 가능하며, 검색화면에 나타난 다수의 검색항목 중에서 자주 이용하는 항목만을 나타내도록 하거나 불필요한 항목을 제거하고자 하는 경우에 사용한다.

① [검색항목 설정] 버튼을 클릭한다.

② 검색항목 선택 : 이용자의 편의에 따라 필요한 검색항목의 체크박스에 체크(☑)하여 선택한다.

③ [전체선택] : 검색항목 전체를 선택할 경우 클릭한다.

④ [전체해제] : 검색항목을 다시 선택할 경우 클릭한다.

※ 설정화면을 숨기려면 [검색항목 설정] 버튼을 다시 클릭하면 된다.

2. 검색실행

가. 일반검색-단어검색

① 검색어 입력

- 단어 입력 : 발명의 명칭, 상표명칭, 출원인, 심판종류 등에 해당하는 문자를 입력한다.

② 검색범위 선택

- 특정 기간에 한정하여 검색할 경우에만 선택한다.

③ [검색] 버튼을 클릭하여 검색을 실행한다.

※ 단어 검색 시 알아둘 사항

• 단어는 국문 또는 영문으로만 입력한다.
• 문자 이외의 숫자검색도 가능하다.
• 절단검색은 자동 지원된다.
• 연산자 이외의 기호는 무시된다.
• 구문김색은 바람직하지 않다.
• 띄어쓰기보다는 연산자를 이용한 검색이 바람직하다.

나. 일반검색-번호검색

① 연도선택 : 메뉴버튼( ) 이용하여 심판청구년도를 선택한다.

② 심판분류선택 : 메뉴버튼( ) 이용하여 심판분류를 선택한다.

③ 번호입력 : 심판번호에 포함된 일련번호를 숫자로 입력한다.

④ [검색] 버튼을 클릭하여 검색을 실행한다.

※ 번호 검색 시 알아둘 사항

• '심판번호'로만 검색 가능하다.
• 심판번호 체계 : 연도(4자리)+심판분류(3자리)+일련번호(6자리)
• '연도'와 '심판분류'를 모르는 경우 심판번호에 포함된 '일련번호' 만으로 검색이 가능하다.

• 일련번호 입력시 자릿수는 상관이 없다.
• 절단검색은 지원되지 않는다.

다. 항목별검색

① 검색범위 선택 : 필수사항이 아니므로 필요에 따라 선택한다.
② 검색조건 입력 : 검색 항목별 검색어 입력(다수 개의 검색항목 이용 가능)한다.
③ [검색] 버튼을 클릭하여 검색 실행한다.
※ 항목별 검색 시 주의사항
• 검색항목과 검색 항목간 검색조건은 AND조건이다.
• '자유검색' 항목에서는 검색어와 검색항목코드 및 연산자를 결합한 검색식을 입력하여 검색할 수 있으며, 다수 개의 검색항목을 조합한 조합검색이 가능하다.

예) TL=[자동차]*JM=[거절결정불복]*RD=[2003]

☞ 자동차 관련 거절결정에 대한 불복심판 자료 중에서 2003년에 심판청구한 심판검색

3. 검색결과 조회

검색실행 후 검색결과는 검색결과 리스트에 해당하는 '간략정보'와 각각의 '서지상세정보' 및 '전문보기' 순으로 조회한다.

가. 간략정보 보기

검색된 결과 리스트를 보여주는 '간략정보 보기' 화면에서 설정된 결과 항목별 간략정보와 견본이미지를 확인한다.

① 입력검색식 : 검색을 위해 이용자가 입력한 검색어 및 검색항목을 표시 하는 것이다.
② 검색결과 건수 표시 : 총 검색결과 건수 및 현재 페이지의 건수를 표시하는 것이다.
③ 페이지당 표시건수 선택 : 페이지당 50개, 100개, 150개 중에서 선택한다.
④ 페이지 이동 버튼 : 50건 초과 시 페이지별 조회가 가능하다.

⑤ 결과 항목 : 간략정보에 표시된 항목으로서 [결과 항목 및 정렬방식]을 이용하여 이용자 편의에 따라 변경이 가능하다.

➡ [결과 항목 및 정렬방식]은 '심판번호'를 제외한 다양한 결과 항목(예 : 심판종류, 심결일자 등)을 간략정보 화면에 추가하거나 제거할 수 있는 선택코너이며, 화면에 표시되는 결과 리스트를 일정한 순서대로 정렬시킬 수 있습니다.(예 : 심판번호 내림차순, 청구일자 내림차순 등)

① [결과 항목 및 정렬방식]을 클릭한다.

② [전체선택] : 결과 항목 전체를 간략정보 화면에 나타낼 경우 클릭한다.
[전체해제] : 선택된 결과 항목 전체를 해제할 경우 클릭한다.

③ 결과 항목 선택 : 이용자의 편의에 따라 필요한 결과 항목의 체크박스에 체크(☑)하여 선택합니다.

④ 정렬방식선택 : 메뉴버튼( )을 이용하여 정렬기준(예 : 출원일자)을 선택하고 정렬순서를 선택(예 : 내림차순)한다.

⑤ [새로고침] : 선택을 마친 후 반드시 클릭한다.

나. 상세정보 보기

심판 관련 문헌번호 및 일자, 확정상태, 관련심판번호 심판처리사항 등 세부정보에 해당하는 상세정보를 한번에 조회할 수 있다.

① 검색결과 리스트에서 해당 [심판번호]를 클릭한다.

② '서지상세 보기' 화면에서 세부 항목별 상세정보를 조회한다.

- 기본정보 : 심판종류, 문헌번호, 일자, 사건의 표시, 관련심판번호 등
- 인명정보 : 청구인, 피청구인, 대리인
- 심판이력 : 심판처리사항

③ 편리한 기능

- 심결문 : 해당 심판 건의 심결문 바로보기
- 이전/다음 : 결과 리스트 순서대로 '이전' 및 '다음' 자료 바로가기
- 출력 : 서지상세 보기 화면 그대로 내용출력

➡ [세부항목 숨기기 설정] : 세부항목 중에서 불필요한 항목을 선택하여 서지상세 보기 화면에 나타나지 않도록 설정하는 기능이다.

다. 심결문 보기

선택된 건의 심결문, 즉 심판 결정문 전체를 확인한다.

① 간략정보 조회항목 중에서 [심결문] 아이콘( )을 클릭한다.

② 심결문 페이지별로 조회한다.

10 해외특허검색

1. 검색구분

해외특허검색은「일반검색」과「항목별검색」으로 검색이 구분되며, 검색어 입력란에 해당 검색어를 입력하여 검색한다.

가. 일반검색

일반검색은 간단한 단어, 인명, 번호 등의 전체 또는 일부를 이용한 검색이 가능하며,「단어검색」과「번호검색」으로 구분되어 있다.

1) 단어검색

기술용어, 출원인 명칭 등에 해당하는 간단한 영단어(문자)로 검색이 가능하며, 검색 항목의 제한 없이 Full Text DB에서 검색이 이루어진다.

① 국가 선택 : 미국, 유럽, PCT, 일본 중에서 검색 대상을 선택할 수 있으며, 체크박스에 체크(☑)된 대상에 한하여 검색이 이루어진다.

② 검색 범위 : 검색 기간을 선택하는 기능으로서 "전체, 최근 1~5년, 최근 10년"으로 구분되어 있으며, 메뉴버튼( )을 클릭하여 선택한다.

③ 간단한 단어 또는 구문을 입력하며, 연산자 이용이 가능하다.

④ [검색] : 입력된 검색 조건으로 검색을 실행하는 버튼이다.

⑤ [초기화] : 입력된 검색어를 삭제하고 초기화면으로 되돌리는 버튼이다.

⑥ 검색어 입력 예시

➡ '단어검색'에서는 영문 검색만 가능하다.

2) 번호검색

특허 관련 문헌번호의 전체 또는 일부를 이용한 검색이 가능하다.

① 국가 선택 : 전체, 미국, 유럽, PCT, 일본 중에서 검색 대상을 선택할 수 있으며, 메뉴버튼(⌄)을 클릭한 후 검색 대상을 선택한다.

② 연도선택 : 문헌번호에 포함된 해당 년도를 메뉴버튼(⌄)을 클릭하여 선택한다.

※ 등록번호로 검색할 경우 연도선택은 필요 없으며, 그 외 문헌번호의 해당 년도를 정확히 모르는 경우에는 생략이 가능하다.

③ 번호입력 : 특허문헌의 일련번호를 자릿수와 관계없이 입력한다.

④ [검색] : 입력된 검색조건으로 검색을 실행하는 버튼이다.

⑤ [초기화] : 입력된 검색어를 삭제하고 초기화면으로 되돌리는 버튼이다.

⑥ 검색어 입력 예시

➡ '번호검색'에서 '번호입력' 란에는 숫자만 입력한다.

나. 항목별검색

항목별검색은 특정 검색항목을 지정하여 검색하거나 다수 개의 검색항목을 이용한 조합검색이 가능하며, 「국가별 항목검색」과 「항목검색」으로 구분되어 있다.

1) 국가별 항목검색

국가별 특허분류(미국특허분류, 유럽특허분류, 일본특허분류)를 검색조건으로 입력하여 검색한다.

① 국가선택 : 미국, 유럽, PCT, 일본 중에서 검색 대상을 선택할 수 있으며, 체크박스에 체크(☑)된 대상에 한하여 검색이 이루어진다.

② 검색 대상 국가의 특허분류를 해당 입력란에 입력한다.

③ 국가별 특허분류(코드) 조회 : 국가별 특허분류코드 조회 시 이용한다.

④ [검색] : 입력된 검색조건으로 검색을 실행하는 버튼이다.

⑤ [초기화] : 입력된 검색어를 삭제하고 초기화면으로 되돌리는 버튼이다.

2) 항목검색

'항목검색'에서는 기술용어, IPC분류, 출원번호, 등록일자, 출원인 등 세부 검색항목별 검색조건을 입력하여 검색하며, 다수 개의 검색항목을 이용한 조합검색이 가능하다.

① 국가선택 : 미국, 유럽, PCT, 일본 중에서 검색 대상을 선택할 수 있으며, 체크박스에 체크(☑)된 대상에 한하여 검색이 이루어진다.

② 세부 검색항목별 검색어 입력란에 해당 키워드를 입력한다.

③ 특허분류 및 각종 번호 조회 : 특허분류 조회 및 번호 선택시 이용한다.

④ [검색] : 입력된 검색조건으로 검색을 실행하는 버튼이다.

⑤ [초기화] : 입력된 검색어를 삭제하고 초기화면으로 되돌리는 버튼이다.

⑥ 검색어 입력 예시

➡ [검색항목 설정] : 검색항목을 이용자 편의에 따라 설정(추가/삭제)하는 것이다.

2. 검색실행

가. 일반검색-단어검색

① 국가선택 : 체크(☑)된 대상에 한하여 검색한다.

② 검색기간 선택 : "전체", "최근 1~5년", "최근 10년"을 선택한다.

③ 검색어 입력

- 단어 입력 : (CAR+VEHICLE)*MIRROR
- 구문 입력 : "PRINTER TONER"

④ [검색] 버튼을 클릭한다.

※ 단어 검색 시 알아둘 사항

- 단어는 영문으로만 입력하며 대·소문자 구분이 없다.
- 구문검색은 발명의 명칭, 초록(요약), 청구범위에 한하여 가능하다.
- 구문검색의 경우 반드시 "큰따옴표"를 입력한다.
- 연산자 이외의 기호는 무시된다.
- 절단검색은 자동 지원된다.
- 띄어쓰기는 무시된다.

나. 일반검색-번호검색

① 국가선택 : 메뉴버튼 이용하여 선택한다.

② 연도선택 : 메뉴버튼 이용하여 선택한다.

③ 번호입력 : 일련번호를 숫자로 입력한다.

④ [검색] 버튼을 클릭한다.

※ 번호 검색 시 알아둘 사항

- 검색 가능한 문헌번호 종류 : 출원번호, 공개번호, 등록번호
- 국가선택 및 연도선택은 생략이 가능하다.
- 일련번호 입력 시 자릿수는 상관없다.
- 절단검색은 지원되지 않는다.
- 띄어쓰기는 올바른 입력방법이 아니다.

다. 항목별 검색-자유검색

① 국가선택 : 체크(☑)된 대상에 한하여 검색한다.

② 검색조건 입력

- 단어 입력 : (CAR+VEHICLE)
- 숫자 입력 : G06F17/00
- 조합 입력 : (CAR+VEHICLE)*G06F17/00

③ [검색] 버튼을 클릭한다.

※ 자유 검색 시 주의사항

- 「자유검색」에서는 검색어와 검색항목코드 및 연산자를 결합한 검색식 형태로 검색조건을 입력한다.
- 다수 개의 검색항목을 조합한 조합검색이 가능하다.

예) TL=[CAR +VIHICLE]*IC=[G06F17/00]

예) TL=[CAR +VIHICLE]*AN=[SAMSUNG]

라. 항목별 검색-국가별 항목검색

① 국가선택 : 체크(☑)된 대상에 한하여 검색한다.

② 특허분류 입력 : IPC 이외의 국가별 특허분류를 입력한다.

- 미국특허분류(UC) 입력 예 : 432/123

③ [검색] 버튼을 클릭한다.

④ 해외분류코드 조회 : 국가별 특허분류 조회시 이용한다.

마. 항목별 검색-항목검색

① 국가선택 : 체크(☑)된 대상에 한하여 검색한다.

② 검색조건 입력 : 하나 이상의 검색항목에 검색어를 입력한다.

③ [검색] 버튼을 클릭한다.

※ 항목 검색 시 주의사항

- 검색항목과 검색 항목 간 검색조건은 AND조건이다.
- 다수 개의 검색 항목을 조합한 조합검색이 가능하다.

예) 항목1 : 초록(AB) ☞ (CAR+VEHICLE)*(NAVIGAT?+GPS?)

항목2 : 출원일자(AD) ☞ 20020101～20051231

3. 검색결과 조회

검색실행 후 검색결과는 검색결과 리스트에 해당하는 '간략정보'와 '초록정보' 및 '전문보기' 순으로 조회한다.

가. 간략정보 보기

검색된 결과리스트를 보여주는 '간략정보 보기' 화면에서 설정된 결과 항목별 간략정보를 확인한다.

① 입력검색식 : 검색을 위해 이용자가 입력한 검색어 및 검색항목의 표시이다.

② 검색결과 건수 표시 : 총 검색결과 건수 및 현재 페이지의 건수의 표시이다.

③ 간략정보 : 검색결과 리스트

④ 페이지 이동 버튼 : 30건 초과 시 페이지별 조회가 가능하다.

⑤ 페이지당 표시건수 선택 : 페이지당 30개, 60개, 90개 중에서 선택한다.

⑥ 결과 내 검색 : 검색결과보기 화면에서 바로 재검색이 가능하다.

➡ [검색항목/정렬방식 설정]은 '국가코드'와 '공보번호'를 제외한 다양한 결과 항목(예 : 출원번호, 우선권주장번호, 발명자 등)을 간략정보 화면에 추가하거나

제거할 수 있는 선택코너이며, 화면에 표시되는 결과 리스트를 일정한 순서대로 정렬시킬 수 있다.(예 : 출원번호 내림차순, 출원일자 내림차순 등)

① [결과항목/정렬방식 설정]을 클릭한다.

② 결과항목 설정 : 이용자의 편의에 따라 필요한 결과 항목의 체크박스에 체크(☑)하여 선택한다.

③ 정렬방식 설정 : 메뉴버튼(⌄)을 이용하여 정렬기준(예 : 출원일자)을 선택하고 정렬순서를 선택(예 : 내림차순)한다.

④ [새로고침] : 선택을 마친 후 반드시 클릭한다.

※ [결과 항목/정렬방식 설정]을 다시 클릭하면 설정화면이 사라진다.

나. 초록정보 보기

간략정보 보기 화면에 나타난 검색결과 리스트 순서대로 발명에 대한 영문 요약을 조회할 수 있다.

① [초록정보]를 클릭한다.

② 간단한 서지사항과 초록(요약문)으로 구성된 '초록정보'를 조회한다.

다. 영문초록전문 보기

검색결과 각 특허의 영문초록전문을 확인한다.

① 간략정보에서 해당 '공보번호' 또는 '발명의 명칭'을 클릭한다.

② 영문초록전문(Patent Abstracts) 보기

③ 인용참증 자료 보기

④ 검색결과 리스트 순서대로 '다음' 및 '이전' 자료 바로가기

⑤ 전문 출력(인쇄)

※ 영문초록전문(Patent Abstracts)은 간략한 서지적 사항과 영문으로 된 초록(요약문)과 대표도면만을 제공한다.

라. 공보 보기

검색된 특허의 공보 전체를 조회하거나 출력할 수 있다.

① 간략정보에서 맨 우측에 있는 [전문] 아이콘( )을 클릭한다.

② 해외특허 공보 보기

③ 특허공보 페이지별 조회

④ 공보 출력(인쇄)

※ 해외특허공보는 PDF파일로 제공하므로 'Acrobat Reader' 프로그램을 설치하여야 합니다. 홈페이지(www.kipris.or.kr) '프로그램 설치안내' 코너에서 다운로드할 수 있다.

11 신연산자

1. 연산자

연산자는 '검색어'와 '검색어' 또는 '검색어'와 '검색항목'의 상호관계를 규정하며, 다수의 검색어를 조합함으로써 정확한 검색을 가능하게 한다.

2. 연산자 종류

KIPRIS에서 사용 가능한 연산자는 '논리연산자'와 '절단기호'가 있으며, 복수연산의 경우 '괄호'를 이용하여 연산의 우선순위를 정한다.

가. 논리연산자

논리곱(AND), 논리합(OR), 부정(NOT)의 논리연산을 실행한다.

구 분	내용	예	설명
*	<AND>	A*B	'A' 와 'B'를 모두 포함한 것
+	<OR>	A+B	'A' 또는 'B' 중 하나라도 포함한 것
!	<NOT>	A!B	'A'는 포함하고 'B'는 포함하지 않음

나. 절단기호

절단기호는 '물음표(?)'를 사용하며, 검색어의 전·후방에 입력하여 검색어를 포함하는 자료를 검색한다.

예 : ?다니엘? ☞ 다니엘, 다니엘 에스떼, 잭 다니엘, ……

3. 연산자 사용 예

연산자	사용 예	설명
*	신발*바퀴	'신발'과 '바퀴'를 모두 포함한 것
+	핸드폰+휴대폰	'핸드폰' 또는 '휴대폰' 어느 하나라도 포함한 것
!	마스크*!용접	'마스크'는 포함하나 '용접'은 포함하지 않는 것
?	다사랑?	'다사랑'으로 시작되는 모든 것
( )	전자*(결제+화폐)	'전자결제' 또는 '전자화폐' 검색

12 유용한 기능

KIPRIS에서 검색자의 편의를 위해 제공되는 유용한 기능으로는 결과 내 검색, 온라인다운로드, 마이폴더, 검색식저장, 검색식보기 등을 제공한다.

1. 결과 내 검색

간략정보 보기 화면에서 바로 재검색 또는 검색결과 리스트 내에서 재검색이 가능한 기능이다.

① 검색항목을 선택(▾ 클릭)한다.

② 키워드를 입력한다.

③ '결과 내 검색'을 선택(☑)한다.

④ [검색]을 클릭한다.

➡ '결과 내 검색'을 선택하지 않을 경우 새로 입력된 검색조건에 따른 재검색이 이루어진다.

2. 온라인 다운로드

검색결과를 이용자 필요에 따라 항목별(정보별) 다운로드 가능한 기능 제공한다.

① [온라인 다운로드]를 클릭한다.

② 다운로드할 항목을 선택한다.

③ 추가 정보를 선택한다.(필요시)

④ 범위를 지정한다.(예 : 1 ~ 30)

⑤ 다운로드 형식을 선택( )한다.

⑥ [선택완료]를 클릭한다.

다운로드 형식에서 텍스트 파일형식은 "워드패드"에 최적화 되어 있다.

다운로드 형식에서 엑셀파일로는 심판, 등록 및 행정처리 정보를 다운로드 할 수 없다.

3. 마이폴더(My Folder)

선택된 검색결과 자료를 사용자 PC에 저장하는 기능을 제공한다.

① 자료 선택(책갈피)한다.

② '마이폴더'를 클릭한다.

③ '검색결과저장' 화면에서 [저장]을 클릭한다.

④ 저장 폴더 확인 후 [OK]를 클릭한다.

☞ 사용자 PC의 탐색기 화면

⑤ 'My Folder'를 클릭한다.

⑥ 저장된 폴더 클릭하여 저장된 자료 확인한다.

저장된 자료는 마이크로 소프트의 '엑셀'을 이용하여 확인할 수 있다.

4. 검색식 저장

사용자가 입력한 검색식을 저장하여 추후 검색에 활용할 수 있는 기능을 제공한다.

① '검색식 저장'을 클릭한다.
② '현재검색식'에 입력된다.
③ 저장할 새 폴더명 입력 후 해당 [번호]를 클릭한다.
④ [저장]을 클릭한다.

최대 10개의 폴더를 만들 수 있으며, 폴더당 검색식은 10개까지 저장 가능하다.

5. 검색식 보기

'검색식 저장' 기능을 이용하여 저장한 검색식 확인 또는 '재검색' 기능을 제공한다.

① '검색식 보기'를 클릭한다.
② '검색식 보기' 화면에서 폴더명을 선택한다.
③ 폴더 내 검색식을 선택한다.
④ 선택된 검색식을 자동 입력한다.

13 외국 특허정보 검색 사이트

1. 미국특허 검색

미국 특허청(http://www.uspto.gov)을 들어가면, 오른쪽에는 새로운 소식들이 날짜별로 제목만 나열되어 있다.

특허검색을 위하여 Patents를 누르고, 밑에 파란색 버튼의 Database를 누르면 다음의 여섯 개의 검색군이 나온다.

* Patent Full-Text Database with Full-Page Images
* Patent Bibliographic and Abstract Database
* Trademark Database with Images
* Trademark Acceptable Identification of Goods and Services Manual
* Agent and Attorney Roster(특허변호사 인적 사항)

* PTO Employee Telephone Locator(특허청 직원 전화번호 소재지)

미국 특허청의 초록검색은 물론 러시아 특허까지 일부이긴 하지만 영어로 검색을 할 수 있다. 이 사이트의 검색은 무료이다.

2. 기타 국외 무료검색 사이트

- 유럽특허청(EPO)
  http://ep.espacenet.com
- 일본특허청에서 운영하는 특허전자도서관
  IPDL(Industrial Property Digital Library)
  http://www.ipdl.jpo.go.jp/homepg.ipdl
- 대만특허검색
  http://ntl.moeaipo.gov.tw/ipo/prennet.asp
- 러시아특허검색
  http://www.fips.ru/ensite
- 캐나다 특허청 검색
  http://patenpsl.ic.gc.ca/intro-e.html
- SOFTWARE 관련 발명의 특허정보검색
  http://www.spi.org/cgi-bin/newqry

14 검색할 수 없는 선행기술(특허)

산업재산권 출원 전에 선등록 기술을 조사하는 것은 중복 출원 방지와 출원 내용 보완에 필수적이다. 그러나 검색 과정에서 2가지 이유로 출원된 특허 내용을 검색하기 못하는 경우가 있다.

하나는 특허 제도적인 이유 즉, 특허 출원서는 출원 후 약 1년 6개월 이후에 공개되기 때문에 출원 당시 이미 출원된 출원 내용을 검색할 수 없다.

또 하나는 출원서 작성 시 색인어(키워드)를 10개 범위에서 표기하도록 되어 있다. 그러나 출원서에 표기한 색인어가 표준어 또는 공식 용어가 아니라 비공식적인 용어(사투리, 유사어 등)를 사용한 선등록 기술은 검색이 불가능하다.

따라서 철저한 검색을 위해서는 동의어는 물론 유사어까지도 검색하는 노력이 필요하다.

발명과 특허 팡세

발명생활은 남의 이익을 침해하지 않고 자기만의 세계를 즐길 수 있으며 성취감을 느낄 수 있는 인생 최고의 블루오션(blue ocean)이다.

10 출원서 양식과 작성방법

특허출원이란 발명에 대하여 특허를 받을 수 있는 권리를 가진 자가 국가에 대하여 발명의 공개를 조건으로 특허권의 부여를 요구하는 의사표시 행위를 말한다. 이상의 의미가 실현되기 위해서 특허출원은 엄격히 서식에 따라 작성되어야 함은 물론 요구하는 제 원칙에 부합되게 출원절차가 행해져야 한다.

발명에 대한 특허를 받으려면 출원서와 명세서의 양식을 정확하게 기재한 서류를 한 건으로 갖추어 특허청에 제출해야 한다.

이 상에 소개되는 출원서와 명세서 작성요령은 on-line 출원이나 off-line 출원에서 적용된다. 이 장의 내용은 특허청 홈페이지에서 제공된 내용임을 밝혀 둔다.

1 특허출원서 양식

【서류명】 특허출원서
【수신처】 특허청장
(【참조번호】)
(【제출일자】) 2007. 3. 7.
【국제특허분류】 (기재를 권장하지만 강제사항은 아니다.)
【발명의 국문명칭】 건축용 금속재 장식판의 보호피막 형성방법
【발명의 영문명칭】 The method of forming the protective film on the metallic decorative panel for building
【출원인】
【성명(명칭)】 김출원
【출원인코드】 4-2003-000019-8(이미 발급받은 번호를 기재, 단 아직 발급받지 않은 경우 [별지 제4호 서식] 출원인 코드부여 신청서를 동시에 제출하시면 접수담당자가 직권 발급 후 기재한다.)
【대리인】 (변리사를 선임할 경우 기재)
【성명(명칭)】
【출원인코드】
【지정된 변리사】
【포괄위임등록번호】
【발명자】
【성명】 김출원 (발명자가 출원인코드가 없는 경우에는 [성명의 국문표기], [성명의 영문표기], ([주민등록번호]), [우편번호], [주소], [전화번호] 란을 만들어 기재한다.)
【출원인코드】 4-2003-000019-8
(【우선권주장】) (우선권 주장 시에만 기재한다.)

【출원국명】
【출원종류】
【출원번호】
【출원일자】
【증명서류】
(【심사청구】) 청구(특허출원은 심사청구를 한 경우에만 특허심사관이 심사 후 등록여부를 결정한다.)
(【조기공개】) 신청(조기공개의 신청은 출원인의 자유의사에 따름, 단 신청을 하지 않은 경우 출원일로부터 18개월 경과 후 자동 공개된다.)
【취지】 특허법 제42조의 규정에 의한 출원, 특허법 제60조의 규정에 의한 심사청구, 특허법 제64조의 규정에 의한 출원공개를 신청합니다.
출원인 : 김출원 (출원인 코드번호 신청서에 날인한 인장과 동일한 것이어야 한다.)
【수수료】 (별도의 수수료 안내자료 참고 : 아래 수수료는 서면출원 경우이다.)
【기본출원료】 20 면 38,000 원
(【가산출원료】 20 면 20,000 원)
((매 1면마다 1,000원 가산)(20면 이내에 대하여는 기본료만을 납부))
(【우선권주장료】 건 원)
5 건 7,000 원
(20면 이내에 대하여는 기본료만을 납부)
【심사청구료】 1 항 141,000 원
(기본료 : 109,000원에 매1항마다 32,000원 가산)
【합계】 199,000 원
【감면사유】 개인(발명자와 출원인이 동일한 경우 50% 감면혜택, 상세한 사항은 별도자료를 참고)
【감면 후 수수료】 59,700 원
(우편접수 시 통상환을 이용 서류와 동시에 제출한다.)
(【기술이전】 (기술이전을 희망하는 경우에만 아래의 해당항목에 "희망"이라고 기재하여야 한다.))

【기술양도】
【실시권허여】
【기술지도】
【첨부서류】 1. 요약서, 명세서, 도면 각 1통
2. 기타 법령에서 정한 증명서류 1통(필요시)

2 실용신안등록출원

1. 실용신안출원서양식과 작성 예

【서류명】 실용신안등록출원서
【수신처】 특허청장
(【참조번호】)
(【제출일자】) 2004. 07. 01.
【국제특허분류】 A01G 9/02
【고안의 국문명칭】 안전막이 형성된 원터치식 금속캔
【고안의 영문명칭】 A cover to a CAN equipped with a safetycover
【출원인】
　【성명(명칭)】 이호란
　【출원인코드】 4-2000-000018-9
【대리인】 ☞ 대리인 없이 개인이 작성·제출할 경우 해당이 없다.
　【성명(명칭)】
　【대리인코드】
　(【지정된 변리사】)
　(【포괄위임등록번호】)

【고안자】

【성명】 이호란

【출원인코드】 4-2000-000018-9

【심사청구】 청구

【조기공개】 공개

【취지】 「실용신안법」 제8조에 따라 의하여 위와 같이 출원합니다.

출원인(대리인) 이호란 (인) (이호란)

【수수료】 서면출원시의 경우이다.(※ 전자출원은 기본(17,000)+면수 * 1,000 원)

【기본출원료】 0 면 17,000 원

(【가산출원료】 4 면 0 원) ☞ 요약서·명세서·도면 1면당 1,000 원

(【우선권주장료】 1 건 20,000 원) ☞ (건당 20,000 원 가산)

(【심사청구료】 2 항 83,000 원)

【합계】 120,000 원

(【감면(면제)사유】 개인(70%감면) ☞ 해당될 경우에만 기재한다.

【감면(면제)후 수수료】 50,000 원)

(【이 고안을 지원한 국가연구개발사업】) ☞ 해당될 경우에만 기재한다.

【과제고유번호】 ○○○○○○○○

【부처명】 산업자원부

【연구사업명】 공통핵심기술개발

【연구과제명】 세라믹판을 이용한 연X선식 정전기 제거장치 개발

【주관기관】 (주)한국세라믹연구소

【연구기간】 1998년 5월 1일 ~ 2002년 7월 11일

【첨부서류】 1. 요약서·명세서·도면 각 1통

2. 대리인에 의하여 절차를 밟는 경우 그 대리권을 증명하는 서류 1통

3. 그 밖에 법령의 규정에 따른 증명서류 1통

3 디자인

1. 디자인출원양식과 작성 예

【서류명】 디자인 심사등록 출원서
【수신처】 특허청장
(【참조번호】)
(【제출일자】) 2005. 07. 01.
【출원인】
　　【성명(명칭)】 홍길동
　　【출원인코드】 4-2004-000123-0
【대리인】 ☞ 대리인 없이 개인이 작성·제출할 경우 해당이 없다.
　　【성명(명칭)】
　　【대리인코드】
　(【지정된 변리사】)
　(【포괄위임등록번호】)
(【부분디자인 여부】)
【디자인의 대상이 되는 물품】 주전자
【단독디자인, 유사디자인 여부】 단독디자인
【기본디자인의 표시】
　　【출원(등록, 참조)번호】
　(【디자인일련번호】)
【창작자】 ☞ 창작자가 출원인 코드가 없는 경우에는「성명의 국문·영문 표기 주민등록번호, 우편번호, 주소」를 기재하여야 한다.
　　【성명】 홍길동
　　【출원인코드】 4-2004-000123-0
【우선권주장】 ☞ 우선권주장이 없는 경우에는 해당이 없다.

【출원국명】

【출원종류】

【출원번호】

【출원일자】

【증명서류】

(【디자인등록출원공개신청】)

(【디자인비밀보장청구】)

【청구이유】

【청구기간】

【취지】 디자인보호법 제9조의 규정에 의하여 위와 같이 출원합니다.

출원인(대리인) 홍길동(인)

【수수료】

【출원료】 70,000 원 ☞ 서면출원 : 70,000 원, 전자출원 : 60,000 원

【디자인등록출원 공개신청료】	원
【디자인비밀보장청구료】	원
【우선권주장료】	원
【합계】	70,000 원
(【감면(면제)사유】) 개인	
【감면(면제)후 수수료】	21,000 원

【첨부서류】

1. 도면(사진·견본) 1통
2. 대리인에 의하여 절차를 밟는 경우 그 대리권을 증명하는 서류 1통
3. 기타 법령에서 정한 증명서류 1통

4 상표출원

1. 상표출원양식과 작성 예

【서류명】 출원서
【권리구분】 상표(서비스표, 상표서비스표, 단체표장, 지리적 표시 단체표장, 업무표장)
【수신처】 특허청장
(【참조번호】)
(【제출일자】) 2005. 07. 01.
【출원인】
　【성명(명칭)】 홍길동
　【출원인코드】 4-2004-000019-8
【대리인】 ☞ 대리인 없이 개인이 작성·제출할 경우 해당이 없다.
　【성명(명칭)】
　【대리인코드】
　(【지정된 변리사】)
　(【포괄위임등록번호】)
【상품(서비스업)류 및 지정상품(서비스업, 업무)】 ☞ 기재된 상품류 및 지정상품에 따라 권리구분이 결정된다.
　【상품(서비스업)류】 제1류, 제2류
　【지정상품(서비스업, 업무)】 ☞ 반드시 국제상품 분류표에 의한 지정상품의 세목을 기재한다.
　제1류
　1. 배합비료　2. 제1종 복합비료
　제2류
　1. 금속보호제　2. 목재보존제　3. 매염염료　4. 산성염료

【우선권주장】 ☞ 우선권주장이 없는 경우에는 해당이 없다.

【출원국명】

【출원번호】

【출원일자】

【증명서류】

【취지】 상표법 제9조의 규정에 의하여 위와 같이 출원합니다.

출원인(대리인) 홍길동 (인) (홍길동)

【수수료】

【출원료】 2 개류 132,000 원 ☞ 2개류의 지정상품에 대한 수수료이다.

【우선권 주장료】 건 원

【합계】 132,000 원

【첨부서류】

1. 상표견본 1통
2. 정관 및 단체표장의 사용에 관한 사항을 기재한 정관의 요약서 각 1통
(단체표장 및 지리적 표시 단체표장 등록 출원시에 한합니다.)
3. 지리적 표시의 정의에 합치함을 입증하는 서류 1통
(지리적 표시 단체표장 등록 출원시에 한합니다.)
4. 업무의 경영사실을 입증하는 서류 1통(업무표장 등록 출원시에 한함)
5. 색채(입체)상표 또는 지정상품에 대한 설명서 또는 등록하고자 하는 상표를 국어로 번역하거나 음역한 설명서 각 1통
(출원인이 필요하다고 인정하는 경우에 한함)
6. 그 밖에 법령의 규정에 의한 증명서류 각 1통
7. 대리인에 의하여 절차를 밟는 경우 그 대리권을 증명하는 서류 1통

첨부 1】【상표(서비스표)견본】

블랙타이거

※ 견본을 가로·세로 8cm 이내의 크기로
만들어 위 사각형 안에 부착하십시오.

5 출원서 작성 시 유의사항

1. 상표 견본 및 지정 상품류, 지정 상품의 선택은 상표의 등록을 위한 가장 중요한 고려사항이다.

홈페이지 자료실에서 제공하는 상표관련 심사기준, 상품류 구분(NICE), 대법원판례 등은 귀하가 출원하고자 하는 상표가 등록될 것인지의 여부를 판단하는데 매우 도움이 될 것입니다.

2. 특히 상표법 제6조 및 제7조 등의 규정에 의하여 등록이 가능한 상표와 불가능한 상표에 대하여 상표 심사 기준에 상세히 규정하고 있다. 특허청 홈페이지

(www.kipo.go.kr → 특허정보 마당 → 법령정보 → 예규(상표 심사 기준)에서 참고할 수 있다.

3. 특히 지정상품의 성질을 보통으로 사용하거나 타인의 저명한 상표 (서비스표)와 동일·유사한 상표 등은 등록상표로 보호받을 수 없다.

4. 상표(서비스표, 상표서비스표, 단체표장, 지리적 표시 단체표장, 업무표장) 등록출원에 대하여는 감면 및 면제 혜택이 주어지지 않는다.

6 명세서 작성방법

1. 발명의 명칭

발명의 명칭은 발명의 표제로서 발명의 분류, 정리, 조사 등을 용이하게 하기 위하여 기재하는 것이다.

1) 발명의 내용을 간명하게 표시할 수 있는 발명의 국문명칭을 기재하며, 영문명칭을 구분기호(중괄호"{ }")안에 다음 예와 같이 입력한다.

[예] 발명의 명칭

자동차용 범퍼{Automobile bumper}

2) 특허청구의 범위에 사용된 용어와 동일한 기술용어를 사용하고 발명의 기술 분야 또는 기술내용이 구체적으로 파악가능한 정도로 기재한다. 지나치게 막연한 기재나, 장황한 기재를 피하고 발명의 내용을 간명하게 나타낼 수 있도록 기재한다.

[예 1] 발명이 온도제어에만 사용되는 자동제어장치인 경우에 「자동제어장치」라고 하는 것보다는 「자동온도 제어장치」라고 하는 것이 좋다.

[예 2] 단순히 「원심탈수기」라고 하거나 장황하게 「탈수통이 진동을 하지 않고 기동이 원활히 일어나게 한 원심탈수기」라고 하는 것보다는 「원심탈수기의 탈수통의 진동방지장치」라고 하는 것이 바람직하다.

3) 발명이 물품 발명인지 방법 발명인지 명확히 나타내고 물품 및 제조방법 등 상이한 카테고리의 복수발명인 경우 이들 모두를 나타낸다.
   [예1] 가수 보일러의 자기진단 결과 표시장치
   [예2] 팬모터 구동 시 소음저감 장치 및 제어방법
   [예3] ....제조방법 및 제조장치
4) 보정에 의하여 특허청구범위의 카테고리가 변경되는 경우에는 발명의 명칭도 이에 부합되도록 보정한다.

카테고리(Category)

발명의 실체를 분류하는 기준의 하나로 크게「물(物)의 발명」과「방법의 발명」 발명으로 구분된다. 물의 발명은 다시 제품적인 물(예컨대 기계, 기구, 장치, 시설 등)의 발명 등으로 나눌 수 있으며, 방법의 발명은 생산방법의 발명, 사용방법의 발명, 취급방법의 발명 등으로 세분될 수 있다.

5) 발명의 내용과 직접적인 관련이 없는 개인명, 상표명, 애칭, 추상적인 성능 표현 등(예를 들면 '개량된 ㅇㅇ', '최신식 ㅇㅇ', '문명식 ㅇㅇ', '홍길동식 ㅇㅇ', 또는 '발명특허 ㅇㅇ')을 기재해서는 안 된다.
6) 명세서에 기재된 발명의 명칭은 출원서에 기재된 발명의 명칭과 동일해야 하며, 발명의 명칭은 특허청구범위의 청구항 말미에서 사용된 용어와 일치되도록 기재하는 것이 좋다.

2. 도면의 간단한 설명

도면의 간단한 설명은 도면을 특정함으로써 발명의 상세한 설명과의 관계를 명확히 한다.

[예] 청구항의 말미가「......을 특징으로 하는 원심탈수기의 속도제어장치」인 경우 발명의 명칭은「원심탈수기의 속도제어장치」로 기재하거나 발명의 특징을

간명하게 나타내어「...... 된 원심탈수기의 속도제어장치」등으로 기재하는 것이 좋다.

1) 도면의 간단한 설명란에는 첨부한 도면의 각각의 '도'에 대하여 각 '도'가 무엇을 표시한 것인가를 간단히 기재한다. 이때 도면에 대한 설명은 간결·명료하게 기재하며 가능한 한 명사형으로 종결되도록 한다.

[예] 도면의 간단한 설명

도 1은 전체를 조립한 평면도

도 2는 .... 보인 정면도

2) 발명의 설명에 '도면'이 필요하지 아니한 경우는 도면의 간단한 설명 식별항목을 삭제한다.

3) 도면부호에 대한 설명은 도면의 간단한 설명란의 도면의 설명부분 하단에 기재한다.

4) 종래의 기술을 나타내는 도면과 실시 예를 나타내는 도면이 혼재할 경우에는 양자를 명확히 구별할 수 있도록 기재한다.

5) 원칙적으로 당해 발명 또는 고안의 특징을 잘 나타내는 도면을 제1도로 한다.

6) 도면의 주요 부분에 대한 부호설명은 청구항에 기재된 구성의 명칭을 기재하고 당해 부분의 기술적 특징으로 충분히 설명할 수 없을 때에는 당해 부분의 기능 또는 다른 부분과 관련성을 가미하여 기재한다.

3. 발명의 상세한 설명

발명의 보호범위는 특허청구 범위에 기재되어 있는 사항을 기초로 하고, 상세한 설명 및 도면의 기재를 참작하여 파악하므로 청구범위를 뒷받침할 수 있도록 기재한다.

발명의 상세한 설명은 당해 발명의 특허 가능성에 대한 이유를 주장하여 입증하는 면도 가지고 있기 때문에, 당해 발명이 어떠한 이유로 종래기술(선행기술)로부터 진보성이 있다고, 특허 출원인이 생각하여 특허출원을 하고 있는가를 기재하는 것이 필요하다.

발명의 상세한 설명란에 출원 당초부터 기재되어 있던 범위 내에서는 특허청

구 범위를 정정, 변경할 수 있기 때문에 될 수 있는 한 많은 관련사항(예컨대 발명의 응용상태 또는 부수적 사항)까지도 기재해 두면 청구범위를 변경할 수 있는 자유도가 그만큼 커지며, 특허취득의 확률도 높아진다.

발명의 상세한 설명은 그 발명이 속하는 기술 분야에서 통상의 지식을 가진 사람이 용이하게 실시할 수 있을 정도로 그 발명의 목적, 구성 및 효과를 구분하여 기재한다.

여기서 그 발명이 속하는 기술 분야에서 통상의 지식을 가진 자는 출원 시에 당해 기술 분야의 기술상식을 보유하고 있고, 연구개발(실험, 분석, 제조 등을 포함)을 위하여 통상의 수단 및 능력을 자유롭게 구사할 수 있으며, 출원 시의 기술수준에 있는 모든 것을 입수하여 자신의 지식으로 할 수 있고, 발명의 과제와 관련되는 기술 분야의 지식을 자신의 지식으로 할 수 있는 자로 가정한 자를 말한다.

실시할 수 있을 정도란 물건의 발명에서 그 물건을 제조할 수 있고, 그 물건을 사용할 수 있으며, 방법의 발명에 있어서는 그 방법을 사용할 수 있고, 물건을 생산하는 방법의 발명에 있어서는 그 방법에 의하여 그 물건을 제조할 수 있을 정도를 말하며, 이때 실시의 대상이 되는 발명은「청구항에 기재된 발명」으로 해석된다.

또한 용이하게 실시할 수 있을 정도는 그 발명이 속하는 기술 분야에서 통상의 지식을 가진 자가 과도한 시행착오나 복잡하고 고도한 실험 등을 거치지 않고 그 발명을 정확하게 이해, 재현할 수 있을 정도를 말한다.

1) 발명의 목적

① [발명의 목적]은 [발명이 속하는 기술 분야 및 그 분야의 종래기술]과 [발명이 이루고자 하는 기술적 과제]란으로 나누어 기재한다.

② '발명이 속하는 기술 분야'에 대해서는 출원발명이 속하는 산업·기술 분야를 구체적으로 기재하며 필요한 경우 관련되는 기술 분야도 기재한다.

[예] 이 발명은 세탁기의 세탁조가 회전할 때 회전진동을 최소화함으로써 세탁조가 저수조와 충돌하는 것을 방지하기 위한 세탁기 밸런싱 장치에 관한 것이다.

③ 발명의 배경이 되는 종래 기술의 내용을 구체적으로 기재하며, 종래의 기술

에 관해 문헌을 인용할 경우에는 그 문헌의 명칭 및 그 상세한 기술내용을 기재한다. 그러나 종래 기술이 없는 전혀 새로운 발명에 대해서는 그 취지를 기재함으로써 종래 기술의 기재를 대신할 수 있으며, 문헌의 인용방법은 다음과 같다.

[예]

· 특허공보, 실용신안공보 : 특허공고 제00-0000호(19XX. X. X.)

· 간행물 : 간행물명, 권수, 호수, 발행연월일, 발행처, 발행국, 저자명, 논문명, 페이지의 순서로 기재

· 단행본 : 저자명(또는 편저자명), 「서명」, 권수, 판수, 발행 년월일, 발행처, 발행국, 페이지의 순서로 기재

④ 발명이 해결하고자 하는 기술적 과제에 대해서는 종래기술의 문제점을 분석하여 그 문제점으로부터 발명이 해결하고자 하는 과제를 종래 기술과 관련하여 기재한다.

2) 발명의 구성

① [발명의 구성]란에는 발명이 이루고자 하는 기술적 과제를 해결하기 위하여 어떠한 기술적 수단을 채용하였는가를 그 작용과 함께 기재하여야 하며, 이 기술적 수단이 복수의 하위 또는 부분적 수단으로 이루어져 있는 경우에는 이들의 상호관계를 명료하게 기재한다.

② 발명의 구성에는 경우에 따라 구성 그 자체에 관한 것뿐 아니라 그 기능에 관해서도 기재할 필요(특히 컴퓨터 기술 분야)가 있다. 기능에 대해 기재 시에는 개개의 기술적 수단이 어떤 기능을 하고 있는가, 또한 이들이 어떻게 서로 관련을 가지고 작용하여 과제를 해결하고 있는가에 대해 기재한다.

③ 해당발명의 기술 분야에 대한 통상의 지식을 가진 자가 그 발명을 재현할 수 있도록 하기 위하여 필요한 경우에는 그 발명의 구성이 실제로 어떻게 구체화되는가를 나타내는 실시 예를 기재한다.

④ 실시 예는 가장 좋은 결과를 얻는 것이라고 생각되는 것을 가급적으로 여러 종류 기재하고, 필요에 따라 실시 예상의 구체적 숫자에 기인한 사실을 기재한다.

⑤ 특허청구범위가 포괄적으로 기재할 때에는 그 포괄적 기재에 대응되는 개개의 대표적인 실시 예를 기재한다.

⑥ 실시 예에는 기초적인 데이터 등도 기재하여야 하며, 필요한 경우에는 비교 예, 응용 예 등도 기재한다. 비교 예는 당해 발명과 기술적, 시간적으로 가장 가까운 것에 대하여 기재하며 또한 이들의 기재시에는 실시 예, 비교 예, 응용 예의 차이를 명확히 한다.

⑦ 실시 예를 도면을 이용하여 설명하는 경우에는 대응개소의 도면부호를 기술용어 다음에 ( )를 하여 기재한다.

[예] "3은 4와 5에 접속된다."와 같이 기재해서는 안 되며, 이 경우에는 "저항(3)은 스위치(4)와 커패시터(5) 사이에 접속되어 있다."와 같이 기재한다.

⑧ 발명의 구성이 충분히 구체적이고, 발명의 상세한 설명에 발명이라고 인정하기에 충분한 기술사항이 기재되어 있는 경우에는 실시 예에 대한 기재를 생략해도 된다.

⑨ 발명이 설계의 변경, 재료의 변경, 용도의 변경, 수치(조성물의 함량, 작업조건에 대한 파라미터)의 한정을 특허 대상으로 하고 있는 경우, 해당 발명이 제시하는 진보성을 입증시키는 데 각별히 주의하도록 하며, 이를 위해서는 가장 양호한 조건에서의 실시 예와 종래의 조건에서의 실시 예의 비교자료를 제시하는 것이 해당 발명 효과의 현저성(기술의 진보성)을 입증하는 유력한 방법이다.

⑩ 실험데이터를 이용하여 설명하는 경우에는 그 발명이 속하는 기술 분야에서 통상의 지식을 가진 자가 용이하게 재현할 수 있을 정도로 시험방법, 시험 측정기구, 시험조건 등을 구체적으로 기재하며, 입수가 곤란한 재료나 소자 등을 사용하는 경우에는 그 제조방법 또는 입수처를 기재한다.

3) 발명의 효과

① 발명은 청구범위에 기재된 기술적 수단에 의해 그 발명이 목적으로 하는 결과를 달성해야 하고, 그 결과 특유의 효과가 발생해야 하는 것이므로 발명의 내용을 정확하게 제3자에게 파악시키기 위해서는 해당 발명의 목적 및 특유의 효과 설명이 필요하다.

따라서 [발명의 효과]란에는 당해 발명에 의하여 발생한 특유의 효과를 구체적으로 기재한다.

② 효과는 발명의 목적달성을 확인할 수 있는 효과, 종래 기술과 비교하여 유리한 효과가 발생된다는 것 등을 결과를 중심으로 기재한다.

그러나 다음은 효과를 적절하게 기재된 것으로 볼 수 없다.

가) 특히 발명의 진보성 판단에 있어서 특유한 효과가 없는 사항은 단순한 설계변경 정도로밖에 고려되지 않는다.

나) 특정방법에 의하여 얻어진 측정치가 발명효과로 기재되어 있으나 그 측정방법이 불명료하여 발명의 효과를 인정할 수 없는 경우.

다) 발명의 효과로서 기술적으로 뒷받침되지 않은 경제적인 효과만 기재되어 있는 경우.

4. 특허청구 범위

1) 독립항·종속항

① 【특허청구범위】의 【청구항】란에는 다른 청구항을 인용하지 않는 독립청구항(이하 '독립항'이라 한다.)을 기재하고, 그 독립항을 한정하거나 부가하여 구체화하는 종속청구항(이하 '종속항'이라 한다.)을 기재할 수 있다. 이 경우 필요한 때에는 그 종속항을 한정하거나 부가하여 구체화하는 다른 종속항을 기재할 수 있다.

② 독립항은 발명의 성질에 따라 적정한 수로 기재하여야 한다.

③ 독립항과 종속항에는 기재순서에 따라 아라비아숫자로 일련번호를 붙여야 하며, 청구마다 행을 바꾸어 기재한다. 또한 독립항 또는 타 종속항보다 먼저 기재할 수 없다.

④ 종속항은 독립항 또는 다른 종속항 중에서 하나 또는 둘 이상의 항을 인용하여야 하며, 이 경우에 인용되는 항의 번호를 기재한다.

⑤ 두 개 이상의 항을 인용하는 종속항에는 인용되는 항의 번호를 택일적으로 기재한다.

⑥ 두 개 이상의 항을 인용하는 종속항은, 두 개 이상의 항이 인용한 다른 종

속항을 인용할 수 없으며, 또한 두 개 이상의 항을 인용한 항을 인용하고 있는 다른 청구항을 인용할 수 없다.

⑦ 종속항을 두 개 이상의 다수 인용항 세트 형식으로 기재해서는 안 된다.

⑧ 종속항은 발명의 효과 또는 용도만을 한정하거나 인용되는 항의 구성요소를 감소시키는 형식으로 기재해서는 안 된다.

⑨ 종속항은 그 종속항과 카테고리(물 또는 방법)가 상이한 독립항 또는 다른 종속항을 인용하여 기재해서는 안 된다.

2) 특허출원의 범위

① "하나의 총괄적 발명의 개념을 형성하는 1군의 발명(이하 '단일성'이라 한다)"에 해당되는가의 여부는 각 청구항에 기재된 발명들 사이에 "하나 또는 둘 이상의 동일하거나 대응하는 '특별한 기술적인 특징'들이 관련된 기술 관계"가 존재하는가에 달려있으며, '특별한 기술적인 특징'은 "각 발명에서 전체적으로 보아 선행기술과 구별되는 개량부분"을 말한다.

② '하나의 총괄적 발명의 개념을 형성하는 1군의 발명'은 다음과 같이 특허법 특허법시행령 제6조 제1항에 규정된 다음의 경우에 한하여 인정된다.

가) 물건 또는 방법에 관한 1독립항을 기재한 출원

나) 물건에 관한 1독립항을 기재한 경우에 다음의 독립항을 선택하여 기재하거나 모두 기재한 출원

- 그 물건을 생산하는 방법에 관한 1독립항
- 그 물건을 사용하는 방법에 관한 1독립항
- 그 물건을 취급하는 방법에 관한 1독립항
- 그 물건을 생산하는 기계·기구·장치 기타의 물건에 관한 1독립항
- 그 물건의 특정성질만을 이용하는 물건에 관한 1독립항
- 그 물건을 취급하는 물건에 관한 1독립항

다) 방법에 관한 1독립항을 기재한 경우에 그 방법의 실시에 직접 사용하는 기계·기구·장치 기타의 물건에 관한 1독립항을 기재한 출원

③ 실용신안등록출원은 특허출원에 있어서의 '하나의 총괄적 발명의 개념을

형성하는 1군의 발명'과 같은 개념이 실용신안 등록출원에는 존재하지 아니하므로 실용신안 등록 청구범위에는 하나의 독립항만을 기재하는 것이 원칙이다. 그러나 "물품에 관한 1독립항"이라는 규정을 독립항을 인용하여 이를 한정하거나 부가하여 구체화하는 종속항의 기재를 금지하는 것은 아니다.

④ 실용신안 등록 청구범위에는 물품에 관한 1독립항만을 기재하는 것이 원칙이나 두 개 이상의 독립항이 물품의 조합에 해당되어 '물품에 관한 1독립항'으로 기재하는 것이 부적합한 경우에는 두 개 이상의 독립항으로 기재하는 것이 허용된다.

3) 특허청구범위의 작성요령

① 특허출원서에는 발명자에게 귀속되어야 할 권리를 모두 보장해 줄 수 있는 청구항들을 기재해야 한다. 또한 범위가 다른 청구항들이 모두 기재되어야 한다.

② 상업적으로 중요성이 없거나 사소하고 경쟁자에세 쉽게 회피될 수 있는 사항(전자부품이나 기계부품의 규격 등 단순한 설계변경 사항)들은 언급할 필요가 없다.

③ 실질적으로 침해품이 발생되는 경우를 상정하여 청구범위의 표현형식(좁은 의미의 카테고리)을 달리하는 다양한 독립항을 작성하여야 한다.

④ 청구항을 작성하기 전에 청구하고자 하는 범위에 관계없이 그 구조를 분석하여 BASIC ELEMENTS를 결정하여야 한다.

⑤ 장난감으로서 기능을 달성하기 위하여 꼭 필요한 구성요소의 특성 및 구성요소내의 부품을 결정하여야 한다.

⑥ 발명의 기술적 사상 전체를 고려하여 넓은 청구범위와 좁은 청구범위 작성하여야 한다.

가) 결정된 구성요소에 대한 속개념 용어, 종개념 용어, 대체물 등을 검토한다.

나) 가능한 한 구성요소의 중요기능이나 목적에 대해 설명하는 명칭 또는 속개념적 용어(generic word)를 사용한다.

⑦ 구성요소와 부품이 목적달성을 위해 다른 구성요소들 중 적어도 하나와 어

떻게 연관되어 있는가? 혹은 각 구성요소와 부품들 사이에 필요한 연결 및 상호작용이 무엇인가? 연관된 경우 각 구성요소가 무슨 역할을 하며, 어떻게 그 역할을 수행하고 있는가? 등을 고려한다.

4) 청구범위 기재형식

① Jepson Type

공지된 부분(전체부)과 신규한 부분(특징부)에 대한 구별을 명확히 한다.

"A에 있어서, B를 특징으로 하는 C"로 되어 있다.

이 때 C는 발명의 명칭과 일치되는 것이 적절하고, 이 형식은 기계, 전자, 분야의 개량발명에 적합하다.

② Markush Type

공통 성질을 가진 복수구성 물질의 나열에 적합하다.

"Y는 A, B, C, D로 된 군으로부터 어느 하나로 구성된 것이 특징인 E"

이 형식은 화학발명에서 주로 사용된다.

5. 도 면

특허 또는 실용신안으로 등록받고자 하는 대상을 상세하게 보여줄 수 있는 도면을 반드시 작성 첨부하여야 하며(조성물이나 방법 등의 발명에는 도면이 없는 경우도 있지만...) 아무리 좋은 발명일지라도 권리로서 보호받고자 하는 대상에 대한 도면이 제대로 작성되어 있지 않으면 발명자체를 불명확하게 할 수도 있다. 당해 발명의 이해에 있어서, 발명의 상세한 설명뿐만 아니라 도면이 있는 경우에는 도면과 대조하여 보게 된다. 그러나 도면으로 표현되면 충분한 것이 아니라 어디까지나 발명의 구성은 발명의 상세한 설명란에 있으므로 문장에 의하여 명확하게 표현되어야 한다.

1) 특허출원의 경우에는 필요한 경우에만 도면을 첨부하도록 하고 있으므로 화학물질 발명과 같이 도면이 불필요하거나 첨부할 수 없을 때에는 첨부하지 않아도 되나, 물건의 발명의 경우에는 반드시 도면을 첨부하여야 한다. 그리고 실용신안 등록출원은 물품의 형상 구조에 관한 것이므로 반드시 도면을 첨부하여야 하고 도면이 첨부되어 있지 않을 때에는 부적법한 출원서

로 취급되어 출원인에게 반려된다.

2) 종래기술과 당해발명의 기술적 사항이 명확히 나타날 수 있도록 작성하여야 한다. 특히 도면에 나타난 구성이 발명의 목적 및 구성이 일으키는 작용과 관련하여 모순이 없도록 하여야 한다.
3) 청구범위의 구성요건이 되는 부분은 그 구성이 도면에 반드시 나타나야 하며 만약 청구범위가 상위개념(속개념)의 용어로 기재되어 있는 경우에는 실시 예로서 기재된 기술적 사항에 대응되는 부분이 나타나야 한다.
4) 보통 도면 중에서도 사시도(투시도)는 특히, 특허도면으로 유용하다. 사시도는 통상 정투상도법의 제3각법에 의해 그리는 도면보다 구체적이고 또한 직감적이며 발명의 이해를 용이하게 하는 데 효과적이다.
5) 사시도에서 불분명한 곳이 있으면, 주요부분을 확대한 확대도나 단면도로서 보충하는 것이 좋다. 확대도는 원리적인 설명 또는 발명의 요지가 되는 구조를 표시할 경우에 사용된다.
6) 배치도는 장치 또는 장치의 부품 배열상태를 명확히 할 필요가 있을 때 사용한다.
7) 공정도는 개략적으로 사용할 수 있으며, 제조, 가공 등의 공정을 표시하며, Flow chart, 기능 블록도는 블록단위를 기준으로 하여 작성하되 추상적으로 기재되지 않도록 한다.

6. 명세서 작성에 사용되는 단위

명세서에 사용되는 단위는 국제단위(SI)를 사용해야 한다. 국제단위는 부록 I 과 같다.

발명과 특허 팡세

발명력은 한번 발아되면 지속되는 특성이 있기 때문에, 발명력은 일찍부터 일깨우는 것이 개인적으로나 국가적으로 바람직하다.

11 온라인 특허 출원방법

전자출원은 특허 출원서를 비롯한 특허에 관련된 문서를 인터넷을 통해서 제출하는 새로운 출원방법으로 1999년 1월 1일부터 시작되었다. 전자출원은 기존의 서면 출원 및 플로피 디스켓(FDD) 출원처럼 특허청을 방문하거나 우편으로 접수시키는 방법과 달리 안방이나 사무실에서 컴퓨터로 출원하는 방법으로 여러 가지 장점이 있다.

전자출원은 기존의 오프라인 출원에 비하여 출원 시간 및 출원 경비를 절약할 수 있다. 오프라인 출원을 하면 약 2주 후에 출원 번호를 받을 수 있으나 전자출원은 출원과 동시 출원 번호를 발급받을 수 있고, 서면 출원에 비해 출원료가 1선낭 1만 원 이상 저렴한 상섬 등이 있어 전자출원 건수가 계속 크게 승가하고 있다.

전자출원을 실행하고자 하는 사람은 특허청 사이트에서 "특허路"를 클릭하여 들어가면 왼쪽 하단에 [전자출원 체험하기]라는 곳에서 전자출원을 체험할 수 있다.

전자출원을 실행하는 데 발생하는 궁금증이나 문제가 발견될 때는 특허청 콜센터(1544-8080)에 접속하여 상담원과 연결하면 도움을 쉽게 받을 수 있다.

이 장의 내용은 특허청 홈페이지에서 제공하는 전자출원 방법을 발췌해서 축약한 내용임을 밝혀 둔다.

1 전자출원을 위한 사전 준비

1. 전자출원을 위한 필요 장비

PC는 CPU펜티엄III 100MHz 이상, 메모리 256M 이상, 하드디스크 10GB 이상, 윈도우 2000 이상, Internet Explorer 5.5SP 이상이어야 하고, 모니터는 컬러 모니터이어야 하며, 스캐너는 200DPI 이상이어야 한다.

[그림 11-1]
전자출원 서비스창

2. 전자출원을 위한 사전등록 절차

전자출원을 위한 사전등록 절차는 on-line을 통하여 가능하며, 특허청 홈페이지(http://www.kipo.go.kr/) 상단 우측의 "특허路" 라는 곳을 클릭하면 전자출원 서비스를 위한 사이트가 뜬다.(그림 11-1)

3. 출원인코드 신청

출원인코드는 일반 시민이 사회생활을 하는 데 주민등록번호가 필요하듯이 특허 행정에서는 특허청에서 부여하는 출원인코드가 필요하다.

[그림 11-2]
출원인코드 부여 신청창

출원인코드는 출원인 주소, 주민등록번호, 전화번호 등의 인적 정보를 출원 시마다 반복 기재하는 수고를 줄일 수 있고, 기재 시 발생할 수 있는 오류를 방지할 수 있으며 특허청에서는 출원인의 정보를 관리하는 데 효율적이다.

출원인코드 부여 신청 방법은 그림 11-2에서 다음과 같은 방법으로 실행한다. 각종 정보를 입력하고 출원인(법인) 도장은 스캔하고 jpg파일로 만들어 첨부하여 신청서를 전송한다. 출원인코드 부여 확인은 신청 2시간 내에 확인될 수 있다. 출원인코드 형태는 그림 11-3과 같다.

[그림 11-3]
출원인코드 형태

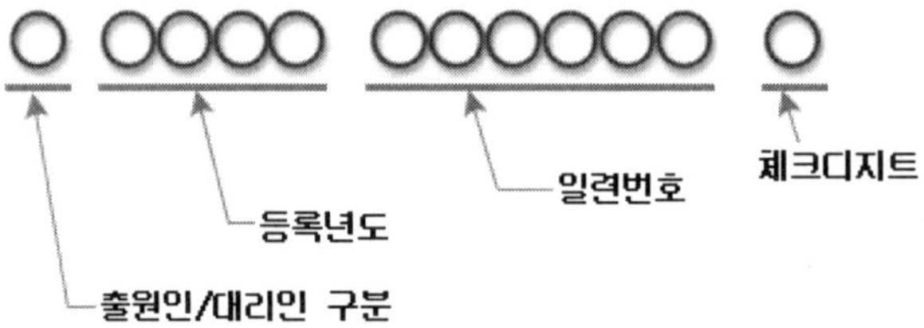

출원인코드는 4-1998-014507-2처럼 4 그룹으로 구성되는데 처음 그룹은 출원인 코드구분 번호이고, 두 번째 그룹은 등록 년도이며, 세 번째 그룹은 출원인 일련번호로 등록된 당해 년도의 순번을 나타낸다. 그리고 네 번째 그룹의 테크디지트는 출원인코드 기제 상의 오류 방지 등의 목적으로 출원인코드 전체 숫자로부터 일정한 함수에 의하여 산출되는 값이다.

출원인코드의 첫 번째 구분 번호는 1에서 7까지로, 1은 국내상법상 법인을, 2는 국가기관 및 기타 법인을, 3은 각급 시험연구기관을, 4는 국내 자연인을, 5는 외국법인을, 6은 외국 자연인을, 7은 변리사를 나타낸다.

출원인코드 부여 신청과 동시에 전자문서 이용 신고를 같이 진행할 수 있기 때문에 전자문서 이용 신고를 동시에 실행하면 시간이 절약된다.

4. 인증서 발급 신청

인증은 전자출원을 이용하는 사람의 신원을 확인하여 허가된 사용자임을 검증하는 절차이다. 일단 인증서를 발급 받으면 각종 전자출원에 관한 업무를 수행하는 자격을 얻게 된다.

[특허청홈페이지 → 특허路(특허청전자출원서비스) → 사용자등록신청 → 인증서발급/재발급]

[그림 11-4]
인증서 발급창

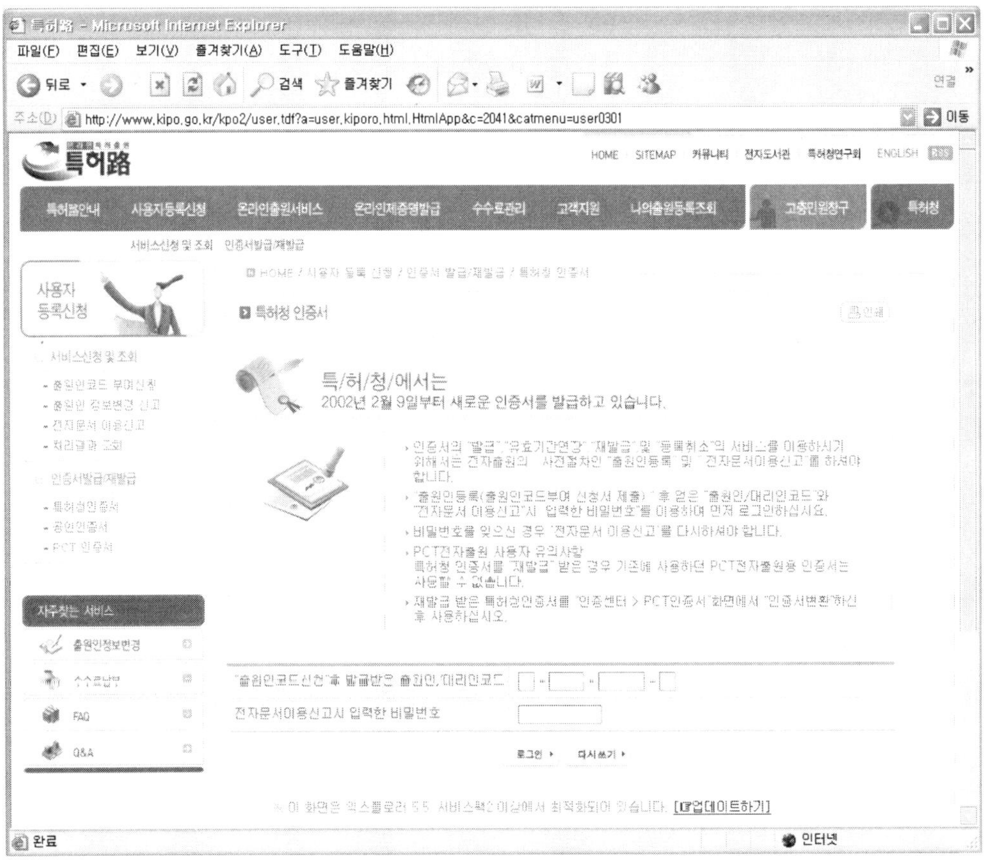

인증서 발급은 먼저 출원인코드 부여와 전자문서 이용 신고를 마친 후 발급이 가능하며, 이때 발급된 출원인코드 번호와 전자문서 이용 비밀번호를 기억하고 있어야 한다.

5. 전자출원에 관한 소프트웨어 다운로드

전자출원을 하기 위해서는 특허청에서 지원하고 있는 전자출원 S/W를 다운받아 사용해야 하는데 다운로드 과정은 다음과 같다.

[특허청 홈페이지 → 특허路(특허청 전자출원서비스) → 온라인출원서비스 → 소프트웨어 다운로드]

소프트웨어 다운로드 링크에 들어가면 아래와 같은 여러 가지 다운로드들이 존재합니다. 이런 다양한 다운로드는 사용자가 필요에 따라서 필요한 S/W를 설치하여 사용하지만 초보자의 경우는 통합 프로그램을 다운로드 하여 사용하는 것이 편리하다.

전자출원 소프트웨어는 수시로 업그레이드 될 수 있으므로 특허청의 지시에 따라서 바탕 화면의 아이콘을 클릭하면 자동 업그레이드된다.

- 서식 작성기 프로그램(W-KEAPS) : 출원서등 각종 서식 작성 지원 S/W
- 전자문서 작성기 프로그램(K-EDITOR) : 특허와 실용신안의 명세서 및 디자인도면 등 작성 지원 S/W
- 첨부서류 작성 프로그램 : 첨부서류를 이미지 파일(*.att)로 변환지원 지원 S/W
- 서열목록 작성 프로그램 : 아미노산 및 염기서열 작성 지원 S/W
- 통지서 열람기
- 처음 사용자용 통합설치 프로그램

2 온라인 문서작성 및 출원 실행

1. 전자문서 작성기 실행

그림 11-5에서 전자문서 작성기(K-KEDIITOR)를 실행하여 특허 출원서와 같이 전송해야 되는 [명세서], [요약서], [특허 청구 범위] 및 [도면]을 작성한다. 작성 요령은 제14장 명세서 작성법을 참고하면 된다.

[그림 11-5]
특허 명세서 작성 초기 창

[그림 11-6]
전자문서 작성 문서 XML변환창

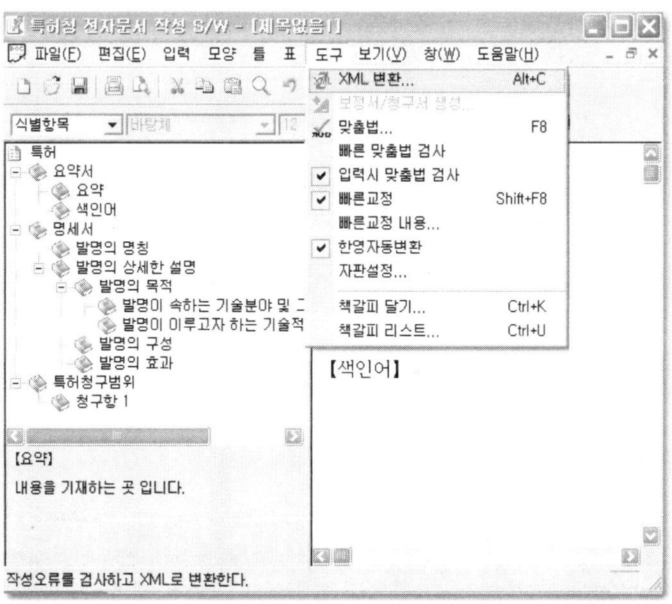

[그림 11-7]
문서 오류 메세지창

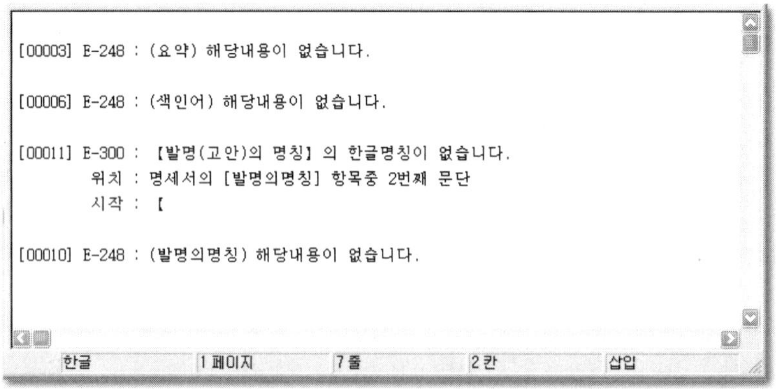

2. 전자문서 작성 완료 후 문서 변환

전자문서 작성기를 통하여 명세서를 작성 후 그림 11-6의 상단의 도구 메뉴에서 XML변환을 선택하여 서식 작성기에서 불러올 수 있는 문서로 변환 하여야 한다. 이때 작성된 출원서에 하자가 있을 경우 변환이 되지 않으며 오류 메시지(그림 11-7)에 상세한 설명이 나타난다.

3. 서식 작성기 실행

온라인으로 출원할 출원서 작성을 지원하는 프로그램인 서식 작성기를 사용해서 출원서를 작성한다.

바탕화면에서 서식 작성기를 실행한 후 왼쪽 상단의 서식선택 버튼(그림 11-8)을 클릭하여 특허 혹은 실용신안 등의 서식을 선택하여 출원서를 작성한다.

[그림 11-8]
서식 선택 창

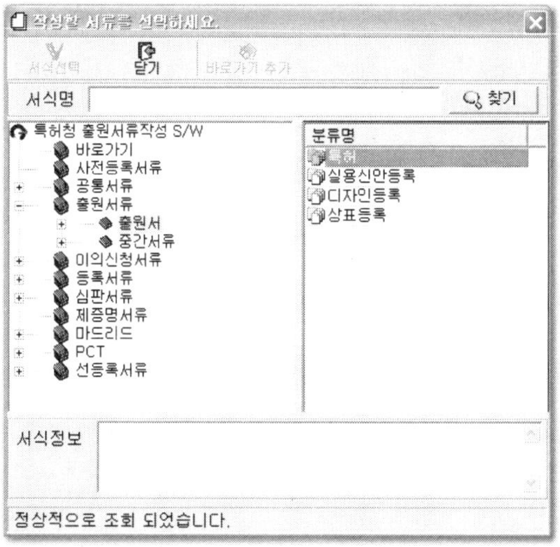

4. 작성문서 선택

특허를 출원할 경우 그림 11-9에서 [출원서류 → 출원서 → 특허 → 특허출원서 더블 클릭]을 거쳐 특허출원서 양식을 연다.

[그림 11-9]
특허 출원서 선택 창

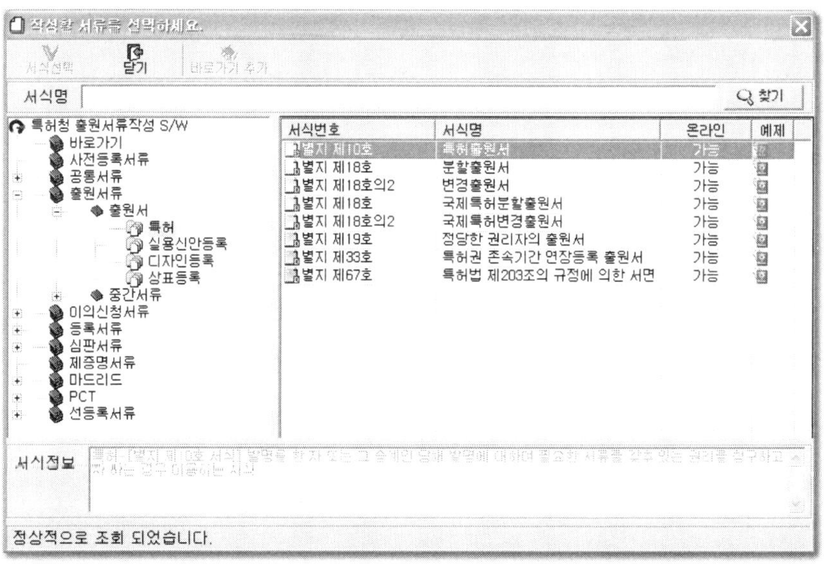

5. 전자문서 파일 선택

전자문서 작성기로 작성한 출원서를 XML로 변환시킨 문서로 불러와야 한다. 이때 여러 가지 파일 중 마지막으로 작성되어 저장된 문서(최종본)는 자동으로 불려진다. 그러나 불러와야 할 파일이 최종 본이 아닐 경우는 그림 11-10에서 입력창에 파일명을 입력하여 요약서, 명세서(도면)를 찾아서 연다.

[그림 11-10]
파일명 입력창

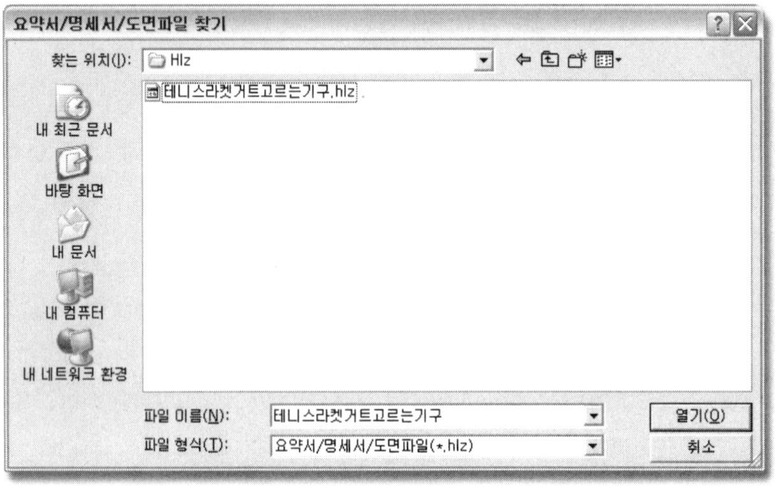

6. 특허출원서 작성

이상에서 문서 선택 완료 후 상기 [열기]를 클릭하면 그림 11-11의 출원서 양식이 열린다. 10장의 특허출원서 양식에서도 볼 수 있는 항목들이다. 특허의 경우 입력해야 할 항목으로는 [제출 일자], [국제특허 분류], [발명의 국문명칭], [발명의 영문명칭], [출원인], [대리인], [발명자], [우선권주장], [심사청구], [조기공개], [수수료], [기술이전], [기술양도], [실시권 허여] 등이 있다.

출원서 작성에서 [심사 청구] 유무는 필요에 따라서 선택할 수 있으나 출원 때 '유'를 표시하는 것이 번거로움을 피할 수 있다. 출원서 작성 말미에 출원료를 입력해야 한다.

[그림 11-11]
특허 출원서 창

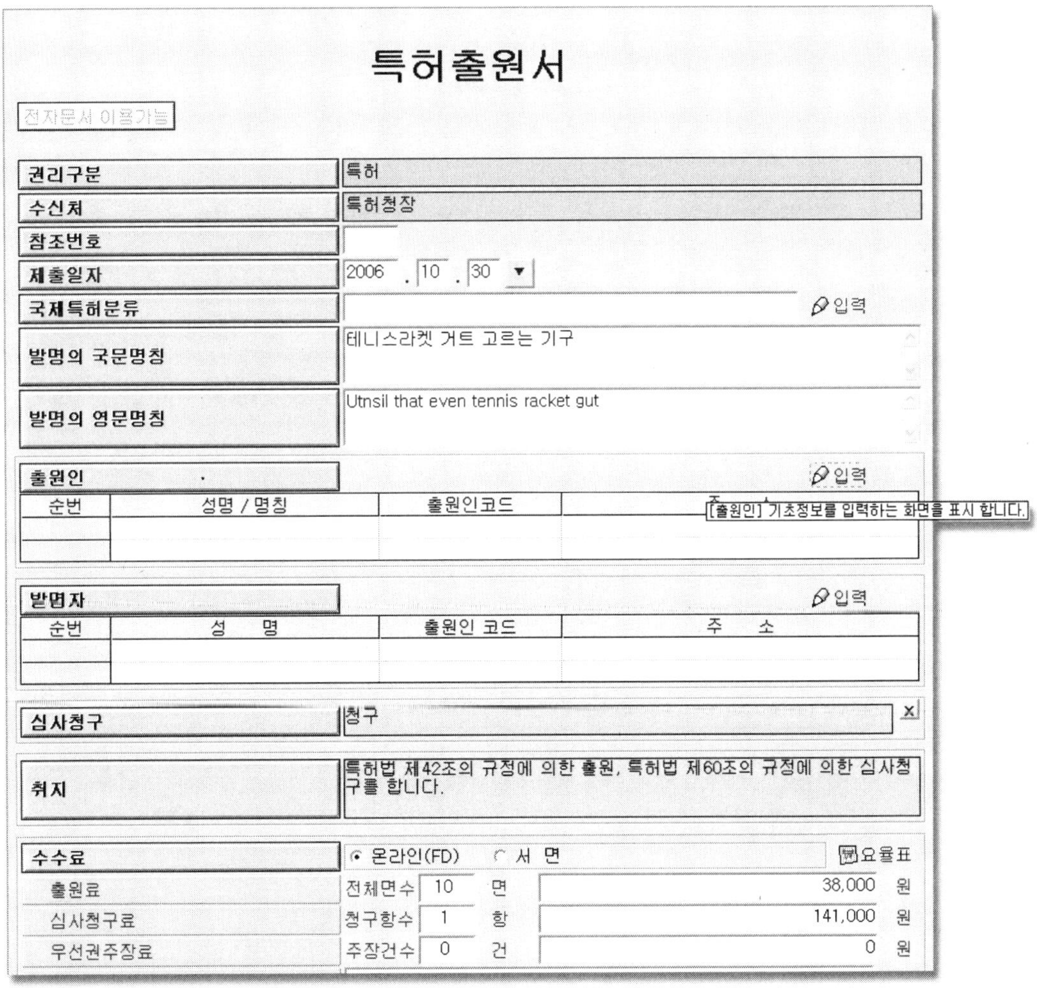

특허출원서 작성시 출원료는 [요율표]를 참고하여 입력하고 출원료는 여러 경우에 감면이나 면제를 받을 수 있으므로 [감면 및 면제 대상자]를 그림 11-12에서 해당 항목을 체크하여 주면 자동 계산되어 총 출원료가 입력된다.

[그림 11-12]
출원료 감면(면제)대상자 창

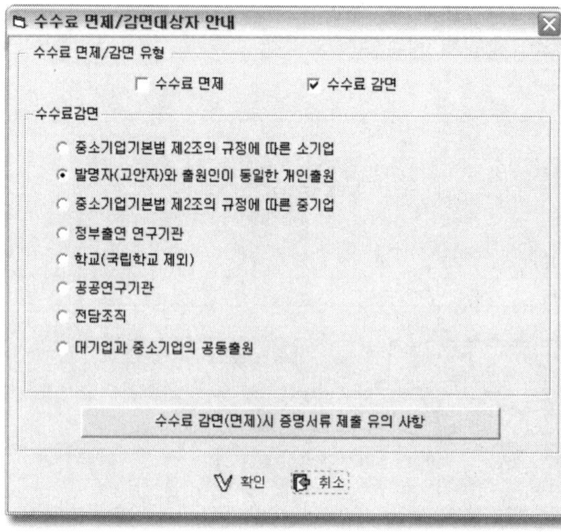

[그림 11-13]
온라인 마법사 창

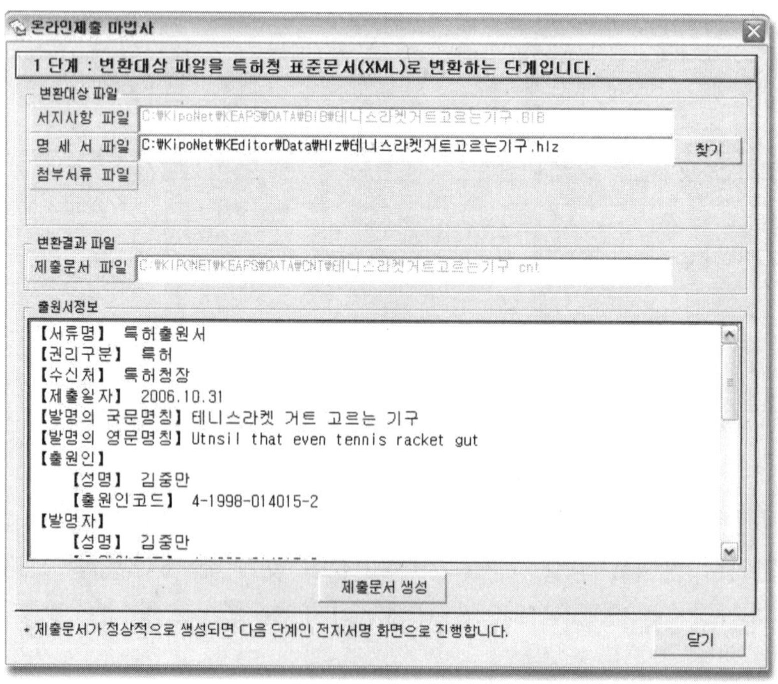

7. 온라인 제출 마법사 실행

온라인 출원서 작성이 완료되면 그림 11-13의 온라인 마법사 창에서 파일을 불러 온라인을 통하여 전송할 수 있도록 문서를 변환한다. 윈도우 창 하단의 [제출문서 생성]을 클릭하면 자동으로 변환 문서가 생성되어 저장된다.

8. 온라인 문서 검증

온라인 문서 제출 전 문서의 오류 여부를 확인한다.(그림 11-14) 만약 작성 문서에 오류가 발생하였을 경우 오류 메시지가 나타나며, 나타난 메시지에 따라서 수정 완료한 후 다시 검증을 한다.

[그림 11-14]
온라인 제출 문서 오류 검증창

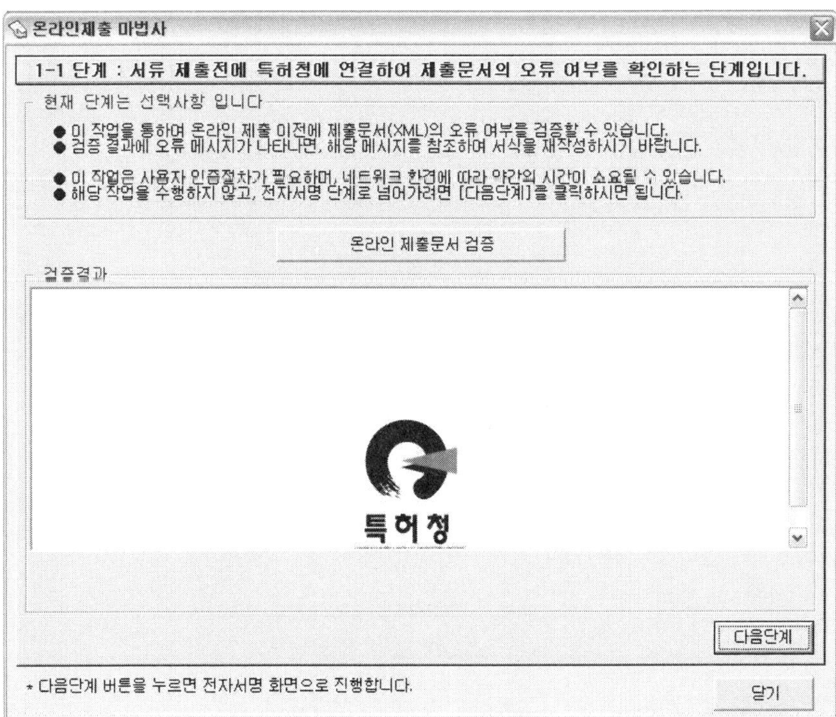

9. 전자출원 확인

온라인 제출을 마친 후 제출 결과(출원 결과)를 조회할 경우 서식 작성기 상단의 [제출결과]를 클릭한 후 새로운 창에서 자신의 인증서로 로그인을 하게 되면 현재 출원한 결과와 기존의 결과 등을 조회할 수 있다.(그림 11-15)

[그림 11-15]
전자출원 확인창

출원사실 증명서를 인터넷으로 교부 신청할 때는 [특허청홈페이지(www.kipo.go.kr) → 특허路 → 온라인 제증명 발급 → 제증명 발급신청 → 출원사실증명신청]과정을 거친다.

10. 수수료 납부

출원서 작성과 오류확인 및 출원 결과 확인이 완료되면 수수료 납부를 해야만 출원 절차가 완료된다.

서식 작성기 상단의 [수수료 납부] 버튼을 누르면 지로 사이트로 이동하여 이곳에서 수수료를 납부할 수 있다.(그림 11-16)

[그림 11-16]
수수료 납부

이곳(지로 사이트 www.giro.or.kr)은 온라인으로 수수료를 납부하는 곳으로 새로운 개정(사용자 등록)을 하여야만 사용할 수 있다. 이곳에서는 사용자 등록을 하여서 사용하는 번거로움이 있다.

이러한 절차를 거치지 않고 지로 영수증을 출력하여 우체국이나 농협 등 공과금 납부 받는 곳에서 납부를 원할 경우 전자출원 결과 확인 시 화면에 나와 있는 금액을 클릭하면 영수증 창이 나타나는데 이것을 클릭하여 납부하면 된다.

단, 수수료 납부는 온라인 출원을 실시한 지 24시간 내에 납부하여야 하며, 납부 기한을 초과할 시 출원이 취소 될 수 있으므로 주의하여야 한다.

11. 보정서 작성

보정서는 내용 보정과 절차 보정(첨부서류 미제출 등)이 있는데 그림 11-17의 창에서 [선사문서 작성기]를 실행하여 [의견서 및 보성서]를 클릭하여 작성하면 된다.

[그림 11-17]
보정서 작성창

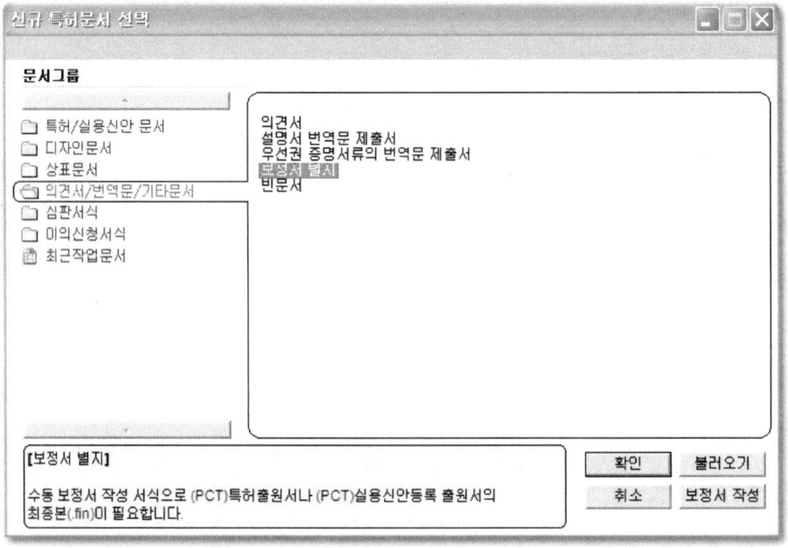

보정서 작성 시는 파일 → 최종본 불러오기 또는 보정서를 실행하였을 경우 나타나는 fin파일을 선택한다.

[그림 11-18]
보정한 후 최종본 확인창

보정을 위한 문서를 보관하고 있지 않을 경우에는 전자 문서 작성기 파일 메뉴에서 최종본을 다운로드하여 출원서 및 명세서의 필요한 부분을 작성한다. 단 최종본 다운로드는 단 1회만 가능하므로 다운로드 된 문서는 잘 보관해야 한다.

온라인출원절차 요약

1. 출원서 작성 순서
   특허로 → S/W다운로드 → 서석 작성기 → 서식선택 → 출원서 작성S/W → 출원서류 선택(특실디상) → 입력항 → 선택 → 확인 → 출원서류 뜸 → 출원서 작성(입력항목 클릭해서)

2. 명세서 작성 순서
   특허로 → S/W다운로드 → 전자문서 작성기 → 문서 그룹 → 문서선택 → ① 새로 작성 혹은 ② 불러오기 선택 작성 → 확인 → 명세서 뜸 → 양식에 직접 작성 혹은 다른 문서로부터 이동삽입 작성 → 저장 → 전자문화(XML파일화) → 온라인출원 → 제출결과 조회 → 출원료 지로용지 출력 → 출원료 납부

3 전자출원 때 유의 사항

1. 출원인 입력 때 주의 사항

출원인 입력 때 출원인이 1인일 경우에 지분/대표자에 선택을 하지 않는다.

-선택 또는 입력 시 전자문서 제출 때 문제가 발생한다.

-문제 발생(에러메세지) 시 출원인 삭제 후 재입력한다.

출원인 입력시 출원인이 2인 이상일 경우에는 지분을 정하고 대표자 선택을 선택한다. 이후의 작성법은 특허출원 절차와 흡사하다.

2. 출원자의 주소 변경

주소든 연락처가 변경될 경우 반드시 특허청에 출원인 정보 변경을 해야 불이

익을 받지 않는다. 변경 방법은 그림 11-4의 창 [출원인 정보 변경]을 클릭해서 실행이 가능하다.

4 산업재산권 표시

특허번호를 특허된 제품에 표시하는 것이 의무사항이 아니지만 특허권 침해를 방지하고 특허효과를 극대화하기 위해서 제품에 표시하는 것이 좋다. 그러나 산업재산권과 관련한 표시·광고를 하는 데 있어서 일반소비자를 오인·혼동케 하는 허위표시·광고를 줄여서 올바른 산업재산권 사용질서를 확립하기 위하여 「올바른 산업재산권 표시 및 광고 요령」 이 다음과 같이 정해져 있다.

1) 산업재산권으로 등록된 경우에 각각 "특허 제○○○호, 실용신안등록 제○○○호, 디자인등록 제○○○호, 상표 등록 제○○○호"로 표시한다.
2) 특허, 실용신안 등을 출원 중에 있는 물품에는 특허품이라고 기재할 수 없고, 부득이 표기할 필요가 있을 경우에는 출원상태임을 각각 "특허출원 10-2000-0000000, 실용신안등록출원 20-2000-0000000, 디자인등록출원 30-2000-0000000, 상표등록출원 40-2000-0000000"으로 표시한다.
3) 특허 등 산업재산권을 출원하여 거절 사정된 것 또는 존속기간 만료, 특허료 불납, 무효처분 등으로 권리가 소멸된 것은 특허 제○○○호 등 관련표시를 할 수 없다.
4) 실용신안, 디자인, 상표로 등록된 것을 특허○○○호라고 표기할 수 없으며, 등록된 산업재산권과 그 등록번호를 그대로 명기한다.
5) 특허, 실용신안, 디자인, 상표 등 어느 산업재산권에 대해서도 등록·출원한 사실이 없을 때에는 이를 표기할 수 없다.
6) 특허출원 중인 물품을 출원번호 표기도 없이 단순히 특허품이라고 표기할 수 없고 특허출원 중인 것을 특허 제○○○호로 출원번호를 등록번호인 것처럼 표기할 수 없다.

상표표시에서 일반적으로 ®과 TM을 표시하는데 ®는 특허청에 등록된 상표에만 사용할 수 있고 TM은 등록 유무와는 관계없이 특정인의 상표임을 나타내기 위한 것이기 때문에 ®는 등록되지 않는 상표에는 사용할 수 없지만 TM는 사용해도 문제가 없다.

만일 허위 표시가 적발될 때 특허청에서 1차에 한해 문서로 시정권고 하되, 시정권고에 응하지 않거나 재차 허위표시·광고를 할 경우에는 검찰에 고발 조치당하여 3년 이하의 징역 또는 2000만 원 이하의 벌금에 처하게 된다.

발명과 특허 팡세

"실패는 발명의 어머니이다."라는 말은 실패는 그 자체가 발명이 되기도 하고 실패에서 어떤 원리를 파악하여 새로운 발명을 할 수 있다는 의미를 지닌다.

12 특허요건

특허제도는 특허청으로 하여금 출원인에 의해서 출원된 모든 특허, 실용신안, 디자인 및 상표의 출원이 절차와 방식에 적합한지를 확인하고 접수하여 심사관이 권리를 받을 수 있는 요건을 기준으로 심사하여 통과한 출원에 대해 권리를 출원자에게 주도록 규정하고 있다.

발명이 특허를 받기 위해서는 주체적 요건, 객체적 요건 및 절차적 요건을 충족하여야 한다.

주체적 요건으로는 발명자의 요건으로 특허출원은 발명자 또는 그 승계인이어야 하는 자격을 의미한다.

객체적 요건은 법정 유형요건(statutory)과 3가지 특허요건으로 나뉠 수 있으며, 세 가지 특허요건(patent requirement)으로는 산업상 이용(가능)성(utility), 신규성(novelty), 진보성(Inventive step) 요건을 말하며 이들 요건이 충족될 때 특허가 될 수 있다.

절차적 요건은 발명에 대하여 특허를 받기 위해서 주체적 및 객체적 요건 외에 특허법에서 요구하는 출원에 대한 절차적 규정에 합당해야 함을 의미한다.

1 법정 유형 요건

발명이 특허를 얻기 위해서는 다음 5가지 법정 유형(Statutory Classes)에 속하는 발명이어야 한다.

발명은 최소한 이들 5가지 범주에 속하지만, 한 가지 이상의 유형에 서로 겹치는 경우도 있고, 복잡한 발명일수록 하나 이상의 유형에 해당되는 경우가 많다.

출원자는 발명이 어느 범주에 속하는지 그 유형을 특허 명세서에 지정할 필요는 없지만, 발명이 5가지 유형 중 최소한 어느 유형에 속하는지의 느낌을 심사관이 인지할 수 있도록 기술하는 것이 중요하다.

1. 방 법

방법(process 혹은 method)에 관한 발명은 어떤 시스템이 공급, 발생, 제거, 방지 등의 작용을 새롭게 할 수 있는 방법 패러다임(paradigm)을 개발한 것을 의미한다.

발명의 방법은 일반적인 방법(사용, 취급 등)과 물건을 생산하는 방법으로 구분 할 수 있다.

방법에 의한 작용 및 효과는 방법을 실시하는 과정에서 나타나는데 한 가지 이상의 단계가 있다. 예로서 촉매를 첨가하거나 온도를 변화시켜 일으키는 화학반응과 조건 및 새로운 제조물이나 화학제품을 만드는 조건과 방법 등을 들 수 있다.

2. 물

물(物)은 어떤 작용을 하도록 구성된 장치나 물건을 말한다. 방법에서와 같이 물에는 대개 그 작용부에 의하여 수행되는 어떤 운동이 일어난다. 그러나 물 발명에서는 활동 자체보다는 그 부품 또는 하드웨어(hardware)가 중요하다. 구체적으로 말하면, 어떤 물건 또는 작용부가 실제 작용단계에 관련된 기능이 방법이고, 작용을 하는 장치는 물이다. 또 물에서는 작용 단계나 방식, 방법자체, 처리되는 원료 등은 덜 중요하게 생각된다.

전통적인 물의 예로는 통조림 시머(seamer), MRI, CT, 자동차, 비행기, 로봇, 시계, 보트, 컴퓨터, 선풍기, 전화, TV 등이 있고, 최근에는 각종 물체 측정 장치 및 제분기의 컨트롤 시스템(controlling system)도 물에 속한다.

많은 발명들은 방법과 물로 구성된다. 예를 들면 자동차 엔진과 휴대폰 물(장치)은 하드웨어로 분류할 수 있고, 이들을 작동시키는 전자적 및 전기적 신호 방법은 소프트웨어(software)로 분류할 수 있다.

3. 제조물

제조물(Manufacture, articles of manufacture) 발명이란 사람의 손이나 기계에 의하여 제조된 물품을 말한다. 그러므로 모래, 금, 새우, 나무와 같이 자연발생적인 것이나, 내장을 제거한 닭처럼 자연 발생적인 것을 조금 변경시킨 것은 제조물이 아니다.

그러나 초미세 은분을 정수기나 냉장고에 사용해서 살균 효과를 얻는 경우 및 금 조각의 미분자를 컴퓨터 기억장치의 부품으로 사용하는 방법과 같이 자연발생적인 것에서 새롭고 자명하지 않은 용도를 발견하였다면 새로운 용도 또는 물로서 제조물 특허를 받을 수 있다.

제조물은 기본적으로 작용 또는 이동 부품이 없는 비교적 간단한 물품이다. 그러나 물과 제조물은 서로 상당히 겹치는 면이 있다. 예를 들면 볼펜, 라이터, 진자회로와 같은 많은 장치는 물이면서 제조물이라 할 수 있고 지우개, 책상, 트랜지스터, 인형, 사다리, 봉투, 빌딩, 플로피디스크, 칼, 수공구, 상자 등은 제조물이다.

순수한 의미의 제조물이란 화학적인 방법으로 제조된 것으로 이해하기 쉽지만 실제 미생물을 이용한 발효식품을 비롯하며 효소(enzyme)를 이용한 방법에 의한 식품 및 의약품 등도 중요한 제조물이다.

4. 조성물

조성물 발명이란 화학적 조성(chemical composition)이나 물체 즉 고체, 액체 또는 가스의 상호 혼합 비율을 달리할 때 새롭고 예기치 않은 효과가 있는 발명을 말한다.

조성물 발명의 예로는 새로운 도로건설 재료의 조성, 모든 화학물질의 조성, 가솔린 구성물의 조성, 비누 재료 조성, 여러 원료의 조성으로 구성된 가공 식품, 용도에 맞게 원료 조성을 달리한 플라스틱 및 여러 천연물로 조성된 건강식품 등을 들 수 있으나 자연적으로 발생하는 나무, 바위 등은 특허를 받을 수 없다. 그러나 자연 발생물 또는 정제(purified)한 것을 어떤 비율로 혼합한 것이 예기치 않은 효과를 낼 때 조성물 발명으로 특허를 받을 수 있다.

조성물(composition)은 화학적인 성질이 중요하며 형상(shape)은 부차적인 것인데 반하여, 제조물(manufactures)은 물리적인 형상이 제일 중요하고 화학적 조성(chemical composition)은 이차적이다. 조성물 발명은 물질의 구성 화합물이나 물질의 비율을 바꿔줌으로써 새롭고 예기치 않은 효과가 있을 때 특허가 허여되는 것으로 한약에서도 이러한 특허가 허여될 수가 있다. 그래서 요즈음은 유전적으로 변형된 식물, 미생물 및 동물 등을 이 범주에 넣고 있다.

5. 새로운 용도

새로운 용도(new use) 발명은 기존의 물품, 물, 조성물 또는 방법으로부터 새로운 물건 또는 방법 자체의 창조가 아니고 오래된 어떤 것에 대한 자명하지 않은 새로운 용도의 발견을 말한다.

예로서 venetian-blinder cleaner로 씨를 뿌리는 방법, 물건을 묶는 데 쓰여 오던 비닐 테이프를 가스관 매설확인 띠로 사용하는 방법 등이 새로운 용도개발의 예가 된다.

그러나 새로운 용도의 발명은 비교적 드문 방법의 한 형태이며 방법으로 청구되어야 한다.

2 산업상 이용성 요건

발명은 산업상 이용(가능)성(utility)이 있어야 특허될 수 있다. 그러나 화학분야에서는 발명 당시 산업상 이용(가능)성이 없어 보이지만 나중에 의외의 효과가 인정되거나, 발명 당시 유용하지만 나중에 유해성이 발견되어 산업상 이용(가능)성이 문제가 되는 경우도 있다. 그러나 발명자가 출원 당시 실질적인 용도를 제시하지 못하면 그 화학제품에 대한 특허가 허여되기 어렵다. 물론 다른 유용한 화학제품을 제조하기 위하여 사용될 수 있는 화학 중간체는 그 자체가 산업상 이용(가능)성이 있는 것으로 인정되면 특허될 수 있다.

미국의 특허법 창시자 토머스 제퍼슨은 "태양 아래 인간이 창작한 모든 종류의 발명은 보호할 가치가 있다."라고 하였다. 그러나 이상과 같이 주체적 요건과 객체적 요건을 모두 갖춘 발명이라 하더라도 공공의 질서 또는 선량한 풍속을 문란하게 하거나 공중의 위생을 해할 염려가 있는 발명의 경우 이 발명은 특허를 받을 수 없다. 이 기준은 어디까지나 공익적 측면에 관련해서 제한되는 사항이다. 특허될 수 없는 경우를 보면 다음과 같다.

① 발명에 해당되지 않는 발명

자연에 이미 존재하는 법칙으로 열역학의 법칙, 에너지보존의 법칙 및 상대성 원리 등 자연의 법칙 그 자체는 발명에 해당되지 않는다.

② 창작예술품

문학, 연극, 음악 등 창작 예술품은 특허 대신에 저작권제도가 있으며, 컴퓨터 프로그램 역시 저작권법에 속한다.

③ 치료 방법

수술법, 치료법, 진찰법 같은 인체 치료법은 특허를 받을 수 없다. 그러나 이러한 방법을 수행하기 위한 장치는 특허를 받을 수 있다.

예를 들어 상처 봉합용 ready-stitch(Riad Rommi 발명)는 특허를 받았다.

④ 실현 불가능한 발명

특허청은 발명이 실현 가능성 있다는 사실이 입증된 것만 사정하는데, 발명이 영구기관이나 추상적인 에너지 변환기, 세포 외(in vitro)에서 탄소동화 방법 등 실현될 수 없는 것이나 확립된 물리학의 법칙에 위배되는 것으로 보이는 발명에 대해서는 유용성이 없다 하여 거절한다.

⑤ 부도덕한 발명

특허청은 과거에 부도덕적인 발명(immoral invention)에 대하여 특허를 거절하는 경우가 많았으나, 요즈음은 성생활에 대한 편견이 사라지는 분위기를 감안하여 특허 제한 부류에서 제외되고 있는 경향이다. 그래서 요사이는 성적인 보조기구와 약물 등에 대한 특허가 많이 주어지고 있다.

⑥ 안전성이 확인되지 않은 신약

신약 발명에서 출원인이 어떤 증상을 치료하는 데 유용하고 비교적 안전하다는 것을 증명할 수 없으면 신약에 대해서 특허를 주지 않는다. 의약특허 출원은 KFDA(한국식품 의약 안전청)가 효능과 안전에 대한 임상실험 결과를 승인하지 않으면 특허가 사정되지 않으나 일반적으로 안전한 것으로 인식되어 전통적으로 오래 이용된 것이나, 평소에 알려진 안전한 의약과 밀접한 관계가 있는 의약은 KFDA의 사전승인을 필요로 하지 않는다.

⑦ 실시 및 발명이 불가능하고 진보성이 없는 발명

추상적 아이디어 즉, 목적달성을 위한 기술수단이 결여된 발명이나 실시 불가능한 발명(non-operable invention)이거나 반복실시가 불가능한 미완성 발명 및 자연 발생적인 물품을 약간 변경시킨 것은 특허될 수 없다.

⑧ 범법에 유용한 발명 및 공익에 저해되는 발명

특허청은 불법적인 행위에만 유용성이 있는 예를 들면 화폐위조 방법, 마약 흡입기, 도난경보기의 무력화 방법, 금고 털이 방법 및 원자 무기 제조 방법 등처럼 유용한 발명이라도 이들에 대하여는 특허를 주지 않는다. 그러나 이런 부류의 발명이라고 하더라도 적법한 방법으로 표현되면, 예를 들면 경찰의 무인카메라가 작동하는지를 조사하는 적외선 감지기 또는 무인카메라의 위치를 알려주는 GPS는 특허를 받았다. 이러한 것은 사용하기에 따라서 불법이 되기도 하고 합법이 되기도 하기 때문이다.

⑨ 유해한 식품 제조방법

식품 제조에 첨가되는 물질, 제조된 생산물 및 생산물의 포장재료 등이 위생을 해롭게 할 우려가 있다고 인정되는 경우에는 특허법 제32조의 규정에 해당되므로 특허를 받을 수 없다. 그러나 이와 같은 경우에도 객관적인 설명에 의하든지, 또는 실험성적증명서 등의 제출에 의하여 무해성이 인정되면 특허될 수도 있다.

⑩ 판매계획, 광고방안, 퀴즈쇼 아이디어, 불꽃놀이를 가르치는 방법은 특허될 수 없다.

⑪ 명상의 방법과 같이 완전히 손만으로, 또는 빗으로 머리 모양을 내는 방법 등은 특허되지 않는다.

⑫ 인간의 정신활동을 이용하는 사업전략 등 영업방법 및 속독 방법, 단순한 정보제공을 위한 데이터베이스(D/B)는 특허되지 않는다.

⑬ 어떤 기계 또는 하드웨어와 결합되지 않은 순수한 컴퓨터 명령어 또는 알고리즘은 특허되지 않는다.

⑭ 특허 출원된 발명이 국방상 필요하다고 인정될 때는 특허를 받을 수가 없고 단지 이 경우는 정부가 정당한 보상금을 지급한다.

3 신규성 요건

신규성은 발명이 새로움을 갖춰야 한다는 것을 의미하는 것으로 발명이 특허되기 위해서는 신규성(novelty)이 있어야 한다.

신규성 심사에 합격하기 위해서는 이미 공공연히 알려진 또는 입수 가능한 이전의 모든 개량이나 생긱과 실질적으로 달라야 한다.

특허 세계에서는 이러한 이전의 개량과 생각을 총괄하여 선행기술(prior art)

이라 한다.

특허법 제 29조 제1항에서 특허요건 중 다음의 경우에 신규성이 있다고 규정하고 있다.

『산업상 이용할 수 있는 발명으로서 다음 각 호의 1항에 해당하는 것을 제외하고는 그 발명에 대하여 특허를 받을 수 있다.』

① 특허출원 전에 국내에서 공지되었거나 공연히 실시된 발명

② 특허출원 전에 국내 또는 국외에서 반포된 간행물에 기재된 발명

따라서 발명이 새로운 것인가를 판단하기 전에 그것이 공지(선행)기술과 무엇이 다른가를 아는 것이 극히 중요하다. 곧 발명이 공지발명과 동일하지 않아야 한다.

여기서 공지발명이란 「특허출원일」을 기준하여 「국내에서 공지되었거나 공연히 실시된 발명」 또는 「국내 또는 국외에서 반포된 간행물에 기재된 발명」과 동일한 발명을 말한다.

공지기술은 발명일 이전에 각종 간행물(printed publication)에 게재된 것을 의미한다. 여기서 간행물은 특허, 서적, 잡지(전문잡지 포함), 복사된 논문까지도 포함한다.

발명일(date of invention)은 대개 특허를 출원(patent application)한 날(date)을 의미한다.

실제적으로 신규성의 요건(requirement)이 충족되기 위해서는 새로운 구조적(physical structure)인 차이가 있어야 한다. 즉 발명이 물, 조성물 또는 제조물이면 이미 알려진 것과 형상, 크기, 색깔이 달라야 하고 또는 조합 발명은 하나 이상의 다른 부품이 있어야 하며, 발명이 방법이나 새로운 용도라면 새로운 방식의 단계나 사용 방법이 있어야 한다.

따라서 발명의 사용이 용이하거나 경량화 등만으로 신규성 요건이 충족되었다고 볼 수 없고 반드시 새로운 구조적인 차이가 있어야 한다.

4 진보성 요건

발명이 심사되는 과정에서 출원된 발명이 4가지 객체적 요건(patent requirement) 즉, 법정 유형, 산업상 이용(가능)성, 신규성, 진보성을 충족하고 있지만 등록이 거절되는 경우가 발생하는 경우가 있다.

그 이유는 그 발명에 대하여 심사관이 진보성 여부를 판단할 때 선행기술과 다르더라도 진보성이 있는 것으로 보지 않을 수 있는 난해한 점이 있기 때문이다.

특허법 제29조 2항에서 특허요건 중 다음의 경우에 진보성이 없다고 규정하고 있다.

『특허출원 전에 그 발명이 속하는 기술 분야에서 통상의 기술을 가진 자가 특허법 제29조 제1항의 각 호의 1에 규정된 발명에 의하여 용이하게 발명할 수 있는 것일 때에는 그 발명은 제1항의 규정에 불구하고 특허를 받을 수 없다.』

① 특허출원 전에 국내에서 공지되었거나 공연히 실시된 발명

② 특허출원 전에 국내 또는 국외에서 반포된 간행물에 기재된 발명

진보성이 없는 발명에 특허를 인정하면 특허권의 난립으로 인하여 산업발전의 저해요인이 될 수 있으므로 비자명성이 반드시 요구된다. 여기서 진보성 유무의 구별은 구조적인(또는 용도의) 차이의 유무라고 할 수 있다.

진보성 유무는 법률용어로 비자명(unobvious)의 차이로 표현되기도 하는데 비자명성의 기준은 매우 모호하나 그 발명이 속하는 기술 분야에 대한 통상의 지식을 가진 사람(one with ordinary skill in the field)에게 자명하지 않아야 한다.

여기서 그 발명이 속하는 기술 분야에 대한 통상의 지식을 가진 사람은 그 발명 분야에 있어서 모든 선행기술(prior art)에 대하여는 완전하게 알고 있는 사람을 뜻하지만, 현실적으로 그러한 사람은 현재는 물론 미래에도 없다.

1. 진보성 유무의 예

진보성 있는 발명으로는 예를 들면 싸이펀 원리를 이용한 콩나물 재배용 무동력 수주장치, 자기부상 열차, 매몰 케이블의 위치 표시용 메몰 플라스틱 및 쇼핑

용 손수레 등처럼 새롭고 예상치 못한 효과로, 선행기술에 나타나 있지 않는 효과가 있는 경우이다.

이들 발명이 진보성이 있다고 할 수 있는 것은 구조적으로 현저한 변경이 있기 때문이다. 그러나 어떤 때는 아주 조그마한 형상, 기울기, 크기 또는 재료의 변경만으로도 전혀 예기치 못한 효과가 있는 경우 특허를 받을 수 있다.

예로서, 냉동 옥수수를 만들 때 옥수수를 건조할 때처럼 옥수수 열매의 중심부를 길게 뚫어 파내면 그렇지 않았던 경우에 비하여 얼리거나 녹이는 효과가 있다는 발명에 대하여 자명하지 않다는 것이 인정되어 미국에서 특허된 예가 있다.

그 이유는 옥수수 건조에 통상의 지식을 가진 사람은 중심부를 제거하면 빨리 건조된다는 것은 알고 있지만, 이것이 옥수수를 냉동 처리하는 데도, 빨리 얼리고 녹이는 데도 이용될 수 있다는 것을 알고 활용한 사람은 그때까지 없었다는 관점에서 비자명성이 인정되었기 때문이다.

다른 예를 들면, 진공관을 사용하던 라디오에서 진공관을 트랜지스터로 대체하는 것만으로 특허를 출원을 했다면 이것은 비자명성이 결여되어 특허될 수 없다.

다시 말하면 그 발명이 전력소비와 중량 감소라는 획기적인 효과를 내므로 특허될 수 있는 것으로 볼 수 있으나 이것은 특허될 수 없다. 그 이유는 트랜지스터의 전력소비, 무게의 감소 및 크기 줄이기 이점은 트랜지스터가 발명되면서 이미 알려진 것이므로, 진공관 대신에 트랜지스터로 대체하는 것만으로는 예기치 못한 새로운 결과를 가져오는 것이 아니며, 당시에 통상의 지식을 가진 사람이라면 누구나 이런 대체를 시도해 볼 수 있는 것이었기 때문에 자명한 것이라고 판단하였다. 즉, 알려진 조합의 한 구성요소를 비슷하게 작용하는 다른 요소로 대체(substitution)한 것은 새로운 발명이 아니다.

그러나 사소한 변경으로도 특허를 받는 경우가 있다. 예를 들면 제지기의 한 부품 기울기만을 단순히 변경시킴으로써 종이 생산량을 25% 증대시키는 예기치 못한 그 결과로 특허를 받았다.

결론적으로, 발명에서 기존의 재료를 다른 재료로 바꾼 것에 대해서는 대개 자명한 것으로 판단되기 때문에 특허가 주어지지 않지만, 나무 이쑤시개를 전분질로 대체한 결과처럼 예기치 못한 새로운 결과를 가져올 때는 자명하지 않은 것으로 판단되어 특허가 주어진다.

2. 2차적 요인에 의한 진보성

발명에 대한 진보성 판단에서 발명이 자명과 비자명의 한계선상에 있을 때 또는 그들의 판단에서 고의는 아니지만 심사관의 주관적 판단으로 인하여 자명한 것으로 판단되어 특허가 거절될 수 있다.

그러나 그 발명에 대하여 비자명성을 뒷받침할 수 있는 2차적 비자명 요인이 있다면 의견서를 제출하여 재심받아 특허 받을 수 있다.

예를 들면 암 예방 치료약 개발처럼 오래 동안 많은 사람들이 노력해 보았으나 성공하지 못한 것을 발명한다거나, 많은 선행기술에서 정전기적인 방법으로는 사진복사가 불가능한 것으로 판명된 것을 정전기적인 방법으로 사진 복사를 성공한 건식(Xerographic) 사진복사(photocopying) 방법을 개발(Chester Carlson)한 경우 및 한 시스템에서 성능을 감소시키지 않고 부품 수를 줄일 수 있는 발명 등은 비자명성이 인정되어 특허를 받을 수가 있다.

3. 조합 효과에 의한 진보성

이 지구상에 존재하는 발명품들은 대부분 기존의 발견·발명품의 진화과정에서 탄생된 것들이지 아주 새롭게 창조된 것은 극히 드물다. 그렇기 때문에 대부분의 특허는 선행기술을 조합해서 발명한 온고지신적인 것들이 많다.

따라서 이미 알려진 2개 이상의 구성 요소를 조합(combination)해서 이루어진 시스템에서 새롭고 예기치 못한 효과가 있다면 그것은 특허를 받을 수 있다.

4. 진보성 주장 방법

발명에 관한 특허 출원서를 제출한 출원자는 먼저 내용 구성에서 심사관이 명세서를 심사할 때 진보성(비자명성)이 있는 내용이라고 판단할 수 있게 기술 내용을 논리적으로 작성하는 것이 필요하다.

대개의 특허출원은 이미 알려신 원리나 부품을 재용하고 그 명세서에 기재된 내용처럼 작용되는 발명에 관한 것이므로 실험성이 문제가 되는 경우는 드물다.

그러나 심사관이 그 작용에 대하여 의문을 가지거나 자명한 것으로 판단이 되어 심사관으로부터 의견서 제출을 요청 받거나 거절되면 출원인은 다음과 같이 성실히 대응할 의무가 있고, 이에 대한 입증에 실패하면 많은 손실이 따르게 되는 불특허가 된다.

① 출원된 발명에 관련된 모든 선행 기술 자료를 수집한다.
② 수집된 자료를 검토하여 출원된 내용이 어떤 자료에 있는지 없는지를 확인한다.
③ 중복성과 유사성이 없고 새롭고 예측할 수 없는 효과가 있다는 것을 찾는다.
④ 심사관이 요구한 의견서 제출 이유나 거절 이유에 대한 반박을 논리적이며 기술적으로 비자명성을 입증할 수 있는 구체적인 실험 내용이나 또는 전문가의 진술서도 포함시켜 의견서를 제출한다.
⑤ 발명품의 작용과 성능을 입증하기 위하여 발명품을 제시할 수도 있다.

5. 진보성 주장 근거

출원자(대리인)는 심사관이 지적한 자명성(비진보성) 주장에 대하여 적절(제출 기한 및 비자명성 근거 제시)하게 대응하지 않거나 포기하면 그 특허 내용은 영원히 죽게 된다.

심사관의 판단은 출원자가 기대하는 만큼 항상 완벽하다고 할 수 없고, 때로는 출원자가 미처 기술하지 못한 기술 내용을 잘 이해하지 못해서 비자명성을 인정하지 못하는 경우도 있다.

1) 일반적인 근거

① 발명의 효과가 새롭고 보다 우수하고, 아직 제안되지 않았고, 특이하며, 예기치 못한 효과가 있는 것임을 제시한다.
② 지금까지 그 분야에서 통상의 지식을 가진 사람이 실현시킬 수 없었던 것을 실현시킨 것임을 제시한다.
③ 발명이 상업적으로 성공을 거둘 수 있음을 제시한다.
④ 발명이 이전에 인식된 적이 없었던 문제를 해결한 것임을 제시한다.

⑤ 성능을 감소시키지 않고 시스템의 구성요소를 생략시켜 무게나 생산비 절감효과가 있음을 제시한다.

⑥ 발명이 지금까지 그 분야에서 통상의 지식을 가진 사람에게 즐거움이나 건강효과를 느낄 수 있는 효과가 있음을 제시한다.

⑦ 발명의 효과가 있음에도 불구하고 그 분야에서 통상의 지식을 가진 사람이 아직 수행하지 않았음을 제시한다. 아직 하지 않았다는 것은 자명하지 않다는 것을 뜻하기 때문이다.

2) 조합에 의한 효과 근거 제시

① 조합 발명의 효과가 각 부분의 효과의 합보다 크다는 것을 제시한다.

② 조합발명이 선행 기술 자료 중에 제안되어 있지 않다는 사실을 제시한다.

③ 발명이 그 분야에서 통상의 지식을 가진 사람이 불가능하다고 판단했었다는 사실을 제시한다.

④ 발명이 선행기술과 비슷한 경우 선행자료들에서 언급하지 않은 방식으로 변경했음을 제시한다.

5 절차적 요건

발명이 특허를 받을 수 있기 위해서는 이상의 주체적 요건과 객체적 요건 이외의 특허법이 요구하는 다음의 출원 절차적 규정에도 적합하여야 한다.

① 특허출원 절차나 방식에 적합할 것

② 특허출원 명세서의 기재가 법규에 적합할 것

③ 특허출원의 청구범위 요건을 충족할 것

④ 먼저 출원할 것(최선출원)

⑤ 의견서 및 보정서를 기일 내에 제출할 것

⑥ 등록 사정 결정서에 제시된 등록료를 납부기일 내에 납부할 것

⑦ 출원 후부터 등록 때까지 주소 변경이 발생하면 즉시 변경신고 할 것

6 약한 특허와 강한 특허

특허청구 범위는 발명의 핵심이므로 이 특허청구 범위에 발명자에게 귀속되어야 할 권리를 모두 보장해 줄 수 있는 청구 항들을 기재해야 한다. 특허청구 범위 작성 방법은 특허법 제42조 제 4항에 『특허청구 범위에는 보호를 받고자 하는 사항을 기재한 항(이하 "청구항"이라 한다)이 1 또는 2 이상 있어야 하며, 청구항은 다음 각호에 해당하여야 한다.』라고 정해져 있다.

① 발명의 상세한 설명에 의하여 뒷받침될 것

② 발명이 명확하고 간결하게 기재될 것

③ 발명의 구성에 없어서는 안 되는 사항만으로 기재될 것

실제적으로 출원자는 상업적으로 중요성이 없거나 경쟁자에게 쉽게 회피될 수 있는 사항은 언급할 필요가 없으며 실질적으로 침해품이 발생되는 경우를 예측하여 청구범위의 표현형식(좁은 의미의 카테고리)을 달리하는 다양한 독립항을 작성하여야 한다.

발명의 기술적 사상 전체를 고려하여 넓은 청구범위와 좁은 청구범위를 작성하여야 하며, 구성요소와 부품이 목적달성을 위해 다른 구성요소들 중 적어도 하나와 유기적 관계를 연관지어 기재한다.

어떻든 자기의 특허 청구범위(claim)가 다른 사람의 특허와 성능이 같다든지, 다른 사람이 자기의 발명에 대하여 특허권 침해가 되지 않게 장치나 방법을 제조 또는 이용하는 우회실시(design around)가 쉽거나, 상업적으로 별 이득이 될 수 없게 특허 청구 범위가 좁다면 특허를 받고도 별 보람이 없게 된다.

특허청구 범위작성 요령은 제10장 4~6항을 참고할 수 있다.

발명이 특허를 받을 수 있는지 거절될 것인지를 판단하는 과정을 정리하면 그림 12-1과 같다.

[그림 12-1]
특허 여부 플로차트

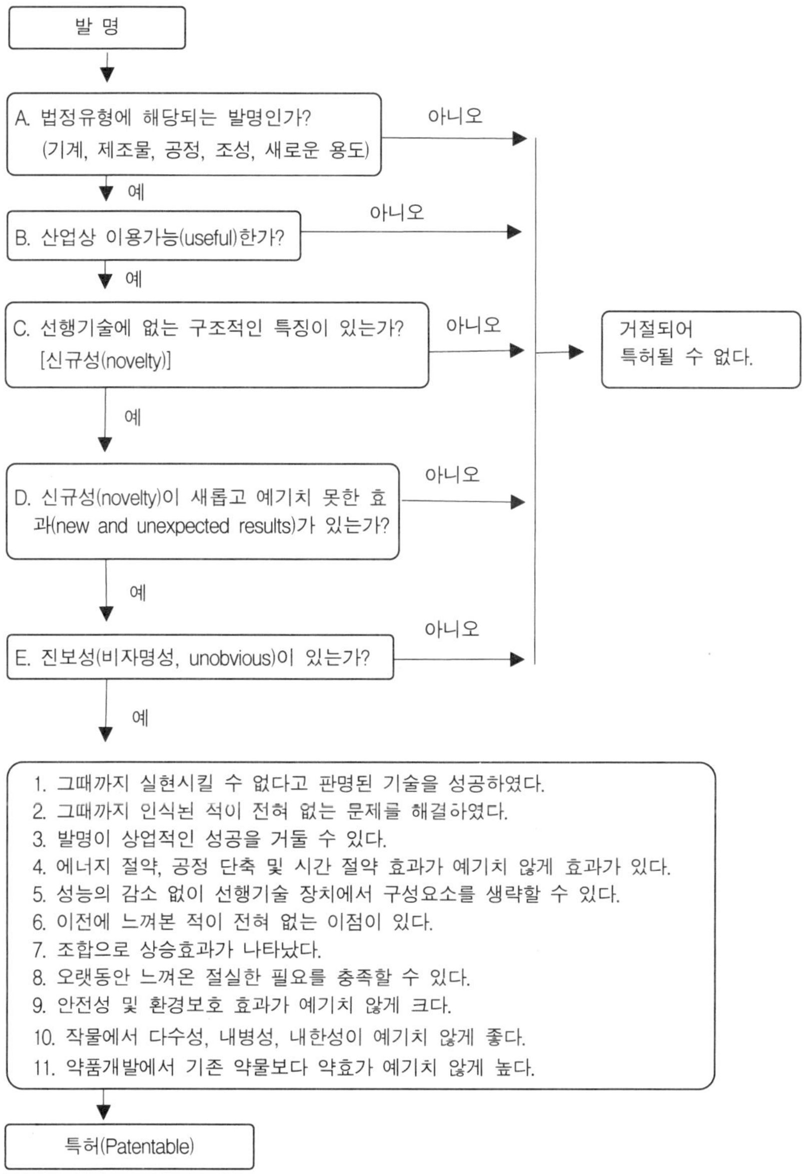

7 식물발명의 특허요건

식물발명 특허는 신규성·유용성·진보성 등의 특허요건을 충족해야 특허될 수 있고, 불특허 사유에 해당되지 않아야 특허될 수 있는 점에서 볼 때 일반 특허와 같지만, 식물발명특허는 특허대상이 생명이 있는 생물체이기 때문에 일반특허 요건과 다소 차이가 있다.

식물발명 특허는 변종식물을 발명하는 것이므로 무성적으로 반복 생식할 수 있는 것이어야 한다. 여기서 무성생식이라 함은 자웅의 결합 없이 개체가 분열 또는 발아 등으로 인하여 새로운 개체를 형성하는 것을 말하며 반복생식이란 생식이 재현될 수 있고 지속될 수 있는 가능성을 말한다.

식물발명에서 내한성, 내병성, 내충성, 수확용이성, 수량증대성, 가공적성, 내농약성 및 특수 목적 물질의 다량함유 등의 진보성이 한 가지 이상 발현되는 것으로 출원의 시점에서 이미 일반인에게 알려진 다른 품종과 비교하여 신규성이 있을 때 식물발명은 특허받을 수 있다.

흥부는 발명가로 부자가 된 사람

흥부전의 중요한 내용은 "착한 흥부가 다친 제비 다리를 고쳐 주었더니 그 제비가 박씨를 물어다 주었고 그 박씨를 심어 얻은 박 속에서 금은보화가 쏟아져 나와 흥부가 부자가 되었다는 줄거리가 있다." 이 내용은 비과학적이다. 왜냐하면 돈이 박 속에 생길 수도 없고 만약 돈이 들어 있었다면 박이 제대로 생육할 수도 없는 생물학적으로 모순이 있다.

이야기 줄거리 중 박씨가 얻어진 데까지는 논외로 하고 흥부가 부자가 된 것은 옛날 플라스틱 바가지 없던 시절에 통나무를 파서 만든 무겁고 만들기에 인력이 많이 드는 목재 바가지를 모든 가정에서 사용하였기 때문에 이 당시 보다 가볍고 만들기 쉬운 바가지를 만들 수 있다면 이는 수지가 맞는 사업이 될 것이다.

흥부가 이 당시 박씨를 어디서 어떻게 구했는지는 불문에 두고 흥부는 박을 심어 박을 기른 후 그 생박을 두 쪽으로 분할하고 씨를 분리해 내고 박 껍질은 삶은 다음 박속은 긁어 내 음식으로 쓰고 두 쪽의 박 껍질을 말려 박 바가지를 만들었을 것이다.

그 박 바가지는 목재 바가지에 비교가 안 될 정도로 편리하였기 때문에 바가지의 수요는 대단했을 것이고 바가지는 부르는 게 값이었을 것이다.

또한 흥부는 말려 보관 중인 박 씨를 다음해 심어 흥부만이 박 바가지를 생산하여 쌀, 옷감 등과 물물교환을 하기도 하고 돈을 받고 팔기도 하였을 테니 흥부는 부자가 될 수 밖에...

이처럼 흥부는 수십 년 자란 목재로 만드는 무거운 바가지 대신 매년 재배할 수 있는 박으로부터 가벼운 바가지를 생산함으로써 흥부는 바가지의 소재혁명을 이루었고 박을 두 쪽으로 분할하고 속을 제거하는 방법으로 바가지를 만든 것은 발명기법 중에서 분할과 제거 원리를 활용한 소설 속의 발명이라고 할 수 있다. 따라서 생박을 톱으로 가르니 금은보화가 나왔다는 말은 과학적으로 모순이 있다.

8 미생물 발명 특허요건

미생물이란 크기가 0.1 mm 이하로 눈으로 보기 어렵고 현미경으로 볼 수 있는 하등식물 무리 즉 곰팡이(mold), 효모(yeast), 세균(bacteria), 바이러스(virus) 및 동식물의 세포 등을 포함한다.

미생물에 대한 특허성은 오랫동안 무시되어 왔다. 그 이유는 미생물은 자연 또는 신의 창조물이지 인간이 만든 것이 아니라는 점 및 생명체는 개체마다 서로 달라서 반복성이 희박하여 발명을 확인하기 어렵다는 점을 들어 특허성을 인정하지 않았기 때문이다.

그러나 1950년 DNA구조가 발견된 것을 계기로 생화학 및 분자생물학이 크게 발전하게 되었다. 이 결과 유전공학의 발전에 힘입어 인간이 생명체를 조작하고 만드는 기술을 확립하게 됨에 따라서 1980년 6월 미국은 처음으로 생물체에 대하여 특허를 주는 사례를 남기게 되었다. 이를 계기로 이제 미생물은 신이 만들어준 자연물이기 때문에 특허성이 없다는 주장은 설득력을 잃게 되었다.

미생물발명 특허는 최첨단과학기술이라고 하는 유전공학 분야의 주요한 분야로 유전공학분야, 의학분야, 식물특허분야에도 응용된다.

1. 미생물 발명특허 분류

미생물 발명은 미생물자체와 미생물을 이용한 발명으로 대별된다. 미생물 이용 발명은 다시 미생물에 특징 있는 발명과 특정한 미생물 이용의 특징 있는 발명으로 나뉜다.

미생물 발명은 이용하는 미생물이 특정한 물질을 생산하는 능력을 가진 것이 공지되었을 때 발효 중 원료 물질의 추가, 온도의 변화, 통기 조건의 변화, 사용 원료의 선택 및 발효 촉진 물질의 첨가 등 발효생산성을 높이기 위한 신규배양 수단 혹은 발효배지를 사용하는 것을 포함한다.

또한 특정한 미생물을 이용한 발명은 예를 들면, 항생물질, 아미노산 등의 의약품, 영양물질, 조미료 원료(glutamic acid, inosinic acid 등), 각종 효소류, 유기산류 및 화학합성 원료 물질 등을 생산할 때 특정작용을 가지는 미생물을 이용하는 발명을 말한다.

2. 미생물 발명의 특허성

미생물 발명 특허란 미생물에 관련된 발명에 대하여 특허성을 인정하는 제도로 이것은 미생물을 이용한 발명과 미생물 자체를 대상으로 한다.

미생물 발명에서 특허를 받기 위해서는 발명한 미생물을 특허청이 지정한 기탁기관에 기탁하거나, 분양해서 사용한 증거를 기재하는 것이 기본적인 성립조건이다. 산업적 유용성은 일반 특허 요건과 동일하다.

미생물 발명 특허에서 신규성 성립은 미생물 자체의 발명인 경우 선발명 균종과 균학적인 성질이 다르면 되고 미생물을 이용한 발명인 경우는 미생물을 이용한 발명이 사회에 공지되어 있지 않으면 신규성이 있다고 본다. 또한 진보성 성립은 미생물 자체의 발명이 공지 미생물 종에 비하여 균학적 성질에서 현저한 차이가 있으면 그 미생물 발명은 진보성(비자명성)으로 특허성이 있다.

미생물 발명특허를 위한 명세서에는 발명의 목적, 발명의 구성 및 발명의 효과를 기재해야 하는데 미생물을 기탁한 경우는 미생물을 기탁한 기관 및 국제기탁기관의 명칭, 수탁번호 및 수탁 연월일을 기재하여야 하고, 만일 미생물을 기탁하지 않은 경우는 사용한 미생물의 입수 방법을 기재해야 한다.

특허청이 지정한 우리나라의 미생물 기탁기관은 『한국과학기술원 부설 유전공학센터』와 『사단법인 한국종균협회 부설 한국미생물보존센터』가 있다.(특허법 시행령 제 2조)

또한 특허 청구 범위에는 미생물의 종명을 세균 명명법에 준하여 기재해야 하는데 반드시 이탤릭체로 기재해야 한다.(예 : *Aspergillus oryzae*)

한편 미생물 발명에 대한 특허성 여부 판단에서는 명세서에 다음과 같은 미비점이 있는 경우 특허가 거절된다.

① 미생물 발명에 대한 균학적 성질이 기재되지 않았거나 기재했어도 불충분한 경우

② 미생물 기탁 번호가 기재되어 있지 않은 경우

③ 유전자 조작, 세포 및 핵융합수단 및 돌연변이 수단 등의 미생물 생산 수단이 산업적으로 실시가능 하도록 상세하게 기재되어 있지 않은 경우

④ 미생물의 유용성이 기재되어 있지 않은 경우 등

발명과 특허 팡세

> 동일한 발명이 동시에 서로 다른 사람에 의해서 달성되었을 경우 하루라도 먼저 출원한 것만이 의미가 있고 늦게 출원된 발명은 무용지물이 된다.

13 특허제도

특허제도는 인간의 정신적인 창작물에 대하여 국가가 부여하는 독점적 권리 즉, 특허권을 주기 위한 제도이다.

특허법은 일차적으로 지식재산권을 보호하고 발명을 장려하여 산업발전에 목적을 두지만 국가 간에는 자국에서 개발한 기술을 독점할 수 있는 합법적인 방법으로 활용되고 있다.

WTO(1995. 1. 1.)의 출범은 세계를 하나의 지구촌으로 묶고 하나의 제도 안에서 무한경쟁을 하게 되었는데 그 중 지적재산권에 대한 협정(UR/TRIPs)도 이 틀 속에서 운용되고 있다.

미국, 유럽 및 일본은 특허 강국으로 자국의 산업재산권 보호를 위해 산업발전과 이익 추구를 극대화하기 위한 PRO-PATENT 정책을 펴고 있다.

특허권은 산업재산권(industrial property)과 저작권(copy right)으로 나뉜다.

산업재산권에는 특허권, 실용신안권, 디자인권, 상표권이 포함되고 최근에 새롭게 분류가 주장되고 있는 신지식재산권이 있다.

산업재산권은 발명특허권, 실용신안권, 디자인권 및 상표권에 대하여 일정기간 동안 배타적 독점권을 부여하는 대신 이를 일반에게 공개하며 법정 존속기간이 지나면 누구나 이용, 실시하도록 함으로써 기술진보와 산업발전을 추구하고 있다.

이 장의 내용은 대부분 특허청 홈페이지 및 특허청에서 제공된 『지식재산 21』에서 발췌한 내용임을 밝혀 둔다.

1 특허제도 성립 과정

특허제도는 애초에 현대적 의미의 특허제도가 아니고 국왕이 자국 국민의 통치 수단으로 공을 세운 사람에게 내리는 상과 같은 것이었다.

특허(patent)란 단어는 Latin어의 litterae patentes(open letters : 열린 서한의 의미)에서 왔다.

기록에 의하면 유럽대륙에서는 BC 3세기에 이미 우수한 요리사에 대하여 일정 기간 동안 음식제조를 독점적으로 할 수 있게 하였고, 13세기에는 옷감을 짜는 방법을 개발한 직물업자에게 일정기간 동안 독점적인 직물을 생산하도록 한 기록이 전해지고 있다.

1474년 베니스(베네치아)에서는 현대적 의미의 완성된 특허권은 아니지만 실용성과 신규성이 인정되는 발명에 대하여 10년간 특허를 인정하는 특허제도가 시행되었다.

이러한 제도에 따라서 1594년 갈릴레오-갈릴레이는 그가 발명한 양수와 관계용 양수기에 대하여 베니스공화국으로부터 특허를 받은 사실이 기록으로 남아 있어서 갈릴레오-갈릴레이가 특허제도의 보호를 받은 맨 처음 사람이랄 수 있다.

그러나 이 베니스의 특허제도는 현대적 특허제도로 이어지지는 못했다.

특허제도 연대별 발전

14세기 영국에서 국왕으로부터 수여된 특허증서는 개봉된 문서로 사람들이 볼 수 있게 된 열린 서한(Letters Patent = open letters)이었다. 이 당시 특허증서는 왕들이 자국의 통치 수단으로 사용되었으나 오늘날에는 자국의 산업발전을 위해서 발명자를 보호하는 법으로 발전되었고, 이제는 국제간에 동질성이 필요함에 따라서 국제적인 통일 특허법으로 발전하고 있는데 그 발전 과정은 다음과 같다.

1) 1474년 베니스에서 최초의 특허법 제정
2) 1624년 영국에서 세계최초의 성문법 제정(전매조례(Statute of Monopolies))
3) 1700년 미국 특허법 제정
4) 1791년 프랑스 특허법 제정
5) 1877년 독일 특허법 제정
6) 1883년 Paris Convention
7) 1885년 일본특허법 제정
8) 1946년 한국특허법 제정 → 1960년 특허법정비(단행법 제정)
9) 1967년 WIPO Convention
10) 1970년 Patent Cooperation Treaty(PCT)
11) 1971년 International Patent Classification
12) 1973년 European Patent Convention(1977년 발효)
13) 1975년 Community Patent Convention(미발효)
14) 1979년 African Regional Industrial Property Convention
15) 1986년 특허법 통일화추진 : 1994년 Patent law Treaty로 개칭
16) 1986년 UR/TRIPs 협정협상 : 1996. 01. 01. 발효
17) 2000년 특허실제화법 통일 추진

현대적인 의미의 성문 특허법은 1624년 영국의 전매조례(Statute of Monopolies)로 성문특허법의 원조라고 할 수 있다. 특허법에 의해서 각국에서 보호된 중요한 신기술에 대한 변천사를 보면 표 13-1과 같다.

우리나라의 특허제도는 불행하게 일본을 통해서 도입된 서구제도가 일반화된 것이었고, 구한말 이후의 특허제도는 우리 국민의 기술창작물을 보호하여 산업발전을 도모하기 위한 자율적인 제도라기보다는 강대국들이 한국시장에서 자기나라 특허를 보호하기 위한 보호막의 일환으로 타율적으로 이루어졌다. 그 예가

1908년 8월 12일에 한국에 있었던 특허, 실용신안, 의장(지금은 디자인), 상표 및 저작권에 관한 미일조약(한국 특허령, 칙령 제196호)이다.

표 13-1. 각국의 신기술 보호에 관한 변천사

주요 기술 분야	시 기		주요사건
영국 철, 증기력, 방적 산업 중심기	17~18세기	1624년	영국 전매조례의 성문화
		1769~1990년	James Watt(1736~1819)의 증기기관 관련 특허획득
		1769년	R. Arkwright(1732~1792)의 무명방적기 특허획득
		1790년	미국 특허법 제정
독일 철강, 석유, 철도기술 발전기	1860년대	1871~1910년	Thomas A. Edison (1847~1931)의 전신기, 전화기, 백열전등, 영사기, 축전기 관련 특허획득
미국 증기기관, 철도, 전신전화, 전력산업 발전기	1880년대	1876년	Alexander G. Bell(1847~1922)의 자석식 전화기 특허획득
		1869~1910년	네덜란드 특허제도 폐지
		1877년	독일 통일특허법 제정
		1885년	일본특허법 제정
미국 자동차, 비행기, 산업 중심기	1900~2000년대	1930년	예일학파의 특허제도 비판
		1930년대	미국 독점금지정책 강화
		1947년	한국 특허법 제정
		1945~1949년	독일 특허청 폐청기
항공기, 컴퓨터, 플라스틱, 합성물질 산업 중심기	1960년대	1948년 1961년	일본 특허제도 비판론 제기 한국 실질적인 특허법제정
신소재, 정보기술, 생명과학, 자동차 산업 중심기	1980~1996년	1980년	시카고학파의 특허제도 강화 옹호 신지식재산권제도 필요
생명공학, 컴퓨터 소프트웨어	최근		

이 법은 다시 1910년 한일합병으로 한국 특허령은 폐지되고 일본특허법이 시행되다가 8.15해방을 맞자 미군정 하에서 '1946특허법'이 제정되어 한국의 최초 특허법이 되었지만, 이 특허법은 6.25전쟁 및 경제적 빈곤으로 특허 발전에 크게 기여하지 못했다.

5.16 군사혁명정부(1961년 5월 16일)는 대대적인 특허법 정비 작업에 착수하여 1961년 12월 31일 특허법, 실용신안법, 디자인법을 각각 단행법으로 제정·공포함으로서 명실 공히 우리의 특허법이 제도화되었다.

한편 산업구조 변화에 따라서 등장한 반도체 배치설계, 영업방법(BM) 등을 전통적인 특허법(특허, 실용신안, 상표, 디자인)으로 심사하고 보호하는 데는 한계가 있어 이들 새로운 분야의 발명에 대하여는 신지식재산권으로 다루어야 한다는 주장이 설득력을 얻고 있다.

2 발명특허제도

특허제도는 특허법 제1조에 "발명을 보호 장려하고 그 이용을 도모함으로써 기술의 발전을 촉진하여 산업발전에 이바지함을 목적으로 한다." 라고 규정하고 있는 것처럼 특허제도(산업재산권 제도)는 발명자에게 발명에 대하여 한시적으로 독점적이고 배타적인 재산권을 부여하여 발명을 보호하고 장려하는 한편 그 발명을 공개하게 함으로써 그 발명품의 이용을 통하여 산업발전에 기여하게 함을 목적으로 하는 제도이다.

이런 점에서 특허제도를 신기술보호제도, 발명 장려제도, 또는 사적독점 보장제도라고도 한다.

특허권(산업재산권)의 근본 목적은 창작자에게 한시적으로 배타적 독점권을 주는 것으로, 창작자의 노력에 대한 사회적 인센티브(incentive)를 주기 위한 것이다.

발명은 자연에 존재하는 사물을 찾아내는 발견과는 달리 인간의 두뇌로 자연법칙을 이용한 기술적 창작을 의미한다. 만일 개인의 창작물에 대하여 국가의 적극적인 보호가 없다면 그 창작은 모방과 도용으로 인하여 창작자는 큰 피해를 볼 것이고 그 결과 개인의 창작 의욕은 상실되고 나아가 국가 산업발전도 그 원동력을 잃게 될 것이다.

이러한 창작의 비보호로 인하여 발생하는 창작의욕의 상실을 예방하여 발명의지를 촉진하고자 하는 것이 특허제도이다.

또한 특허권은 새로운 R&D 바탕이 되어 경쟁력을 가지게 되고, 기술경쟁 사회에서 타사가 모방제품으로 경쟁하는 것을 방어하는 데 강력한 힘이 되며, 때로는 타사로 하여금 특허 침해를 유도하는 데 활용되기도 한다.

세계 및 우리나라 최초의 특허권자들

- 발명특허권을 세계 최초로 획득한 사람은 이탈리아 피렌체 주에서 1421년 팔라초 피터와 성당의 돔을 건축하는 데 쓰이는 '대리석을 운반하는 특수 리프팅 기어가 달린 화물선'을 발명한 필리포 브루넬레스코(Filippo Brunellescho)이었다. 이 특허권의 독점 기한은 3년간 보장되었다.
- 발명의 나라 영국에서 최초로 특허권을 획득한 사람은 헨리 6세 통치시절인 1449년에 '교회 창문용 색유리 제작'에 대한 특허를 받은 존 우티먼(John Utyman)이었고, 존은 이튼(Eton)대학 부속 예배당에도 색유리를 공급했으며 이 교회 건물은 이 대학의 유명한 건물로 남아있다.
- 우리나라 발명특허 제1호는 1947년 2월 14일 368호로 출원되어 1948년 6월 20일 공고되고 1948년 11월 20일 등록된 '황화염료 제조법'이다. 이 발명의 출원인은 중앙공업 연구소장이었고 발명인은 이범순과 김찬구 연구원이다. 이때 특허 존속기간은 17년으로 1회에 한하여 3년 내지 7년간 존속기간을 연장할 수 있었다.

1. 발명 특허의 정의

특허법에서 발명특허(patent)는 「자연법칙을 이용한 기술적 사상의 창작으로서 고도한 것(특허법 제2조)」으로 정의된다.

발명에서 자연법칙 자체는 소유자가 없기 때문에, 누구나 자연법칙을 발견할 수 있다. 그래서 자연법칙은 발견의 대상이지 발명의 대상은 아니다. 발명은 이 자연법칙을 이용하여 창작하는 것이기 때문에 특정인만의 전유물이 아니다.

자연법칙은 물리적인 법칙과 화학적인 법칙이 있다. 이들에 대한 자세한 것은 부록 III과 IV를 참조할 수 있지만, 간단하게 화학적인 법칙과 물리적인 법칙의 예를 들어본다.

물리적인 자연법칙에는 공명, 만유인력, 탄성, 대기압, 압력, 진동, 관성, 비중, 부력, 에너지 불변의 법칙, 옴(Ω)의 법칙, 작용과 반작용의 법칙, 표면작용 원리, 낙하, 반트호프의 법칙, 가우스의 법칙, 보일-샤를의 법칙 등이 있다.

화학적인 자연법칙에는 핵변환, 산화, 핵융합, 핵분열, 항산화 효과, 코로나방전, 유화작용 등이 있다.

2. 발명의 특허요건

발명이 특허로 등록되기 위해서는 5가지 특허요건 즉 ① 법정유형 ② 유용성 ③ 신규성 ④ 진보성 ⑤ 절차적 요건을 충족해야 한다. 발명특허의 존속기간은 등록 후 출원일로부터 20년이다.

특허 요건에 대한 자세한 내용은 제12장에 있다.

3. 특허 실용신안 디자인 및 상표 개념도

자동차를 예로한 특허, 실용신안, 디자인 및 상표 개념은 그림 13-1에서 비교할 수 있다.

3 실용신안제도

산업재산권제도를 가지고 있는 국가의 대부분은 기술적 사상의 창작을 특허권만으로 보호하고 있지만 우리나라를 비롯하여 몇몇 나라들은 발명특허권 외에 별도의 실용신안법을 두어 이원적 법률로 이를 보호하고 있다. 그래서 발명 특허권과 실용신안권은 법체계가 매우 유사하다.

[그림 13-1]
산업재산권 분류도

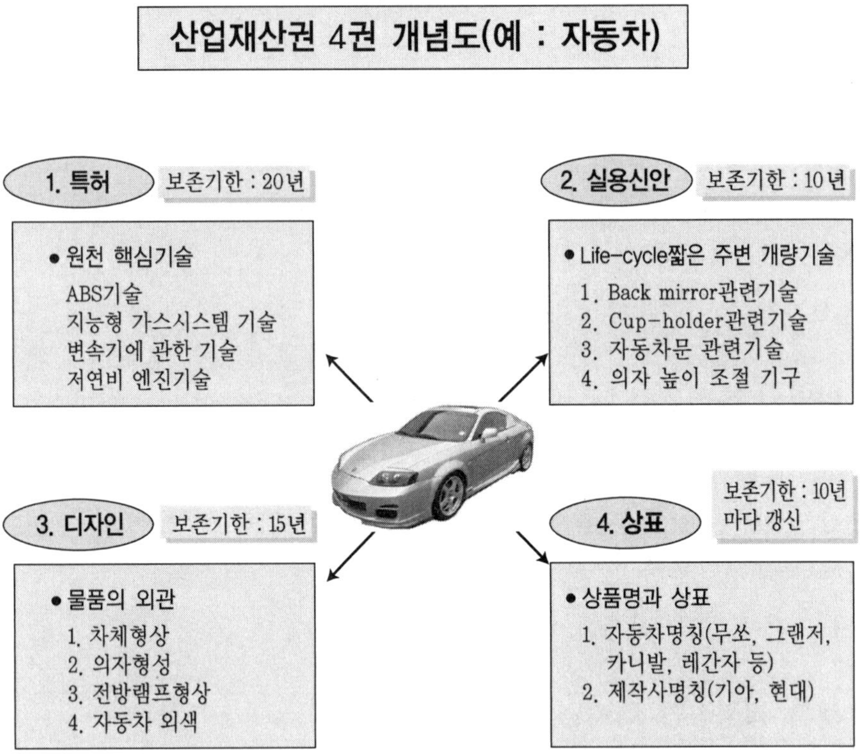

실용신안제도는 특허제도를 보완할 목적으로 성립되었는데, 특허제도 운용 과정에서 개량발명 또는 소발명(micro-invention)이 경시되어 독점권이 부여되지 않는 경우에 대비하여 중소기업이나 개인발명가의 소발명을 보호 및 장려할 수 있도록 만든 것이다.

우리나라는 1984년 특허협력조약(PCT : Patent Cooperation Treaty)에 가입한 이래 실용신안법을 개정하여 제8장을 신설하고 나머지 절차들은 특허법의 규정을 준용하도록 하였다.

이러한 제도의 뒷받침으로 우리나라가 그 동안 선진공업국으로부터 기본발명을 도입하고 그것들로부터 개량발명이나 소발명을 실용신안으로 출원 등록하여 독점적이고 배타적 권리를 획득하여 산업분야에 활용한 경우가 많다.

특허법에서 실용신안(utility model)은 '자연법칙을 이용한 기술적 사상의 창작'으로 정의되며, 발명특허에 대하여 일명 소발명이라고도 한다. 때로는 이 소발명이 대발명보다 산업성이나 실용성에서 우수한 경우도 많다.

예를 들면 송화기와 수화기가 분리되어 있던 것을 일체로 하여 편리하게 한 것과 같은 형상이나 구조 등에 관한 고안이다.

1. 실용신안법과 특허법의 비교

1) 유사점

우리나라 실용신안법은 기술적 사상의 창작을 보호한다는 점에서 특허법과 그 이념이 같다. 다만, 후술하는 바와 같이 특허법의 보호대상이 기술적 사상의 창작으로서 고도한 것에 차이가 있다. 다시 말해서 발명(invention)임에 대하여 실용신안법의 그것은 고안(utility model), 즉 기술적 사상의 창작으로서 발명처럼 고도하지 않은 것이어도 된다는 점이 다르다.

실용신안법을 제정 및 운용하는 목적에 있어서도 특허법의 그것과 일치한다. 즉 특허법과 마찬가지로 실용신안법도 기술적 사상의 창작을 보호 및 장려하고 그 이용을 도모함으로써 기술발전을 촉진하여 산업발달에 이바지하는 데 있다는 점에서 동일하다.

더욱이 특허법이 기본원리로 하고 있는 각종 제도에 있어서도 많은 부분이 완전히 일치하거나 유사하다.

선출원주의, 도면주의, 보정 및 보정 각하제도, 우선권주장제도, 국내우선권주장제도, 심사청구제도, 출원공개제도, 우선심사제도, 등록공고 및 이의신청제도, 강제실시권제도 및 재정제도, 권리수용제도, 권리취소제도, 심판 청구제도, 출원분할제도, 출원변경제도, 청구범위 다항제도, 권리이용저촉제도, 재심 및 상고제도 등에 있어서 다른 점이 없다.

따라서 실용신안법 규정 중 주요한 것은 특허법과 완전히 일치하거나 대부분에 있어서 특허법의 규정을 그대로 준용하고 있다.

2) 차이점

가. 일반적인 차이점

특허법과 실용신안법의 차이점은 앞에서 알아본 것처럼 대부분 유사하고 다음의 일반적인 몇 가지 차이점이 있다.

① 특허법의 보호대상은 발명임에 대하여 실용신안법은 고안이다. 발명은 '자연법칙을 이용한 기술적 사상의 창작'이다. 따라서 특허법의 보호대상은 기술적 사상의 창작으로서 고도한 것임에 대하여 실용신안의 그것은 단지 창작이면 족하고 고도할 필요는 없다는 점이다.

② 특허법의 보호대상이 되는 발명에는 물건에 관한 발명과 방법에 관한 발명으로 나누어 볼 수 있고, 실용신안법은 물건에 관한 고안만을 보호대상으로 하고 방법에 관한 고안은 보호대상으로 하고 있지 않다.

③ 물건은 다시 일정한 형태를 가지는 물품과 일정한 형태가 없는 물질로 구분해 볼 수 있다. 물품은 현행 특허법과 실용신안법상 모두 보호대상이 된다. 그러나 물질 예컨대 농약, 의약, DNA 구조, 미생물, 유리조성물, 시멘트조성물 등은 특허법 보호대상이 되지만 실용신안법상 보호대상은 되지 않는다.

④ 물품의 정의는 여러 가지로 논의될 수 있으나 현행 실용신안법에 의하면 일정한 형태, 즉 형상, 구조 또는 이들의 조합에 관한 고안이라고 할 수 있다.

나. 특허요건의 차이

발명의 특허요건과 고안의 실용신안 등록요건은 각각 산업성, 이용성, 신규성, 진보성으로 동일하게 규정하고 있다. 그러나 진보성에 관한 등록요건은 특허법과 실용신안법에서 각각 달리 규정하고 있다. 특허법상 발명의 진보성은 선행기술(prior art)에 대비하여 고도하여야 한다.

실용신안법상 고안의 진보성은 선행기술에 대비하여 고도할 필요는 없고, 그것을 출원할 당시 기술 진보적이면 족하다는 점이다.

따라서 특허청의 심사관이 등록요건을 심사함에 있어서 특허출원 발명에 대한 진보성 판단의 기준과 실용신안출원 고안에 대한 진보성 판단기준은 상당한 차이가 있게 된다.

다. 출원 및 심사절차의 차이

실용신안법상 출원 및 심사절차에 있어서도 특허법상 그것들에 비하여 아래 몇 가지 점에서 상이하다.

① 특허 출원서에는 필요한 경우에만 도면이 첨부되지만 실용신안등록 출원서에는 반드시 도면이 첨부되어야 한다.

② 실용신안 출원료, 심사청구료 및 등록료는 특허의 그것들에 비하여 상대적으로 싸다.

③ 특허출원의 심사청구기간은 출원일로부터(우선권 주장이 있는 경우는 그 우선일로부터) 5년이지만, 실용신안은 3년이다.

라. 권리의 실시요건

권리의 실시요건에 있어서도 발명과 고안이라고 하는 양법의 보호대상의 차이로 인하여 다소 상이하다.

특허법상 특허발명의 실시라 함은 물건의 발명인 경우 그 특허물건의 생산, 사용, 양도, 대여, 수입 또는 그 물건의 양도나 대여의 청약행위를 포함하며 물건을 생산하는 방법의 발명인 경우 그 특허방법의 사용행위뿐만 아니라 그 특허방법에 의하여 생산한 물건을 사용, 양도, 대여, 수입 또는 그 물건의 양도 또는 대여의 청약행위를 모두 포함한다.

물건을 생산하는 방법의 발명인 경우 어떠한 물건이 특허방법의 출원 전에 국내에서 공지되지 아니하는 한, 그 특허방법에 의하여 생산된 물건과 동일한 물건일 때에는 그 특허방법에 의하여 생산된 것으로 추정하도록 하고 있다.

이에 대하여 실용신안은 물품을 생산, 사용, 양도, 대여, 수여, 수입 또는 그 물건의 양도 또는 대여의 청약행위에만 한정하고 있다.

마. 선 등록제도 폐지

실용신안은 원래 발명 특허처럼 특허 출원서에 심사 유무를 선택하여 심사청구가 '유'일 때만 심사가 진행되어 등록증이 발급되었다. 그러나 1999년 7월 1일부터 심사 없이 등록증을 발부하고 특허권을 얻으려면 출원자가 출원 후 3년 내에 기술평가를 신청해서 신규성 진보성 등 특허 요건에 합당한지를 심사하여 특허권을 부여하는 선등록 제도는 기술에 대한 권리가 있는 것도 아닌데 개인 발명자들이 먼저 등록한 기술에 대하여 금전적 권리를 주장하는 등 이 제도를 악용하는 폐단이 발생하였다. 그래서 2006년 10월 1일부터 폐지하고 1999년 7월 1일 이전처럼 등록 절차를 밟도록 특허법이 개정되었다.

4 디자인제도

특허법에서 디자인 법의 목적과 정의는 다음과 같다.

제1조 (목적) 이 법은 디자인의 보호 및 이용을 도모함으로써 디자인의 창작을 장려하여 산업 발전에 이바지함을 목적으로 한다.

제2조 (정의) 이 법에서 사용하는 용어의 정의는 다음과 같다.

① "디자인"이라 함은 물품[물품의 부분(제12조를 제외한다.) 및 글자체를 포함한다. 이하 같다.]의 형상·모양·색채 또는 이들을 결합한 것으로서 시각을 통하여 미감을 일으키게 하는 것을 말한다.

② "글자체"라 함은 기록이나 표시 또는 인쇄 등에 사용하기 위하여 공통적인 특징을 가진 형태로 만들어진 한 벌의 글자꼴(숫자, 문장부호 및 기호 등의 형태를 포함한다.)을 말한다.

③ "등록디자인"이라 함은 디자인등록을 받은 디자인을 말한다.

④ "디자인등록"이라 함은 디자인 심사 등록 및 디자인 무심사등록을 말한다.

⑤ "디자인 심사등록"이라 함은 디자인등록 출원이 디자인등록 요건의 전부를 갖추고 있는지를 심사하여 행하는 디자인등록을 말한다.

⑥ "디자인 무심사등록"이라 함은 디자인등록 출원이 이 법에 의한 디자인의 등록 요건 중 제26조 제2항의 규정에 의하여 적용이 제외되는 등록 요건 외의 등록 요건을 갖추고 있는지를 심사하여 행하는 디자인 등록을 말한다.

⑦ "실시"라 함은 디자인에 관한 물품을 생산·사용·양도·대여 또는 수입하거나 그 물품의 양도 또는 대여의 청약(양도나 대여를 위한 전시를 포함한다. 이

하 같다.)을 하는 행위를 말한다.

1. 물품성

디자인은 물품과 불가분의 관계이며, 물품을 떠나서는 존재할 수 없다. 즉, 창작된 도안을 보호하는 것이 아니라, 그 도안이 적용된 물품을 보호하는 것이라는 뜻이다.

여기에서 물품이란 '독립성이 있는 구체적인 유체동산'을 의미한다. 따라서 디자인법상 부동산, 열, 기체, 액체, 전기 등과 같이 형체가 없는 것, 설탕 등과 같은 분상물, 미생물은 물품이 될 수 없다.

2001년 7월 1일부터는 개정 디자인법에 의한 부분디자인제도의 시행으로 양말의 뒷굽, 병의 주둥이, 커피 잔의 손잡이 등과 같이 물품의 부분에 관한 디자인도 디자인으로 등록 받을 수 있다. 다만 디자인의 대상이 되는 물품명은 양말, 포장용 병, 커피 잔과 같이 기재해야 한다.

2. 형태성(형상, 모양, 색채)

디자인은 형상, 모양, 색채 또는 이들의 결합에 의한 것으로서 그 각각의 구성요소의 의미는 다음과 같다.

① 형상(shape)

공간을 점하고 있는 물품의 형체, 물품을 구성하고 있는 입체적 윤곽

② 모양(pattern)

물품의 외관에 나타나는 선도, 색 흐림, 색 구분 즉, 무늬를 말한다.

③ 색채(colour)

시각을 통하여 식별할 수 있도록 물품에 채색된 빛깔

3. 시각성

디자인은 인간의 육안으로 식별할 수 있는 것만을 대상으로 한다. 즉, 시각 이외의 감각에 의하여 인식 가능한 것, 육안으로는 식별할 수 없는 것, 외부에서 볼 수 없는 것은 디자인보호의 대상이 될 수 없다.

4. 심미성

디자인은 미감을 일으키는 것이어야 한다. 그러나 미감의 의미는 주관적인 가치판단이 개입되므로 명확한 판단기준을 세우기는 어렵다. 따라서 심사실무에 있어서는 고도의 심미성에 대한 판단보다는 아름다움을 느낄 수 있을 정도의 형태적 처리가 된 것이면 심미감이 있는 것으로 보고 있다.

디자인등록 출원한 디자인을 등록 받기 위해서는 디자인의 성립요건을 충족하여야 하고, ① 신규성 ② 창작성 ③ 산업상 이용 가능성 등을 충족하여야 하며 ④ 확대된 선출원주의에 위배되지 않아야 한다.

디자인 무심사등록 출원된 디자인에 대해서는 위의 등록요건 중 ① 신규성 ② 창작성 ③ 확대된 선출원주의 ④ 선출원주의 등을 심사하지 않고 방식심사와 ① 성립요건 ② 산업상 이용 가능성 ③ 불등록 사유 해당여부 등만을 심사하여 등록을 하고 있다.

5 상표제도

상표(trade mark)란 상품을 생산·가공·증명 또는 판매하는 것을 업으로 하는 자가 자기의 상품을 타인의 상품과 식별되도록 하기 위하여 사용하는 표장(기호·문자·도형·입체적 형상 또는 이들의 결합 또는 이들과 색채의 결합)을 의미한다. 이러한 상표와 유사한 기능을 하고, 상표법에 의하여 상표와 마찬가지로 보호되는 표장으로서 서비스표, 단체표장, 업무표장이 있으며, 특히 서비스표는 서비스업(광고업, 은행업, 요식업 등 용역의 제공업무)을 영위하는 자가 자기의 서비스업을 타인의 서비스업과 식별되도록 하기 위하여 사용하는 표장을 뜻한다.

특허법에서 상표는 '타인의 상품과 식별되도록 하기 위하여 사용하는 기호, 문자, 도형, 입체적 형상, 또는 이들을 결합한 것 및 이들의 색채를 결합한 것' 으로 정의된다.(표 13-2)

예를 들어, 전화기 제조회사가 자사제품의 신용을 유지하기 위하여 제품이나 포장 등에 표시하는 표장으로서의 상호나 마크 등을 말한다. 상표권의 존속기간은 설정·등록 이후 출원일로부터 10년인데 갱신 등록 시 영구적이다.

1. 상표의 기능

상표(서비스표)는 자타상품(서비스)을 식별하기 위하여 상품에 부착하거나 광고 등을 위해 사용하는 표장으로서 상품이나 서비스의 동일성을 표시하는 '출처표시의 기능'을 주된 기능으로 하며, 이밖에 품질보증적 기능, 광고적 기능을 가지고 있다.

표 13-2. 상표의 형태

형태 종류	형 태
기호로 구성된 상표	Ω
문자로 구성된 상표	KT&G
도형으로 구성된 상표	
입체로 구성된 상표	
문자와 도형이 결합된 상표	SAMSUNG
색체가 표현된 상표	

2. 상표의 구분

1) 상표(trade mark)

상품을 생산 가공 증명 또는 판매하는 것을 업으로 영위하는 사람이 자기의 업무에 관련된 상품을 타인의 상품과 식별되도록 하기 위하여 사용하는 표장(기호, 문자, 도형, 색체 또는 이들의 결합)으로 유형의 상품에 사용에 사용된다.

2) 서비스표(service mark)

서비스업을 영위하는 사람이 자기의 서비스업과 타인의 서비스업과 식별되도록 하기 위하여 사용하는 표장(기호, 문자, 도형, 색체 또는 이들의 결합, 광고, 금융, 요식업 등의 상호가 대표적임)으로 무형의 상품(용역)에 사용된다.

3) 단체표장(collective mark)

동종업자가 설립한 법인이 단체 구성원의 영업에 관한 상품 또는 서비스업에 사용하기 위한 표장(농업협동조합 등)이다.

4) 업무표장(business emblem)

국내에서 비영리사업을 영위하는 사람이 그 업무를 표상하기 위하여 사용하는 표장(올림픽 조직위원회, 대한적십자사, YMCA 등)이다.

3. 상표권의 효력

상표를 등록할 경우 상표권자는 지정상품에 관하여 그 등록상표를 사용할 권리를 독점하는 적극적인 독점권과 타인이 등록상표와 동일 또는 유사한 상표를 동일 또는 유사한 지정상품에 사용하는 경우 그 사용을 금지할 수 있는 소극적인 금지권을 행사할 수 있다.

아울러 타인이 자기의 등록상표 또는 등록상표와 유사한 상표를 동일 또는 유사한 지정상품에 사용하는 등 상표권을 침해하는 경우 상표권자는 그 타인을 상대로 하여 침해금지 청구권·손해배상 청구권 등을 행사할 수 있다. 한편 상표에는 그림 13-2처럼 ®이나 TM을 병기할 수도 있다.

그림 13-2
Micrisoft사의 Windows 상표 표시 예

여기서 ®는 등록된 상표에만 표시해야하고 TM은 상표 등록과는 무관하게 단지 특정인의 상표명임을 표시하는 데 사용된다.

4. 상표로 등록되지 않는 경우

다음과 같은 명칭은 먼저 등록되지 않은 것이라 할지라도 상품 간에 식별성이 없기 때문에 특정인에게 독점권을 주지 않는다.

① 상품의 명칭 자체, 보통 명사화된 상품명
호두과자, 경옥고, 홍삼, 자전거, 바세린, 떡 등

② 상품의 산지, 성질 및 품질, 원재료 등의 표시
금산 인삼, 대구 사과, 안흥 찐빵 등

③ 잘 알려진 지명, 현저한 지리적 명칭
미국, 한국, 서울, 대전, 한강, Paris 등

④ 흔히 널리 쓰이는 문자 도형 기호
한글 1자, 영문 2자, 간단한 기호 등

⑤ 기타 식별력이 있어도 등록될 수 없는 상표로는

- 타인의 선등록 상표와 동일하거나 유사한 상표
- 또는 공공단체의 표장과 동일하거나 유사한 상표
- 공공질서 선량한 풍속을 문란케 할 우려가 있는 상표

6 발명의 종류

발명은 직무발명과 자유발명으로 나눌 수 있는데 오늘날 대부분의 발명은 기업체에 의한 직무발명이랄 수 있다. 그래서 직무발명을 보호하고 육성하는 것이 기업뿐만 아니라 한 국가의 경쟁력을 제고시키는 방법이 된다.

1. 자유발명

사용자의 업무 범위에 속하지 않고, 발명을 하게 된 행위가 조업원의 직무와도 관련이 없는 발명은 순수한 자유발명으로 사용자인 기업의 관여가 배제된다. 사용자의 업무 범위에 속하더라도 발명을 하는 행위가 종업원의 업무와 관계가 없는 발명도 자유발명에 속한다. 자유발명에 대하여 미리 사용자 등이 승계하거나 전용실시권을 설정할 수 없고 다만 계약 또는 근무 규정에 의하여 발명자(종업원)로 하여금 발명을 신고하게 하여 통상실권을 허여 받아 사용할 수 있다.

한편 대학교수의 발명은 직무발명에 속한 듯하지만 특별한 경우를 제외하고는 대부분 자유발명에 속한다. 그 이유는 대학교수의 본래 직무는 학생을 가르치고 자신의 전공과 관련된 학문의 연구에 있고, 또한 재단이나 대학의 운영비 투자 목적은 수익을 얻는 데 있는 것이 아니므로 대학교수가 자신의 전공과 관련하여 완성된 발명은 자유발명에 해당한다. 그러나 국립대학 교수가 완성한 발명은 국가가 사립대학 교수의 발명을 기술승계 규정(보상 포함)에 따라서 재단에게 넘겨주려 할 경우, 재단은 승계 획득 여부를 결정하여 그 발명의 권리를 획득할 수 있다.

그리고 대학교수가 외부 기업체나 단체로부터 연구비를 받아 완성된 발명에 대한 권리귀속 문제는 대학교수와 연구개발을 의뢰한 외부 기업 간에 체결한 계약서에 의해 처리될 사안이므로 대학(사용자)측의 관여가 배제되는 자유발명이다. 그러나 대학의 연구시설 등을 이용한 경우 대학은 계약, 학칙 등에 따라 일부 권리를 주장할 수도 있다.

교수 발명과 직무발명 및 자유발명

- 대학교수의 본래 직무는 학생을 가르치고 자신의 전공과 관련된 학문의 연구에 있고 또한 재단이나 대학의 운영비 투자 목적은 수익을 얻는 데 있는 것이 아니므로 대학교수가 자신의 전공과 관련하여 완성된 발명은 자유발명에 해당한다.
- 대학교수가 외부 기업체나 단체로부터 연구비를 받아 완성된 발명에 대한 권리귀속 문제는 대학교수와 연구개발을 의뢰한 외부 기업 간에 체결한 계약서에 의해 처리될 사안이므로 대학(사용자)측의 관여가 배제되는 자유발명이다. 다만, 대학의 연구시설 등을 이용한 경우 대학은 계약, 학칙 등에 따라 일부 권리를 주장할 수 있다.
- 대학교수가 외부 기업체가 임명한 기술 고문 자격으로 활동 분야에서 완성된 발명은 대학 교수가 외부 기업체와의 계약에 의해 기술 고문, 즉 종업원의 지위에서 완성한 성격의 발명으로 보아야 하므로 대학교수가 기술고문으로 재직 중 완성한 발명은 기업의 직무발명에 해당한다.
- 자유 발명에 따른 보상금에는 세금이 부과되는 데 반해서 직무발명에 대한 보상금은 면세 대상이 된다.

2. 직무발명

직무발명은 종업원의 발명이 사용자 등의 업무 범위에 속하고 발명을 하는 행위가 종업원의 현재 또는 과거의 직무에 속하는 발명을 말하는 것으로 특허법 제39조 1항에서 규정하고 있는 발명이다.

직무발명은 근무시간 중이나 회사 내에서의 완성으로 한정하지 않는다. 즉, 발명한 시간과 장소에 제한 받지 않는다.

대학교수가 외부 기업체에서 임명한 기술고문 자격으로서 활동 분야에서 완성된 발명은 대학 교수가 외부 기업체와의 계약에 의해 기술고문 즉 종업원의 지위에서 완성한 성격의 발명으로 보아야하므로 대학교수가 기술고문으로 재직 중

완성한 발명은 기업의 직무발명에 해당한다.

기업체에서 실시하고 있는 종업원 등의 직무발명에 대한 보상의 종류로는 발명보상, 출원보상, 등록보상 및 실적보상 등이 있으며 종업원 등이 사용자로부터 지급받은 특허 실용신안에 관한 직무발명 보상금은 소득세법 제12조 및 소득세법 시행령 제18조에 의하여 소득세가 면제된다.

1) 직무발명 신고에 대한 평가

종업원이 부서장에 발명 신고를 하면 부서장은 접수하여 특허관련 부서로 하여금 그 발명에 대한 가치평가를 진행하도록 해서 발명자에게 승진에 이익을 주고 기타의 인센티브를 주기 위한 근거로서 발명의 가치, 출원의 가치 및 등록된 권리의 경우는 존속가치가 있는지에 대하여 객관적 기준과 방법으로 평가하는 것이 중요하다.(표 13-3)

표 13-3. 평가시기에 따른 평가항목 및 배점

평가 항목	판단시기 및 배점				
	출원시	실시 청구 시	권리 존속 시	실시 보상 시	외국 출원 시
1. 발명의 독창성(신규성, 진보성)	39	35	4	5	27
2. 권리의 독점성	13	15	24	9	16
3. 실시에 있어서 기술적 가치	11	15	14	11	11
4. 타사 기술의 견제도	9	9	13	5	10
5. 이익액	-	2	4	29	9
6. 실시 가능성	4	9	12	1	9
7. 자사 기술과의 관련정도	5	4	8	3	4
8. 제품에 있어서 당해권리가 차지하는 비율	2	1	3	12	3
9. 기술의 수명	2	2	11	4	3
10. 발명의 동기와 발명자의 노력도	2	2	2	14	2
11. 기타	13	6	5	7	6
총 계	100	100	100	100	100

7 이중출원제도

1999년 7월 1일에 신설된 특허법으로 특허출원을 원출원으로 하고 후속으로 실용신안을 이중출원하거나 반대로 실용신안을 원출원으로 하고 후속으로 특허를 이중출원으로 할 수 있는 제도이다.

이 제도는 같은 기술을 특허와 실용신안을 중복으로 출원할 수는 있어도 중복권리 배제 원칙에 따라서 2가지가 등록되고 나면 어느 한 권리는 포기하고 한 권리만 선택하는 것으로 제한하고 있다.

이중출원 제도는 특허와 실용신안 등록 기간의 차이에서 발생할 수 있는 권리의 공백을 줄여 주기 위한 제도로 특허와 실용신안을 둘 다 등록하여 권리를 부여하는 제도가 아니라 특허와 실용신안을 중복 출원해서 등록 시점에서 양자 중 하나만을 선택해서 등록하도록 하는 제도이다.

이중출원에서 특허를 먼저 출원하고서 실용신안을 이중 출원할 경우 특허 출원에 대한 결정서를 송달받기 전에 출원해야 하고 반대로 실용신안을 먼저 출원하고 특허를 후출원할 경우는 실용신안 등록 후 1년 이내에 출원해야 한다.

이중 출원 명세서는 원출원의 특허청구 범위에 기재된 범위 내에서 작성되어야 하고 원출원과 이중출원의 출원인은 동일해야 하고, 만일 공동 출원인인 경우에도 출원인 전부가 같아야 한다. 이중출원 제도는 디자인과 상표에는 적용되지 않는다.

8 우선심사제도

출원서에 심사 청구된 된 특허와 실용신안이 다음 대상에 합당한 경우 심사청구 일자에 관계없이 다른 출원에 우선하여 심사를 실시하는 제도이다. 우선 심사

대상은 다음과 같다.

① 출원인이 아닌 자가 출원 공개된 기술을 업으로 실시하고 있는 사실이 확인된 경우
② 국가 및 공익 보호 차원의 긴급처리가 필요한 출원
③ 방위산업 분야의 출원
④ 공해 방지에 필요한 출원
⑤ 수출촉진에 필요한 출원
⑥ 국공립학교의 기술이전 전담 조직에 의한 출원
⑥ 국가기관 지방자치단체의 직무에 관련된 출원
⑦ 벤처기업으로 확인된 중소기업의 출원
⑧ 국가의 신기술 개발 지원사업 및 품질인증사업의 결과물에 관한 출원
⑨ 전자거래를 촉진하는 출원
⑩ 우리나라에 출원한 것과 동일한 발명을 외국에 출원한 경우 등
⑪ 기술혁신 중소기업으로 지정된 기업의 출원
⑫ 자기실시 또는 자기실시 중인 출원

우선심사 여부 결정은 심사관이 우선심사 신청서를 이송받은 날로부터 15일 내에 결정하고 우선심사 인정 통지서를 발송한 날로부터 2개월 이내에 심사를 착수하기로 되어 있다.

9 도메인 이름

1. 도메인 이름의 정의

인터넷에 연결된 다른 컴퓨터와의 통신은 컴퓨터의 위치를 나타내는 숫자로 표시된 인터넷 주소(internet protocol)를 쓰게 되는데 이러한 인터넷 주소를 사용하기 쉽도록 문자로 변환하여 보다 쉽게 표시한 것을 도메인 이름(domain name)이라고 한다.

예를 들어 특허청의 IP주소는 “10.133.102.51”이고, 웹브라우저 표시창에 뜨는 “www.kipo.go.kr”(go : 정부기관, kr : 한국)과 같이 쓰이는 것이 도메인 이름이다.

2. 도메인 이름의 종류

일반 최상위 도메인(gTLD : generic Top Level Domain) 인터넷 초창기부터 사용된 .com, .net, .org, .edu, .int, .mil, .gov을 지칭하는데 특히 .com, .net, .org는 전 세계 누구나 등록이 가능하므로 개방형 일반 최상위 도메인이라고 하고, 최근에 새로운 최상위 도메인 .aero, .biz, .coop, .info, .museum, .name, .pro가 새롭게 생성된다.

국가 코드 최상위 도메인(ccTLD : country code Top Level Domain) ISO3166 국가코드체계(country code)에 의거하여 각 국가들을 2자리 영문약자로 표현한 것 예) .kr : 한국, .jp : 일본, .ch : 스위스 등이 있다.

3. 도메인 이름의 관리체계

1) 인터넷 주소 정책 및 관리 업무

과거에는 미국의 IANA(Internet Assigned Numbers Authority)가 인터넷 주소관리기능을 수행하였으나, 1998년 10월부터 독립적인 비영리 국제 민간기구인 ICANN(Internet Corporation for Assigned Names & Numbers)이 인터넷 주소 정책 및 관리업무를 담당하고 있다.

2) 도메인 이름 등록업무

도메인 이름의 등록 수행기관은 도메인 이름의 종류에 따라 상이한데 대표적으로 .com, .net, .org 등 일반 최상위 도메인(gTLD)은 인터넷주소 관리기구인 ICANN의 인증을 받은 60여 개 등록기관에서 경쟁적으로 등록업무를 대행하고 있다. .int는 미국의 IANA(Internet Assigned Numbers Authority)에서 등록업무를 관장하고 있다.

국가단위 최상위도메인(ccTLD)은 각 국가별로 등록기관이 있으며, 우리나라(.kr)는 정보통신부 산하 비영리재단법인인 한국인터넷정보센터(KRNIC)에서

.kr도메인 등록 업무를 담당하고 있다.

3) 도메인 이름의 구조

인터넷의 모든 도메인은 루트(root)라 불리는 도메인 이하에 역트리(inverted tree) 구조로 계층적으로 구성되어 있는데, 루트 도메인 아래의 단계를 1단계 도메인 또는 최상위 도메인(TLD : Top Level Domain)이라고 부르며, 차상위 단계를 2단계 도메인(SLD : Second Level Domain), 그 다음 단계를 3단계 도메인이라고 한다.

"www.kipo.go.kr"를 예로 들면 [kr]이 최상위 도메인이며 [go]가 2단계 도메인이고 [kipo]가 3단계 도메인이다.

4) 도메인 이름의 등록방법

가. 일반 최상위 도메인

등록 전, 세계 도메인 이름 등록 대행기관을 통하여 .com이나 .net 등이 붙는 일반 최상위 도메인을 등록받는 것으로 2단계에서 도메인 신청자가 원하는 이름을 사용할 수 있다.

나. kr이 붙는 도메인을 등록 받는 방법

최상위 도메인이 .kr인 경우 2단계 도메인은 기관을 분류(co, or, ac)하기 위해서 미리 정의된 이름을 사용하며 3단계에서 도메인 신청자가 원하는 이름을 사용할 수 있다.

도메인 등록은 상표나 상호에 대한 사전검색을 하는 것이 아니며, 동일한 도메인이 없는 한 선신청주의(first come, first served) 원칙에 따라 등록된다.

4. 상표와 도메인 이름 간 분쟁 발생의 배경

도메인 이름은 원래 네트워크상 연결되어 있는 컴퓨터 주소로서의 기능을 하였으나 인터넷 이용의 폭발적 증가와 전자상거래가 활발해지면서 점차적으로 온라인상 거래되는 상품 또는 서비스의 출처를 나타내는 기능(상표적 기능)을 갖게 되었다.(표 13-4) 이로 인하여 도메인 이름은 인터넷 환경 하에서 강력한 마케팅 툴(marketing tool)로서의 역할을 담당하게 된다.

표 13-4 도메인 이름과 상표의 비교

구 분	도메인 이름	상 표
정 의	· 인터넷상 연결되어 있는 컴퓨터들의 기계적인 주소인 IP Address 대신 이용자가 쉽게 알 수 있도록 문자로 표기한 것	· 자기의 업무에 관련된 상품을 타인의 상품과 식별되도록 하기 위하여 사용하는 것으로 기호·문자·도형·입체적 형상 · 또는 이들을 결합한 것과 이들 각각에 색채를 결합한 것
관할기관	· KR도메인 → 한국인터넷정보센터(KRNIC)	· 특허청
목 적	· 인터넷상에서 데이터를 전송할 때, 송수신 컴퓨터의 위치를 우편번호처럼 쉽게 파악할 수 있게 하기 위함	· 상표사용자의 업무상의 신용유지를 도모하여 산업발전에 이바지함과 아울러 수요자의 이익보호를 목적으로 함
상품과의 관련성	· 상품과 관련 없이 등록	· 상품을 지정하여 등록
보호범위 및 효력	· 인터넷상의 동일한 도메인 이름은 단 하나밖에 없음 · 독점적으로 사용할 수 있으나 유사한 도메인 이름을 배척할 권리는 없음	· 국내에서만 보호되는 것이 원칙 · 독점권과 동일 또는 유사상표의 등록을 금지시키는 배타권이 발생
등록원칙	· 선신청주의 (first come, first served) · 비동일성 (기계적 판단에 의함)	· 선출원주의 · 상표법에서 정하는 불등록 사유 및 선등록 여부 등을 심사하는 실체심사를 거쳐서 등록
존속기간	· 등록비, 유지비 등을 납부할 경우 계속 사용 가능	· 등록일로부터 10년간
동일유무 판단	· 비록 유사하더라도 동일하지만 않으면 타인 간에 등록 가능	· 타인 간에는 동일·유사상표를 동일·유사 상품에 등록할 수 없도록 배제하고 있음

이처럼 도메인 이름이 점차적으로 출처 표시적 기능을 견지하게 됨에 따라 타인의 상표와 동일·유사한 도메인 이름을 보유한 자가 그 도메인 이름 하에서 자신의 상품과 서비스를 판매하거나 광고행위를 할 경우 일반 고객들은 그 상품이나 서비스의 출처가 상표권자인 것으로 오인·혼동할 수 있다.

상표권자의 입장에서는 자기의 상표에 대한 신용의 훼손으로 경제적 손해를 입게 되거나 자기의 상표를 도메인 이름으로 등록하여 사용할 수 없게 되는 등 영업활동에 심각한 피해를 입을 수 있게 되어 있다.

따라서 기존의 상표와 동일하거나 유사한 도메인 이름이 등록되어 사용되는 경우에 해당 상표권자는 자신의 영업상의 이익을 지키기 위해 도메인 이름 보유자가 정당한 이해관계도 없이 부당한 목적으로 도메인 이름을 등록하였음을 주장하며, 해당 도메인 이름의 진정한 권리자를 가리는 다툼을 제기함으로써 도메인 이름 분쟁이 발생하게 된다.

정당한 도메인 이름의 등록·사용은 그 자체로 보호되어야 하며, 도메인 이름의 사용이 항상 타인의 상표권을 침해한다고는 볼 수 없으므로 어느 범위에서 도메인 이름의 등록·사용이 타인의 상표권과 저촉되는지에 대해서 일정한 가이드라인이 필요하다고 할 것이다.

10 영업방법(BM) 특허의 개요

1. 전자상거래 BM특허의 등장

On-line 판매망의 급속한 확산이용으로 BM 특허는 신지식재산권에서 비중이 차츰 커지고 있다.

BM(영업방법) 특허란 business method(영업방법) 특허를 의미한다. BM 특허에는 컴퓨터, 인터넷 등 정보통신 기술을 사용하여 실행한 영업방법 발명에 대한 특허가 포함된다.

BM을 일부에서 비즈니스 모델(model)로 정의하기도 하나, 특허법에서는 발명을 물건 발명과 방법 발명(method)으로 나누고 있으므로 business method로 정의한다.

2. BM 특허의 등장 배경

컴퓨터와 인터넷 등 정보통신망이 1990년대 중반 이후 급속히 보급되면서 컴퓨터 프로그램 등 S/W 관련 특허가 다수 출원되고 있다. 인터넷을 이용한 영업방법(BM) 발명은 발명의 성립성, 진보성 등과 관련하여 논란이 야기되고 있다.

1998년 미국연방고법(CAFC)이 SSB(State Street Bank)사건에서 특허성을 인정한 이후 세계 각국에서 영업방법 발명을 특허로 적극 보호하기 시작하였다.

1990년대 후반 인터넷과 전자상거래가 급속히 확산되면서 영업방법 발명의 중요성이 부각되고 세계적으로 특허보호를 강화하는 추세이다.

3. 대표적인 BM특허 사례

1) 금융

가. SSB 사건(US 5,193,056호)

여러 개의 투자신탁기금(뮤추얼펀드)을 한 곳의 허브에 집중하여 운영하고, 각 기금의 지분에 따라 매일 매일의 자산변동과 이익 등을 자동으로 계산하여 주는 데이터 처리 시스템이다.

State Street Bank사와 Signature Financial Group 사이의 특허분쟁으로, 미국에서 BM특허의 특허성을 인정한 최초의 판례가 되었다.

2) 광고사(Cyber gold)의 인터넷 광고방법(US 5,794,210호)

사용자가 특정 사이트에 로그인하여 접속한 후, 광고를 보고 클릭하면 클릭한 횟수를 카운트하여 이에 비례하는 만큼 광고를 본 대가로 현금, 포인트 등을 적립해 주는 인터넷상의 광고방법이다.

3) 경매(PriceLine의 역경매, 특허, US 5,794,207호)

구매자가 인터넷을 통해 구매조건을 중개사이트에 제시하면 중개자가 그 구매조건을 각 회사에 전달하고, 각 회사가 그 조건에 따른 견적을 중개자에게 제시하면, 중개자는 각 회사의 견적을 비교하여 구매자의 조건에 맞는 상품을 선택하고 구매자에게 통지하는 인터넷상의 중개서비스이다.

4) 전자쇼핑(Amazon사의"원클릭"특허, US 5,960,411호)

고객이 아마존사의 웹사이트에서 원클릭 기능을 설정한 후 신용카드번호와 주소를 한번 입력하면, 다음에 웹사이트에서 상품을 구매할 경우 같은 정보를 반복

입력하지 않고 한 번의 마우스 클릭으로 필요한 정보를 입력할 수 있도록 하는 방법이다.

11 특허권 권리 존속과 그 연장 및 소멸

특허권의 존속기간이란 특허권을 적법하게 행사할 수 있는 법정기간을 말한다. 기술의 속성상 특허권은 영구적일 수는 없으며 일정기간만 재산권으로서 보호할 필요가 있고, 그 이후에는 공중에게 개방하는 것이 특허제도의 취지에 부합된다.

특허법에 의한 특허권과 실용신안법에 의한 실용신안권의 권리존속기간은 서로 다르다. 즉 특허권의 존속기간은 설정 등록된 이후 특허출원일로부터 20년, 실용신안권은 설정·등록된 이후 출원일로부터 10년으로 되어 있어, 실용신안권의 존속기간이 짧게 되어 있다. 이처럼 실용신안권의 존속기간이 짧은 것은 고안이 발명보다 일반적으로 모방이 용이하여 제품수명(product life cycle)이 짧다는 점에 기인한다.

따라서 출원인이 개발한 기술을 특허 출원할 것인가 실용신안 출원으로 할 것인가의 선택기준의 하나로서 타인에 의한 모방 용이성과 그에 따른 제품수명의 장단이 고려된다.

기술진보 속도가 빠른 기술 분야에 실용신안출원이 많은 것은 바로 이 때문이며 실용신안출원은 조속히 사업화됨으로써 출원인은 가급적 조기심사를 희망한다.

한편, 특허발명을 실시하기 위하여 다른 법령의 규정에 의하여 허가를 받거나 등록 등을 받아야 한다. 그 허가 또는 등록 등 필요한 활성 및 안전성 등의 시험으로 인하여 장기간이 소요되는 발명 중 그 특허발명(Patented invention)이 2년 이상 실시할 수 없었던 경우(1999. 1. 1.부터는 특허발명을 실시할 수 없었던 기간이 2년 미만인 경우에도 존속기간을 연장할 수 있다.)에는 5년의 기간 내에서 특허권의 존속기간을 법정기간 내에 연장등록 출원하여 연장할 수 있다. 여기에 해당되는 발명은 「의약품발명」 또는 「농약이나 농약원제의 발명」이다.

그러나 등록고안에 대하여는 그 성질상 실용신안법에 이 같은 권리존속기간 연장제도가 마련되어 있지 않다.

1. 특허권의 소멸

특허권의 소멸이란 특허권이 일정사유에 의하여 그 효력을 상실하게 되는 것을 말한다.

특허권은 ㉮ 특허료 불납 ㉯ 존속기간의 만료 ㉰ 특허권의 포기 ㉱ 특허권의 취소 ㉲ 특허권의 무효 ㉳ 상속인의 부존재 등의 사유로 특허권은 소멸된다.

2. 실시권

실시권이란 타인의 특허발명을 적법하게 실시할 수 있는 권리를 말한다. 실시권의 종류에는 그 효력에 따라 「전용실시권」과 「통상실시권」이 있으며, 통상실시권은 그 발생원인에 따라 「허락실시권」, 「법정실시권」 및 「강제실시권」으로 나뉘어진다.

1) 전용실시권

전용실시권이란 일정범위 내에서 타인의 특허발명을 업으로 독점 실시할 수 있는 권리를 말한다. 전용실시권이 설정된 범위 내에는 특허권자도 전용실시권자의 허락 없이 특허발명을 실시할 수 없다. 전용실시권의 성격은 준물권이다.

2) 통상실시권

통상실시권이란 타인의 특허발명을 일정 조건 하에서 업으로 실시할 수 있는 권리를 말한다. 통상실시권은 전용실시권과는 달리 채권으로 본다. 통상실시권은 ㉮ 특허권자(전용실시권자)의 허락에 의하여 발생되는 「허락실시권」 ㉯ 특허법이 정하는 조건에 해당되는 자가 갖게 되는 「법정실시권」 그리고 ㉰ 특수한 목적에 의하여 국가의 강제권의 발동에 의하여 인정되는 「강제실시권」이 있다.

일반적으로 통상실시권은 허락에 의하여 발생되며, 법정실시권은 7가지의 법정사유에 의하여 성립되고, 강제실시권은 3가지의 법률원인에 의하여 허용된다.

12 저작권

인간의 사상이나 감정을 창작적으로 표현한 저작물(서작, 가요, 연극, 영화, 조각, 그림, 사진, 비디오 컴퓨터 프로그램 등)을 보호하기 위해 그 저작자에게 부여한 권리를 말한다.

저작물의 표현형식 또는 방법을 보호대상으로 하고 있으며 저작자의 사상을 보호하기 위한 것이 아니다. 예를 들면 소설가가 소설 작품을 창작한 경우에 그 소설가는 원고 그대로 출판 배포할 수 있는 복제권, 배포권과 함께 그 소설을 영화나 번역물 등과 같이 다른 형태로 저작할 수 있는 2차적 저작물의 작성권, 연극 등으로 공연할 수 있는 공연권, 방송물로 만들어 방송할 수 있는 방송권 등 여러 가지의 권리를 가지게 된다.

이러한 여러 가지의 총체를 저작권이라고 하며, 저작권은 토지와 같은 부동산과 마찬가지로 매매하거나 상속할 수 있고 다른 사람에게 빌려줄 수도 있다.

그러나 사상, 학설, 원칙 및 체계화된 방법 등에는 저작권이 인정되지 않는다. 저작권의 보호대상은 아이디어가 아닌 표현자체이므로 저작권의 침해여부를 가리기 위하여 두 저작물 사이에 실질적인 유사성이 있는가의 여부를 판단함에 있어서도 표현과 독창적인 부분만을 가지고 대비하여야 한다.(대법원 제1부 1993. 6. 8. 판결 93다 3073)

만약 저작권법에 위배되었을 때 그 벌칙 규정 대부분이 친고죄에 적용됨으로써, 저작권을 침해당한 사람이 고소를 해야만 수사가 진행되고, 기소를 할 수 있다. 또한 일단 고소를 했더라도 기소 전에 합의를 하면 검찰에서는 공소권이 없으므로 불기소 결정을 내려 수사가 종결된다. 따라서 일단 저작권 침해로 저작권자가 고소를 하더라도 최대한 신속하게 합의를 유도해 고소를 취소하게 하는 것이 바람직하다.

저작권 관련 국제협약으로는 베른협약, 세계저작권협약(UCC), 저작인접권보호를 위한 로마협약, 음반에 관한 제네바음반협약 및 방송에 관한 브뤼셀위성협약 등이 있다.

저작권의 발생과 권리보호 기간은 산업재산권과 달리 창작이 시작되는 즉시 발생하고 권리 보호 연한은 저작자가 생존하는 기간 동안과 사후 50년까지 보호된다. 저작권은 창작과 동시에 발생되지만 저작권 보호를 위해서는 저작권자 이름 표시, 저작물의 최초 발행연도 및 ⓒ를 표시하는 것이 바람직하다.

13 신지식 재산권제도

최근까지 저작권과 산업재산권(특허 실용신안 상표 디자인)을 바탕으로 발전해 왔던 전통적 지식재산권제도는 새로운 지식재산의 등장으로 그 미비점을 노출시켰다. 예를 들면 반도체 배치설계나 컴퓨터프로그램의 경우 그것을 저작권으로 보호할 것인지 산업재산권으로 보호할 것인지의 문제는 간단한 것이 아니다.

이러한 문제가 발생하는 근본 원인은 전통적 지식재산권제도가 생성될 당시에는 존재하지 않았던 형태의 지식재산이 등장함에 따라 기존의 제도로는 보호의 공백 혹은 중복이 생기기 때문이다. 새로운 지식재산을 기존의 제도에 편입하는 노력은 계속되어 왔다.

미국의 경우 1790년 지도, 차트, 책 등을 보호대상으로 하는 저작권법이 최초로 제정된 이후, 1802년에 디자인, 동판, 조각 등을 포함하도록 수정하였고, 1856년에는 음악, 1865년에는 사진, 1870년에는 조각, 1912년에는 영화, 그리고 1972년에는 음성기록을 포함시키는 등 이미 수차례의 개정작업을 거쳤다.

최근에는 컴퓨터 프로그램을 보호하기 위해 저작권법을 적용하였으나, Borland 판결 등에서 볼 수 있는 것처럼 저작권법의 확장을 통한 새로운 분야에 대한 지식재산권의 설정은 이미 그 한계에 다다르게 되었다. 이러한 현상은 비단 저작권뿐만 아니라 특허의 경우도 컴퓨터 프로그램, 반도체 배치설계, 유기화학, 생명공학 분야에 대한 특허권 인정 여부가 쟁점으로 부각된 바 있으며 그 중 일부는 아직도 논의 중이다.

디자인 상표의 경우도 입체, 상표, 디자인, 소리, 냄새, 포장, 인터넷 등을 통한 전자상거래 시대에 있어서 디자인 상표의 보호, 컴퓨터 아이콘의 보호 등 새로운 문제에 직면하고 있다.

신지식재산에 대한 정의는 아직 확립되어 있지 않은 상태이다. 다만 그 공통적인 특징을 종합해보면, 과학기술의 급속한 발달과 사회여건의 변화에 따라 종래의 지식재산권 법규의 보호 범주에 포함되지 않으나 경제적 가치를 지닌 지적 창작물을 의미한다고 할 수 있다. 신지식재산권을 분류하면 그림 13-3과 같다.

그림 13-3. 신지식 재산권 분류

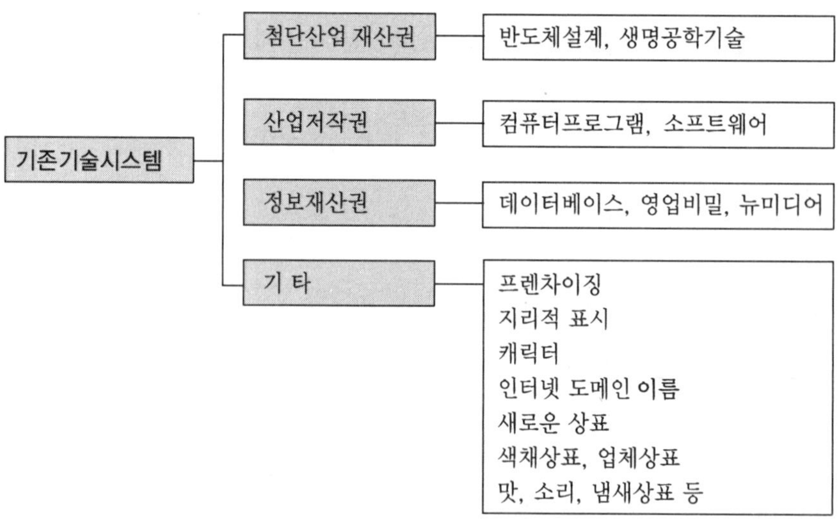

14 국제출원

특허권은 1국 1특허 즉, 특허독립(속지주의적) 원칙에 따라서 특허권을 행사하고자 하는 나라에 출원하여 그 나라의 특허권을 획득해야만 그 나라에서 독점 배타적 권리를 얻을 수 있다. 그러므로 한국에서 특허권을 취득하였다 하더라도 다른 나라에서는 독점 배타적 권리를 행사할 수 없다.

국제출원 방법은 개별적으로 원하는 나라에 개별적으로 출원하는 경우와 우리나라 특허청에 PCT(Patent Cooperation Treaty : 특허협력조약)출원을 하면서 원하는 국가를 지정하는 방법이 있다. 이상의 두 경우 모두 선출원의 출원일로부터 12개월 이내에 출원해야 우선권을 인정받을 수 있다.

개인이 개별 출원하는 경우 출원국의 대리인을 선정하고, 명세서는 그 나라 공식 언어로 작성되어야 하며 위임장, 양도증, 선언서, 그리고 우리나라 특허청으로부터 발급 받은 우선권 증명서류 등을 대리인에게 우편으로 보내야 한다.

이때 국내 대리인(변리사) 및 출원국 대리인 선임에 목돈이 들어가는 문제, 출원서 작성에 따르는 언어적 문제, 출원 준비에 장시간이 필요로 하는 등 문제가 있어 개별출원이란 쉽지 않다.

이러한 애로를 각국이 공감한 나머지 해외 출원절차의 통일화 및 간소화를 통한 해외출원의 증진을 위해서 1970년에 PCT 국제출원 제도가 창립되었고, PCT 가맹국사이에 이 제도를 활용하고 있다. 한국은 1984년 5월 10일 PCT에 36번째로 가입하였다.

PCT 국제출원 절차는 출원인이 국제출원서를 수리관청(자국 특허청)에 제출하면서 시작되고 각 지정국(지정국 특허청)에서 특허권을 획득하거나 거절됨으로써 끝이 난다.

출원인이 국어, 일어 또는 영어로 작성한 국제출원 서류를 3부 작성하여 자국 특허청에 제출(우편 또는 Fax)함으로써 국제출원 절차는 시작된다. 이때 국어로 출원된 경우는 우선일로부터 14개월 이내에 반드시 영어로 된 국제공개용 번역문을 작성하여 제출해야 된다.

국제출원 제출서류는 출원서(request), 명세서(description), 청구범위(claim) 요약서(abstract) 및 필요한 경우 도면(drawings) 및 서열목록(sequence listing) 등을 수리관청에 제출해야 한다.

발명과 특허 팡세

발명을 하는 사람은 발명가로 인정받기 전까지 발명 활동에 대하여 주위의 냉소적 분위기를 감내해야 하는 인내심도 필요하다.

부록

부록 Ⅰ. 국제단위

1. 국제 기본 단위(SI unit)

측정개념	단위명	부 호
길 이	미 터	m
질 량	킬로그램	kg
시 간	초	s
전 류	암 페 어	A
온 도	절대온도	K
광 도	칸 델 라	cd

2. 기타 단위

측정개념	단위명	부호
에너지	주 울	J
온 도	도, 섭씨	℃
면 적	평방미터	m^2
부 피	입방미터	m^3
밀 도	입방미터당킬로그램	kg/m^3
힘	뉴 톤	N
압 력	파스칼	Pa
부 피	리 터	L

부록 II. 미터단위의 접두어

접두어	기호	10진 값	지수 값
exa	E	1,000,000,000,000,000,000	1×10^{18}
peta	P	1,000,000,000,000,000	1×10^{15}
tera	T	1,000,000,000,000	1×10^{12}
giga	G	1 ,000,000,000	1×10^{9}
mega	M	1,000,000	1×10^{6}
kilo	k	1,000	1×10^{3}
hecto	h	100	1×10^{2}
deka	da	10	1×10^{1}
deci	d	0.1	1×10^{-1}
centi	c	0.01	1×10^{-2}
milli	m	0.001	1×10^{-3}
micro	μ	0.000001	1×10^{-6}
nano	n	0.000000001	1×10^{-9}
pico	p	0.000000000001	1×10^{-12}
femto	f	0.000000000000001	1×10^{-15}
atto	a	0.000000000000000001	1×10^{-18}

부록 Ⅲ. 일반화된 39가지 물리적 특성

1. 이동 물체의 무게(weight of moving object)
2. 정지 물체의 무게(weight of non-moving object)
3. 이동 물체의 길이(length of moving object)
4. 정지 물체의 길이(length of non-moving object)
5. 이동 물체의 부피(volume of moving object)
6. 정지 물체의 부피(volume of non-moving object)
7. 이동 물체의 면적(area of moving object)
8. 정지 물체의 면적(area of non-moving object)
9. 속도(speed)
10. 힘(force)
11. 압력(pressure)
12. 형상(shape)
13. 물체 조성의 안전성(stability of object)
14. 강도(strength)
15. 이동 물체의 동작시간(durable time of moving object)
16. 정지 물체의 동작시간(durable time of non-moving object)
17. 온도(temperature)
18. 밝기(brightness)
19. 이동 물체가 에너지 소비(energy spent by moving object)
20. 정지 물체가 에너지 소모(energy spent by non-moving object)
21. 출력(power)
22. 에너지의 낭비(waste of energy)
23. 물질의 낭비(waste of substance)
24. 정보의 손실(loss of information)

25. 시간의 낭비(waste of time)
26. 물질의 양(amount of substance)
27. 신뢰성(reliability)
28. 측정의 정확성(accuracy of measurement)
29. 제조의 정확성(accuracy of manufacturing)
30. 물체가 받는 유해 작용(harmful factors acting on object)
31. 물체가 내는 유해 작용(harmful side effects)
32. 제조 용이성(manufacture ability)
33. 조작 편의성(convenience of use)
34. 수리 편이성(repairability)
35. 적응성 또는 융통성(adaptability)
36. 장치의 복잡성(complexity of device)
37. 측정 및 조절의 복잡성(complexity of control and measurement)
38. 자동화의 정도(level of automation)
39. 생산성(productivity)

부록 Ⅳ. 생물 · 화학 · 물리 현상과 원리

1. 살 균

- 저온 살균(pasteurization)
- 고온 살균(HTST)
- 초고온순간 살균(UHT)
- 화염 살균(flash sterilization)
- 화학적 살균(chemical sterilization)
- 막 여과(membrane filtration)
- 옴 살균(Ohm sterilization)
- 광 펄스 살균(Light pulse)
- 방사선 살균(radiation)
- 과산화수소(hydrogen peroxide)

2. 액체를 흡수

- 흡수(absorption)
- 강자성(ferromagnetism)
- 초음파 모세관 효과(ultrasonic wave capillary effect)
- 초음파 진동(ultrasonic wave vibration)
- 거품의 사용(use of foam)
- 적시기(wetting)
- 모세관 현상(capillary phenomenon)
- 삼투압(osmotic pressure)
- 진공(vacuum)

3. 산소를 제거

- 항산화제(antioxidant)
- 불활성가스(inert gas) 치환
- 가열(heating)
- 진공(vacuum)
- 초음파 진동(ultrasonic vibration)
- 흡착(adsorption)
- 산화제(oxidant)

4. 밀도를 측정

- 아르키메데스의 원리(Archimedes's principle)
- 자유 진동(free oscillations)
- 펠티어 효과(Peltier effect)
- 브러시 구축(brush constructions)
- 코로나 방전(corona discharge)

5. 액체를 혼합

- 관성(inertia)
- 뫼비우스의 띠(Moebius strip)
- 파스칼법칙(Pascal law)
- 공명(resonance)
- 확산(diffusion)
- 강자성(ferromagnetism)
- 강제 진동(forced oscillations)
- 마찰(friction)
- 열역학 효과(thermo mechanical effect)
- 난류(turbulent flow)

- 초음파 진동(ultrasonic vibration)
- 무른 소재의 사용
- 초유동체(super fluidity)
- 초열전도(super thermal conductivity)

6. 수분을 제거

- 가열 건조(heat dry)
- 제습제(humectant)
- 2가 철분
- 동결 건조(freeze dry)
- 분무 건조(spray dry)
- 감압 건조(vacuum dry)

7. 이온을 생성

- 코로나 방전(corona discharge)
- 쿨롱 법칙(Coulomb's law)
- 전자충돌 이온화(electron impact ionization)
- 레이저 증발(laser evaporation)
- 고주파 방전(high-frequency discharge)
- 광화학 반응(photochemical reactions)
- 광이온화(photoionization)

8. 생물컨트롤

- 영양소(nutrient)
- 수분(moisture)
- pH
- 온도(temperature)
- 빛에너지(sun light)

- 탄산가스(carbon dioxide)
- 산소(oxygen)

9. 열을 방어

- 수산화물의 응용(application of hydrates)
- 탈수(dehydration)
- 동결건조(evaporation cooling)
- 관성(inertia)
- 초전도(superconductivity)
- 거품의 사용(use of foam)
- 단열재(insulation)

10. 자기장을 생성

- 바크하우젠 효과(Barkhausen effect)
- 바넷 효과(Barnett effect)
- 자기장에서의 결정 성장(crystal growth in a magnetic field)
- 에팅하우젠 효과(Ettingshausen effect)
- 역페러데이 효과(inverse Faraday effect)
- 자기유체역학 효과(magnet hydrodynamic effect)

11. 속도를 측정

- 회절각도의 변화(change in the diffraction angle)
- 도플러 효과(Doppler effect)
- 전자의 탄력적 분포도(elastic scattering of electrons)
- 맥스웰 효과(Maxwell effect)
- 압전 효과(piezoelectric effect)
- 초음파 진동(ultrasonic vibrations)

12. 열에너지를 흡수

- 수산화물의 응용(application of hydrates)
- 끓임(boiling)
- 모세관 증발(capillary evaporation)
- 모세관 압력(capillary pressure)
- 코로나 방전(corona discharge)
- 탈수(dehydration)
- 증발(evaporation)
- 이온화(ionization)
- 형상기억 효과(shape memory effect)
- 초유동(super fluidity)
- 초열전도(super thermal conductivity)
- 열역학 효과(thermo mechanical effect)
- 초음파 모세관 효과(ultrasonic capillary effect)
- 초음파 진동(ultrasonic vibration)

13. 열에너지를 저장

- 홉킨슨 효과(Hopkinson effect)

14. 음향장을 흡수

- 음향 진동(acoustic vibration)
- 반대 공명(antiresonance)
- 볼 구조(ball structure)
- 쥴-톰슨 효과(Joule-Thomson effect)
- 똬리(torus)
- 거품의 사용(use of foam)

- 무른 소재의 사용(use of loose material)

15. 기계 에너지를 저장

- 마찰(friction)
- 자이로 효과(gyroscopic effect)
- 관성(friction)(inertia)
- 파스칼 법칙(Pascal's law)

16. 마찰력을 변화

- 브러시 구축(brush construction)
- 주름진 표면(corrugated surfaces)
- 결정화(crystallization)
- 마찰(friction)
- 역압전 효과(inverse piezoelectric effect)
- 존슨-라벡 효과(Johnson-Rahbeck effect)
- Reuleaux 삼각형(Reuleaux triangle)
- 형상기억 효과(shape memory effect)
- 사인곡선(sinusoid)
- 나선형(spirals)
- 똬리(torus)
- 초음파 진동(ultrasonic vibration)
- 편심원의 상용(use of eccentrics)
- 겔의 사용(use of gels)
- 진동(vibration)
- 습윤(wetting)

17. 화학 반응

- 발열 반응(exothermic reaction)

- 흡열 반응(endothermic reaction)
- 오존(Ozone)
- 자체전달 고온합성(SHS)
- 산화(oxidation)
- 멜리야드 반응(Maillard reaction)
- 부가 반응(addition)
- 환원(reduction)
- 항산화(antioxidation)
- 이온 교환(ion-exchange)
- 수소 첨가(hydrogen addition)

18. 생물 전환(Bio-conversion)

- 미생물(microorganism) 배양
- 균사체(mycelium) 배양
- 효소 처리(enzymatic treatment)
- 유전자 조작(genetic operation)
- 혼합 배양(mixed culture)
- 순차 배양(order culture)

19. 음향의 속성을 변형

- 음향 캐비테이션(acoustic cavitation)
- 음향 진동(acoustic vibration)
- 전기장(electric field)에 의한 초음파 속성의 변화
- 공명(resonance)
- 초음파 진동(ultrasonic vibration)

20. 기체를 이동

- 베르누이 정리(Bernoylli's Theory)

- 코로나 방전(corona discharge)
- 쿨롱 법칙(Coulomb's law)
- 확산(diffusion)
- 배출 효과(ejection effect)
- 정전기 유도(electrostatic induction)
- 파스칼 법칙(Pascal's law)
- 열확산(thermo diffusion)
- 무른 소재의 사용(use of loose materials)

21. 혼합된 액체를 분리

- 아르키메데스의 원리(Archimedes's principle)
- 원심분리(centrifuge)
- 극성(polarity)이 다른 액체 사용
- 증류(distillation)

참고 문헌

· 헨리알트슐러 지음, 조형희 옮김, 트리즈, 과학기술의 천재가 되는 법, 현실과 미래(1998)
· J. 리프킨(최현역), 엔트로피의 법칙(1983), 범우사(1983)
· 정양섭 역, 발명과 특허의 세계, 성인당(1994)
· 이종인, 특허법, 한빛지적소유권센터(1999)
· 토요사와 토요오저, 최정선 역, 간단한 발명으로 인생을 신나게 바꾸어 놓은 사람들, 키출판사(1991)
· 송은영, 과학원리로 떠나는 창의력 여행, 한울림(2001)
· 홍봉규, 기술과 특허, 한국지적재산권법학연구소(2001)
· J. M. Utterback 저, 김인수, 김영배, 서의호 공역, 기술변화와 혁신전략, 경문사(1997)
· 왕연중 지음, 먹거리에서 탄생한 발명, 키출판사(1999)
· W.B.I. 베버리지, 발견과 창조, 교학사(1987)
· 김인석, 발명가로 성공하는 길, 세창출판사(1998)
· 이명철, 강성현, 정회환, 이강환 편저, 발명과 특허, 학문사(2002)
· 특허청, 발명에서 사업화까지, 한국발명진흥회(2002)
· 에곤 라르센 저, 홍영백 옮김, 발명의 역사 동력편, 분도출판사(1978)
· 박영택,박수동, 발명특허의 과학, 현실과 미래(1999)
· 김익청, 발명특허의 정석, 현실과 미래(2001)
· ideapia.co.kr 지음, 부자가 되는 아이디어 발상법, M&B(2000)
· 유태수, 뿌리 깊은 한국의 발명, 키출판사(1995)
· 산업재산권 정보 이용안내, 특허청(2000)
· 이용구 지음, 세기를 앞당긴 45가지 발명이야기, (2000)
· 권오희, 식품특허 길라잡이, (주)식품저널(2001)
· 김관형, 박주관, 아이디어 발명기술로 돈버는 이야기, 매일신문사 펴냄(1995)
· 로이스톤 M.로버츠, 안병채역, 우연과 행운의 과학적 발견(serendipity)이야기, 도서출판국제(1997)

· 박익수, 위대한 발명발견, 전파과학사(1999)
· 밥 사임즈, 로빈부틀 저, 김광석 옮김, 유레카, 세상을 움직인 10가지 발명 규칙, 인간사랑(1999)
· 고바야시 야스오, 후나비키 다케오저, 오상현 옮김, 知의 기법, 경당(2000)
· A.셧클리프, A.P.D 셧클리프 공저, 조경철 역, 에피소드 과학사(농업 기술 이야기), 우신사(1994)
· 김익철 지음, 최적의 발명 이론, 트리즈 발명특허의 정석, 현실과 미래(2001)
· 유재복, 나만의 아이디어 발명 특허로 성공하기, 새로운 제안(2002)
· 존 브록만 저, 이창희 역, 지난 2천 년 동안의 위대한 발명, 해냄(2000)
· 실용 무심사 선등록출원절차, 특허청 종합민원실(2002)
· 지식 재산권 가이드, 특허청(2001)
· 전자출원 특허검색 가이드북, 특허청(2001)
· 지식경영을 위한 특허관리가이드북, 특허청(1999)
· 지식재산21, 특허청
· 지식재산권 가이드-특허, 실용신안 질의응답, 특허청(2001. 12)
· 인류 역사를 빛낸 히트 발명 발견, 특허청(2000)
· 지자체 특허업무협력사업 안내, 특허청(2001. 11)
· 특허 상표의 손쉬운 이용, 특허청(2000)
· 특허검색 가이드, 특허청(2001. 9)
· 특허관리가이드북, 특허청(2001. 4)
· 조인래, 현대 과학 철학의 문제들(1999)
· 히트 발명 발견, 특허청(2000)
· 이라 플래토우, 인간의 삶을 뒤바꾼 위대한 발명들(2002)
· W. B. I 베버리지 지음, Seeds of Discovery, 교학사(1987)
· 에릭 뉴트, 쉽고 재미있는-과학의 역사1(1998)
· 에릭 뉴트, 쉽고 재미있는-과학의 역사2(1998)
· 산업재산권과정, 국제지식재산연수원(2007)
· 박승민, 특허, 성인당(2005)
· 특허법, 국제지식재산연수원(2006)

· Richard Stim, INTELLECTUAL PROPERTY, WEST THOMSON LEARNING(2001)
· Frank Ashall, Remarkable discoveries, Cambridge University Press(1994)
· Todd Siler, Think Like A Genius, Agnes Krup Liberary Agency, Inc.(1997)
· Royston M.Roberts, SERENDIPITY, ACCIDENTAL DISCOVERIES IN SCIENCE, John Wiley &

Sons., Inc.(1989)

· Deborah G. Felder, The WORLD ALMANAC OF HISTORY, WORLD ALMANAC, NEW YORK(1991)

· DAVID PRESSMAN, PATENT IT YOURSELF, NOLO PRESS BERKELEY(1998)

· The Innovation algorithm, TRIZ, systematic innovation and technical creativity / ed.by Genrich Altshuller Worcester, MA , Technical Innovation Center, A, Technical Innovation Center, Inc.(2000)

· 設計のナレッジマネジメント 創造設計原理とTRIZ, 中尾政之, 畑村洋太郎, 服部和隆 [共]著, 발행사항 東京, 弘文堂(2000)

· 超發明術TRIZシリーズ 1 , 入門編:原理と概念に見る全體像 / ゲンリック アルトシューラー 原著 : 原藤敬一 譯 東京 : 日經BP社(1999)

· 超發明術TRIZシリーズ 2[導入編:やさしい事例に見る活用法(ゲンリック アルトシューラー 原著)], 三菱總合研究所知識創造研究部 譯, 東京, 日經BP社(1999)

· 超發明術TRIZシリーズ 3 [テクニック編:圖解 40の發明原理(ゲンリック アルトシューラー 原著)], レフ, シュリャク 譯 東京, 日經BP社(1999)

· 超發明術TRIZシリーズ 4[演習編, TRIZを使った問題解決(ブラディス コッセ 原著)], 産能大學TRIZ企劃部 譯, 東京, 日經BP社(2000)

· 超發明術TRIZシリーズ 5[思想編, 創造的問題解決の極意(Yuri Salamatov原著)], 三菱總合研究所知識創造研究チーム 譯, 東京, 日經BP社(2000)

· 한국특허청홈페이지(www.kipo.go.kr)

· 한국발명 진흥회의 홈페이지(www.kipa.org)

· 한국특허정보원(www.kipris.or.kr)

찾아보기

ㅇ

ㅈ

P

S

T

X

저자약력

김 중 만

•원광대학교 생명자원과학대학 교수

•주요 경력
- 전북대학교 농학사, 농학석사, 농학박사
- 미국 일리노이 주립대학교(두 차례 084, 091) 및
  캐나다 브리티쉬컬럼비아 주립대학교 교환교수 역임
- 원광대학교 생명자원과학대학장 역임

•수상 경력
- 한국식품과학회 기술상 수상
- 지식경제부 장관 표창
- 농림수산식품부 장관 표창

•저서
- 나와 가족을 위한 먹거리 팡세
- 올바른 식생활을 위한 먹거리 팡세
- 식중독을 간접 경험하자
- IQ, EQ를 높이는 먹거리
- 발명기법과 특허 출원방법

•산업재산권
- 봉지형 차류용 컵 및 싸이펀 원리를 이용한 콩나물 자동재배기 등
  41건 등록

발명과 특허

2004년 8월 15일 초 판 발행
2007년 8월 10일 개 정 판 발행
2009년 2월 10일 개정2쇄 발행

엮 음 김 중 만
발행인 김 홍 용
발행처 **도서출판 효 일**
주 소 서울 동대문구 용두동 102-201
홈페이지 www.hyoilbooks.com
E-mail hyoilbooks@hyoilbooks.com
T E L (02) 928-6644
F A X (02) 927-7703
등 록 1987년 11월 18일 제 5-90 호

값 18,000원

ISBN 978-89-8489-088-6